天下文化
BELIEVE IN READING

世界又熱、又平、又擠

Hot, Flat, and Crowded

Why The World Needs a Green Revolution : And How We Can Renew Our Global Future

Thomas L. Friedman 湯馬斯·佛里曼

丘羽先·李欣容·周宜芳·許貴運·童一寧·黃孝如·楊舒娟·蔡菁芳·顧淑馨　譯

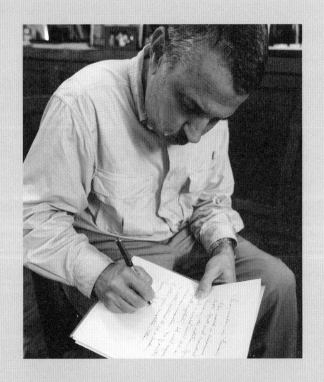

作者佛里曼於美國華盛頓特區紐約時報辦公室，
為台灣讀者親筆寫下誠摯的建言與祝福。

（攝影：Yuri Gripas）

To my readers in Taiwan,

The world is becoming hot, flat and crowded. Finding the solutions for such a world will be a great opportunity. It will require enormous innovation. No country is better positioned to be a leader of the green revolution than Taiwan. I hope you seize this opportunity. Good luck!

Thomas

給我在台灣的讀者

這世界變得又熱、又平、又擠，為這樣的世界找出解決之道，
是一個偉大的機會，需要很多創新。
沒有哪個國家比台灣站在更好的位置上，成為綠能革命的領導者。
我希望你們能把握住這個機會。

祝　好運！

湯馬斯・佛里曼

第一部・**我們的挑戰**

經濟大衰退就像是在一路暢行過程中猛然停止的
那一刻。問題是：我們能從中記取教訓嗎？史丹
佛大學的經濟學家羅默（Paul Romer）說：「危
機不應該被浪費。」我相信我們可以從危機中記
取教訓，我們也必須從危機中記取教訓，本書的
目的就是為記取教訓指出方向。

第二部・我們為何會變成這樣？

候變遷、能源匱乏、生物多樣性消失。任何一個
應對不當，都可能會造成難以預測的全面性破
壞，不僅無法挽回，還會持續影響好幾代。

第三部 · 我們要如何往前邁進？

第四部・綠色新未來

新冠病毒流行後的世界

————— 湯馬斯・佛里曼 —————

原文出自：《紐約時報》，2020 年 3 月 17 日

在新冠病毒大流行之前，我正考慮寫一本關於二十一世紀政黨政治的書。然而在此時此刻，面對眼前這個全體人類共同對抗的全球性流行疾病，顯然無論你原本打算寫些什麼，都該暫時先停下來。新冠病毒區分了兩個世界：「新冠病毒前的世界」（Before Corona，簡稱 B.C.）和「新冠病毒後的世界」（After Corona，簡稱 A.C.）。即使目前我們還無法完全掌握新冠病毒後的世界會是什麼模樣，但我仍想在這裡談談個人的一些觀察。

未知的未知

我在 2004 年寫了一本書：《世界是平的》（*The World Is Flat*）來討論全球化擴散下世界連結日益增長的問題。從那時開始，世界已經變得更平，相互聯繫也變得更多了。我記得開始寫那本書的時候，facebook 才剛剛誕生；Twitter（推特）不過是鳥兒

的啁啾聲；cloud（雲端）還高高掛在天上；4G是停車位上的編號；LinkedIn（領英）是座監獄；對多數人來說applications（APP的全稱）是指寄給大學的入學申請信；Skype？別人會以為你應該是把字拼錯了；而Big Data（大數據），嗯……應該是某位饒舌歌手的酷炫藝名吧；至於iPhone，當時還不過是賈伯斯工作之餘的一個構想。

　　就在2004年後，所有這些數位工具（更不用說全球貿易和旅遊業）出現了爆炸式的成長，實實在在的串連起整個世界。這就是為什麼，我們居住的星球如今已不僅是相互聯繫，在許多方面更彼此緊密依賴與融合。這樣的情勢帶動了各國經濟的成長，同時也意味著，當一個地方出了問題，所引起的連鎖效應將傳播得更遠、更快、更深入，而且更輕而易舉。因此，一隻帶有病毒的蝙蝠，在中國咬了另一隻哺乳動物，這隻哺乳動物又被拿到武漢海鮮市場販售，將一種不明新型病毒傳染給一個中國食客。短短幾週後，遠在美國畢士大（Bethesda）的我發現，住家附近所有公立學校都停課了，而且得開始隨時留意跟人維持6英尺的社交距離。

　　這也正是這場病毒危機至今未能結束的原因。資訊科學家，同時也是昇陽電腦公司（Sun Microsystems）創始人之一的喬伊（Bill Joy）告訴我：「過去幾週疾病的快速蔓延其實並不讓人意外，甚至完全是意料中的事。但我們所陷入的困境是，社會中原本緊密相連、環環相扣的各個運作系統，出乎意料的突然紛紛暫時失去功能。這將難以避免會導致一些出人意料的混亂後果，例如醫護工作者無法照料自己的孩子。」

指數型成長的力量

指數型成長的力量,是人類大腦最難掌握的現象之一,這指的是,有些東西會持續不斷的加倍、加倍、再加倍,例如我們眼前這場肆虐的大流行病。我們的大腦可能無法迅速理解,假設我們現在不斷然採取抑制措施,那麼美國已經確診的5,000個新冠病毒病例,將會以多快的速度暴增至100萬例。

有一個簡單的方法可以幫助我們了解目前面臨的指數威脅,這是一個連川普這樣經常破產的房地產開發商也能理解的方法。它是來自喬伊的建議:「這種病毒就像是一個日息25%的高利貸業者。剛開始,我們向它借了1美元(在美國首次出現第一例新冠病毒感染者),接下來的40天,我們虛度光陰、坐視不管、毫無作為。現在我們欠的債已經達到7,500美元。如果我們繼續拖延三週才還債,我們欠的錢就將接近100萬美元。」這就是為什麼我們每天都要努力降低感染率,盡可能檢測每一個人是否患病的重要性。輸掉了這一仗,也就輸掉了整場戰爭。

正因如此,我現在所關注的數字不是聯準會的利率,而是美國新冠病毒重症患者人數,以及可收治輕重症患者的病床數量。如果在病毒感染達到高峰期,第二個數字仍大於第一個數字,我們就還有機會能安然過關;反之,我們的社會極有可能將陷入一場前所未見的大混亂。

指數好的一面

　　不過，還有另一個最終可能拯救我們的指數：摩爾定律，這是英特爾（Intel）聯合創始人摩爾（Gordon Moore）在 1965 年所提出。這個定律指出，隨著電晶體愈做愈小、愈做愈精密，積體電路上可容納的電晶體數量大約每兩年便會增加一倍。為了解釋摩爾定律能讓所有事物變得更好、更具智能、更快速，英特爾工程師以 1971 年出廠的福斯金龜車（Volkswagen Beetle）為例，試著推算如果汽車效能如電晶體般以指數成長，那麼未來的汽車會發展成什麼樣子。根據他們最樂觀的估計結果，現代福斯金龜車時速會達到每小時 30 萬英里，每加侖汽油能行駛 200 萬英里，而且費用只要花上 4 美分。

　　摩爾定律是指數在工程學上所展現的正向力量，它也可能被用來幫助我們更迅速的找到治療新冠病毒的解藥和疫苗。

　　位在印度班加羅爾的塔克夏許拉研究所（Takshashila Institution）主任尼汀派（Nitin Pai），近日在 livemint.com 網站上寫道：「資訊科技和合成生物學的進步，已經徹底改變病原體的檢測和診斷，以及疫苗的研發和生產過程，使這些過程產生類似摩爾定律的週期。最近的流行病，從 SARS 開始，到 H1N1 病毒、伊波拉病毒、茲卡病毒，到現在的新冠病毒，將會促使更多人才與智慧進入生物科學和流行病學領域。」

　　但它發展的速度夠快嗎？哈佛大學甘迺迪學院（Harvard Kennedy School）公共領導力中心（Center for Public Leadership）研究員穆昆達（Gautam Mukunda）認為，即使在擁有超級電腦的現代，「我們仍然沒有疫苗來防控愛滋病和瘧疾 —— 人類已經和這兩

項重大疾病對抗了相當久的時間。的確，隨著科學的發展，我們最終還是能盼到研發出新疫苗的時刻，但問題是，這個等待過程仍將常非常的艱難。」

疫情會改變美國的文化或政治嗎？

我很肯定，今年美國的總統競選活動中，有一個政治笑話是共和黨政客絕對不會講的。往年競選時，他們總大力抨擊政府機構與官僚體系，並用「你好，我來自政府，我是來為您提供幫助的。」之類的話來引得觀眾捧腹大笑。

我們終將度過這次危機，因為在我們的政府機構、我們的大政府中，有著為數眾多無私奉獻的人才，包括科學家、醫療人員、災難應變小組人員，環境專家，他們全都是川普原本試圖裁減的人員。現在，我支持大政府和大製藥公司來拯救我們。

在新冠病毒危機結束之前，我們的政治文化也可能發生改變。我們不妨看看格爾凡德（Michele Gelfand）的看法，她是馬里蘭大學（University of Maryland）的教授，同時也是《規則制定者，規則打破者：緊密和鬆散的文化如何連接世界》（*Rule Maker，Rule Breakers：How Strong and Lose Culture Wire the World*）一書的作者。

格爾凡德上週在《波士頓環球報》（*The Boston Globe*）發表的一篇文章中，提到幾年前她和同事在《科學》（*Science*）雜誌上發表的論文，論文中依各國重視規則或是自由的程度，將其歸類為「緊密」或「鬆散」。她寫道：「『緊密型社會』，如中國、新加坡、奧地利等，存在許多規範社會的規則和懲罰措

施，這些地方的人民較習慣於高度的監控，來強化良好的社會行為；而『鬆散型社會』，如美國、義大利、巴西等，通常社會規則性較弱，社會氛圍也較為寬鬆、散漫。」

格爾凡德認為，國家間緊密程度和鬆散程度的差異並非是隨機的，「法律最嚴、刑罰最重的國家，是那些曾經飽受饑荒、戰爭、自然災害、瘟疫，以及傳染性疾病肆虐的國家，他們在幾世紀的磨難中體悟到：嚴格的規則與秩序能夠挽救人民性命。而那些極少遭逢災難威脅的文化，例如美國，長期以來則擁有自由放任的奢侈。」格爾凡德說，很明顯的，「那些『嚴格』著稱的社會，像是新加坡和香港……已經展現出對抗新冠病毒最有效的措施。」

與此同時，白宮裡卻淨是些調度失當、言行魯莽的公眾人物，例如庫德洛（Larry Kudlow）、漢尼提（Sean Hannity）、英格拉漢（Laura Ingraham）、林博（Rush Limbaugh）、康威（Kellyanne Conway）、努尼斯（Devin Nunes），以及川普本人。這些人在疫情發展的初期，要不嚴重低估病毒的潛在影響，要不就是蓄意將要求採取行動的人說成是出於政治動機，因而加劇我們所有人可能承擔的風險。

因此，格爾凡德總結：「在所有不確定的因素中，我們要記住，病毒是否將繼續肆虐，不僅取決於新冠病毒本身的特性，更取決於我們的文化。在接下來的日子裡，我們寬鬆的文化設定需要進行一次重大轉變。」回首過往，親身經歷過二次世界大戰洗禮的「最偉大世代」就這麼做過。現在的我們，能夠做到嗎？

只有慷慨才能拯救我們

有數以百萬計的企業和僱主,將借來的錢投資在他們認為會增值的長期資產,像是股票、公司、房屋、飯店、商店。這些錢他們現在沒有能力償還。

我們所需要的,不僅僅是聯準會支持銀行以防止金融崩潰,不僅僅是銀行協助企業重整債務,我們還需要國家把現金放進勞工們的口袋,讓勞工在花完最後一筆工資後仍能獲得溫飽。令人鼓舞的是,政府和國會已經迅速採取措施來達到這一點。

在收緊文化的同時鬆開錢包。當我們愈是這樣做,在新冠病毒後的世界裡,我們將擁有一個愈強大、愈友善的社會。

環境變遷已不可逆
刻不容緩馬上行動

鄭崇華

台達集團創辦人

　　得知天下文化要增訂新版《世界又熱、又平、又擠》，並二度邀我寫序，讓我有機會對書中的內容再做了一次思考。

　　本書作者佛里曼（Thomas L. Friedman）不僅在美國、更是在全球輿論界擁有強大影響力的新聞工作者。我開始注意到他，是從2005年出版的《世界是平的》這本書，因為他在書中提到台達泰國廠（泰達電子），讓我印象深刻。

　　2008年，《世界又熱、又平、又擠》初版付梓前，天下文化的高希均創辦人給了我一份送印前的書稿，邀請我對本書寫序。我利用差旅中搭乘飛機的過程與返台後的幾個晚上把它讀完，深覺佛里曼先生是一位非常敬業的新聞從業人員，他著作中的所有內容，都是親身深入調查與採訪，甚至進入烽火連天的戰地也不畏懼，然後運用他的智慧與遠見寫出精采生動的文章，其中充滿公正的描述與精闢的分析，這讓我對他又認同又欽佩。

而後，佛里曼先生又花了三年的時間撰寫《謝謝你遲到了》一書，書中的第二部談到2007年科技與市場重大又快速的變化，讓讀者感受到世界飛速的進步，科技產品如電腦取代了人的工作，做得又快又好，而未來我們的工作機會又在哪裡？時代巨輪快速滾動，我們必須拋棄舊思維，不斷自我學習才能夠跟得上時代，提出新的創意。

　　我們正處於數位時代，將進入速度更快、數量更龐大的量子時代。這不禁讓我反思，科技與工業的快速進步，改善了人類的生活，但大家在享受這些便利的同時，卻忽略了天然資源的大量耗損及環境汙染，甚至因為我們排放過多的溫室氣體，造成自然環境的改變，讓我們後代子孫的生存無以為繼。

　　太陽系誕生至今大約是46億年，早期的地球並未具備有利於生物生存的條件，當地球誕生之初，地質活動十分劇烈，灰燼遮蔽大氣層，太陽光無法照射地面。氣溫不穩定，加上許多物體在星際間狂亂飛舞，導致地球經常受到小行星撞擊，因此，在最初約10億年間，生物根本無法在地球上生存或繁衍。

　　時至今日，低等生物已經在地球上存活了35億年，早期動物則存活了7億年，陸地動物4億年，哺乳動物2億年；至於第一批靈長類動物大約是1億年前出現，其中大猩猩是距今1,000萬年前、南方古猿200萬年、巧人與尼安德塔人皆約150萬年、智人則不到50萬年。這也就是說，人類歷史是在目前地球46億年歷史的後面短短100到150萬年，經過了這麼長時間的演化，人類自稱為萬物之靈實不為過。經過石器、農牧時代，進展到現在的工商業時代，發展成高度文明的社會與生活水準，還有能力探索宇宙的歷史，並從中獲知人類自身的演進

過程。

　　可惜的是，工業發展至今，跟46億年相比只是一轉瞬而已，但人類從事的各種活動，不僅大量耗用及浪費自然資源，造成能源短缺，而且破壞了原來的生態平衡及自然環境，汙染空氣跟水源，毒害自己與地球的其他生物，使得某些地區已經不適合人類居住，甚至因為溫室效應的加劇，改變了地球的氣候。二十世紀末，科學家們已經確定，人類因為大量使用化石燃料，導致過量的二氧化碳等溫室氣體排放到大氣層中，造成地球暖化。

　　佛里曼先生在新版的書序提到「我們已經沒有以後」。事到如今，因為過度開發跟汙染，環境變遷的速度讓我們再也無法留待以後，我們有可能永遠無法重溫過去的一切。

　　雖然我們真的不願意發生，但要是若干年後真像佛里曼先生所說的沒有「以後」了，台達所開發出的世界第一台8K超高解析度投影機就變得別具意義。所謂8K，其解析度是4K的4倍、Full HD的16倍，也就是大約3,300萬個像素，投射出來的畫面，細膩度幾乎超過肉眼能力所及，而且使用雷射光源的機型，對真實自然界色域的覆蓋率較傳統光源提高非常多，加上超高流明的亮度，依我們實際做過的巡迴展演，最大可以投影到超過800吋的大銀幕。藉由這樣的設備，我們可以將目前地球上的各種美景都拍攝下來留存記錄，如果自然環境惡化速度愈來愈快，我們的後代還能透過8K投影的方式觀賞如同親臨現場般的勝景。當前，這樣的內容也可以應用於如中國大陸等有著極為旺盛旅遊人口的國家，或者因為高齡或其他不便而無法實際到景點旅遊的人們，可減少往返的勞頓，也達到節能

減碳的目的。

1988年，聯合國政府間氣候變遷專家小組（IPCC）成立，這個由全球一百一十多國、超過兩千位科學家所集合而成的組織，每隔五到七年，就會公布一份氣候變遷報告，而在2014年的第五次評估報告（AR5）之後，於2018年和2019年卻連續公布了兩份分別為《地球暖化1.5°C》與《氣候變遷和土地特別報告》，科學家警告人們，全球已經有超過四分之一的土地陷入退化危機，人類必須改變使用土地的方式，以應對氣候危機。

緊接著，IPCC在2019年又正式發布《氣候變遷下的海洋與冰凍圈特別報告》（SROCC），對氣候變遷在全球海洋和冰凍地區造成的影響和狀況，發出嚴厲警告。這份正式報告說明了幾個令人擔憂的現況，包括：

- 兩極地區的升溫比全球平均升溫都要快，北極更是全球平均值的兩倍。而極地冰原與冰山的融化，導致冰雪覆蓋面積急劇減少，極地冰層的減少，造成全球海平面上升速度加快，以及河流水源的減少。
- 因為極地的永凍土也在融化中，目前許多極圈內的土地和如格陵蘭，已經出現充滿沼氣的「氣泡」，如果不採取積極的措施，預計西元2100年將有數百億乃至上千億噸的甲烷和二氧化碳逸散到大氣中，而甲烷造成的暖化效應大約是二氧化碳的25倍之多。

所以，妥善控制溫室氣體排放，不僅是國際組織與國家之

間的規範、推廣，更需要全民的行動來配合。

台達的環保節能經驗

　　由於我們充分體會到科技進步及產業發展造成天然資源耗損、環境汙染及自然生態的衝擊有多麼嚴重，所以從很早期就開始關注環境與能源議題。1970到1980年代，台灣的工業開始蓬勃發展，用電量大增但供電經常不足，工廠往往面臨分區供電、輪流停電的問題，當時許多人提出要興建電廠的建議，而我卻認為提升電源轉換的效率是更直接且經濟有效的辦法，於是台達開始投入交換式電源供應器Switching Power Supply的研發，並在1983年正式量產，用以取代當時效率較低的傳統線性電源供應器。最初的產品效率可以達到65%，由於工程師們持續努力不懈，到了2000年，台達的電源產品效率皆已超過90%。

　　後來，我們開發出一具效率超過96%的伺服器電源，送到國際認證機構80 plus之後，他們認為台達產品的效率已經高過原本最高等級白金級的標準，因此特別為台達制訂出一個更高的「鈦金級」標準。而台達的通訊電源與PV inverter目前效率更高達98%與99.2%。由於市場占有率很高，從2010年到2018年，我們的電源產品共為全球客戶節省約281億度電，等於減少1,506萬公噸的二氧化碳排放。

　　另外，台達在全球擁有三十多個生產據點推動工廠節能，其中在電源產品的測試與Burn-in設備，設計能源回收系統，將負載端的電阻，改為直流轉成交流的逆變器（DC-AC inverter），交流電再併回原本工廠的市電，此舉能回收95%的用電。此外，廠房使用變頻空調、窗戶使用Low-E玻璃或隔熱膜、利用太陽熱能或空調冷卻水來預熱宿舍用水……等節能改善項目，從2009年到2014年，統計各生產基地的單位產值用電量，五年間平均節省高達50%。

IPCC的報告亦顯示，建築物具有50%～75%的減碳潛力，台達台南廠早在2006年落成啟用就獲得台灣第一座「黃金級」綠建築標章，我們在使用過程中持續改善，2009年升格為「鑽石級」。之後這十多年，台達在世界各地的生產基地陸續打造了27棟綠建築，以及兩座綠色資料中心。其中最值得一提的是2016年啟用的美洲區總部新大樓，這棟大樓運用了獨特的「地源熱泵系統」（ground source heat pump system），將地表下約21°C的恆溫，透過全長147公里、藏身於地底、大樓地板、天花板的綿密管線，以及管線內12,000加侖的水，不斷循環調節，在夏天地表溫度比地下溫度高的時候，吸收大樓的熱導入地下，再帶著地下的冷返回大樓，讓室內清涼舒適；反之，冬天時則可以將地底下較熱的溫度帶進建物室內。這套系統搭配節能變頻器以及屋頂的太陽能板等設備，使得建築全年的用電量不超過自身利用太陽能所發的電量，達成「淨零耗能（Net Zero）」的高標準。

2009年莫拉克風災重創南台灣，納瑪夏是災情最嚴重的鄉鎮（後改制為區）之一，當時台達決定援助那瑪夏民權國小的重建，我們順應原住民的傳統建築習慣與當地的自然環境，打造了可調式的地面通風與屋頂通風，以及遮陽與隔熱建材等節能設計，加上22kW的太陽能供電系統，達到每平方公尺的年

耗電量（EUI）僅1.03度的成績，成為全台灣第一座能源產出量大於使用量的「淨零耗能」校園。

在交通工具方面，目前的趨勢都在推廣電動車取代傳統的燃油引擎車，但我個人認為電動車的鋰電池不論在生產過程或是汰役之後的處理，都還不是最理想的。日本大廠如豐田、本田，都已投入研發氫燃料車，豐田量產的氫燃料車更是早在2014年就上市，並預測未來10年內將成為環保節能交通工具的主流。氫氣充填速度快，不像電動車需要花長時間充電，且利用氫氣、氧氣的燃料電池（Fuel Cell），發電過程只會釋放水蒸氣，這是最為環保可行的方式。一旦燃料電池系統成本有所突破，運用在陸地交通之外，航空飛行器的採用也是指日可待。

現在就是改變的起點

從本書初次面市至今，將近十二年就這樣過去了，我們人類究竟有哪些實際的行動？在我看來，除了少數的歐洲國家較為認真的制定並執行環境與能源政策以外，全球各地、各國所做的，可以說是嚴重不足，有的是說得很多、做得很少，有的則是政府經改朝換代後，政治人物因著自身的利益或者是對這類議題的盲目無知，不夠警覺環境破壞與氣候變遷的嚴重性。

佛里曼先生的再版自序中提及，過去我們投入大量資源設法達成全球氣候協議，但卻只能要求幾百個國家致力於非常細微的改變。雖然這個行動沒有錯，但如果我們著眼於那些占全球80%排碳排的前幾名國家，如中國、美國、墨西哥、蘇

俄、巴西、印度、加拿大、德國等，讓排碳大國在未來五到十年的碳排放都處於減少趨勢，將可以達到更高的減碳效益。我非常同意這個觀點，而且我認為聯合國或其它國際性組織必須更嚴格且強硬的規範，並要求這些國家切實執行減排政策。

作者所在的美國，從企業界到民間，許多人已經漸漸覺悟，並主動開始有所作為，可是我們看到，照目前這樣的情勢發展，由於全人類的行動不夠積極，大自然已經開始反撲，天災日益嚴重且頻繁，甚至我們已經可以想像不久的將來，氣候變遷的嚴重性會到達不可挽救的地步。尤其，最近我們看到全球各地的旱災、水災、森林大火、昆蟲危機、新興病毒傳染疾病等不安現象一波接著一波，天下文化於此時再版本書，我認為仍然具有高度的社會價值，充滿警示意義。

環保節能是我們長久以來關心與努力的方向，看著地球上的災難一年比一年嚴重，令我十分憂心，希望所有過去來不及接觸本書的人能夠好好閱讀，即刻行動。各國政府需要更有遠見、提出真正有效的政策；企業界要有新的工業革命，並且必須注意甚至預防產業與經濟發展時的環境問題；全人類也都要有環保、節能、愛地球的認知，以及新的生活習慣。現在立刻開始讓我們一起為地球的永續發展而努力。

世界「又熱、又平、又擠」；此刻又「失控」

—— 對佛里曼再版做些延伸

———— 高希均 ————

美國威斯康辛大學榮譽教授

（一）「世界是平的」

　　十五年前佛里曼出版了《世界是平的》（*The World is Flat*）。那是一本引領趨勢、檢視世局、挑戰傳統思維的大破大立之書。從此以後，「世界是平的」變成了大家熱烈討論的議題。

　　當時的「傳統智慧」：地球是「圓的」，國與國之間及一國之內的貧富是愈來愈「不平」的。佛里曼從全球化的擴散力及新科技運用的影響力，指出國際間有形的與無形的障礙，會被數位化、供應鏈、人才與資金的流動率逐漸剷平，這即是全球化（Globalization）會增進人類福祉的遠景。

　　佛里曼對他理念的推廣鍥而不捨，三年後再接再厲地出版了《世界又熱、又平、又擠》。它探討全球暖化、能源耗竭、人口爆炸威脅下的新經濟革命。2008年10月出版時，台達電鄭崇華董事長與我各寫了一篇近四千字的導讀。鄭董事長語重心長地在結語中寫著：「本書絕對是一本廣泛適合於執政者、

企業家、乃至一般民眾的環保節能工具書，而我也已經決定將本書作為台達電所有同仁人手一本環保節能策略教材。」

十二年來世局變化太大，佛里曼認為本書需要增訂。他寫了一篇四千字的長序，細述認清氣候與能源議題的八個關鍵原則。鄭董事長也就義不容辭地寫下另一篇四千餘字的導讀。

佛里曼的這兩本著作，使這位《紐約時報》專欄作家及普立茲新聞獎得主，變成了當代對全球化及氣候變遷相關議題最有影響力的評論家。

稍後「天下文化」又出版了他另兩本新著：

• 《我們曾經輝煌》（天下文化，2012）
• 《謝謝你遲到了》（天下文化，2017）

「天下文化」幸運地參與邀請到了佛里曼三次來台參訪及演講。他與馬總統在總統府共同分享全球化中我國在做的努力。他是第一位外賓在總統府演講，並且稱讚「台灣沒有『油礦』，卻有高生產力的『腦礦』」。在訪問台達電總部時，親自看到了台達電多種國際得獎產品（電源產品效率超過90％）的展示；在與台北市長郝龍斌主持的青年座談會中，我們年輕學生以流利的英語指出節省能源要從年輕一代開始，也同時指出西方世界還沒有以身作則。

（二）改版時刻爆發大疫情

很意外的是，三月上旬他正在為《世界又熱、又平、又

擠》一書寫台灣改版序言時，新冠病毒已在歐美，尤其美國紐約狂飆。

3月17日，他在《紐約時報》發表的專欄文章：〈新冠病毒流行後的世界〉（Our New Historical Divide: B.C. and A.C.——the World Before Corona and the World After），值得細讀。

佛里曼指出：「扁平」的世界已經促使各國相互聯接（interconnected），後來進化成相互倚賴（interdependent），現在轉化成相互熔合（fused）。

當各種經濟活動與人群接觸，在聯接、倚賴及熔合的大環境中，一旦產生重大負面影響，也就立刻產生了重大的「失控」。

如大病毒流行，從一地區可以快速地蔓延到另一地區。它看不見，抓不到，擋不住，變成了人類最可怕的敵人。「平」的世界，立刻變成了「失控」的世界。

此刻（四月中）美國正面臨新冠病毒的大災難，確診與死亡人數均為世界第一。全美已有53萬人確診，2001年紐約九一一恐怖事件造成了近4,000人的死亡及失蹤。目前紐約市死亡人數已逾6,000。

因此美國媒體出現了這樣的標題：「新冠病毒帶來給美國的傷害（損失）可能超過二次大戰的總損失。」

無論疫情如何結束，當前的這個世界正在經歷一個失控、失能、失衡的新情勢。

4月2日的《紐約時報》出現了一則使人興奮的大幅報導。新冠病毒帶來了各國的封城，但各國的科學家建立了前所未有的全球合作，打破國界共同研發疫苗，幾乎所有其他的研

究都暫停了，200多項臨床試驗已啟動，將重要的醫院和實驗室聚集一起。為了人類的生命安全，不分日夜在實驗室工作。

面對病毒侵襲，沒有人可以幸災樂禍置身事外。唯有大家真誠合作，相互協助，對抗病毒，共同開發疫苗，才能減少人類的災難。

（三）蓋茲對大瘟疫的多次警告

「戰爭」是二十世紀的夢魘，「能源危機」則是二十一世紀面臨的挑戰。而此刻 ──2020年上半年，人類卻正面臨新冠肺炎病毒的擴散，造成了戰後人民最深的恐懼。

人類歷史上並不缺少大瘟疫災難。即在二十一世紀，2003的SARS，2014伊波拉病毒，2015中東呼吸症候群冠狀病毒MERS。

五年來，世界首富比爾蓋茲善盡了人道責任，多次公開警告：

- 2015年：「如果在未來數十年有任何東西能殺死一千多萬人，極可能是具高度傳染性的病毒，而非一場戰爭。」他斷言：「今天全球最大的災難風險不是核彈，而是流感病毒。」
- 2017年，蓋茲在德國再度疾呼：「流行病毒、核武及全球暖化，未來將共列毀滅世界的三大威脅。」
- 2018年，蓋茲再度於醫學研討會中警告：「儘管在打擊兒童死亡率和小兒麻痺症、愛滋病與瘧疾上取得進展，

並沒有大進步就是『大流行病』的防範。」

- 今年3月，蓋茲基金會已捐一億美元治療新冠肺炎，並且呼籲美國要關閉六至十週，才能有效阻止其蔓延。

4月初，蓋茲在美國電視訪問中稱讚我們：「有很多國家做了良好的防疫示範，其中一個優秀的國家就是台灣。」

當富豪們仍然不斷累積財富時，他不斷努力拯救貧窮地區的生命。

（四）「失控」的根源是決策錯誤

全球面對新冠肺炎擴散，表現最令人失望的莫過於追求「美國第一」的川普。初期聽到時，漫不經心地傲慢；情況嚴峻時則窮於應付。當美國的新冠肺炎確診數已是全球第一時，散佈在全球軍事基地的核彈、航空母艦、戰機，在空中、海上、陸地，可以摧毀敵人何止幾百次，卻沒有足夠的醫療、醫院、醫生、醫藥設備及預警體系，對付這一個新的病毒。成萬的美國病人正在痛苦地掙扎，能呼吸最後一口氣。這就是「決策錯誤比貪汙更可怕」的實例。

以美國擁有的世界一流的人才、科技、資訊、醫學水準……，面對此病疫，白宮及一些州政府當然不應當會陷入這樣失控的局面。根本的原因就是執政者對於資源分配不當的後果。經濟學上的「排擠效果」（Crowding Out Effect）、「權衡取捨」（trade-off）與「機會成本」（Opportunity Cost），完全可以應用在這裡檢驗領導者的決策智慧。

美國在2020年的國防支出高達7,500億美元。一直高居世界第一。這個支出總數超過了排名在後的十個國家的總和。軍事觀察家指出，沒有一個國家（中國、俄羅斯、沙烏地、日本……），軍事上十年之內可以趕上這個「軍事霸主」。可是當美國一艘5,000員官兵的航空母艦羅斯福號在太平洋上，因幾十個人員染上新冠肺炎確診，就不得不靠港，而被免職的艦長克羅齊爾自己也得了確診，這正暴露戰備上的大缺口。

政府財政支出的「失控」，是反映在決策優先次序的錯置。如何在各種施政中，如全民醫療、科研經費、社會福利、教育支出、基本建設、人道援助、弱勢團體、公務人員薪資等等做較平衡的選擇。當軍事支出占了過高比例時，其他施政項目必然受到排擠。這就是出現了嚴重失衡的警訊：歷史上的教訓可以歸納成：當一國領導者走向

- 好戰者遲早必敗
- 好勝者遲早必輸
- 好鬥者遲早必衰

讓我們善意地提醒擁有「三好」傾向的川普。

（五）減少「失控」，追求「零錯誤」

一個「圓滿」的決策，常需要天時地利人和的三個條件。

一個「失控」的政策，則大多來自資源的分配錯誤及人才與管理運用不當（misallocation & mismanagement）。

破解「失控」的一套實際的做法及系統，可以學習邱強博

士提出的「零錯誤」（Error-Free）。在《零錯誤》這本新著中，他分享今天全球頂尖企業採用他研發出的科技策略。這位新竹清華大學畢業，二十五歲即獲得美國MIT博士。三十餘年來他以麻省理工學院專家為主的團隊，發展出預防錯誤的14種方法，有效地幫助處理美國太空梭、空難、核電廠的重大事故以及眾多跨國大企業。他一再強調：「失控」是錯誤的累積，「成功」是零錯誤的實現。

當世界又熱、又平、又擠，又失控時，我們還是要冷靜地傾聽這位從不放棄理想的人道主義的專欄作家五則平實的建言：

- 在數位時代，說服社會大眾，遠比指揮幾個部長重要。
- 小國沒有犯錯的奢侈，要謹慎地評估每一個重大決策。台灣的地理無法改變，與左鄰右舍相處要好是應當的事。
- 「觀點辯論」（make a point）很熱鬧，但取得共識，才能「產生實效」（make a difference）。
- 要永遠擁有「學習的熱情」及「改變自己的決心」。「過去」的輝煌經歷已不值錢，「未來」的潛力，才是人一生中最重要的「比較利益」。
- 人類的最終幸福，還是來自於重視教育、家庭、社區三方面的自我成長及和諧相處，東西理念在追求幸福的軌道上是可以彼此相接的。

讓我們等待他的下一本著作，會討論如何應對「失控」的世界。

當世界更熱、更平、更擠

—— 認識氣候與能源議題的八個關鍵原則

歡迎來到《世界又熱、又平、又擠》2.0版。我一向用程式設計師看電腦軟體的角度來看待我的書，既然一切都還在持續發展，就應該盡可能推出更新版本。在這本拙作增訂新版的過程中，許多讀者特別在閱讀過後花費寶貴的時間，在我的網站分享他們思慮周密的想法和意見，我要向他們致上誠摯的謝意。讀者評論的品質和範疇，豐富了我對這個主題的理解，也幫助我思索如何讓我的論述更加精進。

在本書於2008年9月初次出版後才不過短短三週，金融危機就火速蔓延全球。在這個2.0版中，我重新撰寫前三章，說明其實金融危機與自然危機有著相同的根源，那就是對風險採取錯誤的評估方法和思維。另外，我將書中部分論點琢磨得更犀利，也更新事實資料，並提出更具說服力的主張（我希望有做到）。我想說服讀者的是，讓這個世界變得又熱、又平、又擠的力量，是我們這代人所面臨的最大挑戰，同時也是我們所擁有的最大經濟契機。無論是挑戰或是契機，搞砸其中任何一

個，我們都禁受不起。

我非常高興天下文化選在此時此刻重新出版《世界又熱、又平、又擠》2.0中文版，相信本書如同2008年首次發表的1.0版，完全適用於當前的這個世界。在這十幾年來，我對相關議題也有了更深入的思考，希望藉由這個機會，能與台灣的讀者分享。以下是目前我在思考氣候與能源議題時，所依循的八個關鍵原則：

原則一：我們已經沒有「以後」

我曾在本書中提出一個觀念，那就是：再遲，我們就沒有「以後」了。我成長於1950與1960年代的明尼蘇達州，在當時，所謂的「以後」意謂著長大後只要你有空，就可以像兒時一樣盡情享受自然四季的遞嬗。你可以對著同樣的山水作畫、看見同樣的動物、攀爬同一棵大樹、在同一條河裡釣魚、享受同樣怡人的天氣，或拯救同樣的瀕危物種。所有的一切都和你孩提時一樣，所以想「挽救自然環境」，你可以現在做，或是留待以後有空或想做時再做。

如今再也不是這樣，我們已經沒有「以後」。等到「以後」，這些美好事物將會消逝無蹤，到那時，已經永無機會挽回。因此，不管你現在打算挽救什麼，請立刻行動。「現在」就是最後關頭，再遲，一切都來不及了。請容我再說一次：我們已經沒有「以後」！

自本書首次出版以來，世界只有變得更熱（拜全球暖化之賜）、更平（中產階級的高消費生活型態）、也更擠（2008年時，地球

人口是67億，而今日是77億）。沒錯，這十餘年間，地球增加了10億人口，而到了2030年又會再增加10億。這就是為什麼我會大力疾呼：再遲，我們就沒有「以後」！

在過去，大家談到減輕氣候變遷及避免生物多樣的流失，往往是為「下一代」、為「尚未誕生的孩子」所該做的事情。然而事情已不再是如此，我們必須馬上展開行動，為了你、為了我們、為了你我身邊的動植物，就是現在！澳洲森林大火期間，我人就在紐西蘭，親身感受到大火所產生的混濁空氣與煙霧，從遠在2,500英里外的澳洲襲來，我們現在已無法置身事外。

知名海洋學家厄爾（Sylvia Earle）貼切的形容了這個刻不容緩的關鍵時刻：「我親眼見證了地球史上最偉大的發現時代，以及最嚴重的失落時代」。面對未來，她告訴我們：「我們正站在一個十字路口。現在我們所做的，或是沒有做到的，都會決定未來的命運 —— 不只是我們的未來，也地球上所有生命的未來。」

我們必須在2030年之前，讓碳排放達到減降標準，否則整個地球氣候系統將會開始失控。

原則二：我們正站在氣候系統瀕臨失控的十字路口

或許你會問：有哪些科學證據可以證明，我們正站在一個危險的十字路口上？我想借用羅克斯托姆（Johan Rockström）生動又容易理解的解釋，他是斯德哥爾摩復原力中心（Stockholm Resilience Center）主任、同時也是《大世界，小星球》（*Big World, Small Planet*）一書的作者。

羅克斯托姆告訴我們：在地球四十五億年的漫長歷史中，大半時間的氣候都不宜人居。我們的遠祖受限於在「嚴峻酷寒的冰河時期」與「鬱鬱蔥蔥的溫暖時期」之間擺盪的氣候，只能維持一種半游牧的生活方式。直到一萬年前，人類才真正開始享有穩定溫和的氣候條件，讓舊石器時代的人們能走出他們的洞穴，能夠按四季流轉進行耕種、馴養動物、建設都市和城鎮，進而開創出文藝復興的光輝時代，這一切的一切，也不過是過去一萬年間的事。

　　這段被地質學家稱之為「全新世」（Holocene）的時期，是個「幾乎有如奇蹟似的穩定、暖和的間冰期平衡」，也是歷史上唯一一段能夠支持人類生存與發展文明的時代。我們的文明，就是建立在森林、莽原、珊瑚礁、草地、魚、哺乳類動物、細菌、空氣品質、覆冰量、溫度、淡水量和肥沃土壤的理想平衡上。在「全新世」裡，我們維持了剛剛好的大氣二氧化碳含量、海洋的酸度、海裡的珊瑚礁系統、赤道帶的熱帶森林覆蓋率，還有兩極用來儲水及反射日光的冰，才能維持人類的生存，以及穩定成長的世界人口。

　　生態系統的平衡決定了我們的氣候，最終影響了我們的天氣。當系統中任何一個環節稍微失衡時，神奇的「大地之母」會展現吸收、緩衝與緩解的力量，減少對地球整體造成的衝擊。確實，大自然有著包容人類過度行為的驚人能力，但是這份能力並非沒有極限。

　　大自然的保險桿、緩衝器和備胎，並非取之不竭、用之不盡。我們的生態系統孕育了「全新世」，賜予人類最穩定而溫和的地質年代；然而現在，我們卻正步步推逼生態系統中每個

個別系統的極限，造成一個又一個災難性的變化。

就像羅克斯托姆所說的，「我們威脅著要把地球推出這個平衡的甜蜜點」。之所以會如此，是因為自工業革命以來，人類文明開始加速發展，不僅衝擊了賴以為生的生態系統，還破壞了原有的平衡穩定機制。這些衝擊在近數十年來變得更為劇烈，甚至開始改變了許多個別系統的運作，許多科學家深信，這些衝擊正在把我們推離了相對溫和宜人的「全新世」，推向一個全然未知的新地質紀元。

從1950年代中期開始，工業革命帶來的影響擴散到大半個地球，尤其是中國、印度和巴西等國家，也進入人口快速擴張、中產階級興起的光景。全世界有愈來愈多的人，開始過著美式中產階級的生活 —— 擁有一台車子、獨棟房屋、便捷的高速公路、假期時搭飛機去旅行、注重高蛋白質飲食等。的確，美國人可以享有這樣的生活，為何他們不該擁有？可是，這種伊甸園式的美式生活，已讓我們的環境一步步走向危機。

為了將我們面臨的危機以量化方式呈現，羅克斯托姆和一群地球系統科學家在2008年提出了「地球生命支持系統」（planetary life-support systems），是人類存活之必需，也是一種潛在的邊界，人類的發展必須避免逾越地球限度，以免引發「不可逆且突發的環境變動」，造成「全新世」徹底終結，使得地球成為不宜居住之地。

他們的主張很簡單：無論我們是否知情，我們的社會、產業和經濟都是站在「全新世」的穩定氣候基礎上建構而成。我們沿著海岸線和河岸打造我們的城市；我們種植需要依賴特定溫溼度才能栽培的作物；我們根據過往氣候來決定建築物是

否要安裝冷暖空調；我們仰賴永凍層來撐持從阿拉斯加到西伯利亞的城鎮、管線以及道路。我們身處史上最佳的氣候狀態之中，安適到對氣候的重要性毫無所覺。但當美國東岸一年淹六次水，當麥作在攝氏34度的高溫下發育不良，當墨西哥灣岸的工業和城市一再發生水患，當傳染病透過全新品種蚊子的散布而引發流行，當源於喜瑪拉雅山的河流（供應超過十億人）在夏季時乾涸，這些現象為什麼會發生？我們是否還覺得自己能永遠享有適合生存的氣候？

在問上述這些問題時，或許你也開始意識到，如果我們破壞了生態系統長久以來所形成的穩定平衡，將會翻轉目前地球的現狀，我們所享有的現代生活可能將無以為繼。

羅克斯托姆認為，想要理解我們所面對的處境最好的方式，就是把大自然想像成一個馬拉松跑者，這名跑者必須明白該維持如何的理想體重、膽固醇、血糖、脂肪、攝氧量、血壓和肌肉質量，才能確保他的體能狀態能繼續跑完全程。

羅克斯托姆解釋，人體是由各種系統和器官所組成的體系，各個系統和器官都有某個最適宜的運作條件，而大自然也是如此。身體的各部分即使並非在最理想的狀態下，確實也能運作 —— 到某個限度。有時我們無法得知自己的身體狀況偏離理想值多遠，但是有些情況我們確實能知道。例如我們知道人體最適宜的核心體溫是攝氏37度，我們也知道如果體溫超過42度或低於攝氏21度時，體內系統就會失能，人也會死亡。這些就是我們人類健康的容忍界閾，你愈接近兩個極端值，人體運作的功能也會愈差。

大自然也是由系統和器官組成的體系，有海洋、森林、大

氣、冰帽等等，而地球科學家經過多年的研究，已經知道各項系統和器官最穩定的運作水準為何。羅克斯托姆告訴我們：即使無法明確指出地球運作界閾的確切數字，但我們可以確定，格陵蘭冰棚會在一個固有的臨界點融化、亞馬遜雨林會在一個固有的臨界點傾覆，然後事情一發不可收拾，再也無法恢復。就像我們絕對不會等到人體機能逼近崩潰時才做因應，我們也不應該這麼對待賴以為生的地球。

　　但我們現在就是如此對待地球，而這是多麼的危險。大自然無法用言說的方式，告訴我們她的各項臨界點為何，幸好羅克斯托姆和他的科學團隊運用科學方法，估計出了那些臨界點的位置，他們找出了九大範疇的地球臨界值（planetary boundaries），例如：氣候變遷、海洋酸化、平流層臭氧消耗、生物多樣性等，界定出人類追求發展時所不可踰越的那條線。然而，事實擺在眼前：人類往往不是徘徊在界線邊緣，就是即將打破界線。這就是為什麼我會說：我們已經沒有「以後」。

原則三：拯救生物多樣性，刻不容緩

　　現在來到我的第三個原則，我們不能只把焦點放在減緩碳排放量，還必須思考人與自然世界的關係。就像偉大的生物多樣性專家威爾森（E. O. Wilson）所警告的，「除非我們採取激進積極的行動，否則今日描繪的物種，有半數會在這個世紀末消失。」威爾森指出，這些物種歷經了三十五億年的演化，「創造了一種精緻而細膩、相互關聯的平衡。」

　　地球上的植物、動物以及它們所形成的生態系統，維持了

人類生命延續的基礎。一旦失去了守護集水區的樹木、防禦暴潮的海岸紅樹林、儲存淡水的冰川，還有供魚類棲身覓食的珊瑚礁，人類將變得難以生存。確實，如同威爾森所言，如果這些都消失了，「我們所熟知的這個世界，也將隨之崩解。」

原則四：打造方舟，我們責無旁貸

接下來，是我提出的第四個原則，書中已對這個原則有詳盡討論，不過我現對於這條原則的體會，要比過去都來得更加強烈。現在年輕的一代將成為名副其實的「諾亞方舟世代」（Noah generation），也就是說，他們是繼《聖經》裡的諾亞之後，必須拯救眾多瀕臨絕種物種的世代。

今日的全球經濟成長巨輪，有如《聖經》裡記載的大洪水，讓愈來愈多物種面臨滅絕的威脅。隨之而來的是，今日的年輕人就像是原初大洪水以來，人類歷史上第一個必須像諾亞一樣採取行動的世代，要誓命於保存各式各樣物種的最後一對。就像上帝在〈創世紀〉裡命令諾亞的：「凡有血肉的活物，每樣兩個，一公一母，你要帶進方舟，好在你那裡保全生命。」

不過，不同於諾亞，我們人類也是造成大洪水的元凶，愈來愈多森林、漁場、河流和沃土為了過度開發而資源耗盡。在現代，威脅生態多樣性的「洪水」，有時候是水，有時候是火，也可能是你所知道的其他形式。如果我們不立刻有效加以籌謀策畫，將會有更多災患來到。在澳洲，那場因極端氣候而引燃的野火，就造成超過十億隻動物因而喪生。

原則五：善用新科技改善氣候變遷

如今，氣候變遷不但已經發生，它對自然界的衝擊甚至比我們預期得快速。然而從另一方面來看，有助減緩氣候變遷衝擊的新科技問世速度也是如此 —— 如果我們現在做出正確政策選擇的話。我的老師哈維（Hal Harvey）曾說：「拜新科技之賜，整體而言，現在要拯救地球，成本低於摧毀地球」。哈維不但是能源創新公司（Energy Innovation）創辦人，也對中國與其他大國提供許多經濟綠色轉型的重要政策建言。

原則六：趕快尋找具規模的解決方案

接下來就要講到第六條原則：具規模的解決方案（scale solutions）是當務之急。這必須是我們當前所關注的焦點，挽救氣候變遷可不能只是個閒暇時的嗜好。現在的我更加深信，擴大解決規模的唯一方法，就是要善用市場。在這個世界上，和「自然之母」一樣擁有強大力量的，唯有「貪婪之父」，也就是我們所熟知的自由市場。

市場會按照你的指示辦事。如果你告訴市場：「不要向那些排放髒水或廢氣的企業課徵環境稅」，也就是說企業可以免費的任意汙染我們的水和空氣，那麼企業就會無所克制的汙染珍貴的地球資源。

相反的，如果你以為市場安排適當的規範和誘因，一方面限制企業造成的汙染，另一方面獎勵它們進行能源和生物多樣性的創新，企業就會卯盡全力去實現這些目標。如果歷史可以為鑑，

我們知道企業在這種政策之下，將會以大規模的方式來進行，而且成本之低廉、速度之迅捷，都遠遠超出人們所能想像。

2008年時，我在本書引進「綠色新政」（Green New Deal）的概念，但當時的我想法還很局限。我是綠色資本主義者，我認為，唯有以制定國際規範的方式約束市場，才能得到我們所期待的影響規模。但要是讓我今天研擬綠色新政平台，我將會根據哈維及其能源創新團隊的建言來型塑市場。

依照哈維的主張，我們並不需要耗費龐大資源去達成全球氣候協議，卻只為了約束兩百個國家進行微幅的改變。國際協定本身並沒有什麼錯，但若為了達成一丁點兒回報而投入大量資源，這無異於是殺雞用牛刀。

我們必須聚焦在占碳排放量大宗的國家。目前80%的碳排放來自以下二十個國家：中國、美國、墨西哥、蘇俄、巴西、印度、加拿大、德國、伊朗、南韓、印尼、日本、英國、奈及利亞、辛巴威、阿根廷、南非、沙烏地阿拉伯、澳洲和泰國。如果我們可以讓這二十個國家，在未來的五至十年的碳排放都達到減降的趨勢（愈貧窮的國家愈後、愈富裕的國家愈早），那麼我們可能可以有個像樣的未來。相反的，這些國家的失敗，就是全球的失敗。

原則七：謹守「四零」策略

如何讓碳排放量高的國家達到減降之勢，這就要說到第七條原則：謹守「四零」策略。所謂「四零」，是指：一、淨零耗能建築（Zero-net energy building）：也就是打造能源的生產

量與消耗量一樣多的建築物。二、零廢棄物製造（Zero-waste manufacturing）：刺激製造商設計、生產使用更少原物料、更容易拆解和回收的產品。三、零碳電網（A zero-carbon grid）：以公用事業規模的可再生電力發電，結合部分消費者自行設置太陽能板和風力發電機，並以電網整合，再加上高儲量電池，這些加總起來，我們有一天終將能達成電力供應無碳化的目標。四、零排放交通運輸系統（Zero-emissions transportation）：結合電動車、電動公共交通運輸工具與零碳電網的運輸系統。

我們要如何達成這四個零？答案是，在每個領域運用最明智的市場形塑政策。以淨零耗能建築為例，哈維認為，「一套優良的建築法規，是唯一能有效催生大規模永續能源建築的政策」。加州的建築法規自實施後，在三十年間歷經了十多次的增修，而目前依新法規所建造的建築，可減少約80%的能源消耗。

就零排放交通運輸系統而言，哈維指出，「對於『燃油效率標準』及『單位里程碳排放量』的規範，已讓車輛燃油效率成長為兩倍，且正邁向再次翻倍」，然而，「最終目標還是要朝車輛電氣化發展，因為目前還看不到低碳液態燃料問世的契機」。

在零碳電網方面，要實現零碳排放電力的最佳政策，是實行一套「可再生能源比例標準」（renewable portfolio standard，RPS），規定發電機送到電網的可再生能源要達到高於過去的比例。至於零廢棄物製造，要減少能源浪費，就必須針對馬達、空氣壓縮機等工業設備，制定出完善的設備效能標準。

此外，政府應提出有助於四個發展面向的全面性政策，為

碳排放設定價格，並大量投資於研究與開發。今日所使用重大的能源創新科技，幾乎每一項都是直接來自、或是改良自由明智的政府所資助的研發計畫成果。

哈維總結道，「二十大碳排放國若能採行這些合理的政策設計，就能給世界一個合理的碳未來」。「儘管還不曾有國家完全實施上述所有政策，但其中每項政策都以被證明是有效的。真正最重要的，還是要選擇正確的政策！」這就是我們正形塑市場的方式，從而能在真正關鍵處看到我們所期待的大規模轉變。

原則八：我們還有足夠的時間，只要能從現在做起

以上，就是我對二十一世紀綠色革命的構想。它並不複雜，但是，若想真正達成，確實需要具備遠見、優質政策和政治勇氣。我們必須現在就行動，而且我們必須大規模的行動 —— 那種唯有我們全體同心協力才能達到的規模。如果我們這樣做，或許還有機會避免全球氣候，走向無法挽回的全面失控狀態，並及時控制當前已經發生的危害。

我的第八條原則，也是最後一項原則，請容我引用已故美國環保先驅梅多斯（Donella Meadows）所言：「我們還有足夠的時間，只要能從現在做起！」

湯馬斯・佛里曼

2020.2

第一部

我們的挑戰

1

花旗銀行、冰島的銀行、
南極的冰棚，
為什麼都在同一個時間崩解了？

經濟大衰退就像是

在一路暢行過程中猛然停止的那一刻。

問題是：我們能從中記取教訓嗎？

史丹佛大學的經濟學家羅默（Paul Romer）說：

「危機不應該被浪費。」

我相信我們可以從危機中記取教訓，

我們也必須從危機中記取教訓，

本書的目的就是為記取教訓指出方向。

〔中國奉化市訊〕

本週一，奉化寧波塑膠製品有限公司的員工陳賢表示，他對「美國人買一大堆垃圾」的行為難以置信。奉化寧波是一家塑膠工廠，為西方市場製造輕量化居家用品。

「通常，我們接到新訂單時，比如說『沙拉切菜機』，我就在心裡想：絕不可能有人會買這些東西，」午休時間，在露天庭院裡的陳賢如此說。「但過一個月，我們往往會接到同樣產品的訂單，而且訂購數量變成原本的三倍。怎麼會有人需要這種沒有用的垃圾？」

陳賢今年二十三歲，自從工廠於 1996 年開設，他就在這裡擔任作業員。他一週工作超過 60 小時，大約賺 21 美元。他說他經常在週間工作時思索這些問題。

「聽說美國人想要什麼都會把它買下來，從我為他們做的產品來看，我相信他們真的是這樣，」陳賢說道：「而且我還聽說，之後他們不想要這些產品時，就會直接把它們丟掉。這實在浪費又可惡。」

2005 年 6 月 15 日，諷刺新聞《洋蔥報》(*The Onion*)在全球經濟正處於蓬勃的榮景時刊出上面這則故事，內容是關於中國工人和他們為美國人所做的所有事。就像《洋蔥報》上許許多多的故事一樣，這是一則編造的故事，但其實它也透露出一些真理：

　　陳賢幫忙製作的品項裡，有塑膠袋發送機、微波爐蛋捲烹煮器、夜光放大片、耶誕節主題的檔案籃、動物造型的隱形眼鏡盒，以及背膠掛鉤。

　　「有時候，工廠做的東西，完全不像我看過的任何東西，」陳賢說，「有一次，我們製作一個像湯勺的東西，但是勺裡打了洞，把手彎曲成 90 度。領班告訴我們，這是汽車用的汽水罐放置架。如果你夠好命，能擁有一輛汽車，那麼就可以把汽水放在架子上，輕鬆的邊喝邊享受旅程。」

　　「杯架明明不是個必需品。」對於這些年他製作的上萬件鳳梨削皮器、塑膠眼罩、牙籤發送器和牽繩玩具狗等，陳賢也都表達類似的不解。

　　「為什麼會需要這麼多廚房用具？」陳賢說，「廚房要有個好鍋子、電爐、茶壺、一些餐具，或者再加上一個熱水瓶，這些我都可以理解。但那些額外的東西，美國人要把它們用在哪裡呢？一個塔可餅皮架，你會用幾次？……」陳賢還補充說，許多東西使用幾次就會壞掉。

　　「沒有任何東西是為了長久使用而製造，」陳賢說，「我

想這八成是為了要讓美國人可以繼續買更多……」

　　《洋蔥報》這則故事所要譏諷的，是過去三十年來提升全球生活水準最重要的引擎，也就是美國消費者與中國儲蓄者、生產者之間的密切關係。中美成長引擎的核心是這樣運作的：我們在美國開設愈來愈多商店、販售愈來愈多商品，而中國則建造愈來愈多工廠、燃燒愈來愈多煤來製造這些商品，於是中國用賺來的美元購買愈來愈多美國國庫券，美國聯準會因而得以給予愈來愈多銀行、企業和消費者愈來愈寬鬆的信用額度，這樣就有愈來愈多美國人可以買愈來愈多房子，於是房價被推得愈來愈高，讓愈來愈多美國人覺得自己有愈來愈多錢，可以購買愈來愈多由燒愈來愈多煤的中國工廠所製造的商品，而這些商品又為中國賺進愈來愈多美元，可以買愈來愈多美國國庫券，讓錢再重新流通回到美國，創造愈來愈多信用額度，好讓愈來愈多美國人可以開設愈來愈多商店、購買愈來愈多房子……

　　上述這樣的美中關係，是後冷戰時代信用泡沫快速擴張的主因，但也在2008年秋季美國消費急遽緊縮時，導致中國成千上萬家工廠吹起熄燈號，大量村莊人口失去工作。以中國深圳的大芬村為例，這裡聚集近九千名藝術學院畢業生，讓這個油畫村成為全球名畫複製品的量產中心，我們能在全美國各地汽車旅館、廉價建案房間牆上看到他們的作品。全世界價格低廉的油畫中，大約有六成是在大芬村方圓四公里內生產。「一幅技巧嫻熟的梵谷『向日葵』複製品，售價是51美元，」《鏡報線上》（*Spiegel Online*）報導（2006年8月23日），「如果一次買100

幅，單價還可以減到33美元，這些畫作全是由藝術學院畢業生臨摹，而且保證三週內出貨。」

可想而知，美國信用泡沫的破滅，也摧毀了大芬村。「大芬畫作最大的消費者，通常是美國的不動產業主和旅館，」大芬美術產業協會副會長周小鴻對香港的《星期日南華早報》表示（2008年12月14日）：「美國的房屋蓋得愈多，需要我們畫作的牆面就愈多。」身在美國的我們，的確為中國複製畫創造出許許多多新牆面，過度消費、過度建造、過度貸款和過度借款，全都成為後冷戰時代信用泡沫的新常態。

我最喜歡舉的例子是我的家鄉明尼阿波里斯。我在2009年春季回到那裡，與兒時老友格瑞爾（Ken Greer）談到消費脫序問題時，他對我說：「我要給你看個東西。」我們開車出去，到蔭橡路和跨城快速道路邊的小型商店街。我們轉進入口時，他說：「好，你看好了。」他說的這個「東西」實在難以被忽略。入口兩側都是馴鹿咖啡店：明尼蘇達州版的星巴克。

一段小小的商店街，為什麼會需要兩家馴鹿咖啡？

我們走進右側的那家。我點了一杯低脂拿鐵，並問咖啡店店員：「請教你一件事。你這裡是馴鹿咖啡，對面那邊還有一家，我從這裡就看得見。為什麼兩家馴鹿咖啡會距離這麼近？」她解釋說：「原因很簡單，這裡每天早上都大排長龍，所以我們需要另一家。」

「原來如此，」我自言自語道。因為在早上的尖峰時間，大家要排隊等上稍微久一點的時間，所以馴鹿咖啡的老闆不能只是添一部咖啡機、加兩個店員，而是必須在對街多開一家一模一樣的咖啡店。嘿，為什麼不呢？既然資金低廉，資源唾手

可得，為什麼不在同一條街開兩家一模一樣的咖啡店……

我對大芬村和馴鹿咖啡沒有不敬之意，我只是希望我們永遠不要回到美國人只是用愈來愈多信用額度、借愈來愈多錢、買愈來愈多東西，而需要開設愈來愈多中國工廠和馴鹿咖啡、消耗愈來愈多燃煤能源的時光。當然，我並不反對追求全球貿易和經濟成長，只是我們的成長需要更加兼顧經濟與生態的平衡。我們不能只是讓美國當消費者、中國當生產者，不能允許雙方維持過去那樣的供給與需求規模，不能允許雙方繼續採用會造成環境損害的製造與消費方式。過去那套生活水準成長模式終將無以為繼，無論是在經濟上或生態上都無法永續。

2008年開始的這場經濟大衰退，可不是你祖母所經歷過的那種標準衰退型態。過去當經濟發展深入遲緩時，只要降低一點槓桿、減少一點風險、放寬一些政策管制，我們的經濟就會重新振作，然後可以無後顧之憂的回復往日所作所為。但2008年的大衰退絕非如此，它是一個重要徵兆，就像是心臟病發作前兆那樣。

幸好，它並不致命。但我們絕對不能輕忽它要告訴我們的警訊：美國經濟成長的方式是不健康的，無論對我們的市場或星球、銀行或森林、零售商或河流而言都是如此。經濟大衰退的發生，是市場和大自然共同的發聲，它們要告訴以美國和中國為首的全球主要經濟體：「不能繼續這樣下去，請適可而止吧！」

危機不應該被浪費

我們創造財富的方式，已經在金融界和自然界累積如此多的有害資產，到了2008至2009年間，它終於撼動市場和生態系統的根基。沒錯，儘管市場與大自然從表面上看似沒有關聯之處，但兩者的不穩定卻有著共同的原因。那是貝爾斯登投資銀行（Bear Stearns）與北極熊同時面臨滅絕的原因。那也是花旗銀行、冰島的銀行、南極的冰棚全都同時消融崩解的原因。它們同樣都受害於人類不顧風險的魯莽行為。我所說的，是當今個人與機構責任的全面崩潰。對自然界與金融界起著關鍵作用的那群人，在不實的會計基礎上，使個人、銀行和投資公司得以系統性隱瞞或低估風險，將獲利中飽私囊，並在公眾渾然不覺的情況下將損失轉嫁給整個社會。

當然，美國與其他地方的經濟成長，並不全然都是靠上述詐欺手法營造出來的假象。我們確實具備更高的生產力，創造出許多新企業（像是Amazon和Google）、新產品（像是iPod和iPhone），以及新服務（像是網路廣告和開源軟體），為人類帶來更美好、更有趣、更輕鬆，以及更有效率的生活。然而至少在美國，我們的經濟成長仍有很大部分並非來自創新，而是來自預支孩子的撲滿、揮霍大自然儲備的資源。因此整體而言，我們的社會總是處於入不敷出的超支狀態。

一切似乎可以一直這樣持續下去，直到無以為繼的那天。就像我的朋友、創辦生態科技國際（EcoTech International）的環境顧問華生（Rob Watson）老掛在嘴邊的：「你知道的，如果你從八十層樓高一躍而下，在前面七十九層的過程中，你可能感覺

---

① 花旗銀行、冰島的銀行、南極的冰棚，為什麼都在同一個時間崩解了？　　53

自己就好像在飛翔一樣。但真正要人命的，是最終猛然停止的那一刻。」

經濟大衰退就像是在一路暢行過程中猛然停止的那一刻。問題是：我們能從中記取教訓嗎？史丹佛大學的經濟學家羅默（Paul Romer）說：「危機不應該被浪費。」我相信我們可以從危機中記取教訓，我們也必須從危機中記取教訓，本書的目的就是為記取教訓指出方向。

本書英文版精裝版的第一次印行是在2008年9月。在那一版裡，我認為美國出了問題。在冷戰結束之後，尤其是在九一一事件之後，美國已經開始「落漆」。我們變得內向，我們輸出的恐懼多於希望，而且從教育、社會安全制度、健康保險、財政赤字、移民到能源問題，我們似乎想要延後處理削弱社會的每一個重大問題。我主張，我們需要重啟建設家園的工作，我相信這也是大多數美國人共同抱持的觀點，所以人民將歐巴馬送上總統寶座。

同時，我認為世界也出了問題。世界變得又熱（全球暖化）、又平（高度消費的中產階級在全球的崛起）、又擠（人口步入每十三年大約增加10億的增長趨勢）。我當時的立論是（也是我現在的立論），如果美國能夠扮演領導者的角色，開發科技與研擬政策方案，處理目前全球所面臨的最重大問題，也就是因為地球變得又熱、又平、又擠而在能源與環境上造成的壓力，美國就能恢復往日榮光。

從2008年到現在，情況又有哪些改變？第一個變化是美國和地球的問題都變得更加嚴峻。一如前文所指出，我們的生活水準成長模式破壞了市場和大自然原有的穩定，程度已經嚴

重到我們無法繼續裝聾作啞。金融危機與生態危機的相互激盪下，經濟大衰退程度之「大」，讓我們不得不看清原本視而不見的事實：市場與大自然的失衡問題，同樣源自於不實的會計、錯誤的風險訂價，以及利得歸於私有，而損失卻由社會承擔。

　　因此在這次的增訂版中，我重新撰寫前三章，以解釋市場和大自然為什麼會同時陷入困境。第四章開始則接續初版的敘述，前半部著眼於我們無所節制的行為會對地球造成什麼影響，尤其是在地球已經變得又熱、又平、又擠的這個當口。後半部則在解釋，我們該如何在科技、金融、道德及生態等方面化危機為轉機，來振興與重塑美國。地球若要成功克服目前的獨特挑戰，美國的領導與作為都將是攸關成敗的關鍵所在。

　　如果要我總結這個挑戰時刻對我們的意義，我會這麼說：我們的父母是「最偉大的世代」（Greatest Generation），為我們在美國建立一個自由、豐裕、機會處處的世界，創造出歷史上不曾有任何世代所享有的榮景。而我的世代（我生於1953年），也就是嬰兒潮世代，則成為所謂的「蝗蟲世代」（Grasshopper Generation）。這個詞彙的靈感來自作家安德森（Kurt Andersen）。他曾在《時代》雜誌（Time）發表一篇專文（2009年3月26日），探討這個過剩的時代，他認為美國人內在的「蝗蟲」在過去三十年間獲得釋放，它們盡情啃蝕我們所繼承的社會與自然資源，把龐大的財務赤字與生態赤字留給下一代。我們已經再也當不起蝗蟲了。因此，我們和我們的子女必須成為「再生世代」（Re-Generation），凝聚所有的意志力、精力、專注力和超凡的創新能力，讓美國再生、再更新、再改造，讓世界看到提升生活

---

① 花旗銀行、冰島的銀行、南極的冰棚，為什麼都在同一個時間崩解了？

水準以及與自然互動的新模式，一個真正永續、再生、健康、安全、公平的模式，而且能在更多地方為更多人創造更多機會，讓一切更勝以往。

這場綠色革命已經不再是關乎拯救鯨魚，也不是關乎「我們孩子的孩子」那一個遙遠到讓人實在提不起勁的世代。這是與我們自己切身相關的事。它關乎我們和我們的子女賴以維生的這個世界，它也關乎我們能否找到一種創造的財富之道，能讓人人擁有他們所期盼的理想生活，但又不會在金融界或自然界產生我們無力招架的有害資產。這是一項迫切的計畫，因為我們近年所迷戀著的那種美式生活方式，勢必將讓下一代被迫承擔所附帶的災難性苦果。這是一個高度優先、艱鉅重大的挑戰，而我們的子女何其無辜，這一切不是他們造成的，但是現在他們怎麼樣都逃不掉。

一如我所說的，市場與大自然之所以在同一時間陷入困境，基本上是出於相同的根本原因，我們必須了解這些根源，才能避免重蹈覆轍。我會把焦點放在三個原因：第一個是我們的所做所為，其中真正的成本與風險普遍遭到隱蔽和低估；第二個是最糟糕的商業和生態價值觀盛行，體現於 IBG（I'll be gone）、YBG（You'll be gone）這類的流行語，意思是現在及時行樂，反正等到要付出代價時，「我已經不在了」或是「你已經不在了」；第三個是利得歸於私有，而損失歸給社會承擔的現象。

風險的訂價過低

　　金融市場的崩解是由次級房貸所引發，次級房貸讓低所得、信用紀錄不佳或沒有信用紀錄的人可以購屋。在次貸狂潮的巔峰，洛杉磯房貸業者告訴我，銀行和房貸業者核貸給任何可以「隱藏惡意」的人。年所得1.5萬美元至2萬美元的人，沒有信用評等紀錄，有時候甚至沒有穩定的工作或公民文件，卻可以靠貸款買下30萬至40萬美元的房屋，而且是零自備款。更讓人震驚的是，世人對這些「次級」房貸趨之若鶩的程度，彷彿它們是美國儲蓄債券，而不是高風險金融工具。怎麼會這樣？

　　金融政策專家、美國企業研究院（American Enterprise Institute）金融政策專案共同總監瓦里森（Peter J. Wallison）表示，截至2008年8月為止，次級房貸以及其他非優級房貸的流通在外筆數大約是2,500萬筆，未償還本金餘額超過4.5兆美元。瓦里森解釋道，以評估信用品質的指標來看，次級房貸借款人都是些信用有瑕疵或信用評分低落的人。至於其他非優級房貸，還有所謂的「準優級房貸」（Alt-A loans），他補充道，「是指利率可變動、零自備款或低自備款的房貸，核貸時不會要求借款人說明他們的所得狀況，甚至不會去核實他們的所得狀況。」這些貸款通常被稱為「騙子貸款」（liar loan），因為你可以隱瞞自己的財務弱點，輕鬆得到一筆貸款，而且只要準備很少的自備款，甚至完全不用自備款，也就是說你可能一開始完全不用花錢，等一年或兩年後才開始支付大筆還款。換句話說，「次級房貸」指的是借款人的品質，這些借款人的違約風險是打從第一

天就知道的。

「準優級房貸」指的是貸款本身的品質：借款人的信用紀錄有好有壞，但是這些貸款本身有其固有的風險，因為它們的自備款很低或是零，或是信用紀錄很少或沒有，或是可以在未來提高利率水準，基於前述一項或更多條件所致，購屋者很有可能付不出房貸。不過，只要房價持續上漲，準優級房貸者就可以在重設利率時出脫房屋，就像許多搭著這一波榮景的投機者所做的，賺取高出原來貸款額的價差。房仲也會告訴客戶：「不用擔心，現在買下去就對了。如果到時真的付不出房貸，大不了把房子賣掉就好。房價只會愈來愈高，房子明天絕對會比今天更值錢。」然而，等到房價開始回跌，而準優級或次級房貸要開始還款，許多借款人就會被債務壓垮。他們的房貸增加，而房子的價值卻下降，此時他們已無法脫身。

陷入這個窘境的人很多，數量多到令人覺得吃驚。根據瓦里森的說法，2009 年時美國一共有 2,500 萬筆次級房貸和準優級房貸，占全國單戶家庭住宅房貸的45%。

還不是很久之前，常態是像這樣：你的父母歷經好長一段時間的努力，終於存到買房時10%或20%的自備款，其餘則向銀行或信用合作社貸款，分成三十年償還，而那家貸款機構會全程持有貸款。當時的貸款機構與借款人被綁在一起，有一種相互的責任。然而，新制度帶來新常態：銀行和房貸仲介承做這些次級房貸之後，立刻把它賣給大型金融公司，像是花旗銀行、美林證券，或是房利美（Fannie Mae）和房地美（Freddie Mac）*1。這些投資銀行和證券公司把數千筆這類房貸綑搭成債券，也就是所謂的不動產抵押貸款證券（mortgage-backed securities），然後賣給全世界的買家，從中賺取豐厚利潤。想像一下，把一堆可預測現金流的房貸打包成一個債券商品出售，然後每個月收取房貸還款，用這筆現金流支付債券的利息和本金給買家，這個做法看起來似乎蠻有道理。全世界的基金經理人都在買這些債券。為什麼不買？這些債券的利率優於一般國庫券，可以餵飽持有它的銀行或基金的資產負債表，而且它們看起來就像任何3A級企業債一樣安全。畢竟，這些債券總能獲得評等機構優良的評等，而美國人（至少在我們父母那一代）也有著優良的房貸還款紀綠。

「當幾乎所有房貸都是優級房貸，也就是借款人有工作、付自備款、貸款利率三十年不變時，這當然是真的，」瓦里森說：「過去即使在經濟最低迷的時期，房屋查封率也很少會達到4%。」可是，他補充說明道，次級房貸的榮景是全新現象。次級房貸一直都存在，但是傳統上只占整體房貸的一小部分。其中的理由很充分，因為它們的風險極高。他說，以目前的衰退，有些房屋查封率的預測值甚至高達30%。那麼，我們為什麼會如此毫無節制？瓦里森說，關鍵因素是美國政府為了推高自有住宅率而刻意為之的政策，讓像房利美和房地美等住宅貸款機構獲得大量廉價資金，並透過「彈性的承貸標準」來貸款給愈來愈多人。

「房利美和房地美是推手，」瓦里森說。一開始，他們向各家投資銀行大量買進3A級的次級房貸，因而刺激次級房貸

---

1   房利美和房地美是政府贊助設立的機構，主要業務是與銀行和房貸仲介合作，確保它們有足夠資金，以購屋者負擔得起的利率提供貸款服務。

和準優級房貸在華爾街的發展。接著，在2004年末，他們開始大量買進垃圾貸款，把它們和債券本身一起綑搭，和華爾街的產品相互競爭。「華爾街和房利美、房地美之間的競爭，」瓦里森說：「壓低垃圾房貸的價格，助長房價泡沫，而泡沫裡全是品質空前低劣的房貸……這是一個關於立意良善的政府政策，如何引發美國房貸的品質大幅貶落，最終釀成金融危機的故事。」

順道一提，什麼是3A級？這是重點。想像你的水槽裡有一疊盤子，每一個盤子都代表一組品質不同的房貸，被包裝進同一種債券。最糟的BBB和CCC盤子，在水槽的底部，支付最高的利息，因為它們的風險最高。品質最佳的是AAA，放在上方，它的借款人最安全。接著，你開始往水槽裡灌水，這些水就是2008到2009年的經濟大衰退。風險最高等級的房貸擔保證券很快就泡在水裡。最佳的AAA級證券通常仍在水面之上。一般來說，那些房貸擔保的證券從來不會浸溼。但是，經濟大衰退並不尋常，而那些AAA級證券今日也浸在水下，若非一文不值就是嚴重縮水，只剩它們原來價值的一小部分。

不過，挑起這波次貸狂潮的，不只是美國政府提倡自有住宅、刺激營建業的希冀。推波助瀾的還有2000年代早期在葛林斯潘（Alan Greenspan）領導下的聯準會所採行的低利率（太低，時間又過長），以及放寬、放低的信用門檻。聯準會之所以能夠採取寬鬆信用政策，是因為有來自全球經濟體中所有高儲蓄率國家的大量美元，尤其是亞洲四小龍、中東石油輸出國和中國。許多經濟學家相信，亞洲儲蓄和中東石油美元的龐大資金（由這些國家的主權財富基金所管理，然後再回頭重新投資於美國）是

壓低美國國庫券利率的原因，也是刺激投資銀行家和金融怪傑構思出高收益「創新」的推手。他們因此核准愈來愈多次級房貸，還有愈來愈深奧、新奇、以這些次貸為根據的衍生性金融商品和保險產品。

我喜歡新美國基金會（New America Foundation）經濟成長專案（Economic Growth Program）總監施溫尼格（Sherle R. Schwenninger）對情況的總結。他在《國家雜誌》（The Nation）的文章裡指出（2008年12月23日）：「全球經濟失衡的根本原因是中國、日本、更晚近則是波灣石油美元國家的龐大儲蓄。聯準會主席柏南克（Ben Bernanke）認為這種全球儲蓄過剩現象，是助長美國一連串的資產泡沫、形成寬鬆信用的擴張，以及房價在科技股泡沫崩塌後迅速拉高的關鍵因素。」施溫尼格提到：「這些房屋和信用泡沫，回過頭來讓人們得以承擔更多債務、增加更多消費。家戶負債占可支配所得比，從1990年代晚期的90%，升高到2007年的133%。」

簡單來說，銀行和主權財富基金持有田中先生在日本的儲蓄、周先生在中國的儲蓄、阿不都拉先生在科威特的儲蓄，並將這些錢送進華爾街。華爾街有批頂尖金融「火箭科學家」，他們設計出最先進的金融商品，能讓投資人享有更高的報酬率，卻不用承擔更高的風險（或許有人這麼告訴他們）。當所有的錢都拿來追逐收益，管理這些錢的金融機構無可避免就會遊說華盛頓，要求政府給他們更大的「彈性」去設計投資工具，產生更高的收益。而華府也順應華爾街的要求。隨著冷戰的結束和全球化的開展，親市場派的總統（雷根、老布希、克林頓和小布希）以及收取華爾街政治獻金的參眾兩院議員，陸續鬆綁限制

銀行風險承擔水準的相關法規。這些法規當中，有部分是從經濟大蕭條時期就明文規定下來的。

於是，愈來愈多資金流入這個管制愈來愈少的金融體系，而銀行也承擔愈來愈高的風險（不只是次級房貸，還有各式各樣的金融工具），在愈來愈多地方承做愈來愈新奇的金融工具並運用愈來愈高的槓桿，從事愈來愈少人理解、也愈來愈不透明的交易。

以衍生性金融商品為例。在金融產業的遊說下，2000年12月美國國會修法讓衍生性金融商品免於大部分的監管，並由柯林頓總統簽署生效。衍生性金融商品是一種金融工具，它的價值「衍生」自某些真正的股票、債券、服務或貨物的價格。根據Wisegeek.com的說法：「一般來說，賣方出售的是在未來某個特定時點購買或出售某項貨物或服務的協議。」因此，銀行或保險公司可以銷售承保抵押房貸擔保證券違約風險的衍生性金融商品，並藉此獲利。這些稱之為信用違約交換。這種創新的代表公司就是保險業巨人美國國際集團（American International Group，簡稱AIG）。

摩根森（Gretchen Morgenson）與納塔（Don Van Natta Jr.）在《紐約時報》（2009年5月31日）描繪AIG涉足高風險全球金融的冒險落難記：「2000年的立法通過後，衍生性金融商品交易爆增，為交易者帶來豐厚利潤。這塊市場的交易帳面價值，已從十年前的88兆美元，增長為600兆美元。根據路透社報導，店頭市場衍生性金融商品最大的交易商摩根大通（JPMorgan），2008年在這類商品交易的獲利為50億美元，衍生性金融商品已成為該公司最賺錢的業務。而AIG是擴張最迅速的幾家公司之一。

AIG偏離過去主要的產物險和壽險業務，涉足信用違約交換（credit default swaps）的承保，也就是保障房屋抵押貸款擔保證券的持有者免於違約風險。一旦數百萬次級房貸借款人停止付貸款時，AIG就必須提供現金給購買保險的客戶，但事實上它根本沒有那麼多現金。」

　　AIG完全低估（甚至可說是故意隱藏）相關業務所承擔的風險。它在美國有個儲貸事業部門，因此它的銀行業務受美國聯邦政府的管制。它也賣保險，因此它的保險業務受到各州保險監理機關的管制。但是，AIG的衍生性金融商品業務是由位在倫敦的子公司AIG金融產品（AIG Financial Products，AIGFP）所經營，它屬於眾多未受管制的避險基金和私募股權機構，它們在過去二十年間成長，今日大約占全球信用的50%，相形之下，傳統銀行部門變得有如小巫見大巫。這個部門是所有全球機構的三不管地帶。雖然AIG金融只占這個保險巨人總營收的1%，它所承擔的風險在市況不佳時卻足以拖垮整間公司。由於這個領域極度不透明，管制又極度鬆散，無論在AIG內部或外部，沒幾個人知道AIG賭的這一把到底有多大。

　　「在金融危機爆發之前，」摩根森和范納塔指出，「幾乎沒有幾個市場參與者知道AIG曝險的規模。一些衍生商品交易是在交易所進行，因此合約的價值和性質都經過揭露，但也有許多衍生商品的交易不是這樣。信用違約交換是私下交易，交易的風險因此被隱藏起來，讓主管機關沒能意識到這個市場的擴張有多危險，管理又是如何不彰。」

　　一家精明的全球公司為何會變得如此瘋狂、承擔如此高的風險？我在此點出兩個原因。第一，他們的數學天才建構

出的模型告訴他們，其中的風險沒有那麼高。《新聞週刊》（*Newsweek*）有一篇特別報導（2009年6月8日），描繪那些金融怪傑的眾生相，也就是我們說的「量化分析師」，所有房屋抵押貸款擔保證券背後的數學模型都是他們建構出來的；報導提及巴菲特的名言：「小心有公式的怪傑。」雜誌繼續講述超級怪傑李祥林的故事：「他在摩根大通時建構出高斯耦合函數，那是一套用來確定不同證券違約率間關聯性的公式。」理論上，如果有一項房屋抵押貸款擔保證券違約，這個模型可以讓銀行家估計出有多少其他證券會違約。「高斯耦合模型最突出的高明之處，就在於它的抽象化，」《新聞週刊》說：「李祥林不是靠龐大的數據推估〔次貸組合和擔保債務憑證（collateral debt obligation，簡稱CDO）的〕違約機率，他似乎發現一條關聯法則。也就是說你不需要數據，因為關聯性是現成的。量化分析師有了這個模型當護身符，定價速度就可以快得多，交易人員也能夠更快速的買賣證券。高斯數學是CDO市場的火箭燃料。全球CDO交易量在2004年時是1,570億美元，到了2004年為5,200億美元。隨著愈來愈多銀行加入，一度豐厚的利潤也開始變薄。為了讓銀行維持同樣的報酬水準，他們必須找愈來愈多貸款，包裝成CDO，基本上就是在製造更大的炸彈。」不用說，當次貸危機來臨，次貸與債券便像骨牌般瞬間全部一起崩盤，證明李祥林對違約相關性的溫和預測是錯的。一如《新聞週刊》所說的：「就在李祥林準備去領諾貝爾獎的路上，世界毀滅了。」

低估風險的第二個原因更簡單，在每個泡沫裡都看得到：一大堆自以為聰明但實際上愚蠢無比的人，他們總是相信沒有

任何事情會出錯。在這個泡沫中，他們相信的是「美國房價永遠不會再度下跌」。一如路易士（Michael Lewis）在《浮華世界》（*Vanity Fair*）中談到的（2009年8月），這項AIG業務一開始是華爾街投資銀行用來為IBM和奇異（GE）的貸款組合投保。2000年代初，AIG金融產品開始承保更複雜的貸款組合，無論是信用卡債、學生貸款、車貸和優質房貸，任何可以產生現金流的東西都可以拿來做為擔保的證券。路易士指出，這些貸款性質迥異，而且有這麼多不同的借款人，因此可以套用一般的風險邏輯：它們不可能同時全部完蛋。一開始，這些組合裡的次貸寥寥無幾，但是在2004年底事情起了變化。「自2004年6月到2007年6月，」路易士寫道：「華爾街新承做了1.6兆美元的次貸，外加1.2兆美元的準優級房貸」。這種擴張之所以可能，部分是因為AIG金融產品已經準備承保這些貸款組合，而且能因此賺進數十億美元。

為什麼不呢？這些不同的貸款組合看起來這麼分散，不可能出什麼真正的大亂子。於是AIG開心的全吃下來，卻沒有注意到它承保的這些消費貸款正在發生變化。2005年之後，在AIG金融產品保證的消費貸款組合裡，次貸比重從2%增加到95%；但它們手上的資金，卻遠遠不及出現大量違約時應付理賠所需的水準。沒問題的，AIG金融產品的人有信心，房價即使下跌，也絕不可能出現全美各地同時下跌、進而導致大量違約的情況，因此照理說這家保險龍頭不會需要立刻一次付錢給所有的次貸債券持有人。2007年夏天，正是次貸危機初現端倪時，AIG金融產品有一場投資人電話會議，路易士引用當時該公司主管卡薩諾（Joe Cassano）在會中所說的話：「並非我們輕

率，但在合理範圍裡，我們真的難以看到任何線索顯示，這些交易當中的任何一筆有讓我們損失一塊錢的可能。」

短短幾個月後，全各地房價開始像骨牌般紛紛應聲崩跌，於是AIG金融產品的賭注把整個公司拖進破產的深淵。各位，那就是所謂大量訂價過低的風險。

IBG 與 YBG 心態

要是你可以拿到好處走人，把劣質貸款丟給別人，風險就更加容易訂價過低。2000年代初期，全球資金之所以流入華爾街尋找更高的報酬，不只是看準當時的美國信用寬鬆、金融法規鬆綁，也是因為當時的道德散漫。實際情況遠比大家想像的更糟。經濟大衰退的起因，部分是銀行家、評等機構、投資公司、貸款中介者和消費者等主要角色的道德根基普遍敗壞。你大可以制定各種法規，但是當許多人被貪婪所吞噬、看不到任何長期思維和責任感，法規也無濟於事。引發經濟大衰退的不是違法行為，而是當一切在人們眼前上演時，這些原本應該知情的內行人，卻擱下他們的信念、價值和懷疑，自己也加入這場遊戲。沒錯，他們有「原則」。只可惜，讓全球經濟失衡的信用泡沫全都建構在銀行界心知肚明的IBG和YBG原則上，那就是：出事時，「我已經不在了」，或者「你已經不在了」。

它的運作方式如下。房貸仲介先賣給一家人房貸產品，然後把它轉給較大的金融機構，如房利美或花旗，他知道如果背負房貸的這家人付不出貸款時「我已經不在了」，所以這樁高

風險交易對他而言沒有任何風險，反正到時候他已不再是房貸的所有權人，所有權人是房利美、房地美或某家投資銀行。他還告訴那家人，這個道理對他們也適用。如果他們付不出貸款也沒有問題，因為「你已經不在了」，反正房價永遠會上漲，他們到時候可以用比買價還高的價格轉賣房子。評等機構有高度動機要給予次貸債券較高的評等，因為他們的手續費和營收取決於相關業務的多寡，若能幫助這些證券更容易賣掉，未來就有更多投資公司和銀行想要採用他們的評等服務。不過如果這些債券出事了，怎麼辦？評等機構會說，這個嘛……反正到那時「我已經不在了」。投資銀行有強烈的動機把愈來愈多房貸綑搭成債券，賣到全世界，因為手續費很高，而只要他們不要留太多在自家資產負表上，如果債券爆掉了，誰在意啊？反正到那時「我已經不在了」。

換個說法，這整套制度靠的是風險的始作俑者從證券發行中獲利，然後把風險轉移給別人，而且事後永遠不必為此負責。因此，從來就不應該揹房貸的人揹上房貸，從來就不應該核准房貸的人核准房貸，從來就不應該綑搭房貸的人做起綑搭，從來就不應該把它們評為AAA的人給了AAA的評等，從來就不應該把它們賣給退休基金和其他全球金融機構的人賣出了它們。而從來就不應該承保它們的企業點頭承保，卻沒有保留足夠的資產以支應大量違約，就像是AIG。每個人似乎都以為自己可以透過這些債券短期獲利，永遠不必擔心在他們脫手之後，長期會造成什麼問題。

2008年經濟崩盤之後，歐巴馬總統談到他的規範市場計畫時說得好，他指出華爾街養成了一種「不負責任的文化」，

風險不斷從一個人轉給另一個人，直到某項風險金融商品終於被某個不了解其中風險、甚至不了解債券或衍生金融商品如何運作的人買下。「與此同時，」總統說，「經營管理者的薪酬與長期績效脫鉤，得到獎勵的是不顧後果，而不是責任。」

利得歸於私有，損失由社會承擔

這些次級房貸或是違約保險所牽涉的真正風險要是能被計入其價格，它們的評等絕對不會是當初那個樣子。投資人在買進之前會更加警惕，會要求與風險水準相符的更高收益，這也會迫使房貸仲介商在選擇貸款對象時更謹慎，銀行在挑選綑搭組合標的時也會更小心。但是，它們的獲利實在太優厚，低估風險價格、把利得放進自己口袋的誘惑，讓每個牽涉其中的人都無法抗拒。能夠拒絕蹚這灘渾水的銀行家更是罕見。

一如花旗銀行前執行長普林斯（Charles Prince）在2017年7月9日告訴《金融時報》的，「只要音樂還在播放，你就得站起來，隨之起舞。」那正是信用市場開始急墜前幾週。股東、董事會和市場分析師都對金融公司和老闆說：你為什麼不像別人一樣大膽積極？你為什麼不把房貸和CDO包裝綑搭？你為什麼不把這些豐厚的報酬放進口袋？有太多誘因推著執行長們去承擔更多風險。老天爺，那些誘因真是了不得。2007年12月，就在信用市場已經搖搖欲墜之際，高盛集團執行長洛布蘭克芬（Lloyd Blankfein）領了6,790萬美元的紅利，創下華爾街史上最高金額的執行長獎金紀錄。

要是執行長的公司狀況出了差錯呢？完全不需要擔心。一

般來說，在那七個優渥的年頭，執行長的合約保障他們在最差的情況下也能享有「黃金降落傘」待遇。2007年11月1日，美林證券執行長歐尼爾（Stan O'Neal）辭職，得到一筆價值1億6,150萬美元的黃金降落傘，儘管他的次貸投資最終造成公司超過20億美元的虧損。

「一些金融公司龍頭偏離了最初的使命：為『創新』提供資金、為『創造性破壞』提供資金，讓能提升人類生活的新科技取代舊科技。」哥倫比亞大學經濟學家巴格瓦提（Jagdish Bhagwati）說：「但他們的行動恰恰相反，太多銀行致力於標新立異且晦澀難解的財務創新，導致最終以『破壞性創造』收場。」

2008年9月，這座富麗堂皇的金融宮殿隨著雷曼兄弟垮台而崩壞，國會為此通過7,000億美元的緊急資金給財政部，防止金融體系崩潰，而也是到了這個地步，大眾才恍然大悟發生了什麼事：TWG，「他們已經不在了」（They were gone），把風險層層高高堆疊起來、把利益放進自己口袋的那群銀行家已經逃之夭夭；但是WSH，「我們還在這裡」（We are still here）。我們讓華爾街投資人與經理人低估風險的代價，把風險的利得放進他們的口袋，然後在虧損造成金融系統面臨崩潰威脅時，花納稅人的錢幫他們紓困。

為什麼是我們大家要為這件事揹黑鍋？因為這是經濟命脈之所繫。重要的金融服務公司已經大到不能倒，要是我們放手讓它們倒，我們全都會被它們一起拖下水。如果它們倒了，當你到提款機前準備把錢領出來時，會發現什麼都領不到。

---

① 花旗銀行、冰島的銀行、南極的冰棚，為什麼都在同一個時間崩解了？

有那麼一陣子，美國歷史最悠久的貨幣市場基金「首選準備基金」（Reserve Primary Fund）的儲戶就真的遇到這種事。這個規模為648億美元的基金，持有7.85億美元由雷曼發行的短期商業票據。2008年9月，雷曼申請破產時，首選準備基金無法全額償還顧客的錢，也就是他們存款帳上的金額無法支付該付的每一塊錢，因此必須暫停營業一段時間。「如果一家公司的資產負債表無法反映其業務活動真實的成本與風險，如果一家公司大到不能倒，最後的下場就是利得為它們占有，虧損由社會吸收，」印度科技公司Infosys創辦人奈里卡尼（Nandan Nilekani）這麼向我表示。那正是實際上演的情節。截至2009年夏天，光是AIG就讓納稅人以超過1,700億美元的代價，提供各種形式的支撐，才得以苟延殘喘，這都要拜它在衍生金融商品市場的龐大虧損所賜。

不過，可嘆的是，美國不是唯一好傻好天真的國家。其他國家迅速步上我們的後塵。這點無可避免。在一個平的世界中，每一天連結都變得愈來愈緊密而快速，電子交易的大量資金到處流動，追著愈來愈高的報酬跑，許多人都想要加入。不管你有多小咖都沒關係，任何人都可以在自家車庫裡開一間全球賭場。這件事，問冰島就對了。

冰島的銀行和南極的融冰

冰島把自己變成一檔避險基金。冰島的政府和冰島的大銀行（政府是它們的大股東）看到投資銀行業務的豐厚報酬，決定要分一杯羹，於是大幅鬆綁經濟，以吸引大量的外國資金。在很

短暫的時間內，擁有30萬人口及傳統經濟型態的冰島，突然變身成一家瘋狂的大型境外銀行。路易士在2009年4月的《浮華世界》裡生動地描述事情始末：

這個國家上上下下，對於複雜的財務操作沒有直接相關經驗，甚至連最模糊的印象也沒有，但是他們看著華爾街做的事，就說：「我們也辦得到！」有那麼短暫的一刻，看起來他們似乎辦到了。2003年，冰島最大的三家銀行，資產總額大約只有幾10億美元，大約相當於它100%的GDP值。接下來的三年半間，這些資產成長到超過1,400億美元，遠遠超過冰島的GDP，連計算它與GDP的比例都沒有任何意義。一如某位經濟學家告訴我的，這是「銀行體系在人類歷史上最迅速的擴張……從2003年到2007年，美國股市上漲兩倍時，冰島股市足足上漲了九倍。雷克雅維克的房地產價格翻為三倍。到了2006年，一個尋常的冰島家庭財富是2003年時的三倍，而新財富幾乎全部都和新的投資銀行業務有關。」

冰島的整體經濟變得扭曲。學生從漁業或工程等傳統職業出走，投身用錢賺錢的經濟。2008年10月，地心引力法則終於發威，冰島三家銀行全都垮台，路易士說：「冰島的30萬人民突然發現，他們要承擔1,000億的銀行虧損。也就是說，無論是男人、女人或小孩，每個人大約要揹33萬美元的負債。」

小小的冰島為什麼會陷得如此之深？基本上是有一小群位居重要金融職位的人，和倫敦與華爾街的銀行家中了同樣的毒。他們抱持著「冒險不會出事」的信念，把華爾街槓桿過高

的模型依樣畫葫蘆的搬到他們小小的國家。大家都知道有句老話說：當你在撲克牌桌上左看、右看，卻看不出誰是傻瓜時，那麼傻瓜可能就是你自己。這大概就是冰島當時的處境。按照路易士所引用的丹麥銀行（Danske Bank）分析，冰島的銀行家們所構築的裙帶關係網絡，醞釀並催化了冰島的危機：銀行家們先透過彼此買賣炒高價格，接著借來數百億美元，貸款給小小冰島部落裡的成員，讓他們用這些錢買一堆昂貴又亂七八糟的外國資產。「這就像是新來的菜鳥走在街上，」倫敦特拉法加基金（Trafalgar Funds）的費諾斯（Theo Phanos）說：「各種虎視眈眈的人盯上他們，用盡心機要賣給他們品質最差的資產，像是二線航空公司、次等規模零售商等。讓他們舉債購買一些最糟糕的東西。」

但是一路走來，天真的小冰島也招徠並征服其他許多天真的人。冰島的銀行之所以能引進那麼龐大的資金，創造線上儲蓄帳戶也是重要的管道，其中最受歡迎的就是Icesave.com，以高利率吸引全世界的儲戶，光是來自英國的就有約三十萬人。而且聞風而來的還不只是個人。沒錯，冰島的銀行陷入崩潰後，據倫敦《每日郵報》（2008年10月14日）報導，官方統計有上百個英國市政府、大學、醫院和慈善機構，總共高達有11億美元的錢卡在冰島的帳戶裡。《每日郵報》表示，其中包括「在英格蘭與威爾斯的411個地方議會中，有超過四分之一（116個）至少存放8.58億英鎊在冰島銀行裡。其中有一些是英國最大的主管機關，包括肯特郡議會的5,000萬英鎊、諾丁漢市議會的4,200萬英鎊，以及諾佛克郡議會的3,250萬英鎊。」單是劍橋大學就有大約2,000萬美元的存款在那裡，同時有

十五個英國警察單位，像是肯特、薩瑞、薩瑟克斯和蘭開夏等地，大約有1.7億美元凍結在冰島。沒錯，連警察都與冰島的銀行往來！巴士公司也是。經營倫敦巴士和地下鐵服務的倫敦運輸局，據說在高新富金融公司（Kaupthing Singer & Friedlander）有6,000萬美元的存款，那是破產的冰島銀行在英國的子機構。

冰島故事的結局和美國故事一樣，而且原因也一樣：主事的銀行家沒能理解會出什麼差錯，也不了解當市場反撲時他們的損失規模會有多大。在大幅低估他們所作所為所隱含風險的價格，並把獲利歸為己有之後，冰島的大銀行把損失丟給全民買單。冰島的納稅人和政府不得不把這個國家最大的三家銀行收歸國有。在這些銀行蒙受足以拖垮國家整體金融體系的慘重損失之後，為了讓它們還能保持營運，冰島政府向國際貨幣基金（IMF）借得21億美元，並接受來自北歐國家25億美元的聯合貸款。根據CNN.com的報導（2008年11月20日）：「此舉創下首例，是過去二十五年來，國際貨幣基金第一次借款給歐洲國家。」

不過引人注目的是，就在同一年，拖垮冰島銀行的會計欺詐行為也摧毀南極洲最大的冰棚。就像冰島經濟的分崩離析，南極半島西部威金斯冰棚（Wilkins Ice Shelf）這個在過去一世紀大半時候都處於穩定狀態的大冰棚也開始崩解。根據路透社的報導（2009年1月19日），威金斯冰棚是位於南極半島邊、突出海面65英呎的平頂冰層，覆蓋面積曾經達到6,000平方英哩，但是在過去十五年間，在全球暖化的壓力下，已經縮減三分之一。「研究人員相信，它是靠著連接南極大陸與沙科島（Charcot Island）的冰橋來保持穩固。但是那道127平方英哩的冰橋在

2008年流失了兩大塊，在2009年4月5日完全瓦解，」路透社在後來的報導（2009年4月30日）裡補充道。這會讓威金斯冰棚崩解，流入大海。報導繼續說：

　　隨著冰棚的裂解，它附近的海域已經散落著形狀和大小有如購物中心的冰山。在過去五十年間，南極半島周邊還有九座冰棚已經消融或崩解，通常像1995年的拉森A冰棚（Larsen A）或2002年的拉森B冰棚（Larsen B）那麼突然。大家普遍把這股趨勢歸咎於燃燒化石燃料產生溫室氣體而引發的氣候變遷。「我們看到威金斯冰棚和其他九個冰棚有著類似的發展軌跡，這是暖化的結果，」英國南極調查局（British Antarctic Survey）的佛漢（David Vaugham）表示。總面積約為25,000平方公里的冰棚消失，使得南極地圖發生變化。海洋沉積物顯示，有些冰棚已經存在至少十萬年……自從1950年以來，南極半島的氣溫上升大約攝氏3度，這是南半球升溫最快的時候。

　　同樣的解體，同樣的高風險事業。就像花旗銀行和冰島銀行的人所從事的瘋狂金融業務，沒有反映大量違約或虧損的真實風險。那些被開發商、石油公司、煤礦公司、汽車公司和電力公司，透過銷售以碳氫化合物為基礎的能源、動力、照明、暖氣和冷氣排放的二氧化碳在大氣中累積，進而改變我們的氣候，但是它們對地球造成的真實成本卻沒有反映在價格上。我們每個人都享受這些訂價過低的碳排放能源、把利得占為己有，並讓整個社會承擔損失、承擔大氣中二氧化碳累積下所帶來的長期影響。我們把損失掛在子女的信用卡帳單上，讓他

們以及遙遠的未來裡他們的子女去償付，因為二氧化碳會留在大氣裡，持續影響地球未來數千年的氣候。或許我們未來就不在了，但是我們的子女以及他們的子女還會在這裡。這是我們唯一的家園，如同環保人士常說的：「大自然不會對我們紓困。」所以，我們最好儘快尋找其他的經濟成長之道。

「我們目前用來提升生活水準的模式，不可能傳承給我們的子女，」物理學家與氣候專家羅姆（Joseph Romm）在Climateprogress.org部落格上的表示，「我們靠著耗竭所有的天然資源而致富，如水、碳氫化合物、森林、河流、魚和可耕地等，而不是藉由產生可再生的循環資源。你可以藉由這種強取豪奪的行為暴富，但這樣的模式終將面臨崩潰的一天。除非我們挺身而出，大聲宣告：『這是一場龐氏騙局。我們並沒有創造財富，我們正在摧毀賴以生存的氣候……傳給別人時對方還能享用的，才是真正的財富。』」

大自然的道瓊指數

存在數千年的冰棚突然消失，自然能夠引起眾人的目光。然而，還有許多沒那麼劇烈的警訊，顯示我們的風險事業正在摧毀自然界，而且嚴重程度絕不亞於金融危機。我們非常了解如何衡量毫無節制的經濟行為的成本。當市場陷入困境時，就會反映在道瓊工業平均指數上，在經濟大衰退期間，道瓊指數就像溜滑梯般直直落。但是，沒有人會為大自然設置一個道瓊指數，並用一個簡單的數字告訴我們大自然的現況如何。如果真有這樣的指數，那麼用「大自然道瓊指數近年來跌到歷史新

低」來形容應該也不為過。

在2008與2009年，隨便挑幾項氣候和生物多樣性的研究來看，最醒目的會是某些全球一流的科學家一致提出警告，氣候的變遷與生物多樣性的流失發生的速度與產生的影響，都高過他們幾年前的預期。關於氣候變遷的速度和廣度，聯合國的政府間氣候變化專門委員會（Intergovernmental Panel on Climate Change）所提出的許多關鍵估計值（最近一次提出是在2007年），現在來看都嚴重過時。這點我會在後文詳細討論，不過在此先提出兩個例子。

以麻省理工學院（MIT）的全球變遷科學與政策聯合計畫（Joint Program on the Science and Policy of Global Change）為例。2009年，這項計畫已更新其「全球系統整合模型」，追蹤並預測從1861年到2010年的氣候變遷。最新的預測顯示：如果繼續維持目前的二氧化碳排放量，到了2100年，地球表面溫度將遠遠高於人類過去的經驗。

或者以聯合國在2005年發表的〈千禧年生態系統評估〉（*Millennium Ecosystem Assessment*，MEA）為例。這項由1,300位專家進行，並通過同儕審查的綜合科學分析，目的是要「評估的是生態變遷對人類健康的影響」。報告的結論指出，地球生態系統吸收人類活動負面衝擊的能力正在快速降低：「這項評估的核心結論是，人類活動對地球的自然功能造成沉重負擔，以至於生態系統已不再必然能維持未來世代生存所需。」報告中還指出，人類長期從大自然獲取許多「服務」與「利益」，例如森林不僅可以涵養水源、防止河川淤積，還幫我們過濾潔淨的空氣、提供建築所需的木材。而海洋中的珊瑚礁，則不僅提供我

們食用的魚類，還維繫海洋生物的多樣性。根據美國國家海洋暨大氣總署（NOAA）的報告，珊瑚礁及其周邊海域可能蘊藏著數百萬種未發現的有機生物物種。「珊瑚礁動物和植物現在是許多藥物的提煉來源，這些藥物有可能用來治療癌症、關節炎、細菌與病毒感染，以及其他多種疾病。」然而，由於多數國家都沒有為這些服務訂價，造成取得成本過低，結果就是自然資源容易遭受濫用及破壞，出現「利得歸於私有，損失由社會承擔」的問題。

在過去五十年間，這樣的問題尤其嚴重。〈千禧年生態系統評估〉報告指出，全球生態系統有60%已經遭受損害；自1945年以來轉做農用的土地，比十八、十九世紀的總合還多；地球上約有10%至30%的哺乳類、鳥類和兩棲類物種正面臨滅絕的威脅。今日已有超過十億人遭受缺水之苦；光是熱帶的森林砍伐面積，每年就超過2,500萬英畝，大約是希臘那麼大；全球漁場超過一半處於過度捕撈或是瀕臨生態系統供給極限的狀態。

難怪，世界自然生物基金會（World Wildlife Fund，簡稱WWF）在〈2008年地球生命力報告〉（*Living Planet 2008 Report*）中總結道，相較於地球維持生命的生物能力，人類的活動對地球生態系統的影響已經超標25%。那還是人類到2020年代初期增加十億人口之前的情況。「世界目前正在金融資產價值高估的殘局裡掙扎，但是一個更根本的危機正埋伏在前方，隱隱若現，那就是生態信用緊縮，它的肇因是環境資產價值的低估，而環境資產正是所有生命和財產的基礎，」WWF國際理事長利普（James Leape）在報告的前言裡如此說道：「我們大部分人目前的

生活方式以及我們的經濟成長，都是靠著提領世界各地的生態資本撐起來的，而且超支愈來愈多。」

對照金融市場與大自然中所發生的事情，兩者相似程度之高，確實讓人感到訝異。在這兩個領域中，過去向來是百年難得一見的事件（無論是不尋常的強烈風暴、熱浪或全球金融危機），現在發生的頻率愈來愈高、程度愈來愈嚴重，而收拾善後的成本也愈來愈高。在這兩個領域中，產業都受惠於風險的價格低估（無論是信用違約交換或碳排放），因此暗中遊說主管機關鬆綁法規，好讓他們繼續以犧牲更大的公益為代價，收割豐厚的私人利得。在這兩個領域中，企業和遊說團體資助、散播矇蔽事實的「研究」，混淆大眾的視聽，使大眾對真正的危機無所知覺，低估當前行為將帶來的風險與代價。兩個領域中的專有名詞甚至開始互相通用：我們開始談論「掠奪性」貸款、金融「海嘯」、金融「風暴」和市場「消融」。最後，就像少數高瞻遠矚的金融專家對我們提出的警告：如果我們繼續擴張信用，市場可能會歷經極端的崩解，情況遠比模型預測的還要慘重；也有少數高瞻遠矚的科學家對我們提出警告：如果我們繼續增加碳排放，同樣的事件將會在自然界重演。

「AIG和其他類似的公司之所以失敗，是因為他們把投資或保險組合資產同時違約微乎其微的風險視為零風險，」聯合國基金會（United Nations Foundation）的能源與氣候副理事長德雄（Reid Detchon）指出：「事實上，那樣的風險發生機率可能不到1%，或許還要低得更多，但是它終究是發生了。我們目前對於氣候變遷的應對方式，根本和AIG沒什麼不同。我們假設氣候變遷有可預測的發展路徑，可以根據溫度上升的程度來權衡

行動的風險和利益。這麼一來，我們等於把以下兩種風險視為零，一是溫度升幅遠高於我們現在預測的風險，二是氣候系統突然出現非線性反應的風險。」非線性反應意味著突然發生的劇烈變化，例如因為氣候系統裡一連串難以預測或無法預測的發展，亞馬遜河突然枯竭。「然而與AIG事件不同的是，氣候變遷的風險並非微乎其微，」德雄補充說道：「如果我們一切照舊，溫度災難性升高的風險比較可能是50%，而不是5%。即使非線性反應的風險難以預測，但我們可以確定，地球氣候在過去確實曾經發生劇烈變化。」

由於以上種種原因，我們絕對必須嚴正看待地球心臟病發作的警訊。「常態」已經回不去了。過去高度消耗能源、高度消耗自然資源的「常態」生活，正是我們落入現在這般境地的原因。大自然與市場之所以陷入困境，是因為我們的「常態」變得過度而無以為繼。

來自澳洲的綠色和平組織前領導者吉爾汀（Paul Gilding）是一位傑出的環保事業專家，他說：「我們正試圖讓一套系統超出原有的能力，讓它變得速度更快、強度更高，」他觀察到，「但無論這套系統有多優異，仍然得遵守物理學和生物學的定律。」這些定律告訴我們，人類身為一個物種，不能繼續走在眼前這條成長道路上。我們需要新的常態，一個能讓市場和大自然更永續、更健康的新常態。

他認為目前問題的癥結是，若非出現重大的危機，人類總是難以理解並採取現在亟需進行的變革與創新。「歷史顯示，我們不輕易接受大規模的變動，尤其是變動會挑戰到我們既有信念的時候，」吉爾汀指出：「人類通常需要一個危機，才能

克服來自心底的抗拒。但永續性的挑戰，尤其是氣候變遷的挑戰，卻是一項關乎整體系統的龐大挑戰，會深刻影響每個人和每個國家，需要我們從生活乃至社會整體各個層面展開全面性的變革，同時也會對生活水準及經濟成長的根本信念提出質疑，並威脅到某些非常強大的利益。這些改變往往會加深人們的抗拒心理，使得抗拒變得更深入、更持久。令人遺憾的是，這表示在我們有所回應之前，必須先出現非常重大、完全無法否認的危機。然而氣候變遷的影響往往要在一段時間之後才會顯現，例如目前的全球暖化是由數十年來的二氧化碳排放量的累積所造成。所以，如果一旦危機大到足以迫使我們做出變革，危機也已經具備強大而無法抵擋的動能。於是危機將變得更具殺傷力，因為即使在我們針對原因採取行動之後，它的影響仍然會持續惡化好長一段時間。」

這就是為什麼情勢已經迫在眉睫，我們的領導者和我們每一個人都必須留意地球心臟病發的警訊，建立一套更永續、與自然和諧共處的創富方式，而且現在就要開始做，趁我們還有機會以合理、井然有序的方法去做的時候。如果我們非要等到一場氣候的珍珠港事變發生，才讓所有人看清問題的規模，到那時就太遲了。到那個時候，氣候變遷造成的影響之深和破壞之大，可能會讓我們根本無法應付。「這不再只是環境問題，」吉爾汀主張：「我們現在如何回應，將決定人類文明的未來。別指望有他人會來拯救我們，我們自己就是我們在等待的人。沒有其他人了。沒有其他時機了。就是我們，就是現在！」

裝聾作啞的美國人

我們身處的時代中，充滿劇烈的政經及社會變局，

實際的情況，比表面上看起來要危險更多，

主要的推力乃是從天而降，來自於大自然。

另一個因素是，我們成為「蝗蟲世代」：

在很短的時間裡，吃掉多到令人咋舌的

國家財富和自然資源，

留給下一代龐大的經濟和生態赤字。

如果我們想要繼續擁有一個宜居的地球，

有豐富的動植物群，人類社群也能永續成長，

就必須此刻作出改變，而且要快！

德國工藝。瑞士創新。美國掛零。

我們是怎麼落入這個窘境的？

答案所牽涉的，不只是風險的錯誤訂價和道德的鬆散。以一個美國人的身分發言，我會說我們之所以會走到這個地步，是嬰兒潮世代的浮濫、耽溺、失焦時期在「一一九」到「九一一」的這段美國歷史走到谷底的結果。

1989年11月9日是柏林圍牆倒塌的那一天，也預示美國在全球軍事與意識型態上真正唯一的競爭者蘇聯瓦解。接下來的時期，就像美國歷史上任何時候一樣精神分裂。這個時期出現個人電腦、光纖和網路相關的重大創新，美國產出許多我後來描述為把世界變平的工具。然而，也是在這個時期，美國失去地緣政治上的主要競爭者，因而變得有點自滿、有點胖、有點笨，也有點懶。

2011年9月11日的事件，帶來另一波美國精神分裂症。一方面，有那麼一陣子，那些事件讓這個國家更團結；另一方面，它們也讓美國切斷與世界的關係，並切斷身為一個國家的核心本能。九一一讓美國失常、退縮，讓美國輸出恐懼多過希望，讓人們築牆而不是開窗，使得國家投入大量金錢和精力於本國國土安全，而不是建設家園。

綜觀各方面，我推測未來在世人的記憶裡，從一一九到九一一這段期間，會是美國獨到創造力的勝利時期，也會是美國精神的危機時期。美國以無可匹敵的權力傲視全球，也在許多方面失焦，失去律動；開始揮霍信用和碳，漸漸與一些讓國家富裕、強盛、受到尊重、受到信任、具啟發力量的根本價值變得疏離。你知道，有時候你會碰到這樣一個朋友，沒幾年就胖了很多，而你心想，「哇，她實在太放縱了。」那就是冷戰

結束後的美國。美國多了很多科技設備，房子變得大很多，但是也實在太過自我放縱……

安德生（Kurt Andersen）在那篇《時代》雜誌文章對這個時期有精采的描繪：

1980 年代早期，大約是雷根任職總統、華爾街蓬勃的現代多頭行情的開端，我們開始豪賭（而且贏了！），並出現一種神奇的思維……這就好像我們覺得肥胖星期二和聖誕節是這麼歡樂多多，我們應該一整年都這麼過。我們開始暢懷揮霍度日。從長期榮景的開始到結束，新房子的平均面積增加大約 50%。同時，美國人的平均體重一年增加 1 磅，因此現在某個年齡的成人至少比當年同年齡的成人胖了至少 20 磅。在 1970 年代晚期，美國人患有肥胖症的比例是 15%，而現在是三分之一……

延遲滿足現在被視為老古板、多此一舉。自從進入新世紀以來的每一年，美國經濟成長要是比全球經濟慢，我們會怎麼做？沃爾瑪和好市多的東西，還有錢本身，都保持超級便宜！即使是九一一這種理應「改變一切」的事件，以及由此而來的伊拉克災難，看起來都只是路面的小凸起。即使每個人內心深處都知道，過度舉債、過度消費、股價和房價的螺旋發展無法長此永續，可是沒有人想要掃興。

我們的父母，確實是最偉大的世代（上帝祝福他們）。有他們的奮鬥和犧牲，在第二次世界大戰擊敗法西斯主義、在冷戰裡戰勝共產主義，美國的男男女女才能免於外來的專制

統治，而拜民權運動和女權運動之賜，他們的同胞才能無分膚色、性別、信仰，都能在美國享有完全的自由權。在經濟大蕭條中歷經匱乏的洗禮，讓他們變得更堅強；在世界大戰同時擊敗德國和日本所需要的英雄主義，讓他們深受鼓舞，他們確實是特別的一群。

一如我的朋友、衛德納大學（Widener University）法學院環境專家約翰·鄧巴赫（John Dembach）有一天對我說的：「我母親的雙親過世時，他們唯一的兒子，也就是我的舅舅吉姆，在他們的墓碑上刻著『他們為了我們的明天付出他們的今天』。我舅舅在1945年春天時開著B-17戰機在德國領空遭到射擊，而他存活了下來。我的外公外婆是辛苦過來的人，他們親身經歷到戰爭、貧窮、失業。然而，他們的墓誌銘訴說的是我們似乎已經失落的價值。」確實，最偉大的世代裡的人儘管不會反對他們創造的財富，但通常也會避免浮濫。最偉大的世代相信努力工作、存自備款買房子、付房貸，並根據那些核心價值，同時提升子女和自己的生活水準。一般來說，他們是自食其力、量入為出。

這絕對是我的父母以及明尼阿波里斯地區許多人的寫照。我父母那一代必須成為最偉大的世代，「因為他們面臨真實、沉重、立即而無法逃避的威脅，包括經濟大蕭條、納粹，以及擁有核武的共產蘇聯。」約翰霍普金斯大學外交政策專家曼德鮑姆（Michael Mandelbaum）表示：「那個世代隨時都準備打韓戰、為冷戰動員，而這正是因為他們歷經經濟大蕭條和第二次世界大戰。那個世代了解情況會壞到什麼地步。」

唉，可是他們的子女，也就是我們這些嬰兒潮世代，得到

自由並運用這份自由，主導令人驚嘆的科技與金融創新時代，同時也是不可思議的浮濫過度時代。我們成為「蝗蟲世代」：我們釋放內在的蝗蟲，在很短的時間裡吃掉多到令人咋舌的國家財富和自然資源，留給下一代龐大的經濟和生態赤字。就像安德生所說的：「蝗蟲是嬰兒潮世代鋪張與享樂的經濟生活的具體形象。」沒錯，我們在 1960 年代的反戰運動和民權運動有過英勇時刻。那些都是橫跨最偉大的世代和嬰兒潮世代的重要倡議。還有，在九一一之後，我們展開異想天開的政治運動，要把民主輸出到阿富汗和伊拉克，這項行動的成本高昂，結果卻充滿不確定性。不過，以一個世代來說，我們大半的成人歲月所投注的心力，不是偉大的國家目標，像是把人送上月球或是擴張自由權，而是更私人的關注和消費。每個人都被鼓勵著少儲蓄、多借錢、透支，無論是揹著次級房貸的窮人，或是私人商務飛機行程滿檔的富人，都是如此。

在金融的全球化之下，美國人得以運用中國人的儲蓄，再加上金融服務的「創新」，誘使更多人透支過活，至於頂尖的 MIT 工程師既不是前往底特律設計汽車、也不是前往 NASA 設計火箭，而是前進華爾街設計衍生性金融商品，對於這件事所牽涉的風險，他們渾然不覺。從網路企業的 IPO 或炒房而迅速致富，用錢賺錢，而不是創造新產品或服務，這些變成許多美國人的常態。就像奇異執行長伊梅特（Jeffrey Immelt）在對底特律經濟聯誼會（Detroit Economic Club）的演說「新生的美國人」（An American Renewal）所言（2009 年 6 月 26 日）：「在我的整個職涯裡，美國歷經這麼大幅的經濟成長，讓人很容易把它視為理所當然。我們藉著資訊時代的生產力而興盛繁榮。但是我們開始遺

忘基本面，沒有看到一個成功的現代經濟的核心能力。許多人相信美國可以從以科技為基礎、出口導向的重鎮，變成服務業領先、以消費為基礎的經濟體，而且還希望這樣仍然可以繼續蓬勃發展。」

沒錯，在冷戰結束後，我們確實有一種「有權」揮霍過活的感覺：我們可以隨心所欲的揮霍，不必管在金融界和自然界的後果。世界是我們的牡蠣，而我們要把它吃個精光。

當冷戰結束，在主要的競爭對手不見之後，上述所有這些趨勢都變本加厲。當你眼前有一個像蘇聯這樣擁有核武的死對頭，而對方又抱持著要與美國的自由市場體制一爭長短的意識型態，這時你必須嚴陣以待。每家優秀的企業或大學或報社都需要競爭對手。因為有《華盛頓郵報》和《華爾街日報》，《紐約時報》才會更好。要是沒有耶魯，哈佛會變成什麼光景？沒有蘋果的微軟呢？競爭對手讓你保持犀利敏銳。但是，隨著「紅色威脅」的消失，美國失去主要對手，也失去一些急迫感和不安感。我們因此變得自滿而怠惰，《後美國世界》（*The Post-American World*）的作者札卡瑞亞（Fareed Zakaria）如此觀察到。

同時，雷根在1980年當選總統，美國邁進另一個時代，美國人告訴自己，我們不必再為更美好的生活而犧牲。雷根主義的出現與美國死敵的消蝕同時，它在我們歷史上的進場時機，正值有愈來愈多公職人員貶謫政府，並講些與繁榮無關痛癢的陳腔濫調。市場永遠是對的。政府永遠是錯的。市場就是解答。政府就是問題。任何政策提案，只要是觸及要求美國人做些有難度的事，例如多儲蓄、多付稅、開燃料效率更好的

車、增加學習時間等，都有一個新的下場：「免談」。

犧牲的年代已經過去了。越戰、大社會計畫無力終結貧窮、水門案的酸嘲憤嫉，還有卡特執政時期的惡性通膨和地緣政治上的軟弱表現。為了回應這些現狀，雷根主張過度的政府管制和稅賦會威脅美國的生活方式，而國家的經濟能力必須解除束縛。雷根與柴契爾夫人並行的自由市場經濟政策，有許多在一開始實施時有其道理。美國以及其他西方世界國家確實需要釋出更多人才、活力和創業精神，這些都因為某些市場部門的過度管制，以及關鍵產業為政府所持有而被封鎖在經濟體裡。全世界受到雷根－柴契爾革命的啟發進行的鬆綁，確實創造更多財富（儘管並不均等），也帶動科技創新和全球合作。我們不要忘記，光是在印度和中國，就有數千萬人因為金融市場的鬆綁、走向市場導向經濟以及全球貿易障礙的降低而脫貧。一如哈佛大學歷史學家弗格森（Niall Ferguson）在接受《巴隆週刊》（Barron's）專訪時指出（2009年6月1日）：「解除管制不會一面倒地都是壞事，因為在1980年之後，全球經濟有許多好事發生。」

但是，所有的好事都有限度，而我們跨越一些紅線。雷根的革命讓美國擺盪到另一個極端，不只在金融部門形成後來證實為輕率的管制鬆綁，也在企業和個人層面都塑造出一種以過度高槓桿承擔風險的文化。我們父母輩從經濟大蕭條學到的財務審慎，讓位給賭徒心態，以及對迅速致富的頌揚。我在《紐約時報》的同事、諾貝爾獎得主保羅・克魯曼（Paul Krugman）在一篇專欄裡論述到（2009年5月29日）：

雷根時代的立法變革基本上終結新政對房屋貸款的限制，尤其是限制家庭在沒有相當高額自備款的情況下舉債買房的能力。這些限制是在1930年代由政治領導者所制定的，他們才剛經歷嚴重的金融危機，並力圖防止另一次危機出現。但是，到了1980年，經濟大蕭條的記憶已經褪色。雷根宣告，政府是問題，不是解答；市場的魔法必須釋放。於是，預防原則遭到撤除。加上其他種類的消費者信用實施更寬鬆的借貸標準，導致美國人的行為起了劇烈的變化。我們並非一直是低儲蓄率的大債務國：在1970年代，美國人的所得儲蓄率將近10%，略高於1960年代。是在雷根的解禁鬆綁之後，儉約才逐漸從美國人的生活方式裡消失，最後變成重大危機發生前夕普遍的零儲蓄率。雷根執政時，家計單位的負債所得比只有60%，大約和甘迺迪政府時期相同。到了2017年，這個比例上升到119%。

確實，因為美國自己的緣故，雷根時代持續的時間太長。不過，雷根在他的行為對政府資產負債表造成的後果變得無可逃避之時，至少加了一些稅項，而他也願意容忍以經濟衰退來挽救通貨膨脹。就像葛林（Joshua Green）在2003年1-2月號的《華盛頓月刊》（*Washington Monthly*）對雷根傳記所發表的評述裡所指出的，「大量減稅後一年，雷根同意加稅以縮減赤字，加稅幅度足足是前一年減稅的三分之一。（從來不肯接受這是意識型態叛變的雷根，帶點怪異的以自欺的態度說服自己，這三年1兆美元、自二次世界大戰以來最高額的增稅，其實是一種『稅務改革』，是為補先前減稅的漏洞，因此不算是增稅。）面臨蠢蠢欲動的赤字，雷根在1983年

再度增加汽油稅，1984年又一次，這波三年、500億美元的增稅，主要是封堵企業的稅賦漏洞。」老布希也曾加稅，柯林頓也是，以維持聯邦政府預算膨脹失控。柯林頓尤其受惠於國防支出在冷戰結束後降低的「和平紅利」。

可是，小布希卻把雷根主義的邏輯發揮到極致，甚至過了頭。挾著參眾兩院多數的權力，還有隨著九一一事件而得到的暫時全國緊急授權，小布希大幅降稅，而且讓稅率維持在低檔，只是他不但沒有收割和平紅利，反而發動兩場成本高昂的戰爭，並拒絕以新稅來籌措經費。他讓中國掏出儲蓄借給美國，以彌補經費的缺口。這是美國有史以來第一次在戰時減稅，在財政上是徹底的輕率妄為。小布希總統任內，美國的儲蓄率直墜到接近零，消費債務從8兆美元爬升到14兆美元。基本上，在小布希執政時期，傳統的共和黨在二十一世紀初期消失了；美國不再有任何政黨致力於負責任的財政。我們有的基本上是一個禁止衰退的政府。蘇斯金（Ron Suskind）在《忠誠的代價》（*The Price of Loyalty*）講述，小布希的財政部長保羅‧歐尼爾（Paul O'Neill）曾在白宮會議裡解釋，美國承受不起再一輪的減稅，並試著警示副總統錢尼，攀升的預算赤字會傷害經濟，但是錢尼打斷他的話，說道：「保羅，你知道的，雷根總統證明赤字沒有關係。」只要經濟成長的速度足以吸收赤字，讓赤字相對較小，赤字就沒有關係，但是當情況不是這樣，年復一年入不敷出，關係可大了。

隨著冷戰在我們的後視鏡裡愈來愈遠，一種「裝聾作啞」的態度瀰漫在我們的政治菁英之間，那是一種認為我們可以沉溺於小家子氣的兩黨惡鬥的情緒，認為我們可以拖延改善健保

制度和崩壞的基礎建設，可以拖延轉換能源系統，可以拖延處理移民改革，可以拖延修補社會安全制度和醫療保險，或是完善地處理對環境的過度消耗，我們想拖多久都可以。黨派分化一切，唯一鞏固的是讓我們再也無法解決任何一個跨越多重世代的重大問題。而冷戰後的倦怠告訴我們，我們其實不需要在意。在這一切之外，是永遠在進行的總統競選活動；二十四小時的有線新聞，助長兩黨對彼此言論的短期戰術交鋒；而最近則有部落格圈，能立刻點燃激情或憤怒的森林大火（有時候是假的，有時候是真的），讓政治人物分說不清：就這樣，我們得到一帖讓行動和思維都走向小格局的處方。任何政治人物，只要倡議這個國家任何一個有責任感的人都知道我們需要的事物，如增加稅賦、減少開支、削減福利等，都是在喝政治毒藥。「美國和它的政治領導者，在歷經無法合作解決重大問題的二十年後，似乎對自己做大事的能力失去信心，」《華爾街日報》專欄作家傑拉德·塞布（Gerald Seib）觀察道。「一個預期失敗的政治體系，不會竭盡所能創造除了失敗以外的事物。」

面對如此繁多的重大議題時，我們潛藏在表面之下的態度變成：等到我們想要解決時，就會去解決，問題絕對不會追上我們，因為我們是美國，我們沒有對手。

九一一事件

接著，九一一事件來了。那天之後的種種原本可以（也應該）成為我們的警鐘。當時，這個國家已經準備好為了浩大的全國重建而接受徵召。我們準備好接受石油課徵「愛國稅」，

這原本可以成為我們這一代的勝利花園，幫助我們脫離對那些攻擊我們的人的依賴。而當號角響起之時，傳進我們耳裡的呼喚是：「購物去！」

事情的發展是，2001年9月11日的恐怖攻擊只是讓我們更加失焦，把大量的精力、金錢和注意力導向對抗蓋達組織的戰爭，還有在每個機場、火車站和聯邦大樓設置保安設備，而不是重新建設美國的航空、鐵路和政府基礎設施。九一一事件後那股深深的不安全感，我和任何人一樣感同身受。因此在美國的金融中心和軍事總部遭遇奇襲後，我對於那些負責維護國家安全的人堅持主張應該多築一道牆或提高進入門檻，我相當能夠理解、也感到同情。

美國確實需要有所反應，確實需要收緊邊界，確實需要改善情報系統；美國確實需要報復，確實想要瓦解國家正面對的真實敵人。但是，美國也需要重建自己的國家；或許更重要的是，找回自從九一一之後就失去的平衡。千萬不要誤會我的意思，美國不是、當然也絕對不可以變成「反恐合眾國」。每當我搭機離開華府時，只要是專家認為有必要，無論要我通過多少金屬探測裝置，我都非常樂意。不過，有一個前提：在最後一道金屬探測裝置的另一邊，正進行一項適合美國展現高超的創新力和啟發力的重大計畫。

我們當然絕對不可以忘記那些導致九一一事件的人。然而我們是開創7月4日紀念日的人。我們是7月4日之子。7月4日才是我們的國慶日，不是9月11日。我為所有9月11日的罹難者默哀哭泣。我們必須紀念他們，從他們的罹難中學習，避免歷史再次重演。但是我們絕對不能任由那可怕的一天定義我

們，特別是現在這個關頭。

但是，就在我們需要挹注資源在家園上、有機會在九一二催生一個新美國時，我們因為回頭看九一一，而過度投資在本土安全上。我們倚賴著一個頹敗的基礎設施，築起更高的圍籬，而裂縫開始出現。在我的家鄉明尼蘇達州，35號州際公路西線的大橋突然崩塌，這件事特別讓我難過，因為那是我在年輕時曾跨過數百次的橋。但是，這不過是冰山一角。

2008年12月，我去了香港。有一天，我出海到香港本島以外的小島滘西洲，我站在一座岩丘頂，俯瞰著南中國海，用朋友的中國手機與遠在馬里蘭州的妻子通話，沒有靜電干擾。幾個小時之後，我在香港超級現代的機場起飛；我是從市中心搭乘光鮮的高速列車前往機場，車廂裡有無線網路，品質好到我可以一路用筆電上網。從香港起飛，經過一天，降落在甘迺迪機場，有如從「傑森一家」飛到「摩登原始人」。醜陋、低矮的入境大廳狹窄擁擠，使用一個簡單的行李推車要花3美元。第二天，我去到曼哈頓的賓州車站，通往搭車月台的手扶梯窄到看起來應該是在行李箱問世之前的設計。噁心的候車月台看起來像是從尼克森執政至今不曾清理過。我搭的是從紐約開往華盛頓的Acela列車（這是美國不建造子彈列車的可悲藉口）。一路上，我試著用手機與華盛頓特區的某個人進行訪談，但是在15分鐘內，電話斷線了三次。我只能對自己說：如果我們真的這麼棒、這麼強，為什麼別人的生活比我們好那麼多？

或許原因是我們並沒有像過去那麼棒了。巴菲特有一句著名的玩笑話說：「只有在退潮時，才會知道誰沒有穿泳衣。」信用泡沫就像海潮。潮水掩蓋許多發爛的事物。以美國來說，

就是信用泡沫和房地產泡沫創造的過度消費需求和工作，掩蓋我們在製造業以及其他經濟基本面的弱點，不過還有更糟的：我們的K-12教育嚴重落後，還有根據顧問公司麥肯錫2009年4月的研究報告〈美國學校成就落差的經濟衝擊〉（The Economic Impact of the Achievement Gap in America's Schools）所指出的，我們現在要為教育的落後付出的慘重代價。

麥肯錫指出，在1950和1960年代，美國在全球是K-12教育的主流。我們在經濟上也是主宰。在1970與1980年代，我們仍然在中學教育領先，雖然領先幅度變小；而美國在全球經濟上也還是領導者，儘管有其他大型經濟體正在追上我們，如中國。今天，我們在高中畢業生人均數以及高中畢業生的品質上都已經處於落後。後果也隨之顯現。以2006年的國際學生能力評估計畫（Program for International Student Assessment，針對30個工業國的十五歲學生在應用學習與問題解決能力的評量）為例，在30個國家裡，美國的數學排名是25，科學是24。麥肯錫指出，這項成績顯示我們的年輕人是與葡萄牙、斯洛伐克的年輕人處於同一水準，「而不是和在服務部門、高價值工作更相關的競爭國家裡的那些學生平起平坐，如加拿大、荷蘭、韓國和澳洲。」事實上，美國小學四年級學生在這類全球測驗的表現還不錯，例如與新加坡比較時。但是，高中學生卻嚴重落後，這表示「美國孩子在學校裡待的時間愈長，相較於國際同儕的表現就愈糟，」麥肯錫表示。

所以，美國小孩一天只有6.5個小時待在學校（相當於一週32.5個小時），或許是好事。「對照來看，」《經濟學人》報導（2009年6月13日），「盧森堡的學校一週上課時數是37個小時，

比利時是44個小時，丹麥53個小時，瑞典60個小時。此外，美國孩童的家庭作業時間大約只有一天一個小時，這個數字讓日本人和中國人大為震驚。」

有數百萬個孩童在現代美國郊區學校就讀，「他們沒有體認到自己有多麼落後，」麥肯錫的專家麥特‧米勒（Matt Miller）說。「他們在為時薪12美元的工作做準備，而不是時薪40到50美元的工作做準備。」

至於確實具備我們所需腦力的那些人，有太多人都把他們的智商轉向金融工程。就像伊梅特在6月26日的演說裡講到的，「一個房貸仲介一年賺500萬美元，而一個化學博士一年賺10萬美元，這時候你就知道其中有事情不對勁。平均實質週薪自1980年以來就在衰退，這表示我們無法提升大多數人的生活水準……在2000年，美國在高科技產品的貿易還是出超。到了2007年，我們在高科技產品的貿易赤字達到500億美元。在許多成長產業，我們已經失去領導地位，而還有許多其他新機會也岌岌可危。」瓦多瓦（Vivek Wadhwa）是哈佛法學院的勞工與工作生活計畫（Labor & Worklife Program）的資深研究人員，以及杜克大學的駐校企業經理人。他也是創業家，創設兩家科技公司。他在一篇發表於《商業週刊》的文章裡提到（2008年11月14日），「2005年8月，我加入杜克大學的普拉特工學院（Pratt Institute）時，工程管理碩士的畢業班有三分之二的學生告訴我，他們要從事金融服務業的工作。2007年的畢業班，有22%的學生進入金融業。」他指出，幸好2008和2009年間的市場崩潰讓那些人回歸真正的工程工作。不過，傷害已經造成。

切記：一塊錢就是一塊錢。從避險基金賺的一塊錢，價值等同於從製造業賺的一塊錢、從回扣賺的一塊錢、從提供服務賺的一塊錢、或是從創新賺的一塊錢。大家總是會調整自己的想像力和創業能量的方向，投注在最佳機會上，或是說得更粗魯一點，往錢最好賺的地方跑。自1980年代起，一直持續到經濟大衰退，我們創造一個愈來愈多人走捷徑賺錢的經濟。炒作房地產比存錢更容易換大房子；比起投資新推出的產品和服務背後的創新，炒作債券更容易賺錢，雖然那些債券原來是為了那些產品和服務籌措資金而設計。

經濟大衰退的真正原因

當你綜觀這些狀況，就會開始明白，經濟大衰退不只是金融欺詐、次級房貸和道德崩壞的結果。當然，這些都是重要原因，但是其實還有更深層的問題：教育成就、努力工作和飛黃騰達之間的穩固關係已經瓦解，那才是根本原因。我們變成一個以為可以一路靠著借貸致富的次貸國家，許諾著一個零自備款、頭兩年一毛錢都不必付的美國夢。我們不需要將公立學校升級，不需要大量增加基礎研究的經費以推動新產業，儘管在這個變平的世界裡，科技能讓更多人有能力可以與美國競爭、連結和合作的時候。不，街角或網路上的銀行會向中國借錢，再借給我們，而且信用審核的手續，不會比機場的報到手續還麻煩，他們只會確認你的機票上的名字和你的駕照上的名字是同一個。

我們父母那一代以自己的刻苦工作和教育贏得美國夢，而

蝗蟲世代卻是想用金融槓桿繼續支撐這個美國夢，靠著借愈來愈多錢，賭注愈下愈大。你可以在投資銀行看到這個現象，它們在順風順水時以30倍的槓桿賺進讓人咋舌的報酬；你也可以在消費者身上看到這個現象，他們買的房子與他們的所得完全脫鉤。年所得2萬5,000美元可以借到40萬美元的房貸，只需要很少、甚至不需要任何自備款，槓桿操作就像美林證券一樣瘋狂。

2009年夏天，我曾經參加過一場米雪兒李（Michelle Rhee）的演說，她是科羅拉多亞斯本市哥倫比亞特區公立學校校長。在演說開始之前，有個人找我攀談，他自我介紹說他叫馬丁（Todd Martin），他悄聲告訴我，李等等要談的主題是經濟大衰退真正的原因：美國大城市公立學校教育的衰敗以及改革的需要。我告訴他，那與我的想法不謀而合，他應該寫信告訴我他的想法，他真的寫信給我。我認為他的想法切中要害、直指核心。

「教育失敗是美國勞工全球競爭力衰退最重要的肇因，尤其是在中層和基層，」馬丁主張。馬丁是百事可樂和歐洲卡夫食品前全球主管，現在是以達拉斯為根據地的國際投資人。這種競爭力的流失削弱了美國勞工的財富生產，就在科技讓全球競爭更靠近家門口時。因此，在十年之間，美國勞工是靠著借貸和過度消費來維持生活水準，而不是靠著真實所得生活。當經濟大衰退清理掉讓過度消費之所以可行的所有信用和資產泡沫時，許多美國勞工因此不只陷入比過去更深的債務，也失去工作，還缺乏在全球競爭的技能。馬丁說，原因如下：

「美國企業」是我們所有公司和所有勞工的總和。每個勞工就像一家公司,向其他公司銷售服務。「美國企業」有一張損益表,也有一張資產負債表。近來的騷動和資產負債表有關,也就是負債、資產、沖銷、喪失抵押品贖回權、淨值、資本適足率等。但是,損益表是資產負債表的養料,而這是「美國企業」潛在的問題所在。勞工和公司層次的繁榮,取決於我們能夠生產的東西,乘以我們的產品能賣到的價格,減去我們生產所花費的成本。今日,那些都要面對全球競爭。

在過去三十年間,我們看到(也促成)共產主義的垮台、大型新經濟體的崛起,還有數十億愈來愈有能力的勞工在這些經濟體裡興起,他們絕對很樂意以打好幾折的價格,生產美國中低階層所生產的產品。網際網路、光纖通訊、硬體、軟體、通路系統等科技,不只大幅推升一般美國勞工面臨全球競爭的力道,其實也迫使美國雇主轉而尋求外包。如果他們不尋求最低成本,他們的競爭者也會這麼做,這樣一來,他們就會被迫退出產業。這股趨勢侵蝕美國勞工的賺錢能力和工作;尤其是在國際競爭中,技能的價格(相對)過高的勞工。這是美國經濟的大問題,因為同樣這批勞工的消費占GDP的70%。如果他們的生產競爭力、工資成長和保住工作的能力,在面對愈來愈嚴峻的競爭時出了問題(今日,他們顯然出了問題),那麼整個經濟(也就是我們「美國企業」)的問題就會愈來愈大。只有勞工競爭力的頹勢反轉,也就是相較於全球的其他工作選擇,我們必須有時薪40美元以上充足的工作,才能「治癒」這個問題。這需要美國教育的生產力大改造,事實上,我們的改

進速度必須比中國等國家的改善速度快，我們必須轉化／翻攪我們的經濟，生產那些在其他地方生產的成本不可能更低廉的產品、服務和工作。這很可能是知識經濟、知識產品、知識工作、以及由大幅改進的教育體制所孕育的知識工作者的結合。科技和創新可能會是這些公司的根本。這件事顯然需要在高層的有力領導下，投注數十年的專注經營，才能促成這項創新，並大幅提升美國勞工的技能；最根本的是透過各級教育的修正來達成。

我們父母那一代抵押他們的未來，換得我們這一代能夠接受教育。我們這一代有太多人是抵押我們的未來，買我們負擔不起的房子以及不需要的物品。我們的父母說，更高的教育是美國夢的鑰匙。我們這一代有太多人卻說，取得便宜的次級房貸（這些錢背後的債主其實是中國）才是美國夢的鑰匙。

因此，美國今日所面臨最大的危機，倒不是說它會讓整個國家突然俯衝直下，其中的危險在於它會讓社會的優勢和資產歷經一種漸進但非常真實的腐蝕過程。我們會漸漸阻擋作為我們人才新血的移民，慢慢放棄我們對自由貿易的支持，慢慢讓科學研究經費下降，慢慢讓我們的公立學校淪落至平庸，也慢慢讓教育良好的一代讓位給沒有解決問題能力而無法在當今世界裡興盛繁榮的一代。《新聞週刊》的札卡瑞亞說，危險的是，「這個過程的緩慢足以讓我們有時間自滿，否認它的存在。」事情會一直發展下去，一直到我們有一天醒來，環顧四周，發現我們這個國家實在很落後。

以能源為象徵

　　關於美國缺乏承擔重大挑戰所需的持續專注力，我想不出有哪個例子會比我們過去三十五年來對能源危機的處理更恰當。這是一個悲哀但深具啟發的故事。在1973至1974年的阿拉伯石油禁運事件發生後，歐洲和日本以提高汽油稅作為因應，而且特別是在日本，他們還為此展開一場浩大的能源效率計畫。法國特別把核能列為國家計畫，砸下重本投資，而有了今日的成果：今日，法國有78%的電力來自核電廠，而大部分的核廢料都經過再處理，再度轉為能源。即使在巴西這個發展中國家，也推動全國計畫，從甘蔗提煉乙醇，減少對進口石油的依賴。今日，巴西以國內產油量以及它的乙醇產業，已經不需要進口原油。

　　美國一開始的回應相當可觀。在福特與卡特總統的敦促下，美國對汽車和卡車要求更高的燃油效率標準。1975年，國會通過「能源政策與節約法案」（Energy Policy and Conservation Act），制定了公司平均燃油經濟標準（corporate average fuel economy，CAFE），要求新車的載客效率逐步加倍，在十年內增加到每加侖27.5英哩。

　　想當然爾，這些全都展現了成效。在1975年至1985年間，美國汽車載客里程數從每加侖13.5英哩，增加到27.5英哩；輕量卡車里程數從每加侖11.6英哩，增加到19.5英哩，這些全都有助於創造全球從1980年代中期到1990年代中期石油的供給過剩，不但削弱OPEC的力量，也動搖蘇聯這個當時全球第二大產油國的地位。

那麼，事情接下來如何發展？我們有繼續著眼於長期嗎？沒有。在國會1985年規定汽車載客里程數每加侖27.5英里完全生效之後，雷根總統不但沒有持續增加燃油經濟標準，以繼續降低我們對進口石油的依賴，反而把標準退回至1985年以前的每加侖26英里。雷根也刪除大部分由卡特總統提出的另類能源計畫預算，特別是太陽能研究機構（Solar Energy Research Institute）和它的四個區域中心，這些機構都才剛剛誕生。雷根的白宮和民主黨的國會也合力廢止太陽能和風力新創公司的租稅獎勵，而這些公司當中有幾家公司和它們的技術雖然原來是由美國納稅人所資助，最後卻被日本和歐洲公司買走，成為這些國家再生能源產業的生力軍。雷根甚至拆掉卡特在白宮屋頂裝設的太陽能板。

　　這些太陽能板最後送給緬因州的一間學院，學校後來在網路上拍賣給歷史的愛好者。美聯社關於這項拍賣的追蹤報導說（2004年10月28日）：「當這個國家在阿拉伯國家石油禁運的影響裡暈頭轉向時，那32塊板子就裝設在總統官邸的屋頂。根據白宮歷史協會（White House Historical Association）表示，1979年時，在呼籲全國推行節約能源運動之後，卡特總統指示架起這些太陽能板，作為全國的榜樣。這些太陽能加熱板原來是裝在西廂辦公室的屋頂，但是在1986年雷根總統任內時移除，就在能源危機和對於依賴國外石油的疑慮已經消失之後。」

　　在燃油經濟標準上撤退的雷根顯然認為，他是在給美國當時疲軟的國內石油業和汽車產業一記強心針。結果就是：我們很快開始重返對進口油料無法自拔的依賴。雷根政府儘管是蘇聯垮台的關鍵，卻也是我們現在對沙烏地阿拉伯的依賴的重要

推手。

　　從另一個角度來看，在環境議題上，雷根政府也是一個轉捩點。由於年代久遠，我們已經忘記曾經有那麼一段時期，華府有得到兩黨一致支持的環境政策。美國的第一波重大環境政策立法是由共和黨的尼克森所簽署，以因應我們第一代的環境問題，如空氣汙染、水汙染和有毒廢棄物等。但是雷根改變了這點。雷根不只普遍反對政府的作為，還特別反對環境法規。他和他的內政部長詹姆士・瓦特（James Watt）把環境法規變得更像是關於黨派立場的兩極化議題，更甚於過去。自那之後，環境議題就一直沒有脫離黨派之爭。（一個值得注意的例外是：國務卿喬治・舒茲〔George P. Shultz〕的團隊積極熱切地協商《蒙特婁破壞臭氧層物質管制議定書》〔Montreal Protocol on Substances That Deplete the Ozone Layer，簡稱《蒙特婁議定書》〕。臭氧層是保護地球免於紫外線輻射傷害的大氣層，而這是保護臭氧層的指標性國際協議。）

　　1989年，老布希政府至少把燃油經濟標準調回1985年的標準，也就是每加侖27.5英哩。他任內大幅提高建築標準與新電器標準，實施可再生能源的生產稅收抵免（production tax credit，PTC），並把太陽能研究機構的地位提升為國家級機構，成為全國可再生能源實驗室（National Renewable Energy Laboratory）。但是在布希自海珊手中解放科威特、加上油價回落之後，他就沒有採行任何措施，以解除美國對中東石油的依賴。

　　柯林頓執政時期，研究進一步提高燃油經濟標準的可能性，不過只針對輕量卡車。但是，為了確保沒有一項議案可以過關，在密西根州議員的策動下（密西根州的國會席次有如完全由三大車廠和汽車工人聯合會所掌握的分支機構），說到提升里程數的標

準，國會可以說是讓政府名副其實的又啞又盲。具體而言，國會是在1996-2001財政年度運輸部的撥款法案裡插入一個附加條款，明白表示禁止將撥付款項用於國家公路交通安全管理局（National Highway Traffic Safety Administration，NHTSA）。為了緊縮美國汽車和卡車的燃油經濟標準所制定的任何規定，因而凍結了整個流程。國會有效地禁止NHTSA採取任何提升美國車燃油里程數標準的作為！

這讓里程數的標準提升完全動彈不得，一直到2003年，小布希政府才在輕量卡車的里程標準做了微幅調升。在2003年，即使中國都已經超越美國，發布燃油經濟標準，要求「新車、廂型車和休閒越野車在2005年的每加侖里程數要比美國的平均要求多2英哩，在2008年大約多5英哩」（《紐約時報》，2003年11月18日）。後來是到了2017年，美國才再次採取行動，這時距離國會規定里程數提升到每加侖27.5英哩已經有32年了。這次，美國把燃油經濟標準拉高到2020年時達每加侖35英哩，大約是歐洲和日本已經達成的水準。那還是11年以後的事。

根據皮尤全球氣候變遷中心（Pew Center on Global Climate Change）的研究，這些荒謬情節的一個後果，就是在美國，「1990年代末期出售的一般汽車和卡車，每加侖里程數，比十年前還少1英哩。」這些都對我們的汽油消費有直接影響，對我們的外交政策也是。根據洛磯山研究所主持人、實驗物理學家羅文斯（Amory Lovins）表示，如果美國在1976年到1985年時的省油速率能一直保持到1990年代，那麼多半拜里程標準的提升所賜，它在1985年之後就不再需要波斯灣的石油了。「當

雷根在CAFE標準開倒車，」羅文斯說，「這麼做相當於『沒發現』一個北極國家野生動物保護區（Arctic National Wildlife Refuge）的石油蘊藏量。它浪費的油，相當於大家相信在保護區底下的藏油量。」

同時，1979年的三哩島核電廠意外事件，粉碎核能產業擴張的任何希望。接著，底特律推出SUV，成功地遊說政府把SUV歸類為輕量卡車，這樣就可以不必符合汽車每加侖27.5英里的燃油標準，只需要遵照20.7英哩的輕量卡車標準即可。於是，我們變得更加依賴汽油。在通用汽車宣告破產之前，我曾經問通用最後一任董事長兼執行長瓦格納（Rick Wagoner），為什麼他的公司不製造燃油效率更好的車子，他給我一個標準答案：告訴美國人他們應該買什麼樣的車，從來不是通用汽車的成功之道。「市場要什麼，我們就做什麼，」他說。如果大眾想要SUV和汗馬車，你就得給他們想要的。（豐田汽車總是熱切地指出，它談論的「市場」不是一個，而是很多個，而且它會設法為每個市場打造各自的產品。身為一個想要有優異的每加侖燃油里程數、而不是把時間花在維修車子的市場成員，我對那個理念心存感謝。要是通用汽車能在那裡多做點功課，它可能會注意到，我所在的這塊市場每年都在成長。）

但是，底特律的經營管理者絕對不會告訴你的是，在那些年頭，大眾之所以想要SUV和汗馬車，一個很重要的原因就是底特律與石油業持續向國會遊說，反對提高汽油稅，而加稅應該會塑造大眾的需求，讓他們想要不同的東西。歐洲政府課徵的汽油稅非常高，而且按照引擎大小課徵，並不斷推行這些稅，於是你猜怎麼著？歐洲要的車愈來愈小。美國不肯課徵更嚴格的汽油稅與引擎稅，於是美國消費者就不斷想要愈來愈

大的車。油業龍頭與車廠龍頭運用他們在華盛頓的影響力塑造市場，大眾才會想要那些最耗油的車，讓他們的企業賺進最多利潤，而我們的國會從來不曾干涉。國會被收買已經超過二十年。

這就是蝗蟲肆虐的那些年：把牠們送到你家附近加油站的是兩黨特殊利益聯盟，一邊是支持車廠和車廠工會的民主黨人，另一邊是支持石油公司的共和黨人，至於代表廣大國家利益的群體，則遭受排斥，被譏嘲為某種生態邊緣份子。那就是「裝聾做啞」。當事件把大眾捲進來，就像大家在1973年之後要排隊加油時，車廠和油廠所遊說根深柢固的利益就能夠被推翻。但是，在大眾一不留神的那一分鐘（我的意思真的就是一分鐘），那些特殊利益的遊說團體就又衝回國會的衣帽間，放送政治獻金，按照自己的需要、而不是國家的需要發號施令。對通用汽車有利的，不見得一定對美國有利，甚至也不一定真的對通用汽車有利，但是政府高層的民主黨人或共和黨人卻很少有人準備好領導這個國家，走一條不同的能源之路。到頭來，在保護通用汽車免於燃油里程數和能源效率創新的壓力這麼多年後，他們把通用汽車保護到破產。

與此形成對比的是丹麥這個歐洲小國在1973年後的作為。「我們決定我們必須減少對石油的依賴，」丹麥的氣候與能源部長赫德嘉（Connie Hedegaard）對我解釋道：「我們對核能有一場大辯論，但是在1985年，我們決定反核。我們決定追求能源效率以及再生能源。我們決定採取租稅措施，讓能源變得相對昂貴，這樣大家才有節約的誘因，在自家做提升能源效率的事……這是政治意志的結果。」

2008年，丹麥的高級汽油價格大約是每加侖9美元。此外，丹麥也在1990年代中期實施碳稅，以增進能源效率，雖然當時丹麥已經發現離岸油田。部長說，「你收到電費帳單時就會看到你的碳稅〔逐項列出〕。」所有這些措施當然都會扼殺丹麥經濟，對嗎？再猜一次。「自從1981年以來，我們的經濟成長70%，我們的能源消費在這些年幾乎持平，」她說。失業率仍然在低點。丹麥早期對太陽能和風力的重視（現在占總能源消費量的16%），孕育一個全新的出口產業。

　　「它對創造就業有正向影響，」赫德嘉說。「例如，風力產業在1970年代還無足輕重，但是今天，全球有三分之一的陸地風力發電機來自丹麥。產業興起，看到這是我們的利益。當我們知道全世界都必須做這個，我們能受惠於先進者優勢。」有的酵母能把生物質轉化為燃料，而全球在這方面最創新的製造商，有兩家就來自丹麥，分別是Danisco和Novozymes。「1973年時，我們有99%的能源來自中東，」赫德嘉表示，「今天是零。」我知道你在想什麼：丹麥是一個小國，相較於一個像我們這麼龐大的經濟體，它的改變容易得多。然而，看著丹麥，你很難對我們當初沒有走的那條路視而不見。

　　不去嚴正看待美國能源過度消耗問題，並放棄與之周旋，小布希的任期是這種態度完美的合頂石（capstone）。小布希就職時就注定、也決心不去要求美國人為任何新挑戰盡任何努力，尤其能源消耗量。2001年5月7日，當時的白宮發言人弗萊斯徹（Ari Fleischer）在每日新聞發布會上被問到這個問題：「總統先生是否相信，以美國人均的能源消耗量超越世界其他

各國公民的幅度，總統先生是否相信，我們需要修正我們的生活方式，以應付能源問題？」

弗萊斯徹回答：「答案是一個大大的『不』。總統先生相信，這是美國的生活方式，而政策制定者的目標應該是保護美國的生活方式。美國的生活方式是一種福氣。」

弗萊斯徹繼續說道，總統當然鼓勵能源效率和節約能源，但是他重申，總統相信「美國人的能源使用反映的是我們經濟實力，是美國人民喜愛的生活方式。」而那不會有所改變。

高盛國際副董事長霍爾馬茲（Robert Hormats）著有《自由的代價》（*The Price of Liberty*），內容是關於美國人自1776年以來為自由所付出的代價；而他在書中提及，華盛頓在告別演說裡警告：「不要刻薄的把自己應該背負的重擔，丟給下一代。」但這正是我們蝗蟲世代現在的所作所為。

有一次，一名美國士兵問小布希的國防部長倫斯斐（Donald Rumsfeld），為什麼他和他的同袍沒有適當的裝備就被送上戰場，而倫斯斐回答：「你是跟著現成的軍隊上戰場，而不是跟著想要或後來期望的軍隊上戰場。」在很多方面，倫斯斐的回答也可以套用於整個國家。我們的行為彷若我們以為自己可以靠現在這個政府就這麼邁向未來，而不是靠著我們想要的或需要的政府前進。

我的美國同胞們：我們不是自己所想的那樣。我們的政治體系無力針對重大問題或重大機會研擬長程的解答。我們才是需要功能更優越的民主制度的人，甚至比伊拉克人和阿富汗人更需要。失靈的是我們的政治體制。我相信把歐巴馬送上總統寶座的主要力量是來自許多沒有明講、但普遍有共同直覺的美

國人，這些人直覺到我們失去了身為一個國家的律動，要恢復這樣的律動，就需要一位可以再次激發每個人拿出最佳表現的總統。大家普遍理解到，我們無法靠著現在這樣的政府邁向未來，因為就像法國詩人瓦勒里（Paul Valéry）的名言：「我們這個時代的問題在於未來不再是以前的老樣子。」我們要踏進的時代比看起來還要危險得多，也比看起來的樣子更及時得多。要在這個時代蓬勃發展，美國必須處於最佳狀態。想要處於最佳狀態，需要現在就挽起袖子來建設自己的國家。

每次當我想到我們所面臨的處境，我就想起根據蘭佩杜薩（Giuseppe Tomasi di Lampedusa）同名小說拍攝的電影《浩氣蓋山河》（Leopard）。它的背景設定是在19世紀的義大利，一個社會、政治與經濟都處於動盪不安的時代。故事主角是西西里的薩利納親王，由伯特・蘭卡斯特（Burt Lancaster）飾演。親王理解到，在這個由底層而來的社會力量對傳統權力菁英提出挑戰的新時代，如果他們希望薩利納家族能繼續維持領導地位，那麼他和他的家人就必須調適。但是，薩利納親王心中愁苦，不願妥協：「我們是豹，是獅子；那些奪取我們地位的人是豺狼和綿羊。」他的姪子唐克雷第，由亞蘭・德倫（Alain Delon）飾演，娶了來自暴發戶中產階級富商的女兒，一路以來不斷提醒他的叔叔，並給了他最明智的建言：「如果我們想要一切如舊，事物就會起變化。」

美國也是如此。唉，我們不只是自己正在等待的英雄，我們也是自己必須征服的敵人：我們消費太多，儲蓄太少，學習太馬虎，投資遠遠不足。我們的政治體制也是有待克服的體制。只要我們的政治制度、眾議院和參議院無法為重大問題提

出正確的解決方案，只要我們的政治人物只會像聖誕老人一樣禮物大放送，完全不像林肯一樣能做出真正困難的決定，美國人就無緣在這一代實現自己可以創造的豐功偉業。

不要懷疑。我們踏進的這個時代，在市場和部分是來自大自然的驅策下，社會、政治與經濟都會出現劇烈的變動。如果我們想要一切如舊，也就是說，如果美國想要維持在科技、經濟和道德上的領導地位，如果地球上的每一分子想要繼續擁有一個宜居的地球，有豐富的動植物群，有豹有獅子，人類社群也能永續成長，那麼我們就必須在此時此刻做出改變，而且要快。

再生世代

再生世代的任務，

就是帶頭解決一個

又熱、又平、又擠的地球所面對的問題。

正如我們的上一代為爭取自由而奮鬥，

現在是再生世代要為爭「永續」而戰的時刻！

我們要為整個世界找到更潔淨、更永續的成長之道，

這項工作是我們這一代人要面對的問題。

不要禍延子孫，把我們應該肩負的擔子丟給後代！

2009年春天，我在愛荷華州的格林內爾學院（Grinnell College）發表畢業典禮演說。我為演說內容陷入長考。畢竟，面對一群要在經濟大衰退期間進入職場的年輕男女，你要說些什麼？

我以不久之前我看到的一幅景象作為開場：「內人在位於華府的種子基金會（Seed Foundation）擔任董事，」我解釋道，「這家基金會經營一家特許的大學預備寄宿學校，旨在幫助來自華盛頓最貧窮地區的非裔美國人和其他弱勢的少數群體，讓他們接受進入四年制大學就讀所需的高品質教育。這是一個很好的機構。有一天，歐巴馬總統和第一夫人蜜雪兒到校訪問，與學生和教職員會面。幾天之後，我看到他們到校訪問的照片。有一張照片讓我印象深刻。

「那是一張從蜜雪兒‧歐巴馬身後取鏡的照片。她俯身與列隊歡迎的女孩寒暄，可能是七年級學生。照片裡只看到第一夫人的背影，還有兩隻修長的黑色手臂緊緊擁抱著女孩。那是一個種子女孩，她的這個動作顯然是出於真情流露。我心想：『哇，今天有一位像蜜雪兒‧歐巴馬這樣、畢業於普林頓大學和哈佛法學院的第一夫人作為楷模，這對一個非裔美國女孩來說，一定感覺很奇妙。這樣一個模範人物，在其他許多非裔美國女孩心中會有什麼樣的啟發，誰知道呢？』但是那兩隻環腰擁抱第一夫人的修長手臂在告訴我：『遠遠比我知道的還多。』」

我敘述了那個故事。我告訴畢業生，現在看看美國，我們很容易會說：「在這種時候畢業，實在糟糕。」確實，在經濟上，這是個糟糕的時期。但是在政治上，它卻是個美好的時

期。歐巴馬當選總統是少數幾個罕見的美好時刻，讓美國可以提醒自己和世界，有時候事情就是這麼極端，足以讓我們把賭注押在一位鼓舞人心的非裔美國人身上。這位是來自伊利諾州、父親是穆斯林、在夏威夷由一個單親媽媽撫養長大的年輕參議員，我們願意讓他帶領我們走出經濟大衰退。

要預測歐巴馬政府的政績，現在還言之過早。不過，若說光是他的當選本身就是一件極為重要的大事，這個評論不算下得太快。它代表美國卓越的更新能力，它訴說著我們的國家仍然有能力改變路線、重新開始、展開新局。

那就是為什麼雖然我們的上一代是貨真價實「最偉大的世代」，而我們卻淪為「蝗蟲世代」，但我仍然滿懷希望的認為，我們和我們的子女可以一起成為「再生世代」（Re-Generation）。我第一次聽到「再生世代」這個名詞，是聽戴爾電腦創辦人戴爾（Michael Dell）說的。他手下有位行銷專家創造這個詞彙，在有些戴爾的廣告上運用這個概念，以指稱各種年齡層裡對再生能源、回收再利用以及其他能維持自然界永續的方法有興趣的一群人。

不過，我要進一步拓展這個觀念。在我看來，再生世代的任務不折不扣就是把「永續」的觀念和價值帶進市場和大自然，以協助修復這兩個領域。這項工作，我們不能留給兒孫輩。這是我們的問題。我們陷入一套危害經濟、也讓自己變成瀕危物種的行為。不過，身為美國人的幸運在於，我們生活的國家擁有高超的科技能力，也具有朝向改變路線前進的積極進取氣質。

「每一代都必須用新素材和新材質改造並重新建構民主，」

希伯來大學政治科學家埃茲拉希（Yaron Ezrahi）說。「隨著歐巴馬的當選，全世界現在全都再次觀察美國的實驗，就像在十八世紀末之時，看看美國是否會出現一種政治、經濟與自由共存的模式，能對世界其他各地有所啟發。」永續的概念將會是其中的核心。

確實，一如我們父母一輩為爭取自由而奮鬥，現在是再生世代要為爭取「永續」而戰。永續是當今的自由十字軍運動，因為如果我們應對金融界和自然界的方式不是根植於永續的價值，下一代就無法活得自由。他們無法擁有追求經濟夢想的自由，也沒有在大自然給我們的一切裡暢懷自得的自由。缺少了永續，我們生活裡的一切都會受到束縛，我們可能想做的每件事都會受到限制。除非我們減少對碳氫化合物的依賴，除非我們能找到市場自由度的平衡點（一方面，市場必須有足夠的自由度，才能獎勵創新和冒險，但另一方面，市場又不能自由到變相獎勵可能顛覆整個全球經濟的輕率作為），否則總有一天，我們的生活將會受到種種束縛。我們在市場和大自然所製造的所有有毒資產，會讓我們無法招架。那感覺會比蘇聯贏得冷戰還糟糕，因為我們和我們的子女會被我們的財務負債所奴役，被我們的生態債務所拖累。

那就是為什麼我深信永續運動之於再生世代，相當於從二次世界大戰到民權運動的自由運動之於最偉大的世代。這項運動要對抗最可能讓我們不自由的力量：劇烈變動的氣候、環境災難，造成數百萬流離失所的難民；導致財富突然銳減的金融市場；還有全球為稀有資源的你爭我奪，點燃戰火，助長權威的專制主義。

我們生活在一個全球化已成既定事實的世界：比起過去，現在有更多人彼此連結，與更多人以更多的方式進行更長時間的競爭。但是，如果地球上有這麼多彼此連結的人，透過自由市場相互競爭，可能會引發驚人的效應。消費可能會迅速吞噬森林、河流和海洋，而以空前的速度改變氣候和地貌。如果你身在一個連結如此緊密交織的世界，金融問題會迅速傳播蔓延，傾刻間一次顛覆數十個經濟體，那麼我們的首要目標顯然必須是「永續的全球化」。1999年，我在個人著作《了解全球化》(*The Lexus and the Olive Tree*) 裡首次論述這個觀念。我認為我們現在比以往都更需要它。

　　為什麼？因為以永續價值為定位的世界，不只是一個更綠色的世界，羅斯科夫 (David Rothkopf) 指出：「這是個更安全的世界，這是個更公義的世界，這也是個政治更穩定的世界。」一個有著永續市場和環境的世界，是一個富庶豐盛的世界，而一個富庶豐盛的世界向來有利於自由和民主。在有許多選擇的情況下，要賦予人們選擇的自由會更容易得多。「一個匱乏的世界向來是極權專制的溫床，必須有人負責調度配給，」氣候專家和物理學家羅姆說。如果我們的地球不敵氣候變遷與環境惡化，他又說：「我們的居住地、生活方式和資源可使用量都要實施配給。」

　　這就是為什麼我同意鄧巴赫 (John Dernbach) 的看法，他在《打造永續美國》(*Agenda for a Sustainable America*) 裡主張：「永續發展是在二十世紀所出現最重要的觀念之一。」他說，它應該將「促進民主」、「保護人權」、「自由市場」、「集體安全」和「在全球的基礎上打擊貧窮」的需求並列。鄧巴赫寫到，我們

應該提高永續發展（或者簡稱「永續」）的優先順序，因為「關於人類的生活和繁榮如何與自然和諧共存、而不是……以犧牲自然為代價，它提供一個架構。我們重視的所有事物，如成長的經濟、人類的健康和安全，都會因為環境惡化而打折扣、受損或弱化。」

簡言之，促進永續倫理正是我們防止花旗銀行、冰島的銀行和南極的冰棚進一步消融崩解的處方，同時，它也是我們防範另一次貝爾斯登事件爆發和又一個北極熊家族滅絕的解藥。

永續：你一看就知道

現在我們已經確立永續的重要性，接著我們需要確立永續究竟意指為何。無論是在金融界或自然界，有哪些價值是永續行為的支柱？鄧巴赫表示，我們在談環境永續或生態永續時，定義相當清楚：「能夠保護、重建或復甦環境，而不是讓環境惡化的事物，就符合環境永續或生態永續。」

同樣的道理也適用於金融界：如果一個市場所增進的實務、投資和創新，有利於經濟、企業和就業的長期成長，而不是在一夜之間摧毀這一切，它就是一個金融永續的市場。

但是，你需要激勵公民、企業經營管理者和社群領導者培養哪些價值觀，才能確保他們都理解永續，並實踐永續？我曾向輔導企業建立永續倫理文化的顧問公司LRN的執行長、《如何：今日我們在商場和生活上的做法，為何就代表一切》〔*How: Why How We Do Anything Means Everything...in Business（and in Life）*〕一書的作者賽德門（Dov Seidman）請教這個問題。

賽德門說，他想要從確立哪些作為不符「永續」著手。他解釋道，有太多時候，「我們在金融世界把永續等同於規模和量級，是用獲利、市值、顧客數和歷史成長率來衡量。」我們誤以為一間變得龐大無比的機構，就會大到不會倒。並因此達到永續。賽德門說，「但是，一如我們心痛地看到，大並不是永續的保證。」

　　AIG的格言是「支持你的力量」。但是AIG與成為永續企業的價值和長期思維脫節。儘管規模龐大，AIG卻無法支撐自己，它得要靠美國國庫和聯邦準備的協助才能站直。

　　賽德門堅持，真正能讓機構永續的並不是它達到的規模和量級，而是「它經營事業的方式」：它與員工、顧客和供應商的關係。它的經營方式像是在蓋紙牌屋嗎？也就是關係膚淺而短暫，像是釀成次貸亂象的貸款購屋者、仲介商、信評機構、銀行和退休基金等各方之間的關係。或者，它是按部就班、穩扎穩打，耕耘與顧客、供應商、銀行、股東和員工可長可久的關係？永續價值與「那時我就不在了」南轅北轍。「永續」說的是，我的所作所為與所有出發點都是基於我將永遠在這裡，並願意為所有發生的事情負責。

　　「高度永續人士的七個習慣」並不存在，賽德門說。「永續的實踐沒有辦法簡化成一張事項清單。永續是關乎塑造和維持關係的取向、思維和行為，那些關係是與家人、朋友、顧客、投資人、員工、借款人、同胞、社區、環境和大自然的關係。」在自然界和金融界，這表示你先有永續的思考，然後才有永續的行動，名副其實地支持我們周遭的自然界、事業關係、個人關係、你的社區、你的國家、地球和你與兒孫輩以及

後續未來世代之間的關係，讓這些層面可以永遠延續下去。這種思維會成為你的自動導航，賽德門說，「帶你找到能讓人與其他人之間、還有人與機構、社區、環境之間建立深度連結的價值，像是透明、正直、誠實和責任分擔。」這種思維也必然會引領你思考自身行為在長期的影響。

不要誤解我的意思：自由市場是原始而赤裸的競爭。市場競爭一定有贏家和輸家。永續並不是慈善事業或社會主義的委婉說辭，它是致勝的根本條件。實踐永續價值不只能幫助企業生存，也能幫助它在長期興盛繁榮。「永續價值能一兼二顧，具備雙重效果，」賽德門解釋道。永續價值能保護、重建、提升企業，同時產生可再生資源、創新、優勢和繁榮。「永續價值有真正的價值，」他補充道。

換句話說，永續是目的，也是手段。永續更是一項成果：我們希望我們擁有的體制和企業，還有我們的自然界可以長久維持下去。永續也是一項實務：是讓企業和生態系統能夠持續成長賴以存續的一套原則。我們若是實踐永續價值，就能讓我們的自然界以及維繫人們生活中所仰賴的體制和企業，都能繼續留存。換言之，永續倫理的實踐將能建立起好到永遠不會倒、強到永遠倒不了的機構組織，而不是大到不能倒。

美國最好的公司，那些基業長青的公司，都理解這點，但是有太多公司遺忘這個道理。就像奇異前執行長伊梅特所說的：我們必須「打造有競爭力的企業，長期下來可以在世界每個角落都成為贏家。企業必須擺脫問題層出不窮的短期思維。如果我們想要看到我們的國家重回領導地位，我們就必須開始像領導者般思考，並採取長期觀點。我們不能怪罪華爾街。我

們必須有投資的勇氣……這是重拾大格局思維的時候。也是再次做那些行得通、行得久的事物的時候。」

在賽德門眼中，商業關係其實只有兩種：一是情境關係，一是永續關係。「情境關係關乎我在此時此地能得到什麼，而且是立即的。這些關係是為了講求實用而剝削短期機會，而不是一貫地實踐能創造長期成功的原則。」

我所說的世界「扁平化」，它的一個好處是今天可以透過網路和高速旅行連結起更多人，讓大家可以有意義的協同合作。可是，它的壞處是讓更多人建立情境型連結，而不是永續型連結。誰會想得到，一個在英國的儲戶，只要點一下滑鼠，居然就能在冰島的網路銀行存款？但是在一個扁平世界，他們就可以。正因為他們靠著科技而連結，在風險管理與財政適足上沒有永續價值，那些英國儲戶所承擔的財務風險，遠遠高出他們體認到的程度。

自然界也是同樣的道理。今天，能夠取得資金、電腦、勞工和科技以觸發成長和發展的人，數量空前的多。但是，如果所有人都抱持著情境價值、而不是永續價值對待大自然，地球很快就會以空前的速度變成佛羅里達購物大道。

「那就是為什麼我們需要啟迪愈來愈多人，接納永續價值，並以永續的行為親身實踐那些價值，」賽德門說。「法律和規定告訴你，你可以做什麼，但是價值會告訴你，你應該做什麼。一邊是做你有權利做的事，一邊是去做對的事，兩者之間是有差異的。」

主管機關告訴你，你可以做什麼，不可以做什麼，但是領導者、老師、宗教人物、哲學家和父母會對我們灌輸價值，告

訴我們應該做什麼，不應該做什麼。「在那個方面，價值非常不一樣」，賽德門總結道。「幾個價值就能啟發無限多要寫上一千頁的規定才能達成的永續行為。」

從情境上來說，在這個扁平世界裡，冰島的銀行可以把自己變成一支避險基金，以高到荒謬的報酬向全世界提款，但是它應該這麼做嗎？永續價值會告訴你，不應該。你可以今天就把亞馬遜的森林砍伐個精光，改種更多大豆，賣到中國，海削一筆獲利，但是，你應該這麼做嗎？永續價值會告訴你，不應該。幾年前，一個年薪2萬美元的人可以用零自備款、兩年寬限期的條件貸到50萬美元的房屋貸款，但是，這應該嗎？永續價值會告訴你，不應該。永續價值會要求我們不能只著眼於情境。但是如果沒有價值的約束，你就會順著情境而為。當然，有法規總比無政府好，你也需要法規來治理社會。但是你需要有永續價值與法令規定雙管齊下。否則，根據規定，不可以把腳放在沙發上，所以就會有人把腳放在椅子上。價值則會告訴你，你絕對不應該把你的腳放在任何家具；否則家具上；不然那些家具就無法長久使用。

毫無疑問，我們需要更聰明的法規，更多的立法者，防止2008至2009年間的經濟危機重演。但是，我們也不能無視於一個事實：在許多方面，之所以會造成經濟大衰退，也是因為有人做了那些他們可以做、但從來就不應該做的事。（我們真的需要通過法律，規定銀行只能借錢給還款能力不錯的人嗎？即使沒有這樣的新規定，每個銀行家心中應該都有回答這個問題的價值觀。）我們在新銀行法規、槓桿限制、透明度規定以及永續的價值上究竟需要什麼樣的組合，才能讓我們的金融系統更永續，才不會遭

遇一波又一波經濟危機不斷的震盪，這個議題已經超過本書的範疇。我把它留給商業專家與金融專家去制定。我會把焦點放在要在自然界提升、拓展永續所需要的法律、規定、代價和價值。這就要講到本書的核心論述。

核心論述

如果綜觀本書前三章，我的論述非常簡單：美國遭遇了問題，世界也遭遇了問題。美國的問題是它在近年來已經迷失方向，部分是因為九一一事件，部分是因為一些我們任其積累的壞習慣、怠惰思維和財務輕率，尤其是自冷戰結束以來，這些共同削弱了我們社會承擔重大挑戰、完全發揮潛能的能力和意願。

世界也遭遇到問題，一如我會在本書後續章節詳細闡釋的：世界愈來愈熱、愈來愈平、愈來愈擠。當我們在這樣一個世界裡致力於提升人們的生活水準，我們使自然資源耗竭、加劇植物和動物的滅絕、使能源匱乏、使石油獨裁政權更加強化，並加速氣候變遷，而且這些狀況都以空前的速度在發生。我深信，美國要化解它的大問題（以及恢復它的律動），最好的辦法就是帶頭解決一個又熱、又平、又擠的地球所面對的問題。這表示我們要建造工具、尋找能源來源和建立起價值體系，為整個世界找到更乾淨、更永續的成長之道。

但是，這項挑戰也正是美國的機會。迎接這項挑戰，「不只是產生電力的新方法，」羅斯科夫說。「這是產生國力的新方法，就這樣。」迎擊這些挑戰並迎接這些機會，能讓美國在

復興，讓美國與海外重建關係，並改造未來的美國。有鑑於這些挑戰有多艱鉅，我無法想像，如果美國不能真正挺身而出說「跟我來」、而不是「你先請」，我們要如何在全球克服這些挑戰。

「我們若非成為輸家，就是成為英雄，兩者之間已經沒有任何空間，」生態科技國際的執行長、美國最頂尖的環境思想家華生如此說。我們如果不在領導、創新和協同合作等各方面提升到所需要的層次，每個人都會成為輸家，而且是大輸家。苟且敷衍、行事一切照舊，不再是可得的選項。我們需要嶄新的方法。

我提議的新計畫有一個簡單的名字：「綠色新政」（Green New Deal）。在 1950 與 1960 年代，在美國來說，「紅色」是首要的共產主義威脅的象徵，是美國用來動員國家以建設軍隊、工業基礎、高速公路、鐵路、港口、機場、教育體制、科學能力，藉此領導世界來捍衛自由的象徵，而今天的美國需要的是「綠色」。

遺憾的是，九一一事件後，綠色沒有取代紅色，小布希總統把紅色換成「紅色代碼」（Code Red），外加國土安全部警示系統許許多多的顏色代碼。是時候把這些代碼都撤除，改為「綠色行動」。在我看來，採取綠色行動的意義是讓美國在新式能源和能源效率系統的創新、在市場與大自然鼓勵永續倫理成為世界領袖。

「那些持續繁榮的企業和國家有一個特質，那就是持續改造自我，」羅斯科夫指出。「我們在十九世紀改頭換面，成為美洲工業強國；我們在二十世紀脫胎換骨，成為全球工業強

國；接著到了二十一世紀，我們又搖身一變，成為全球資訊社會。」現在，為了我們自己，也為了世界，我們必須再次改造自己。讓美國成為全世界最綠的國家、全世界最永續的國家。這並不是無私的善舉，也不是天真的道德陶醉。現在這是核心的國家安全和經濟利益。這是我們的生存之道，也是繁榮之路。

有句中國俗諺說：「風向改變時，有人築牆，有人蓋風車。」風向確實變了，而我們需要打造能夠永續利用風力的風車。舊方法再也不足夠。我們要邁向那個時代，如果我們不能找到更潔淨的方法在未來發電、更永續的方法管理我們的金融、更好的方法保護我們的自然界，那麼我們的生活、我們的生態系統、我們的經濟體等各方面都會受到限制。所以我說，我們要當蓋風車的人。我們要成為領導者，高舉著永續發展的旗幟。

在這樣的美國，我們的空氣會更乾淨，我們的環境會更健康，我們的年輕一代會看到他們自己的政府映照出他們的理想主義，我們的產業也會有更多有利於自己、同時有益於地球的工具。在這樣的美國，我們能重新找回我們的律動。我們會受到尊敬、信任，成為他人的啟發，因為在當代最重要的策略任務和價值議題上，我們會再次領導世界。

最重要的是，在這樣的美國，我們每一天都要像是在我們最輝煌的時期那般行動。永遠不要忘記，從永續角度思考和行動是我們的本能。從長期角度思考和行動是我們固有的特質。我們天生就能為偉大的國家建設計畫團結一致。畢竟，我們不只是7月4日之子，宣告自由和人類尊嚴等偉大的價值和倫理

道德是我們國家的驅動力量，宣告我們國家要遵守這些理想前進。我們也是7月20日之子，曾經凝聚眾人之力，在宣告目標的十年之內把人送上月球。我們也是12月8日之子，遭遇珍珠港襲擊之後，面臨法西斯主義的迫切威脅，我們徹底重組我們的經濟，動員整個國家，迎擊對我們生活方式的威脅。我們還是九一二之子，在本土遭到攻擊之後，放下政治歧見、紅州與藍州的差異，團結起來保衛國家，迅速重建五角大廈和我們的經濟。

正因為我們在那些以及其他日子的所作所為，我們知道那是我們內在的一部分。但是現在我們必須竭盡全力，而且不是勉強撐個幾天就可以。那就是為什麼我們需要的不只是在經濟大衰退中的紓困。我們需要「再生世代」執行「重新啟動鍵」。我們靠著借來的時間和借來的錢過活已經太久。我們需要回頭為我們的國家、為我們的地球努力。時間已經晚了，代價已經高到不能再高，這項計畫無比艱鉅，而報酬也無比豐厚。

本書接下來的內容要談的就是如何讓它成真。

第二部

我們為何會變成這樣？

4

能源氣候年代的關鍵問題

全球暖化、全球市場扁平化和人口爆炸三者結合，

催生出能源氣候年代這個歷史新紀元。

在又熱、又平、又擠的年代裡，

有五大關鍵問題正劇烈激化：

能源供需失衡、產油國獨裁、失控的氣候變遷、

能源匱乏、生物多樣性消失。

任何一個應對不當，都可能會造成

難以預測的全面性破壞，

不僅無法挽回，還會持續影響好幾代。

歷史的新紀元誕生

我們正要進入的究竟是什麼樣的新世紀,以至於採行「綠色行動」策略是如此勢在必行、事關重大且事不宜遲?簡單回答就是,我們正進入「能源氣候年代」(Energy-Climate Era)。

我在2005年出版的《世界是平的》(The World Is Flat)當中主張,科技革命把全球的競爭環境抹平,使世界各地多出許多人能夠競爭、連結和協作,這個科技革命促使全球化進入新階段,將對政治、經濟、軍事和社會造成重大影響。的確,我走訪的地方愈多,所看到世界變平的效應也愈多。

不過近幾年發生的事件更讓我清楚意識到,另外還有全球暖化和全球人口成長這兩股強大無比的力量,正對地球產生根本的影響。當我把這兩股力量納入分析,便可很明顯的看出,形塑今日世界最重要的動力,是全球暖化、全球市場扁平化和人滿為患三者的結合。我對這種現象的簡稱,便是本書的書名《世界又熱、又平、又擠》,由這種現象所催生出的歷史紀元,我則簡稱為「能源氣候年代」。

本書關注又熱、又平、又擠的世界裡,正劇烈激化的五大關鍵問題:全球的能源及天然資源愈來愈稀有,需求卻愈來愈高;財富大量轉移至油藏豐富的國家及其獨裁者;破壞性氣候變遷;能源匱乏下,明顯劃分出電力富足和電力欠缺這兩個不同的世界;動植物以破紀錄的速度走向滅絕,造成生物多樣性加速消失。

我認為這些問題以及我們的處理方式,將會決定能源氣候年代的樣貌。這五個問題均非等閒,其中任一問題如果應對不

當，都可能造成難以預測且無法挽回的全面性破壞，並且持續影響好幾代。若想解決這些問題，我們需要新工具、新基礎建設、新思維和新協作方式，這是偉大新產業和科學突破的要素，也是未來推動國家前進或是拖累國家的關鍵所在。

因此，我們最好對眼前所進入的新紀元有更多了解。當前的有效關鍵字是「新」。我們不能再自視為「後」什麼什麼：後殖民、後二戰、後冷戰、後後冷戰。那些時代對今日已不具任何意義，快把那些關鍵字從心中掃地出門，它們解釋不了當今的世界。

能源顧問羅斯柯夫說：「我覺得我們不再是後什麼時代，而是全新的前什麼時代。」沒錯，我們要進入的，正是能源氣候年代。

羅斯柯夫指出：「我想我們正處在歷史上的閃亮時刻，變化可能會以料想不到的方式同時發生在眾多領域。以往也出現過這種時刻：像是啟蒙時代的民主革命或工業革命，還有當代的資訊技術革命。這些時刻有一個共同點，亦即當事情開始發生變化時，我們往往掌握不了整個意義。

另一個共同點是，所有重大的變化均帶來重大的挑戰。而是否挺身應戰，決定新世紀的走向，推動進步，催生新體制，分出了贏家、輸家。」

沒錯，能夠對重大問題有所啟發，並創造重要解決之道的國家，在緊接而來的世紀就會成為領導者。而未能應變的國家，就只能認輸放棄。

推動能源氣候年代的引擎：熱、平、擠

首先，從推動新紀元的引擎：又熱、又平、又擠的綜合討論開始。先來談「擠」。

以下的統計數字令我憂心忡忡。我生於1953年7月20日。到Infoplease.com這個網站，輸入出生年月日，就可以知道在自己出生的那一天，有多少人住在地球上。我查了，結果跳出來的數字是26.8億。上帝保佑，如果我繼續騎自行車、喝優酪乳，說不定能活到一百歲。聯合國預測到2053年，拜醫藥進步、疾病根除和經濟發展之賜，地球人口將超過90億。這代表在我有生之年，世界的人口會成長到三倍以上，而從現在到2053年出生的人口數，約莫相當於我出生時地球的總人口。

更確切的說，聯合國人口司（Population Division）發布的報告（2007年3月13日）指出：「未來四十三年裡，全球人口可能增加25億，從目前的67億成長到92億。這個增幅相當於1950年的世界總人口，其中大部分將出生於低度開發地區，預估低度開發地區的人口會從2007年的54億，增加到2050年的79億。相形之下，已開發地區預計會大致維持目前的12億人口不變，而且若非每年有預估由開發中國家移至已開發國家的230萬移民，已開發國家的人口還會更少。」

所以讀者倘若覺得現在的世界很擠，不妨再等幾十年看看。1800年時，倫敦是世界最大的城市，擁有百萬人口。1960年，全世界人口超過百萬的城市有111個。根據聯合國人口基金會（Population Fund）統計，到1995年超過百萬人口的城市已經增加為280個，目前則已經超過300個。同樣是聯合國的

統計，全球超大城市（居民超過千萬的）已從1975年的5個攀升到1995年的14個，預估在2015年會達到26個。不用說，人口如此爆炸式增長，很快就會讓超大城市的基礎建設難以負荷，例如單單孟買便擠進1,900萬人，這也會導致可耕地消失、森林消失、漁撈過度、水資源缺乏，和空氣及水汙染。

聯合國人口基金會執行長歐貝德（Thoraya Ahmed Obaid）在2007年發布的報告中說，到2008年，全人類有半數以上會住在都市裡，但是「我們對此尚未準備好」。美聯社2007年6月27日自倫敦報導，到2030年時，都市居民總數預計將高達50億人。歐貝德說，都市人口成長多半會出現在小城市：「我們把焦點放在超大城市，可是數據顯示，大部分人是移往50萬人以上的小都市。」那些地方往往缺少足夠的水、能源及政府機構，來應付不斷增加的移入人口。人口暴增如此來勢洶洶，以致美國中央情報局局長海登（Michael V. Hayden）都說，他手下的分析師認為，現在全球最令人憂心的趨勢不是恐怖主義，而是人口問題。

2008年4月30日，海登將軍在堪薩斯州立大學（Kansas State University）演講時說：「現下有67億人共享地球。據最合理的估計，到二十一世紀中葉時會超過90億。這相當於40%至45%的成長率，的確驚人。可是大部分增加的人口，幾乎必然出現在最無力承擔的國度，造成不穩定和極端主義可能更形惡化的情況，而且不只是在當地，還會擴散出去。今天有不少貧窮脆弱的國家，治理起來很困難，人口卻增長迅速：阿富汗、賴比瑞亞、尼日、剛果共和國。這幾國的人口預計到本世紀中期會多出兩倍。伊索比亞、奈及利亞和葉門的人口可能上升一倍

多。再者，在單純的數字外，這些國家也會因此而出現大量集中的年輕人口。他們的基本自由和需要，像是食物、住房、教育、就業，這些若得不到滿足，便很容易走上暴力、作亂和極端主義。」

我所謂的「擠」便是如此。那「平」呢？當我寫《世界是平的》時，當然不是說地形變平了，或者全人類已經達到經濟平等。該書的論點是，二十世紀末發生的技術、市場和地緣政治事件結合起來，把全球的經濟競爭環境抹平了，有史以來最多地方、最多人因此得以參與全球經濟，而且這當中最幸運的人將躋身中產階級。

世界抹平是幾個因素造成的。第一是個人電腦的發明與普及，使每個人都能成為數位內容的作者。歷史上首度出現個人可以在電腦上，以位元、位元組的形式，創作文字、資料、試算表、照片、設計、影片、圖畫和音樂。一旦個人創作的內容變成數位形式，便能夠用更多方式加以處理，並送往更多地方。

另一個促成扁平化的大功臣是網際網路、全球資訊網和網路瀏覽器，這一套工具可以讓個人幾乎免費的把數位內容傳至世界各地，並且可以透過網頁輕輕鬆鬆的展示，或接觸到這些內容。

第三個因素是軟體和傳輸協定的寂靜革命，能夠使每個人的電腦和軟體互通，透過公司內部網路、網際網路和全球資訊網，工作可以移動得更快更遠，所以我稱之為「工作流程革命」。忽然間，多出那麼多人，可以一起做出那麼多不同的事情。所以波音公司可以雇用莫斯科的飛機設計師，與堪薩斯州

威契塔市（Wichita）的飛機建造工程師整合在一起；戴爾電腦（Dell）可以在德州奧斯汀和台灣設計電腦，在中國和愛爾蘭製造電腦，由印度的技術人員提供相關服務。

地緣政治上的一大因素，則是共產主義垮台和柏林圍牆倒塌。蘇聯及其鐵幕解體，彷彿消除全球經濟競賽場上一個龐大的實體和政治路障。從此之後，市場經濟幾乎成為世界各國的經濟模式，即使古巴、北韓這類國家也開始涉足資本主義。

把這些因素加起來，就是一個銜接得更完美、更通行無阻的全球市場。在這個全球大廣場上，有千百萬新消費者和生產者得以透過個人或公司身分，購買或出售商品和服務，並且前所未有的能與更多地方的更多人，在更多事情上用更少的錢，進行更加容易的協力合作。這便是我所謂的扁平世界。

好消息是，根據國際貨幣基金（International Monetary Fund）的資料，共產主義終結和世界變平，在1980和1990年代，單單在中國、印度，就幫助2億人脫離赤貧，並把全球數億人推往經濟階梯的更高一層，成為中產階級。這數億新成員，走出過去通常離不開鄉村農業生活的貧困日子，開始賺取薪資，這些錢讓他們能夠消費更多東西，也生產更多東西。這些消費者懷抱著各自的「美國夢」版本：車子、房子、冷氣機、行動電話、微波爐、烤麵包機、電腦、iPod，走上全球經濟競賽場，創造出龐大的物質需求。這些東西從生產的那一刻起到最後被丟棄，都要吃掉許多能源、天然資源、土地和水，還排放出大量改變氣候的溫室氣體。

隨著新興國家的快速發展，生活在巴西、印度、俄國、中國等國家的人們，也開始追求更舒適、更富裕的生活，因此造

成對能源、礦產、水資源和林木產品的搶奪空前激烈。從長遠的角度來看，當世界變得更平、更擠，愈來愈多人過著現代高能源消耗、高資源消耗的生活方式，對全球自然環境將造成嚴重的威脅。

然而，這還只是個開端。在接下來的十五年內，全球人口預計會再增10億，其中多數人會成為新的一批消費者和生產者。昇陽電腦主管生態責任的副總經理道格拉斯（David Douglas）說，這樣一來，大數法則的效應便會出現，都將累加成驚人的龐大規模：龐大的城市、龐大的開發、龐大的資源需求、龐大的能源需求，以及對環境造成龐大的壓力。

道格拉斯用一個小例子來說明，當「平」與「擠」相遇時，世界會發生什麼情況。首先，他問我：假設這10億新生人口都出生了，每人給他一個60瓦的白熾燈泡，結果會是如何？他解釋道：「單獨一個燈泡不重，連包裝才20公克，可是10億個燈泡加在一起就重達2萬公噸左右，約相當於1.5萬輛Prius油電複合動力車。如果把這些燈全部點亮，同一時間所需要的電力是600億瓦。還好，人們每天只會使用四小時的燈泡，所需的電力可以降到100億瓦。噢，我的天！看來我們還需要大約二十座5億瓦的新燃煤火力發電廠。」這還只是為了讓新增的那10億人有電燈可點！

那「熱」又如何？現今科學界普遍的了解是，地球正經歷一股暖化的趨勢，溫度變化超出自然的正常狀態，而與大規模製造有關的人類活動，幾乎可以確定就是罪魁禍首。暖化過程始於1700年代末期的工業革命，人力、馬力和水力開始由機器所取代或加強。隨時間演進，工業革命陸續把英國、歐洲，

最後是北美，從以農業和手工業為主的社會，轉型為靠機械及引擎，不靠工具和獸力的製造業社會。

工業革命的本質，其實是一場能源革命。它肇始於蒸汽引擎的發明，蒸汽引擎將木材或煤所含的化學能轉換為熱能，從而推動機械與蒸汽火車頭運作。由於煤每磅所含的能量是木材的兩倍，同時為了保住世上尚存的溫帶森林，所以煤最終取代了木材。煤為工業帶來熱能，被用於冶金製程、建築物暖氣，以及帶動蒸汽引擎。到了十九世紀中期，人們認識到原油的功能，當時距離人類發明電力還有二十年，原油是以煤油的形式用於點燈照明，取代鯨油。房屋暖氣和製造流程中同樣用得到它，工業用和推進用引擎也以原油為燃料。

來自地獄的燃料，讓地球陷入危機

人類需要能源和使用能源，主要是為了照明、取暖、機械工作和提供動力，另外還有發電，而電力兼具以上的用途和其他只有它才辦得到的功用，例如電子通訊及資訊處理。自工業革命以來，所有這些能源的功能，雖然並非全部，但主要均靠會排放二氧化碳的化石燃料來擔綱。

換句話說，工業革命使專業媒體傳播公司（Pro-Media Communications）總經理，也是能源迷的勒克維茲（Rochelle Lefkowitz）的說法特別值得一提，他稱呼煤、石油和天然氣為「來自地獄的燃料」。這些地獄燃料都來自地下，都有用完的一天，用於交通、取暖和工業用途時，都會排放二氧化碳及其他汙染物質。與地獄燃料相對的，是勒克維茲稱為「來自天堂

的燃料」：風力、水力、潮汐、生質能及太陽能。這些燃料都來自地上，可以無止境的再生，不會排放有害物質。

　　二十世紀初期，內燃機的發明並應用在汽車與卡車的推動也帶來交通革命。十九世紀末，德國發明以汽油為動能的車輛，不過據Ideafinder.com網站所示，「最早量產的汽車是1901年生產的奧斯摩比車（Curved Dash Oldsmobile），由奧斯（Ransom E. Olds）在美國生產。」現代汽車的大量生產及採用工業裝配線，應歸功於密西根州底特律的福特（Henry Ford）。他在1896年打造第一輛以汽油為燃料的車。1908年起，福特開始生產T型車，到1927年停產時，從裝配線上輸送出來的T型車已超過1,800萬輛。內燃機改變商業情勢，使作為汽車燃料的原油價值大為提高，也大大增加對鐵、鋼和橡膠的需求。蒸汽引擎靠煤、油或木材在引擎外燃燒，產生蒸汽推動引擎；內燃機則是在引擎內部進行燃燒，所需要的燃料較少，能源效率較高，也可以讓引擎和馬達做得更小。

　　此外，工業化促進都市化，都市化後來又催生郊區化。這個趨勢一再出現在美國各地，滋養美國汽車文化的發展，促成全國公路系統的建立，都市周邊的郊區也如雨後春筍般興起，重新建構起美式生活網絡。許多已開發和開發中國家模仿美國，也一併接收其優缺點。結果是郊區及交叉如蝴蝶結狀的公路不但充斥於美國各大城市，也現身於中國、印度和南美洲的大城市內外及周邊。當郊區吸引愈來愈多居民，都市的範圍便愈向四面八方蔓延出去。

　　而這有何不可？在這種新經濟模式裡所使用的煤、石油和天然氣，看似都相當便宜、無害、取用不盡，至少用完後清潔

起來並不麻煩，所以沒有什麼能阻擋得了更多人口、更多開發、更多水泥、更多建築物、更多汽車，以及建造這些和提供動力的更多煤、石油和天然氣所累積起來的毀滅力量。總結一句話，就是：「我們用人類已知的最高效率，打造一個極無效率的環境。」這是美國能源部主管能源效率和再生能源的助理部長卡斯納（Andy Karsner）對我說的。

1962年，卡森（Rachel Carson）的《寂靜的春天》（*Silent Spring*）出版，使人們更清楚認識到殺蟲劑的毒害。這種早期的環保意識，議題逐漸擴大到涵蓋都市空氣汙染、工業廢棄物排入湖泊河流，以及都會區擴張造成綠地加速消失。這些關切在美國激起環保運動，最後促成相關立法，以保護或恢復潔淨的空氣和水，並遏阻最嚴重的水汙染、傾倒有毒廢棄物、煙霧、臭氧層破裂、酸雨及亂丟垃圾。保育自然環境的行動始於自然學家繆爾（John Muir），至今已有百年，現代環保運動以此為基礎，又促成通過「瀕危物種法案」（Endangered Species Act）及其他保育立法，來保衛自然奇景和生物多樣性。

溫室氣體，造成地球發燒

可是問題並未到此為止。自二十世紀下半葉開始，科學家逐漸認識到，有肉眼不易察覺的汙染物累積過多，進而影響到氣候，那就是溫室氣體。自工業革命開始，溫室氣體便以摸不到、聞不著的形式，陸續集結在我們看不到的地方。這類氣體主要是人類工業、住宅和交通活動所排放的二氧化碳。它們不是堆在路邊、河裡，或裝在罐頭空瓶裡，而是飄在我們頭上，

在地球的大氣中。假設大氣層像一床毯子，可以幫忙調節地球溫度，那麼二氧化碳的堆積就有使毯子增厚的作用，會讓地球變得更熱。

加州理工學院（California Institute of Technology）能源化學家路易斯（Nate Lewis）用以下這個比喻，幫助我們想像碳排放過程：「假設你在開車，每開一英里就往窗外丟出一磅垃圾，公路上的每輛汽車和卡車也是如此，開悍馬越野車的則一次丟兩袋垃圾，一袋從駕駛座旁的窗戶，一袋從乘客座位旁的窗戶丟出去。你會感覺如何？不太好。可是我們確實是在丟垃圾，只是眼睛看不到而已，我們丟出去的是二氧化碳，平均每開車一英里就會排放一磅重的二氧化碳到空氣中。」

這一袋袋從車子裡丟出來的二氧化碳，飄到大氣中並留在那裡，它的同伴還有燃煤、石油和天然氣的電廠排放的二氧化碳；以及燃燒和劀除森林時，把儲存於樹木、植物和土壤中的碳全部釋放出來所變成的二氧化碳。其實很多人不知道，像印尼、巴西等地濫砍森林所製造的二氧化碳，多過世界上所有汽車、卡車、飛機、船隻和火車加起來的排放量（占全球總排放量的20%）。

當我們不丟二氧化碳到空中時，仍會把其他溫室氣體往大氣中送，像是種植稻米、開鑿石油、開採煤礦、動物排便、垃圾掩埋場，甚至牛群打嗝等所產生的甲烷（CH_4）。

牛群打嗝？沒錯，很令人意外的是，溫室氣體的排放來源五花八門。一群牛一起打嗝可能比滿是悍馬越野車的高速公路更糟糕。牲畜排放的氣體中甲烷濃度很高，甲烷也像二氧化碳一樣無臭無味，也是一進入大氣中，就會吸收地表輻射出來

的熱能。《科學世界》（*Science World*）2002年1月21日報導：「大氣中的沼氣吸熱量，每分子比二氧化碳多二十一倍，是最屬害的溫室氣體。據美國國家環境保護局指出，世界各地有13億頭牛幾乎不斷在打嗝（美國就有1億），難怪牲口釋放的沼氣是全球溫室氣體主要來源之一。環境保護局的沃斯（Tom Wirth）說：『那是牛的正常消化過程。牛會反芻，把食物吐出來再咀嚼，這個過程就會排出氣體。』氣候研究人員說，一頭牛平均每天排放600公升沼氣。」

溫室氣體排放增加與全球暖化之間，有什麼確切的科學關係？皮尤全球氣候變遷中心（Pew Center on Global Climate Change）在〈氣候變遷101〉（Climate Change 101）報告裡提到，全球均溫「在人類歷史上一直都有自然的起伏。例如北半球的氣候，曾經從十一到十五世紀相當暖和的期間，轉變為十七至十九世紀中葉的較低溫時期。不過研究二十世紀末地球氣溫快速上升的科學家說，目前的情形無法用自然溫度變化來解釋。」人類是新加入的因素。我們燒煤、燒油等化石燃料，濫砍森林來大規模養牛、從事農業和工業化活動，使二氧化碳及其他溫室氣體的排放量暴增。

皮尤中心的報告說：「科學家以『加強版溫室效應』，來形容過去一世紀的地球大氣層變化。」自然發生的溫室氣體，由於分子結構獨特，能阻止接近地表的太陽熱能反射回太空，但人類把人為的溫室氣體注入大氣中卻改變這個過程，加強了溫室效應。

「溫室效應使地球保持溫暖，適於居住；如果沒有它，地表溫度平均會下降約攝氏15.6度。以地球平均溫度約攝氏7.2

度來看，天然的溫室效應顯然是好事。然而加強版的溫室效應意謂著，有更多的太陽熱能被留在地表，於是導致地球升溫。有許多科學研究提供明確的證據，證明加強版溫室效應正在發生。其中之一是2005年美國航太總署戈達德太空研究所（Goddard Institute for Space Studies）發表的報告。科學家運用衛星、海洋監測浮標取得的數據和電腦模型，研究地球各海洋，所得到的結論是：地球吸入的太陽能量大於釋回太空的能量，這使得地球能量失去平衡，造成地球暖化。」

有很多數據支持這個結論。加州理工學院的路易斯說：「兩千萬年來，地球大氣層的成分沒有什麼變化。」可是過去一百年，「我們開始劇烈改變大氣層，並改變地球與太陽之間的熱平衡，這可能深遠的影響到地球上每一種動物、植物和人類。」根據冰層核心樣本（ice core sample）當中所包住的過往世紀的氣泡，我們可以一窺千百年前的氣候狀況。用這個方法我們知道，工業革命前夕大氣中的二氧化碳含量約為百萬分之280（ppm）*1。路易斯說：「在此之前大約有一萬年，這個含量都相當穩定。」到1950年代二次大戰後，在西方工業強國領頭之下，全球能源消耗普遍激增，大氣中的二氧化碳含量也隨之快速攀升。儘管必須緩和氣候變遷的呼聲不斷，人類把二氧化碳排放到大氣中的速度卻有增無減。2007年大氣中的二氧化碳含量已達384 ppm，而且看來每年還要增加2 ppm。

氣候專家一致的共識是，地球已經比1750年時平均變暖了攝氏0.8度，上升最快的是1970年以後這段時間。不同洲和

1　二氧化碳的ppm是指一百萬體積的空氣中，二氧化碳所占之體積數。

緯度的溫度變化差異比平均值變化更顯著。全球均溫改變一度，聽起來好像沒什麼了不起，可是卻告訴我們氣候狀況可能出了問題，就如同體溫出現些微變化，也告訴我們身體有恙。

哈佛大學環境政策教授侯德倫（John Holdren）說：「人的正常體溫是攝氏37度，稍稍上升到攝氏38.9度就不得了，我們就知道身體病了。地球表面均溫的變化也是如此。」侯德倫也是林洞研究中心（Woods Hole Research Center）主任，及美國科學促進會（American Association for the Advancement of Science）前任會長。

侯德倫解釋說，從冰層核心樣本中可以得知，在地球像一個大冰球的冰河時期，和我們現在所處的間冰期，即非常適合人類發展和從事農業的時期，其間的地球平均溫差，僅有攝氏5到6度。所以地球平均溫度只要差一點點，就可能會導致很大的變局，這就是為什麼上升攝氏0.8度，等於像美國前副總統高爾所說的：地球「發燒了」。據世界氣象組織（World Meteorological Organization）統計，自1860年有溫度測量紀錄以來，全球十大最熱的年份，都落在1995至2005年之間。

美國有線電視新聞網CNN創辦人透納（Ted Turner）不是科學家，可是他以直率的本色，一語道破世界變熱、變平、變擠的意義。2008年4月2日他接受名電視記者羅斯（Charlie Rose）的訪問時說：「我們人太多了，這就是地球暖化的原因。太多人用掉太多的東西。」

不過就像我曾經提到的，能源氣候年代不僅是因為又熱、又平、又擠而形成的完美風暴。這三大力量聯手，把五大問題推得遠遠超過臨界點，達到地球或人類前所未聞的境地，這五大問題就是：能源供需失衡、產油國獨裁、失控的氣候變遷、

能源匱乏、生物多樣性消失。以下分別加以簡述。

問題一：能源及天然資源供需失衡

自工業革命初期一直到二十世紀末，大部分人都生活在幸福的幻覺中，以為我們用於產生機械動力、交通動力、取暖、烹煮、工業加工和電力的化石燃料，大多價錢便宜、取用不盡、對政治無害、對氣候也無害（若住在澳洲新堡*2問題就比較大）。

進入能源氣候年代後，這一切就變了：我們現在知道，這些化石燃料有用完的一天，價格會愈來愈貴，而且對政治、生態和氣候均有害。我們已跨過那條界線。

是什麼東西不一樣了？簡言之，就在於扁平碰上了擁擠：突然間有那麼多人能夠那麼快速的改善生活水準。當地球的擠與地球的平在西元2000年碰頭後，世界走上的軌道是：全球對能源、自然資源和食物的需求開始飛快的加速成長，因為西方工業化國家仍然大量消耗能源和天然資源，而新興大國的中產階級也不遑多讓。

如果要以圖像來表現目前的情勢，那再鮮明不過的比喻，當屬電力研究所（Electric Power Research Institute）李謝爾（Richard Richels）所描述的。他說，世界有如一個浴缸，美國和其他已開發國家由於本身的成長，已經讓水滿到浴缸邊緣。後來印度、

2　譯註：新堡（Newcastle）是全球最大的燃煤出口港，經常受到環保人士抗議煤對氣候暖化的影響。

中國和別的國家也紛紛打開淋浴的蓮蓬頭，於是所有這些需求就溢出去，流到浴室地板上。

能源經濟學家維勒格（Philip K. Verleger Jr.）說，全球能源消耗量在1951至1970年間，每年成長5%。他曾在《國際經濟》季刊（*The International Economy*）中寫道：「如此快速的成長，就像二次大戰後，歐洲跟日本進行經濟重建與美國戰後成長同時發生。隨著中、印及其他國家由開發中國家邁向已開發國家，歷史很可能在2001至2020年重演。預計能源消耗量增加的幅度，將接近這些國家的經濟成長率，就像二次大戰後歐、日、美國所發生的情況。」（2007年9月22日）

這些國家透過提升效率的措施，或許可以用較少的能源，創造出更高的國內生產毛額（GDP）成長率，事實卻是這些國家正在大量興建新的基礎建設，維勒格說：「基礎建設是能源密集的。」這便是為何荷蘭皇家殼牌石油（Royal Dutch Shell）能源模擬小組會在2008年的報告中預測，由於人口成長加上市場全球化帶來更多財富，全球各種形式的能源消耗量，從現在到2050年至少會多出一倍。

能源氣候年代的推進力量與以往不同之處就在於此：突然間可以過中產階級式生活，或將要過這種生活的人數大增，這樣的推進力量是受需求所驅策。

能源政策研究基金會（Energy Policy Research Foundation）的石油專家葛斯坦（Larry Goldstein）說，讓世人知道全球能源供需進入新時代的關鍵年份是2004年。「在2004年，全世界首次發生因需求導致的石油衝擊。」他這句話的意思是：1973、1980和1990年是因為中東的戰爭和革命而使得石油供應奇缺，油

價因而急漲。但是，2004年的油價衝擊，全屬長期趨勢所造成，主要受中國的需求突然飆高所刺激，讓需求遠超過供應。

葛斯坦說，從歷史上看，除去戰爭時期以外，每逢原油市場吃緊時，供應不足的問題不難解決，「或是釋出可用的原油產能，或是釋出煉油產能，或是釋出可自由支配的石油產品庫存。」這三種預留準備可以吸收全球石油市場的震盪。年復一年，石油需求持續以每年約1%的幅度上升，這些吸收震盪的元素可以化解逐漸增長的需求，確保油價緩步上揚直到2004年為止。

那一年發生了兩件事。所有吸收震盪的元素，所有那些多保留的原油、產品和煉油產能都消失了，能源需求因中國的成長而大躍進。葛斯坦說，2004年初國際能源總署預測，當年的全球原油需求量每日會增加150萬桶。他說：「結果每日增加300萬桶，單單中國就多出不只100萬桶。」由於三種傳統吸收震盪的儲備已不存在，這多出來的需求便無從緩解。

為什麼？通常高價格應該會帶來更多投資、更多鑽探、更多石油。不過葛斯坦說，這一次出於幾個原因，使這些發展來得很慢。一是石油業普遍缺乏擴大產量的設備，從技術熟練的石油工程師到鑽油平台及油輪都不足。其次是像俄羅斯這類國家，開始溯及既往，改變在其油田上開採石油的規則，排擠外國公司，以便自己多採油。結果導致更多專業和經驗豐富的全球性石油公司，不願在那些國家營運，這又使得產量降低。最後，是美國和其他西方國家基於保育理由，仍然限制准許供做鑽油之用的土地面積。所以市場不只在2004年觸頂，而且是不斷觸頂、觸頂又觸頂，到2008年，需求還在上升，價格當

然一飛沖天。

油氣價格暴漲，只是全球扁平化遇上全球擁擠化的一個後果。其他還發生了什麼現象？據世界銀行統計，當今世上仍有約24億人每日生活費只有2美元或更低，可是這裡面也有數百萬的人正努力並成功的登上平坦的全球舞台，因而產生對別種天然資源的龐大新需求，這種發展對世界穩定是好事，對生態及氣候卻是挑戰。

國際廠商美鋁公司（Alcoa）總經理克萊恩費（Klaus Kleinfeld）說：「現在什麼都缺：鋼、鋁土礦、營建設備、工程師、包商、船隻。現在不管轉向哪裡，都會碰到瓶頸。」他用鋁業做例子加以說明。首先，現在地球人口天天都在增加，尤其是開發中國家。再者，移往都會區的人口愈來愈多，他們到都市後住在高樓大廈裡，開車、騎機車、搭公車、乘飛機、開始喝罐裝可樂，這些作為均會增加全球對鋁的需求。像美鋁公司等業者就會想取得更多鋁土礦，這就需要更多礦場和煉鋁廠，更多船舶、鋼鐵和能源，更多工程師和包商。他說，今天想要做以上任何一件事：造新船、建新煉鋁廠、聘請國際包商等，所得到的回覆都一樣：「我們會把貴公司放在待處理名單上。你們能等三年嗎？」

這種模式不會消失。全球經濟衰退也許會讓速度慢下來一會兒，但需求只升不降是新的常態。

全球燃料價格走高也造成各地的農耕成本變貴，食物價格便隨之水漲船高。這同時鼓勵愈來愈多國家撥出土地，生產乙醇等生質燃料以降低對石油的依賴，結果是種植糧食的土地減少，更推高食品價格。此外，原油價錢愈貴，開發中國家農民

有財力耕種的土地面積就愈小。據英國廣播公司（BBC）2008年4月22日報導，肯亞里夫河谷（Rift Valley）的農民由於石化肥料價格漲了一倍多，今年耕種的田地比去年少掉三分之一。

市場為何不曾依照自然供需法則，事先有所反應？世界銀行的專家說，部分原因在於多年來各國大量補貼能源和食物的費用，使得攀升的需求並未立即反映在較高的價格上。據世銀資料，光是印、中及中東各國政府，在2007年便花費500億美元補貼汽車駕駛用油，以及家庭與工廠的烹飪、取暖用油及電力。他們以國際的價格進口能源，再以折扣價賣給人民，用國家預算吸收差價。這使得價格被人為壓低，需求被人為拉高。

若政府允許能源價格與全球市場同步調高，那需求理當降低。可是那種情況卻不許發生。印尼在2007年耗費預算的30%做能源補貼，教育經費卻才占預算的6%。同一期間，西方工業國耗費約2,700億美元補貼農業，以便農民有錢可賺，消費者有便宜食物可吃，第三世界的農民就難以競爭。儘管全球糧食需求不斷成長，又多出那麼多中產階級要養，政府補貼卻使某些食物的供應被人為壓低。歸根究柢：市場被扭曲了。

世銀的專家說，現在與以往不同的是，過去幾年從變平、變擠的世界產生的需求，終於達到一個臨界點，從市場所有的扭曲和保護中暴發出來，就像岩漿衝破火山頂噴出來一樣。有一位世銀的專家告訴我：「過去十年裡，每一年我們看到中國或印度的成長數字，都會說：『哇，他們今年成長了8%、9%或10%。』所以你知道嗎？新興市場已經變成熟市場了。」

問題二：產油國獨裁

隨著我們進入能源氣候年代，地緣政治那條大紅線已經被跨越。油氣價格暴漲且居高不下，導致大量財富易手，一年有多達數千億美元，從能源消費國轉往能源生產國。這種前所未有的金錢轉移在許多產油國，可說是對不民主的人物和趨勢助紂為虐，讓居高位的人不用靠發展國家經濟或促進國民教育，就能取得權力。整個伊斯蘭世界最保守的強硬派宗教人士更是藉此坐大，他們多半是從沙烏地阿拉伯、伊朗及其他油藏豐富的中東國家獲得資助。

有很多發展可以證明這種權力的更替，不過我覺得最活生生的例子，當屬2006年初俄羅斯總統普丁（Vladimir Putin）短暫關閉俄國通往中、西歐的天然氣輸氣管，給新當選、親西方的烏克蘭政府下馬威。請看2006年1月2日《紐約時報》怎麼報導此事：

由於價格和運送條件談不攏，更演變為赤裸裸的政治衝突，俄羅斯星期日切斷輸往烏克蘭的天然氣，對烏克蘭復甦中的經濟構成影響，也可能波及西歐天然氣的供應。一年前的橘色革命（Orange Revolution）讓親西方的政府取得烏克蘭的政權，一年後即發生此次爭端……週日在初冬時分切斷對烏克蘭供應天然氣的舉動提醒我們，俄國要運用油氣達成外交政策目標，保證輸出能源不是它的唯一方法，它也可以關掉輸出能源的氣閥。

才不過幾年之間，俄國已從歐洲的病夫，想參加歐洲的國際會議還得懇求，變成如今的歐洲富豪，鄰國只要有一點點不安分、一點點太民主、太不在意俄國的利益，它就可以用關掉天然氣輸氣閥來教訓對方。俄國的教育沒有改善、生產力沒有提高、製造業效率也沒有變好。只因歐洲更依賴俄國的天然資源，俄國便毫不客氣的利用歐洲對它的依賴。

問題三：失控的氣候變遷

地球的平均溫度升高，這個改變對氣候是一大浩劫，由於二氧化碳在大氣中可停留數千年，隨著更多的二氧化碳被注入大自然的運行系統內，氣候異常的效應只會愈演愈烈。過去我們以為人類對氣候與環境的影響，如酸雨、臭氧層破洞和一般熟知的汙染等，仍可控管和逆轉，這樣的年代將一去不復返。當我們進入能源氣候年代，即是進入人類對地球氣候及自然系統的影響，有可能失控和難以逆轉的時代。

告訴我們這種時代已經來臨且亮起紅燈的，便是卡崔娜颶風與自1990年以來即展開研究的聯合國跨政府氣候變遷小組（Intergovernmental Panel on Climate Change，IPCC）在2007年發表的一篇報告。2005年8月29日重創紐奧良的卡崔娜，讓人們看到失控的氣候變遷可能會造成什麼樣的後果。許多氣候學家認為，是地球暖化讓墨西哥灣水溫變暖，而滋養出卡崔娜如此的肆虐強度。IPCC的報告說，從幾萬項經同行審查過的科學研究中，歸納出全世界氣候專家最大的共識是，全球暖化的事實「已昭然若揭」，並有充分的證據證明，自1950年起，這種氣

溫上升，便可直接歸咎於人類活動所排放的溫室氣體。

IPCC進一步說，若不巨幅減少人類造成的二氧化碳排放量，氣候變遷可能對空氣、海洋、冰河、陸地、海岸線及生物物種帶來「措手不及或不可逆轉」的後果。研究團隊主席帕喬里（Rajendra Pachauri）在研究結果發表會上告訴記者：「如果2012年之前不採取行動，就來不及了。我們未來兩、三年內的作為將決定人類的未來。這幾年是關鍵時刻。」

情況會壞到什麼地步？美國Sigma Xi科學研究學會（Sigma Xi: The Scientific Research Honor Society）應聯合國之邀，也自組國際氣候科學家小組，並在2007年2月提出〈迎戰氣候變遷〉報告（Confronting Climate Change）。報告中說，即使地球平均溫度僅略微上升，像1750年迄今才高出攝氏0.8度，卻已「伴隨著水災、旱災、熱浪和野火事件顯著增加……也出現夏季北極海的冰大幅減少，格陵蘭冰原的融冰大幅增加，西南極冰原不穩跡象頻傳，以及眾多動植物物種分布的地理和緯度範圍有所變動。」

Sigma Xi科學研究學會的報告說，由於我們無法完全停止排放二氧化碳，若排放量增加的速率僅在中等預測範圍內，「那麼到2100年所累積的暖化結果，將比工業革命前的情況多出攝氏3至5度。」這就可能引發前所未見大規模的海平面上升、乾旱及水患，讓眾多人類棲息地變得再也不適合居住。而這只是中等程度的預測。很多氣候學家認為地球還會更熱。

Sigma Xi科學研究學會的報告中指出，既然我們知道問題所在，那麼能源氣候年代文明的挑戰，就是管控已經「不可避免」、深植於人類未來的暖化效應，同時要避免真正「無法管控」的效應，這段話說得真好。的確，如果要替能源氣候年代

做個宣傳貼紙，那必屬Sigma Xi科學研究學會建議的：避免不可管控的，管控不可避免的。

設立於奧克蘭的太平洋發展、環境及安全研究所（Pacific Institute for Studies in Development, Environment, and Security）共同創辦人兼所長葛雷易克（Peter Gleick）說：「災難也有程度上的差異。不論情況壞到什麼地步，仍有糟和很糟的差別。海平面上升2英尺和10英尺，兩者截然不同。溫度提高2度和5度，也難以相提並論。某一種情況或許會有上千萬人死亡，另一種情況則可能達到上億人，這就是為什麼我們要思考什麼是可管控，什麼是不可管控。」

問題四：能源匱乏

有能源可用，一直是極為重要的事，當世界變得更熱、更平、更擠時，能源更顯得格外重要。在日趨平坦的今日世界裡，倘若沒有電，就不能上網，無法與人競爭、聯絡、進行全球協作，甚至連跟當地連結，都會有困難。在日趨暖化的世界裡，電腦模型預測指出，氣候變遷會加劇極端的氣候現象：如雨勢更大、水災更嚴重、旱災期更長，這麼一來，最缺乏遮風避雨之地、缺乏適應氣候亂象工具的人，受害就愈深。沒有厲害的工具築更高的牆，沒有電力鑽更深的井，或把鹹水淡化，適應力便急遽降低。而在擁擠的世界裡，淪入能源匱乏、無電即無翻身機會的人將不斷增加。

對我來說，彭博網站（Bloomberg.com）在2008年1月24日刊出的一則不起眼的新聞，特別凸顯出這一點：「據南非準備銀

行（South African Reserve Bank）統計，2007年第三季，南非一共進口44,590具發電機，但是在2003年第三季才790具。」

這短短一則新聞的背後有一個大故事：2007年第四季，南非及依賴它提供部分電力的辛巴威，鑑於南非的供電系統維修欠佳，已應付不了激增的需求，使得停電成了家常便飯。這不但引發民眾大買家用及公司用發電機，也引發長期經濟會趨緩的說法，因為企業沒有足夠的資源來經營。

同一則彭博新聞中說：「約翰尼斯堡加提餐廳（Tre Gatti Cucina）的工作人員，在上週生意最好的時段，卻只能藉著燭光收起餐具，折起餐巾，因為南非有史以來最嚴重的大停電，使廚房無用武之地。南非只此一家的艾斯肯電力公司（Eskom Holdings Ltd.）預告，電力短缺至少會延續到2013年，這家餐廳的六個侍者及廚房員工恐怕很快就要失業。2005年起在約翰尼斯堡克雷霍公園（Craighall Park）一帶開設義大利餐廳的柯倫（Dee Kroon）說：『假設情況始終未改善，我們只好賣掉餐廳。可是一直停電，誰會買呢？』」

對於已經是能源貧戶、從未用過電的人，常常停電不算什麼。可是對於現在有電、每用一度電還想用更多的人，倘若突然無電可用，就有可能爆發政治事件。

問題五：生物多樣性消失

世界變平、變擠，帶動經濟發展、商業、築路、開採天然資源，造成過度捕撈和都市郊區蔓延，也迅速吞噬空地、珊瑚礁和熱帶森林，破壞生態系，占奪河川湖泊，更以前所未有的

速度把全球物種趕盡殺絕。

耶魯大學森林及環境研究學院院長史貝斯（James Gustave Speth）在《世界盡頭的橋梁》（The Bridge at the Edge of the World）中寫道：「所有經濟進步帶來的物質享受，所有我們得以避免的病痛和窮困，所有人類文明輝煌燦爛的光榮，卻令自然界付出其大無比的代價和犧牲，這些都必須被視為是慘痛的損失。全球半數的熱帶和溫帶森林如今已不見蹤影，大型掠食性魚類估計也有90%已銷聲匿跡。……珊瑚礁少了20%，另有20%受到嚴重威脅。物種正以高出正常約一千倍的速度消失中。」

我可以舉很多事例來證明，隨著世界變熱、變平、變擠，人類已越過生物多樣性的平衡點（意思是：今後生命圈的歧異程度，只會降低不會升高）。對我來說，再明顯不過的徵兆，就是2006年我們失去一個親戚。人類是大型哺乳類，幾十年來，人類的魔手首次迫使另一種大型哺乳類走上滅絕，那就是白鱀豚。白鱀豚又名長江豚，只生存於中國的長江，而世上只有幾種淡水豚。

白鱀豚的滅絕之所以象徵地球遺產遭到重大損失，在於牠是代表一個「屬」的唯一物種。現在，物種消失逐漸成為常態，每個物種滅絕都是悲劇。然而，「屬」代表演化出許多物種的潛力，失去一個屬，比失去一個物種大多了。我們不妨把生物多樣性想像成一株生命樹。一個物種滅絕，形同砍掉樹上的一根枝條。一個屬滅絕了，等於砍去一根可能生出許多枝條的大枝幹。白鱀豚代表一根大枝幹。

白鱀豚基金會（Baiji.org Foundation）2006年12月13日報導，經過搜尋，最後的結論是長江豚很可能已經滅絕。

在六週的遠征航行中，來自六國的科學家抱著一線希望在長江裡搜尋，卻一無所獲。他們分乘兩艘研究船，從三峽大壩附近的宜昌航至上海，進入長江三角洲，然後又回航，來回總共航行3,500公里。他們使用高性能光學儀器和水下傳聲器搜尋。基金會會長，也是共同籌組此次行動的弗魯格（August Pfluger）在武漢說：「我們可能錯過了一、兩頭沒發現。」即使如此，白鱀豚在長江裡也生機渺茫。他說：「我們不得不接受這個事實，就是白鱀豚被判定已絕種。這是一個悲劇，是一大損失，不僅對中國，對全世界都是如此。」

英國的《衛報》於2007年8月8日的後續報導中，也提到此事的歷史意義：

這種長江豚不久前仍列為瀕臨絕種動物，而且是最可能絕種的動物；專家密集調查牠的自然棲地後，正式宣告牠已滅絕。這種在淡水棲地中生活的海洋哺乳動物，身長可達2.4公尺、體重250公斤。牠是近五十年來，受人類活動逼迫而滅絕的第一種大型脊椎動物，也是自西元1500年以來，從地球消失的第四個哺乳動物演化系。昨日保育人士表示，長江豚滅絕是個「令人震驚的悲劇」，牠的命運並非刻意迫害，而是意外、不經心鑄成的，包括竭澤而漁式的捕魚和頻繁的船運。1950年代，長江和鄰近河流裡還有數以千計的淡水豚，又名白鱀豚。可是中國工業化後，長江成了船運、捕魚和發電的擁擠經濟動脈，白鱀豚的數量便急遽減少。

全新的年代，需要全面重新思考

這五個關鍵問題：能源供需失衡、產油國獨裁、失控的氣候變遷、能源匱乏、生物多樣性消失，均屬經年累月累積而來。不過它們全都在公元2000年過後不久達到臨界點。兩千年前，世界由公元前年代（B.C.E.）進入公元年代（C.E.）。我有預感，有一天史家回顧當今這段歷史時，會斷定1999年12月31日不只是一個千禧年的結束，也是我們所謂公元紀元的終點，而2000年1月1日，其實是另一個新紀元的第一天。

也就是能源氣候年代的元年元旦。

是的，我們將面對一個不同於以往的時代，過去人類從未遇到能源問題與氣候問題會以如此激烈的方式相互結合。當我深入思考「進入能源氣候年代」的意義到底為何時，總不免想起加州勞倫斯柏克萊國家實驗室（Lawrence Berkeley National Laboratory）的頂尖氣候模型專家柯林斯（Bill Collins）。當他向我展示用超級電腦模擬出的下個世紀氣候變化模型時，那真是一個如此令人怵目驚心的動畫！動畫中用紅色來表示行星的溫度，我看到整個行星變得愈來愈紅，到2100年時平均氣溫達到人類歷史上前所未有的程度。身為一位頂尖科學家，柯林斯恰如其份對我做出精闢的結論：「我們就像是在自己僅有的那間房子中，做著毫不受控的瘋狂實驗。」

複製美式生活，
能源供需失衡

從中國、俄羅斯、印度到埃及、卡達……
太多人嚮往象徵富裕便利的美式生活，
揮霍廉價的化石燃料、大量耗用資源，
我們的地球已經負荷不起。

我們必須改變中產階級生活的定義，
盡快在永續能源和資源生產力上尋求創新，
這是解決問題的唯一途徑。

「富流感」（affluenza）一詞，是由富裕（affluence）和流感（influenza）兩字結合而成，是消費主義批評者使用的字眼，相關資料上的定義如下 ：

「富流感」（名詞）：一種令人痛苦又會蔓延的社會傳染病，因為人們極度追求擁有更多，而出現的過勞、負債、焦慮、揮霍等現象。（葛拉夫）

「富流感」（名詞） :1.因為努力維持和同儕一樣的消費行為，而感到緊繃、無力、空虛。2.為實現美國夢，而招致壓力、過勞、浪費、負債等現象的流行病。3.追求經濟成長卻無力維持的上癮症。（美國公共電視網）

——維基百科

2007年秋天，我踏上了杜哈及大連。很多人可能從來沒聽過這兩座城市，可是，如果你想了解世界變平、變擠後，人類立刻進入能源氣候年代的原因和過程，就必須好好認識這兩座城市。

杜哈是卡達的首都。卡達是沙烏地阿拉伯東海岸一個迷你的半島國家，人口大約45萬人。大連則位於中國東北方，由於擁有軟體園區、翠綠山坡，加上市長夏德仁熟諳科技，而被稱為中國矽谷，人口大約600萬。我多次拜訪這兩個城市，對它們非常熟悉。不過，距離我上次來，已經三年多了。

而今，我幾乎認不出這兩個地方。

杜哈的天際線像個小曼哈頓，摩天大樓從黃沙中拔地而起，彷彿風雨過後綻放的大型沙漠野花。所有上海和杜拜用不上的起重機，肯定全都運到這裡，雜亂的天空，讓人覺得杜哈該修剪一下頭髮了。因為石油和天然氣的龐大利潤瞬間注入，這個曾經沉睡的波斯灣港口，如今四處皆是建築工地，孕育出一大片鋼骨結構、玻璃帷幕的摩天大樓。

上次我拜訪大連時，它已經發展成小曼哈頓。不過，現在它又打造另一座小曼哈頓，其中還包含人工半島上的複合式會議中心：大連星海會展中心，據說是全亞洲最大的。它確實比我參觀過的任何會展中心更寬敞氣派、更現代化。而會展中心所在的大連，只是中國49個人口超過百萬的都市之一，多數城市可能很多人從沒聽過。

上面所述並不是觀光景點介紹。只是當這麼多人開始富裕、消耗能源，而且二氧化碳排放量和美國人不相上下，我想探討的，就是世界變平之後的能源消耗問題。

全球都罹患了美國富流感

看著杜哈與大連，我不禁憂心：世人永遠不可能共同面對氣候變遷這個議題了。試想，光是這兩座陌生城市裡的新建摩天大樓，就得消耗多少能源？加上進出的車輛，又會排放多少二氧化碳？我簡直不敢想像。

我很高興看到，許多美國或歐洲居民捨棄家中的白熾燈泡，改用高效能螢光燈泡，因而省下許多電。但是，近年來杜哈和大連的發展，早已將這些電力當作早餐吃掉了。我很高興看到，許多人改買混合動力車，但是不到中午，杜哈和大連已經把節省下來的汽油給吞下肚。我很高興聽到，美國國會決議於2020年前將汽車每加侖平均行駛里程數大幅提高至歐盟標準。可是，杜哈和大連將會把這些能源當午餐，甚至只夠做第一道菜。我很開心看到，太陽能和風力發電占全美發電量比例已「竄升」至2%，但是所有這些潔淨電力將會被杜哈和大連當作晚餐大口猛吃。見到廣受歡迎的雜誌推動倡議節能的「20個綠措施」，並受到讀者的行動支持，我更是興奮不已。但是，這些好意善舉只不過是杜哈和大連的睡前甜點。

從杜哈和大連這兩座城市，我們看到世界變平、變擠之後的縮影。不僅全球人口將由1955年的30億，成長到2050年預估的90億，更重要的是，原先過著「美式」生活的人僅有10億；但是未來將有20至30億人如此生活，或嚮往這種生活。請記得，我們應該關注的不是全球總人口，而是全球總共有多少「美國人」。這才是關鍵數字，而且這個數字一直穩定的成長。

我當然不是責怪杜哈或大連居民渴望美式生活，或是選擇效法美國人仰賴廉價的化石燃料維持這種生活。是美國人發明這套系統、輸出這種生活方式，其他國家的人當然同樣有權享受這一切。畢竟，美國已經享有這樣的發展和消費長達數十年，而其他人才剛剛嚐到美好滋味。發展是不能討價還價的，尤其世界變平之後，每個人都看得到其他人如何生活。要求他們不能成長，等於要求其他人永遠貧窮。

　　有位埃及內閣閣員向我強調：這就好像已開發國家吃光了所有開胃菜、主菜、甜點，才邀請開發中國家喝點咖啡，然後「要求我們五五分帳」。這種要求是不可能實現的，開發中國家當然無法接受。

　　美國人沒有立場訓斥任何人，美國人應該要更明白事理，立下與以往不同的成長典範，運用資源和技術開發出綠色能源與更具效率的能源系統，以更環保的方式尋求發展。歐洲和日本已經證明，過中產階級的簡單生活是可行的。

　　在這個變平、變擠的世界，如果不重新定義中產階級生活，發明新工具、傳播新技術，讓其他20、30億人以更永續的方法享受生活，我們將必須再找三個星球去拓殖。因為我們會讓地球太熱，並且榨乾所有資源，到時候將沒有任何人能再過美式生活，包括美國人自己。

　　耶魯大學學者史貝斯在著作《世界盡頭的橋梁》中指出，「人類窮盡歷史，才在1950年打造出七兆美元的全球經濟規模。而今，經濟活動每十年就能成長這個數字。如果照目前的速度發展下去，短短十四年，全球經濟就會成長為現在的兩倍。」

突然間，「美國人」從四面八方冒出來。從卡達的杜哈到中國的大連，從印度的加爾各答、摩洛哥的卡薩布蘭加到埃及的開羅，他們住進跟美國一樣的居家空間、購買跟美國一樣的汽車，吃著跟美國一樣的速食、製造出跟美國一樣多的垃圾。地球上從未出現過這麼多「美國人」。

全球各城市都罹患美國的「富流感」。這無疑是人類史上最具傳染性的疾病之一。非營利綠色顧問組織第三代環保主義（Third Generation Environmentalism，簡稱E3G）共同創辦人布爾克（Tom Burke）這麼解釋：先把整體美國當作一個能源消耗的單位，這麼一來，一個「美利堅耗能」（Americum）便代表任何由3.5億人、人均所得高於15,000美元、擁有愈來愈樂於追逐消費主義者所組成的群體。布爾克說，這麼多年以來，世界上只有兩個美利堅耗能，一個在北美洲，一個在歐洲。其餘則是一些過著美式生活的小聚落，零星散布於亞洲、拉丁美洲及中東。

「而今，全球各地都有美利堅耗能在形成。」布爾克說，中國已經創造出一個美利堅耗能，第二個將於2030年誕生。印度也已經打造一個美利堅耗能，另一個也將於2030年產生。新加坡、馬來西亞、越南、泰國、印尼、台灣、澳洲、紐西蘭、香港、韓國及日本共組另一個美利堅耗能。俄羅斯與中歐地區培育著另一個美利堅耗能。南美某些地區和中東，則又是另一個美利堅耗能。布爾克說：「到了2030年，我們會從兩個美利堅耗能的世界，轉變為由八、九個美利堅耗能組成的世界。」而這些都是美國的複製品。

我在大連時，跟友人海德瑞（Jack Hidary）見面。海德瑞自行創業，從事網際網路與能源相關業務，公司總部位於紐約。

他和我分享與中國官員參觀大窯灣港區的心得。大窯是大連進出太平洋的門戶。他們參觀由中國政府主導、挪威和日本技術支援的新港區建築群，以及全中國最大的原油碼頭。那是一個由原油管線、天然氣管線和儲存槽組成的不鏽鋼叢林，一旁則是飄著中東國家國旗的油輪。

「我盯著眼前的一切，然後轉過身去詢問中方接待人員：『我的天啊，你們完全複製我們的做法。你們為什麼要這麼做？』」海德瑞回憶說：「『中國的市內電話普及率只有5%，既然你們選擇跳過我們過去的傳統電話技術，直接讓行動電話普及。那麼，又為何要複製我們的能源政策？』我非常沮喪。他們目睹我們所做的一切，原本可以避開我們經歷過的失敗，卻沒有這麼做。」

中國和其他國家仍然有時間找到其他途徑。不過，還是那個老問題，除非美國先以身作則，否則一切不太可能產生。情勢的迫切超乎你所想像。一旦開發中國家深陷美式消費、建築及運輸模式，那麼往後數十年，我們勢必都將飽受能源及氣候相關問題的困擾。

在人類浩瀚的歷史中，曾因為疾病、饑荒或戰爭等而面臨發展受限的困境，卻從未被「資本主義的生態邏輯」（the ecological logic of capitalism）逼進了死胡同。電資系統公司（Electronic Data Systems Corporation，簡稱EDS）趨勢專家威克（Jeff Wacker）認為，一旦資本主義的生態邏輯成為限制人類發展的重要因素，你就知道：你已經進入能源氣候年代了。

「如今，威脅我們持續享有繁榮的力量，正來自於帶來繁榮的基礎。」威克所說的，就是美國式的資本主義。威克解釋

道：「如果要繼續住在這個房子裡，就必須先修整地基。中國發展的根基必定不能和美國相同。而美國發展的基礎，也不能再和以前一樣。以舊有基礎尋求發展的方式，已經讓房子瀕臨使用極限，我們必須更換新的根基。」

問題是：我們還沒創造出新的基礎。

中國：最資本主義的國家，最大的環境負擔

世界變平、變擁擠之後，到底會是什麼景象？

這景象就像我2006年抵達上海機場入境大廳時的情景。我到上海採訪，光是過海關就排隊近九十分鐘。我站在長長的人龍中，身旁擠滿歸國的中國公民與外國商務訪客。許多人似乎迫不及待想踏上中國，投身於極端資本主義中。這些排隊等待通關入境的人，已經拿起手機或PDA開始工作，而手中空無一物的我，感覺赤裸裸的，好像沒帶牙刷就去夏令營一樣尷尬。中國不僅不再是共產國家，它可能已經是全球最資本主義的國家。看看中國人民展現出來的堅定決心和狂熱就知道。

我相信歷史將會明確記載，中國資本主義為戰後歐洲福利國家制度的棺材釘上最後一根釘子。法國不能再堅持每週工時不得超過三十五小時的規定；歐洲國家也不得不緊縮慷慨大方的社會安全網，來面對工資低廉、鬥志高昂的中國和印度所引發的白熱化競爭。當中國和印度發明每天能工作三十五小時的工作方式，法國確實很難維持每週只工作三十五小時。

一旦從這麼多人身上釋放出資本主義能量，勢必對天然資源造成巨大的衝擊。單單深圳一間山姆會員商店（Sam's Club，沃

爾瑪百貨旗下的連鎖量販店），2006年一個炎熱的週末，就大約賣出1,100台冷氣機。我相信，這個數字絕對超過美國某些西爾斯百貨整個夏天的冷氣銷量。

然而，增加的不只是銷售數字。

每當我困在北京的車陣中時，總會在心裡玩點遊戲。我望著車窗外高聳炫目的辦公大樓，開始數算如果這些建築在美國華盛頓特區的話，哪幾棟將成為觀光景點。但是，我每每迷失在這座摩天大樓叢林裡。這麼說一點也不誇張：在北京市內，像這種高大宏偉、超現代設計的辦公大樓少說有30棟。如果這些建築物是位於華盛頓特區，當假日週末，你剛好要接待外地賓客時，除了遊覽白宮和華盛頓紀念碑，你一定會帶他們去參觀這些摩天大樓。

而今，這樣的風潮也吹向私人住宅。在2007年10月19日《華爾街日報》，福勒（Geoffrey A. Fowler）所寫的〈讓100間麥克豪宅蓬勃發展〉（Let 100 McMansions Bloom）*1中提到：

北京報導——參觀財富公館樣品屋時，業務經理蔡斯瑜特別指出一些你以為僅見於法國莊園的特色。首先，是由小天使雕像妝點的豪宅大門。豪宅中央、氣派的迴旋式樓梯上，懸掛著施華洛世奇水晶吊燈。穿著蕾絲鑲邊制服的女侍站在門口待命。僅僅33英尺外，一棟仿造凡爾賽宮打造的宅邸，在

1　譯註：「麥克豪宅」（McMansion），由麥克（mc）與豪宅（mansion）兩字結合而成，諷刺如速食般大量複製、一味強調巨大奢華、價格高昂，但實質上庸俗浮誇且缺乏品味的住宅建築。

霧濛濛的北京裡特別顯眼。路的那頭，還有172座風格相同的住宅。這景觀猛然使人意識到，這個每戶要價約500萬美元、占地約1.5萬平方英尺而且門禁森嚴的社區，並不在法國。財富公館是中國最獨特，或者該說是建築風格不協調的社區之一……從後毛澤東時期的改革開放迄今已經二十年。

根據「胡潤富豪榜」的調查，中國有106名億萬富翁。多數中國人仍然忌諱談論自己的財富，但是並不羞於炫耀財富。在廣達82公頃的財富公館別墅區中，一座座裝飾著花崗岩的奢華豪宅，展露出新中國如何醉心於外國生活風格，至少是醉心於象徵這些生活的形象。蔡經理解釋道：「我們的建商特地到法國考察。」參觀途中，他特別展示白得發亮的歐式廚房，裡面擺放了咖啡機、紅酒架、烤箱等設備，以及一盆塑膠水果擺飾。建案的行銷文宣更強調，財富公館「展現全球頂尖富豪的生活風格」。

2007年8月，全世界最大的賭場威尼斯人渡假村酒店（Venetian Hotel）在澳門開幕，迫不及待的賭客大量湧入。2007年9月1日的《經濟學人》如此形容這家新賭場：

這座亞洲最大的建築物動員兩萬名建築工人，用掉300萬片金箔飾葉。運作這家酒店需要1.6萬名員工、可供30萬個家庭使用的電力……威尼斯人有全球最大的賭場大廳，設置870張賭桌和3,400台吃角子老虎機。周圍環繞著350家名店，比香港任何一間購物中心的店還多……（一切都是為了吸引）急切

的中國大陸賭客。

　　別忘了，這個又平、又擠的世界才剛開始。等中國再富裕
一些、觀光業的大數法則開始運作後，情況又將不同。中國
環保議題專家易明（Elizabeth C. Economy）2007年9月在《外交事
務》（*Foreign Affairs*）中，犀利的指出複製美國的中國未來發展的
方向：

　　開發中國的領導者在全國新鋪設超過5.2萬英里以上的高
速公路。每天約有1.4萬輛新車上路。估計在2020年以前，中
國將有1.3億輛汽車，到2050年，可能提早到2040年，中國的
汽車數量甚至會超越美國……中國的大規模都市化計畫只會
讓問題惡化。中國領導人計劃於2000年至2030年間，將4億
人遷居到新開發的市中心。預計受到影響的人遠超過美國總人
口數；興建的大樓將是同時期全球新建大樓數量的一半。這個
前景令人憂慮，因為中國的樓房並不節能。事實上，它的能源
效率大約比德國低上兩倍半。再者，剛享受都市生活的中國居
民開始使用冷氣機、電視機、電冰箱等電器用品，他們消耗的
能源將比鄉村的同胞多出三倍半。

　　根據2007年7-8月號《外交政策》（*Foreign Policy*）報導，2006
年有超過3,400萬中國人出國旅遊，較2000年成長三倍。到了
2020年，中國海外旅遊人數將會增加到1.15億，成為全球最
龐大的觀光客群，而搭機旅遊、旅館預訂、汽油消耗與二氧化
碳排放也將大幅增加。「沙龍網路雜誌」（Salon.com）的航空專

家史密斯（Patrick Smith）於2008年2月22日指出：「在中國、印度及巴西等國家，中產階級的興起催生出許多新航空公司。光是中國，就有意在未來數年內興建超過40座大型機場。美國每年搭飛機的旅客已近10億，估計到2025年將增加一倍。屆時，客機的溫室氣體排放量可能攀升到目前的五倍。」

俄羅斯：被共產主義壓抑的欲望，脫韁而出

儘管如此，我們不能將一切歸咎於中國人想擁有西方人的生活饗宴。我分享這些故事只是單純的想強調：前共產主義和社會主義世界，在欲望遭到刻意壓制多年後，消費行為將如同火山爆發般猛烈。

共產主義與社會主義的制度設計及效率低落，使它們限制重重。在制度設計上，共產主義政府以計畫經濟取代市場機制。在過去赤色政權統治下，莫斯科基本上只有三種店：麵包店、牛奶商和肉販，根本沒有私人汽車。相對來說，能源消耗相當低。在政策執行上，共產經濟腐敗、效率低、產能不佳，讓人民的生活從卡路里的吸收到能源消耗都極其有限。蘇聯與中國的企業確實不太在意環境，他們高汙染、高耗能的工廠也對空氣、土地、森林及水源造成極大的破壞，但是這些損害還算輕微。因為相較於西方國家，整體來說，蘇聯與中國的經濟活動與發展仍然受到限制。過去曾到訪莫斯科的人，相信都能感受到這一點。

1977年，我以學生身分初訪莫斯科，見到市區內（尤其是市中心紅場周遭）道路無比寬敞，卻沒有車子的蹤影，我非常訝

異。然而，此景不再。三十年後，當我再度踏上莫斯科，寬敞的道路上擠滿了車輛，幾乎動彈不得。莫斯科的城市設計只能容納3萬輛汽車，但十年前它已經有30萬輛車，而今更高達300萬輛。莫斯科的新市郊已經形成，居民每天往返通勤。

我上回要離開莫斯科時，當地同事提醒我，最好在班機起飛前「四小時」出發前往機場，雖然我的旅館就在紅場旁。我心想：怎麼可能，這路程以前只需要三十五分鐘。不過為了預防萬一，我決定聽從他們的建議。於是，我在下午四點二十分離開飯店，去搭乘八點二十五分的班機。

1970年代我初訪莫斯科，甚至1990年代初期再訪時，從市區到機場道路周邊土地大多尚未開發。如今，沿途景象卻和任何美國機場聯絡道路相去無幾，路旁是麥當勞、大型連鎖店（如宜家家居）及購物中心，開往市郊方向車道明顯壅塞。將近三個小時後，我終於在傍晚七點十分到達機場，幾乎趕不及通關。重點是：路上根本沒有任何交通意外，會塞車只是因為車子大排長龍。

印度：一天吞噬一座高架橋

甚至連印度，如今也因為超乎預期的成長而受苦。印度獨立後，在1950到1980年間，雖然印度領導人制訂出社會主義路線的計畫經濟，卻也另外注入了資本主義的自由市場元素。他們相信每年3.5%的「印度式成長率」已經足夠。儘管每年2.5%的人口增長率緊追在後，印度政府仍然堅信不移，結果並無法提升大部分人民的生活水準。

印度雖然是一個民主國家，卻未能如中國般迅速從社會主義意識形態瓦解與世界變平中獲利，現在它已急起直追。印度的經濟成長幾乎是以往的三倍，每年經濟成長率大約是9%左右。印度的購買力與建設力也受到巨大影響。2006年6月13日，印度經濟作家泰培西（Salil Tripathi）在英國「衛報線上」（Guardian Unlimited）網站上揭露今昔對比：

客觀觀察印度的發展發現：去年成長率達7.5%時，印度人民所得增加的幅度，超過葡萄牙（1,940億美元）、挪威（1,830億美元）或丹麥（1,780億美元）等國的同年所得。這等於將一個富國的經濟加在一個極貧窮的國家上……這也代表，儘管印度在過去十年增加了1.56億人口（等於英國、法國及西班牙三國的總人口），但是與此同時，印度的貧窮人口也減少3,700萬人（等於波蘭總人口）。如果印度的貧窮線沒變，應該會有3.61億貧窮人口，然而印度經濟於過去十年間幫助9,400萬人脫離絕對貧窮。這比德國（歐盟會員國中人口最稠密的國家）的總人口還多了1,200萬人。

就這樣，十五年間，這裡多了一個德國，那裡多了一個波蘭。如今，當你拜訪印度，就能親眼目睹、親身體驗到周遭人的生活水準已獲得改善。一切多麼美好，只要別陷入車陣中。

2007年10月，我搭車穿過海德拉巴（Hyderabad）最繁忙的市中心時，看到大約50名男子盤腿坐在看來像是新建的橋下。衣著鮮豔的印度教祭司在他們中間走動，手裡搖晃著由燃燒的椰子殼做成的燈籠，口裡反覆吟誦。同車的印度友人解

釋，祭司正在為使用新橋的旅客祈福祝禱。當地官僚也出席祈福儀式，接受媒體拍照宣傳，原來他們正為新高架橋舉行落成儀式。花了兩年時間建造的高架橋估計將改善海德拉巴的交通壅塞情況。

見到如此進展，我很開心。隔天，我在旅館吃早餐時，翻閱海德拉巴版的《印度週日報》(*Sunday Times of India*，2007年10月28日)，一幅交通癱瘓的彩色照片抓住我的視線：摩托車、巴士、轎車、三輪摩托車塞成一團。照片上方標題寫著：「沒能高速通過，只有動彈不得」，照片說明則寫著：「週六甫開通的格陵蘭斯高架橋難逃交通瓶頸。啟用首日，車輛就塞爆整座高架橋，不禁令人質疑，這座高架橋是否真能有效疏解阻塞的交通？」

這就是我歡喜期待的高架橋！一天之內，印度的發展便吞噬了一座耗費兩年打造的高架橋，連嗝都不打一個。等印度最大企業塔塔集團 (Tata Group) 開始量產2,500美元的四人轎車，情況將會更糟。儘管預估這款車將擁有更低油耗，不過一旦平價好車上市，只會讓高架橋上的壅塞情況更加惡化。

印度首都德里最高行政長官狄克希 (Sheila Dikshit) 對世界經濟論壇 (World Economic Forum) 及印度工業聯盟發表治理1,600萬人口、每年還湧入50萬新移民的大城市心得。狄克希說：「每個住在德里的居民，都要求更多的水與電力、更高的薪資和更多的汽油。」該篇報導接著提到，沒有哪位印度政治人物敢拒絕提供人民廉價燃料，並指出在2007會計年度，「印度政府打算支出175億美元（占全國總產出的2%）當作燃料補助金，因為政府拒絕將全球飛漲的能源價格轉嫁給人民，他們擔心若這麼

做將會帶來政治衝擊（2007年12月6日《金融時報》）。

埃及：美式生活深入沙漠

別以為這種現象僅見於中國、俄羅斯和印度等經濟火熱的區域。2008年6月，我拜訪位於埃及開羅的亞力山卓高速公路（Cairo-Alexandria highway）旁，一家由納斯瑞拉（Khalil Nasrallah）與妻子莎拉（Sarah Gauch）經營的千畝橄欖農場，那裡距離金字塔約30英里遠。納斯瑞拉是黎巴嫩籍的創業家，在1991年買下這片土地。之後，他與美國自由作家兼記者莎拉相遇、結婚生子，並以此農場和開羅兩地為家。

「我們剛來時，農場是這幅景象，」納斯瑞拉翻開相簿，指著一張從屋頂俯瞰的照片說道。映入眼簾的是綠意盎然的橄欖田，兩邊圍繞著遼闊的沙漠。他們剛來時，甚至連一口井也沒有。納斯瑞拉當初冒險買下農地，後來才找到豐沛的水源。他語帶留戀的說：「我們當時真是遠離塵囂。」

不過，你現在爬上他們的屋頂往下看，絕對不會想到「遠離塵囂」這個字眼。納斯瑞拉夫婦的家幾乎被門禁森嚴的社區團團包圍，這些名為月亮山谷、海德公園、里奇蒙、里維耶拉高地、比佛利山莊等社區裡，淨是占地四分之一英畝的大豪宅。緊鄰納斯瑞拉農場的右側，就是一個99洞的高爾夫球場。轉角處是一間方方正正的法商家樂福量販店，還有現代化的超級市場。左方稍遠處，則是另一個有門禁的社區。再過去，又是一座高爾夫球場。社區裡的埃及住戶，不是在波斯灣辛勤工作致富，就是開羅全球化商務階級的一分子。他們和住

在加州棕櫚沙漠的美國人一樣，有權享受這些高爾夫球場和大豪宅。然而，這些新興社區導致的能源與水資源衝擊，正是中東地區石油內需增加、外銷減少的原因之一。

令納斯瑞拉擔憂的，還有水的問題。99洞的高爾夫球場消耗的水量十分驚人，「我擔心有一天工程師會打電話告訴我水井出了問題，無法取得足夠的水。雖然到目前為止，水位僅下降1公尺，」納斯瑞拉解釋著。

納斯瑞拉回憶起從前，夜晚的沙漠總是一片寂靜，但現在不同了。「有時候我們在這兒過夜，總是被開派對狂歡到凌晨四點的人吵到無法入眠，」納斯瑞拉說：「雖然相隔4公里，但（在空曠的沙漠裡）還是聽得到。」

莎拉當初會來到中東，其實和我這一代的許多記者相仿，都是被它獨特的景致、天籟、人文及風情吸引。她從沒料到，「美國」也會跟隨她的腳步到來；或許可能跟到開羅，但不會深入沙漠。「我最不樂見的就是住在埃及沙漠的美式郊區中，」莎拉陷入沉思。

我把這些故事和數據兜在一起，腦海浮現的，是一台怪獸卡車。今日全球經濟的寫照，就像一輛油門卡死的巨型卡車，而且鑰匙還搞丟了，沒人能關掉引擎。

沒錯，過去三十年來，印度和中國有近兩億人口脫離貧窮，其中大多數人從對環境衝擊較少的鄉村遷移至都市，過著中產階級的生活。但是經濟學者也指出，這群人後面還有兩億人，兩億人後面還有另外兩億人……所有人都在等待翻身的機會。他們的政府不能阻止人民追求美式生活，人民更不會放棄這個夢想。

在扁平的世界裡，每個國家都存在某種形式的市場經濟，每個人都看得見其他人過什麼樣的生活。「沒有人能關掉成長機器，」印度科技龍頭印福思公司（Infosys）聯席董事長奈里坎尼（Nandan Nilekani）說：「這麼做就是政治自殺。哪個政治人物會自毀前程？正因為沒有人想斷送個人生命，我們只好集體自殺。」

「美國人」增加，大幅影響能源消耗

這麼多人變成「美國人」，對能源、糧食及自然資源的衝擊當然十分驚人。《中國撼動世界：飢餓之國崛起》（China Shakes the World: The Rise of a Hungry Nation）的作者肯吉（James Kynge）描述這個精采的故事：

對我來說，這個新趨勢（中國崛起）從 2004 年 2 月中開始，幾個星期內漸漸達到高潮。起初是慢慢展開，但是速度隨即攀升。世界各地道路與人行道上的人孔蓋開始消失。當中國的需求帶動金屬廢料價格創下新高後，世界各地的小偷似乎所見略同。天色一暗，小偷們撬起人孔鐵蓋，賣給當地廢鐵回收商，切割成塊後再裝船運往中國。先是鄰近的台灣發現人孔蓋不見了，接著是其他近鄰蒙古與吉爾吉斯。很快的，甦醒的「中土王國」……巨大的吸力便觸及天涯海角。只要日落，各地竊賊便為滿足中國的飢渴而努力。在芝加哥，一個月內超過 150 個人孔蓋不見了。在蘇格蘭的「重大下水道竊盜案」中，短短數日便有超過 100 片人孔蓋消失。在蒙特婁、格洛斯特

（Gloucester）及吉隆坡，都傳出毫無戒心的路人跌入人孔洞的消息。

這故事儘管引人發噱，但反映出驅使我們走進能源氣候年代的根本力量。「經濟成長成為全球多數人的特權，這是人類歷史上第一次，」美國知名環保教育團體山巒協會（Sierra Club）執行長波普（Carl Pope）說道，「這是十年前從所未見，完全是個嶄新的現象。」知名地理學家兼歷史學家戴蒙（Jared Diamond）則指出，長久以來，我們很單純的以為人口增加是人類面臨的主要挑戰。但是現在我們終於了解，人口增加所帶來的衝擊，和人類的消耗量、生產量息息相關。隨著世界變平，愈來愈多人開始消耗更多、製造更多。

「如果全球65億人大多活在低溫環境下，無須新陳代謝或消耗能量，就不會造成資源問題，」戴蒙在2007年1月2日《紐約時報》的一篇文章中指出：

真正值得關切的是全球總消耗量，即所有在地消耗量的總和，也就是當地人口數乘以當地人均消耗率（per capita consumption rate）。已開發國家的10億人口目前預估的相對人均消耗率為32。其餘55億人口中，絕大多數屬於開發中國家人口，相對人均消耗率少於32，許多甚至低到趨近於1。全球人口的增加尤其以開發中國家最為快速。有些人便拿此大作文章。他們注意到如肯亞等國家的人口迅速增長，便斷言這是嚴重問題。沒錯，對肯亞超過3,000萬人民來說，這的確是個問題，但並不會對整體世界造成負擔，因為肯亞的人均消耗量如

此微小（其相對人均消耗率只有1）。

這世界的問題癥結在於，美國有3億人口，每個人消耗掉的能量可以供給32位肯亞人。加上美國人口是肯亞的十倍，因此美國消耗的資源，是肯亞的三百二十倍……消耗量少的人民，渴望享受高消費的生活方式。開發中國家的政府，也把提升生活品質當作國家政策的首要目標。還有數以百萬計的開發中國家人民，藉著移民海外，尤其是前往美國、西歐、日本和澳洲，自行尋求第一世界的生活方式。儘管大部分移民的消耗量不會立即增長三十二倍，但是每一個外移至高消費國家的人，都會提升全球的消耗率。此外，致力於提高人均消耗率的開發中國家裡，又以中國最突出。它的經濟成長全球最快，有13億人口，是美國人口的四倍。全球資源即將消耗殆盡，如果中國的消耗率提升到美國水準，資源消耗的速度將會更快。而今，中國已經在全球市場上與我們爭奪石油和鋼鐵了。

戴蒙提到，「中國的人均消耗率仍然只有我們的十一分之一，」不過，一旦他們增加到與美國一樣，就算其他國家的消費不變、人口（包括中國）維持現狀、移民凍結，光是中國的消費型態和美國一樣，「將使全球消耗率增加近兩倍。例如石油消耗量會增加106%，全球鋼鐵消耗量則增加94%。如果印度像中國一樣趕上來，全球消耗量將增長三倍。假如所有開發中國家瞬間趕上，全球消耗率則會增加十一倍。這將等同全球人口暴增至720億（在現有消耗率維持不變下）。」

Google旗下的公益基金會Google.org執行長布萊恩（Larry

Brilliant）曾在印度行醫多年。他觀察到，印度老一輩跟年輕一代對食物消耗的看法迴異，令他深感錯愕。「你現在跟印度老一輩的人聊天，問他們：『你的孩子要吃素嗎？』他們會回答：『是的。』但當你問年輕人時，他們會說：『才不要呢，我們要吃麥當勞。』我們談的都是人均數據，所以只要人數增加（40%至50%的人口成長，似乎無可避免），資源壓力就會更趨嚴峻。」另外，如果目前的健康趨勢持續下去，這些要求新口味的年輕人將比上一輩的壽命多十年。因此，會有愈來愈多人過美式生活，而且比以往活得久。

2008年3月24日，美聯社於墨西哥城刊登一篇關於全球糧食價格上漲的報導，其中提到這則趣聞：「在中國……人均肉類消耗量比1980年增加150%倍，所以六個月前，周建決定放棄汽車零件銷售，改賣豬肉。這一年來豬肉價格攀升58%，但是每天早上，周建位於上海的店面，還是擠滿了家庭主婦和傭人，而且愈來愈多顧客指定上選肉品。這個二十六歲的青年現在每個月賺4,200塊錢，比他之前的收入多了兩、三倍。」

不改變作法，地球終將難以負荷

《外交政策》總編輯奈姆（Moisés Naím）認為，以上事件帶出一個簡單卻深刻的問題：「地球能否承受得了如此龐大的中產階級生活？」他在該雜誌2008年3-4月號中提出質疑：

貧困國家的中產階級是世界人口中成長最快的族群。未來十二年中，預估全球總人口將增加約10億，但中產階級人數

卻將增加18億……這當然是個好消息，但也意謂著人類將被迫適應前所未有的壓力……去年1月，上萬民眾走上雅加達街頭，抗議黃豆價格飆漲。對糧食價格飆漲感到憤怒的可不只是印尼人……自從馬爾薩斯（Thomas Malthus）提出世界人口成長將超過糧食供給能力的警告以來，有關地球「成長極限」的諸多爭論始終未曾停歇。在過去，那樣的悲觀主義論點已被歷史證明是錯誤的，更高的價格、更新的科技（諸如綠色革命）總會出面解圍，使得糧食供應量增加，讓世界得以繼續發展。或許這樣的劇本可能再次上演。然而，要適應中產階級的快速增加，代價將遠超過出大家所預期。從印尼和墨西哥發生的抗爭，我們可以知道這代價既不低廉，也不平和。

然而，問題不僅止於糧食。麥肯錫全球研究所（McKinsey Global Institute）預測，2003年到2020年間，中國平均住家樓地板面積將增加50%，能源需求每年也將成長4.4%。

緊跟在中國後面的是阿拉伯國家及伊朗，它們是開發中國家裡能源用量成長最快的國家，主因是它們的資源豐富，讓國內石油和天然氣能維持低價，人民可以恣意揮霍。石油生產國逐漸變成飢渴的消費者。一些專家預測，俄國、墨西哥及石油輸出國組織成員國的能源用量（不論民生或工業）大幅攀升，可能導致這些國家降低原油輸出，不到2010年，每天會減少200萬到300萬桶。在緊繃的全球油市裡，將迫使油價繼續上揚。

2007年8月我拜訪伊朗時，一位世界銀行的當地專家告訴我：「在這裡，使用能源被視為理所當然。資源保護永遠不會排入議程。如果你觀察這裡的政策，會發現與環保相關的評論

少之又少。跟這裡的人提環境標準和管制，簡直就像跟他們說外國話。他們把各式各樣的東西丟進形形色色的機器裡燃燒，把一堆狗屁廢物釋放到空氣和水中，根本沒有人在意。」

我不知道我們何時會遇上撞牆期。但是自2000年起，能源、糧食及其他商品價格的持續上揚，絕對是個徵兆：以現有的科學和技術，這世界要提供這麼多美利堅耗能成長所需的所有原物料，已經竭盡所能。如果不能大幅改善永續能源與資源生產力，中國、印度及阿拉伯世界仿效美國發展模式的策略就行不通。

世界變平後，要將舊方法套用在中國加印度這麼大的發展規模上，絕對會對地球造成無法修復的傷害。

「歷史上每一個國家或地區的經濟起飛和蓬勃發展，都是由尚未開發的生物公有財（biological commons）所孕育的，」波普說。他指的是一大片遼闊未開發的自然資源。「北歐邁入資本主義，得歸功於十七世紀北大西洋捕捉鱈魚的漁民。當時歐洲並沒有充足的蛋白質來源，直至發現大瀨（Grand Banks）漁場。這使歐洲得以提供蛋白質，給所有離開農場、搬到城市從事工業、紡織和貿易的人。英國艦隊有了北美洲的松林處女地及印度的硬木林，才得以成軍。」

波普補充說，十八、十九世紀的工業革命能成功，有一部分資源來自於尚未開發的美國中西部，那裡可以生產穀物的公有財，加上英國利用印度生產的茶，運往中國換取銀與絲綢。非洲部分地區則被迫為奴，在加勒比海製糖。二十世紀初的日本，則仰賴印尼的鎢、馬來西亞的橡膠及中國的稻米來帶動發展。第二次世界大戰戰敗後，上述方法行不通，日本於是轉而

在全球漁場大肆捕撈，好餵飽生產豐田汽車的上班族，作為戰後工業革命的動力。

知識是最好的成長原料

對今日崛起的經濟力量與新興資本主義國家來說，壞消息是：能驅動他們起飛、邁向資本主義的未開發公有財所剩無幾。「這就是為什麼中國現在淪落到竊取人孔蓋，」波普說：「沒錯，這的確不公平，但現實就是如此。」

他們不是得吞噬自己，就是必須把全球化當作吸管，吸光非洲、拉丁美洲和印尼各個角落的資源。又或者，我們能為已經變得又熱、又平、又擠的世界找到較能永續成長的模式。

「好消息是，成長還有其他途徑，」波普指出，「我們現在有許多方法可以用知識代替原物料。」當然，你無法把電腦位元和位元組當作水泥和磚塊，但是運用更聰明的智慧建材和設計，就能以更少的磚塊和水泥蓋房屋。你可以採用密閉性更好的窗戶來創造更好的絕緣效果。冶煉鋼鐵時可以用更少的鐵礦產生更少的熱氣。你可以蓋保暖或散熱效果更好的建築物。你可以增加每英畝的糧食產量。這一切，需要的就是知識。

在永續能源與資源生產力上尋求創新，是解決問題的唯一途徑。中國和印度不管生產何物，都必須運用比西方更多的知識，並且比西方國家以往紀錄還要快，才能以更少的資源追求成長。

他們正試著這麼做。但是，在這麼多人渴望過美式生活的此刻，他們禁不起耗時一百五十年的學習曲線，我們也不行。

即使中國和印度只花五十年就找到最佳實踐方案，波普說：「一切也都完了。」

那麼，處於天然資源有限、不再增加的世界，如何刺激經濟成長？面對這個挑戰最創新的方法之一，就是建築師麥唐諾（William McDonough）和化學家布朗嘉（Michael Braungart）在《從搖籃到搖籃：綠色經濟的設計提案》（Cradle to Cradle: Remaking the Way We Make Things）中提出的「從搖籃到搖籃」觀念。

他們認為，我們目前對於回收的做法是，收回體積較大、品質較好的電腦、電器用品、箱子及汽車，把它們變成品質略差、較不精密的產品，使用一段時間後把它們丟掉。兩位作者認為，這樣根本不叫回收，而是「降級回收」（downcycling），不過是放慢浪費與資源耗竭的腳步罷了。兩位作者在《從搖籃到搖籃》中提到，製造所有電視機、座椅、地毯、家具及電腦螢幕時，我們使用的材料可以、也必須能完全再用於其他產品，或是能完全將生物分解轉變為肥料。他們堅持，所有產品零組件可以設計到能持續不斷回收利用，當作生物養分或工業養分使用，也就是「根除廢棄物」的概念。

我到麥唐諾在維吉尼亞大學（University of Virginia）附近的辦公室拜訪他。他詳盡闡述這個論點，並指著我坐的椅子說：「從搖籃到搖籃，與從搖籃到墳墓恰恰相反，這表示我們要封閉所有循環。也就是說，我們不只是把東西送進垃圾掩埋場和焚化爐，我們要把它們送進封閉式循環中，一次又一次重複利用……像你坐的這張椅子，原料有鋁和布。布料回歸土壤，鋁則回歸工業，不會有任何東西被丟棄。我們消除廢棄物這個概念，把一切留在封閉式循環中……我們檢視所有材料，與

其煩惱該把它送進掩埋場或焚化爐，不如在設計時就確保它們完全無害，讓它們永遠能回歸自然或工業循環。重要的是，這麼做能在國內創造龐大的就業機會。因為在未來，全球勞工成本會逐漸一致，物流將是最貴的項目，在地化不僅是最符合成本效益的做法，更無可避免。想像一下，現在美國每年丟棄45億磅重的地毯。如果你能設計出具有從搖籃到搖籃概念的產品，這些地毯就不必被丟進掩埋場、焚化爐或運往中國，反而能蛻變為新的地毯。你不但能隨心所欲更換地毯而不會感到內疚，還能在美國本地創造大量的工作機會。」

麥唐諾認為會有那麼一天：所有的電器用品，不管是冰箱、微波爐、電視機，甚至是汽車，都可以用租賃的，而且可以送回製造商來一而再、再而三的徹底再利用：不再是從搖籃到墳墓，而是從搖籃到搖籃。這類做法是在扁平世界追求經濟成長唯一行得通的解決之道。

美國是最大的消耗者，卻漠然不動

遺憾的是，美國並未重新思考、重新構思所謂「美國人」的意涵，反而在許多領域中照樣強化、擴展，並且了無新意的加倍應用舊有的耗能模式。

2006年11月，我為「探索時代頻道」（Discovery Times）製作與能源相關的紀錄片。我們預計要拍攝的景點之一，就是沃爾瑪在德州麥金尼市（McKinney）的實驗性綠能賣場。這個賣場在停車場建立自己的風力發電機，建築物外觀結合太陽能發電系統，採用高效能照明設備、無水小便池。甚至還有一套系統

可以回收熟食部使用過的食用油，和汽車保養中心的廢機油混合，然後送進生質燃料鍋爐中，作為店內地板輻射保暖系統的燃料。

我詢問製作人麥金尼市在哪裡，她只說：「在達拉斯近郊。」我盤算著時間，要擠出時間跑趟麥金尼市應該沒問題。於是，我們當天傍晚飛到達拉斯，租了一輛廂型車載著團隊前進「近郊」麥金尼。我們馳騁著，開了又開，開了又開。準確的說，是往達拉斯北方跑了30英里。

製作人說的沒錯，麥金尼位於達拉斯近郊。其實照現在的說法，應該叫做遠郊（exurb）。麥金尼之所以是達拉斯郊區，是因為它的發展命脈像臍帶般，與達拉斯密不可分。由於高速公路正在拓寬，我們大多走替代道路。但是，在高速公路拓寬後即將妝點沿途風景的所有商家，早已盤據山頭。麥當勞、必勝客、肯德基、漢堡王、加油站、汽車旅館、新建公寓和連棟住宅、夢魘般的朦朧霓虹燈影。然後，又是更多的麥當勞、購物中心、成排的商場，接著又是麥當勞。我們抵達沃爾瑪實驗性賣場之前，甚至還看到一間非綠能的沃爾瑪百貨。這幅景象，在美國任何角落，隨處可見。

隔天，拍完沃爾瑪賣場後，我們往回開到機場。整個路上，我都盯著車窗外不斷蔓延的都市景觀，暗自揣度：「我們根本是在白費功夫。不論這間沃爾瑪綠能賣場，甚至一千間這樣的賣場能節約多少能源，終究會被這股發展的浪潮淹沒。」這股浪潮，似乎注定一路向前衝去，直奔奧克拉荷馬州州界。

儘管我們總是談論著中國和印度日益增長的能源和資源用量，但美國人必須牢記，到目前為止，美國人仍然是世上消耗

能源最多的一群。就算我們提升了每單位能源的產能，美國全國能源用量依舊居高不下。看看這份由國際科學院委員會（InterAcademy Council）率領不同領域的科學家，在2007年所做的能源報告〈點亮未來之路〉（Lighting the Way）。報告指出，「一個人一天存活所需的能量，大約在2,000到3,000大卡。」

　　但是在美國，每人每年平均能源消耗量卻約為3,500億焦耳，即每天人均消耗量為23萬大卡。換句話說，一般美國人消耗的能源足以滿足100個人的生理需求。其他已開發國家人民日常消耗的能源，則約足以供給50個人使用。相較之下，中國和印度目前的人均能源消耗量，比美國還要少約九到三十倍左右。1971年到2004年間，全球能源消耗量幾乎倍增。開發中國家若持續目前的做法，以增加能源消耗換取經濟繁榮，預估到了2030年，能源消耗量還會再成長50%。

　　難怪2007年11月9日的《紐約時報》如此報導，「當海外需求持續攀升時，美國人偏好大車大房的胃口也不斷助長國內的石油需求。歐洲已經透過提高汽油稅、提倡小型車及高效率大眾交通工具等，多管齊下控制石油消耗量，但美國卻漠然不動。」美國國家環境保護局運輸與空氣品質處處長奧格（Margo Oge）曾說，從1990年至2007年，美國石油需求已成長22%。

　　總部設於巴黎的國際能源總署（International Energy Agency）預估，2030年的全球石油需求量將由2007年每天8,600萬桶，成長為每天1.16億桶；其中五分之二的增長來自中國和印度。《紐約時報》在這篇文章中也指出，「如果每個中國人和印度

人消耗的石油量跟美國人一樣，那麼全球石油每日消耗量將不再是現在的8,500萬桶，而是超過2億桶。所有專家都認為，這產量簡直超乎想像。」

在美國愈來愈大的房子裡，這些事正在發生：每個鍋子都裝著雞，每個口袋裡都有iPod，每個房間都擺了電腦和平面電視。貝克（Peter Bakker）是天遞（TNT）的執行長，天遞是歐洲規模最大的快遞公司之一。2007年，天遞因為傑出的能源與環保實務，被道瓊永續性指數（Dow Jones Sustainability Indexes）評為最佳工業運輸類企業。然而，該公司制訂的這些環境敏感實務（environmentally sensitive practices），光是考慮西方國家目前的成長，似乎還是不夠。

2007年9月，我在中國與貝克見面，時間正好在天遞獲得此份殊榮之後，他跟我說了以下這個故事：「我們在歐洲共有3.5萬輛卡車、48架飛機在運作。不久前，我們剛買了兩架波音747。一旦這兩架飛機完全加入營運，每週有九個班次往返我們位於比利時列日的總部和上海。這兩架飛機啟程離開列日時，通常半滿。但是每天飛回歐洲時，iPod和電腦總把機艙塞得滿滿的。我們估計，光是這兩架波音747每週消耗的油、所排放的二氧化碳，就是其他48架飛機的總和。」

諸如此類的事件愈來愈多，我到明尼蘇達拜訪母親時，碰巧看到明尼亞波利斯《明星論壇報》（*Star Tribune*，2007年11月17日）刊載這則報導：

原本預計在全美最大的美國購物中心（Mall of America），展開為期三天的電子用品回收活動，因為民眾丟棄的舊東西實在

太多，而於星期五提前結束。主辦廠商伊根市的材料加工公司（Materials Processing Corp.，簡稱MPC）主管說，已經收到超過100萬磅的廢棄物，是該公司所能處理的上限，所以只好提前截止，總回收物一共裝滿86輛卡車。本次活動的戲劇性變化，凸顯出民眾渴望找到免費、簡易的方法來處理老舊電視和電腦的需求，因為目前的法規不允許把這些廢棄物當作一般垃圾處理。隨著更新、更快的電腦，以及最先進的電視紛紛問世，廢棄物處理的壓力只會更沉重。MPC公司執行長古托夫（David Kutoff）說：「大家根本不知道怎麼處理他們不需要的東西。」

既然如此，這些人們不需要的東西到哪裡去了？隔天（2007年11月18日），我看到了美聯社一份來自中國貴嶼的報導：

空氣中彌漫著刺鼻的味道。房子外低矮的瓦斯鍋爐裡，不是熔著電纜線以取得銅，就是煮著電腦主機板來釋出金。一身髒衣服的外地民工，徒手砸碎映像管，好取得玻璃和電子零件，卻釋放出多達6.5磅的鉛塵。過去五年來，環保人士和媒體不斷關注，報導這群拆解全球大部分電子垃圾的工人正暴露在危險中。然而，再度造訪這個位於中國東南方、被視為電子垃圾核心地的小鎮，情況並沒有改善，甚至因為中國本身的「貢獻」而變本加厲。根據綠色和平中國分部（Greenpeace China）企業社會責任項目主任崔喜晶的說法，目前中國每年製造超過100萬噸的電子垃圾，這大概是500萬部電視機、400萬台冰箱、500萬台洗衣機、1,000萬隻手機及500萬部個人電腦。她接著說，「中國大部分的電子垃圾都來自海外，但是國內的製

造量日益增加。」

創造美式生活的新定義

2005年10月，我正在上海，《中國日報》（China Daily）的一篇報導吸引我的目光。這篇報導提議，中國人應該考慮捨棄筷子，用手吃飯。

為什麼？作者鄒漢儒是該報香港版副總編輯，他寫道，因為「我們不再有豐富的森林，我們的土地不再那麼翠綠，我們的地下水位不斷下降，我們的人口正以前所未有的速度成長……光是中國，每年就用掉450億雙免洗筷，等於166萬立方公尺的木材。」這可是數百萬棵茁壯的大樹。鄒漢儒補充，中國人愈是富有，「就愈想擁有大房子，還有各式各樣的家具。報紙也為了占有更大的廣告市場，變得愈來愈厚。」他認為，中國正面臨日趨沉重的環保壓力，必須捨棄使用木製免洗筷，轉而使用鋼製、鋁製，甚至是纖維製的環保筷，「或者更好的方法：用我們的雙手。」

當世界變得又平、又擠，問題也開始四處爆發。鄒漢儒的文章給我的啟示是，如果中國繼續模仿美國人的消費方式，中國將不再是中國。

美國，當然也不會是美國。

1959年7月24日，當時的美國副總統尼克森與前蘇聯總理赫魯雪夫，在莫斯科美國大使館的展覽會上發表公開談話。那次的展覽會也展示出美國典型住家，裡面滿是一般美國家庭會購買的典型美式商品。這個展覽掀起尼克森和赫魯雪夫之間

著名的「廚房辯論」（Kitchen Debate），彼此爭論哪個國家的百姓生活品質比較好。這場景值得我們花點時間回顧一下：

尼克森：你們在某些領域或許超前我們，比方說你們用來探索外太空的火箭推力研究。但是在某些領域，我們勝過你們，例如彩色電視機。

赫魯雪夫：不，我們在彩色電視技術上也領先你們。我們不只在單項科技上贏過你們，在其他領域也一樣。

尼克森：你瞧，你從不讓步。

赫魯雪夫：我永不放棄。

尼克森：等你看到畫面品質再說吧。讓我們在剛剛談的這個領域上多溝通交流。我們應該多從我們的電視上聽聽你的看法。你也應該多從你們的電視上聽聽我們的說法。

幾分鐘過後：

尼克森：從你主導對談的手法看來，你會是個很棒的律師。如果你是在美國參議院，將會被控蓄意以冗長的發言，來阻撓議事的進行。（帶赫魯雪夫走到樣品屋的模範廚房前）你們在紐約展示的房子十分不錯。我和我太太看過也都很喜歡。我想帶你參觀這個廚房。加州人的廚房，大概就像這樣。

赫魯雪夫（在尼克森請他留意看一台嵌入式控制面板洗衣機之後）：我們也有這種東西。

尼克森：這是最新款式。由上千個部件組成，可以直接安裝在房子裡。

尼克森想傳達給赫魯雪夫的訊息非常簡單：我們的廚房、洗衣機、電視都比你們好，所以我們的制度比你們優良。「美式作風」代表自由市場、自由選舉，還代表某些生活方式。在這種觀點之下，也難怪美國戰後嬰兒潮這一代所受的教育是：如果世上每個人都過美式生活，就再好不過了。

美國人想要每個人都改過美式生活，卻從未真正想過這會帶來什麼衝擊。

現在，美國人知道，在能源氣候年代裡，如果全世界的人都開始過美式生活，就是宣告氣候與生物多樣性的浩劫到來。而今，有愈來愈多俄國人、中國人、印度人、巴西人及埃及人正開始這麼做。

這意思是說，今後我們不想見到大家也過美式生活嗎？不是的。這代表美國必須帶頭引導，重新設計、重新創造美式生活的意義，想想「美式作風」對能源與資源消耗的意義是什麼。因為如果自主和自由市場的散播，未能伴隨著生產能源、對待環境的嶄新方法（即綠色行動），那麼地球和大地之母必會將自身的桎梏與限制，加諸在我們的生活方式上。這些桎梏和限制，肯定比共產主義更糟。

這便是為什麼未來美國應該將「綠色行動」策略（我將於本書後半部提供我的看法），納入送給當今世界的禮物中，和權利法案、獨立宣言及美國憲法，一同散播到世界每個角落。因為少了它，我們及其他人都不可能永久享有自由，世界上會充滿過多的「美國人」，而且是過時的那種「美國人」。我們的地球將無力負擔。

6

產油國統治全世界

全球對石油的仰賴，讓產油國握有絕佳的籌碼，

他們利用油元，阻礙國內的民主發展，

收買政敵、培養聖戰分子，

甚至滲透其他國家的文化藝術，扭曲國際體系……

發展綠色能源，迫使油價回跌，

是推動產油國改革，找回世界均勢的最佳策略。

俄羅斯近來積極展開外交工作，希望限縮前蘇聯時期最具影響力的選舉觀察團活動。俄羅斯向歐洲安全暨合作組織（Organization for Security and Cooperation in Europe）呈遞提案，要求大幅縮減觀察團規模，並阻止觀察團於選舉後立即發表報告。……並要求觀察團不得於選後數日內，針對政府的選舉行為公開發表任何聲明。

——2007年10月25日《國際前鋒論壇報》頭版

紐約油價於星期五創新高，以每桶90.07美元作收。

——同報同日第二十版彭博新聞

計畫於紅海花費百億美元打造的大學，是阿拉伯王國教育改革計畫的重點項目……這所大學打算不顧保守人士施加的任何宗教壓力，捍衛學術自由……沙烏地國營沙美石油公司（Aramco）主管，也是這所規劃中新沙烏地大學的臨時校長阿爾納斯（Nadhmi al-Nasr）說：「可以確定的是，學術自由將獲得保護。」

——2007年10月25日《金融時報》第六版

沙烏地阿拉伯禁止發行最新一期《富比士》雜誌阿拉伯版。雜誌主編說，這是因為該刊報導阿不都拉國王（King Abdullah）與其他阿拉伯領袖的財富……一名政府官員說，「有關當局決定下令禁止整本雜誌發行，而非只撕下該篇文章。」……沙烏地當局今年已兩度下令，將知名沙烏地分析師暨大學講師達西（Khalid al-Dakhil）發表於雜誌中的文章撕掉。

——同報同日同版新聞

2001年，以美國為首的聯軍入侵阿富汗一個月後，我來到鄰近阿富汗邊境旁的小鎮白夏瓦（Peshawar），這裡是伊斯蘭激進主義的溫床。你只需要花一個下午逛逛白夏瓦的說書人市集，就能了解：這可不是美國兒童節目「羅傑先生的左鄰右舍」（Mr. Rogers's neighborhood）中那個充滿關懷、寬容與分享價值的歡樂世界。觀光客為什麼有這種感受？或許是因為街頭小販問我，你到底想要什麼顏色的賓拉登運動衫？是這件印著賓拉登照片的黃色運動衫？或那件歌頌賓拉登是穆斯林國家英雄、宣誓「聖戰是我們的使命」的白色運動衫？（這小販可是廣受當地人喜愛，生意興隆呢。）又或者，是因為貼在牆上的海報寫著：「如果你想加入『聖戰』，抵抗美國，歡迎來電。」也或許，是因為當地人以冰冷的眼神，迎接我這個顯眼的外國人？他們的眼神，傳達的不是「歡迎使用美國運通卡」，而是「滾蛋」。

歡迎蒞臨白夏瓦。對了，我有提到白夏瓦位於巴基斯坦境內嗎？而巴基斯坦是站在美國這一邊的。

油癮改變了國際體系

深入白夏瓦的途中，我和巴基斯坦友人一同參觀真理教育學校（Darul Uloom Haqqania）。這是巴基斯坦最大的經書院（madrasah），或稱為穆斯林學校（Islamic school）。院內共有2,800位住宿生，全都研習可蘭經及先知穆罕默德的教誨，希望有朝一日也能成為穆斯林精神領袖或更虔誠的教徒。

學校允許我旁聽的班上，有一群大約小學生年紀的男孩席地而坐，他們口裡背誦著經文，這就是他們的學習核心；他們

大多數人永遠沒有機會學習批判性思考或現代學科。這一幕，令我既感動又不安。我很感動，若不是經書院提供場所、住宿、教育和衣服，數以百計的巴基斯坦男孩，勢必因為國家世俗教育體系的腐化而在街頭流浪（1978年時，巴基斯坦約有3,000所經書院。現在，大大小小超過30,000所）。但我也感到焦慮不安，因為這所經書院的宗教課程，大部分是1707年辭世的蒙兀兒帝國（Mogul）皇帝奧朗則布（Aurangzeb Alamgir）所制訂。圖書館也只有一櫃科學書，大多是1920年代留存下來的。

可蘭經教室裡的氛圍沉重又滯悶，彷彿能切塊當成蛋糕賣。老師要求一名八歲的小男孩，為我們唸一段可蘭經文。男孩像經驗豐富的宣禮員（muezzin），美妙、優雅的朗誦出經文。透過翻譯，小男孩解釋道，這是一句有名的經文，意思是：「歸信真主者，將進入天堂樂園；不信者，將受到永恆火獄的刑罰。」

這一切令我感到不安。當我問其中一名十二歲的學生、同時也是阿富汗難民昆杜，對九一一事件有何看法時，他說：「這非常可能是美國境內的自家人發動的攻擊。我很高興看到美國人必須面臨痛楚，因為其他國家的人都嘗過這種痛苦。」那麼大體而言，他怎麼看美國人？「他們是不信真主者，對穆斯林不友善。他們想用強大的力量來統治世界。」

真理教育學校經書院向來惡名昭彰，因為塔利班領袖奧瑪爾（Mullah Muhammad Omar）及許多塔利班名人都曾是這裡的學生。負責招待的人解釋，奧瑪爾其實沒有畢業，「不過我們還是頒給他榮譽學位，因為他是為了發動聖戰而離開學校，還創建純正的伊斯蘭政府。」整趟旅程中，讓我印象最深刻的，莫

過於高掛在可蘭經教室的一面標語。上面用英語寫著，這教室是「沙烏地阿拉伯王國的贈禮」。

這句話千真萬確。

何嘗不是如此？根據總部位於倫敦的全球能源研究中心（Centre for Global Energy Studies）的說法，聯合壟斷石油的石油輸出國組織成員，在2006年靠石油出口就賺進5,060億美元，2007年更增加到5,350億美元左右。反觀1998年時，他們賣出的石油量與現在差不多，但收入僅為1,100億美元，因為當時的油價低廉許多。而沙烏地阿拉伯的石油收入，預估將從2006年的1,650億美元，上揚到2007年的1,700億美元，甚至到2008年的2,000億美元。

我認為，2001年九一一事件，這場僅由19人策劃（其中15名是沙烏地人）、卻造成近3,000人死亡的大規模恐怖攻擊，不只是一個例子，更揭露出一整套累積多時的潛伏趨勢，那就是：我們的油癮不僅改變氣候系統，也從四個根本面向改變國際體系。

首先，也是最重要的是，我們透過能源採購，協助壯大了沙烏地阿拉伯所宣揚的最不包容、反現代、反西方、反女權、反多元的伊斯蘭支派。

第二，我們染上的油癮正在資助那些顛覆俄羅斯、拉丁美洲以及各地民主潮流的活動，這股潮流從柏林圍牆倒塌、共產主義終結後就開始活躍。這就是我所謂的「石油政治第一定律」（the First Law of Petropolitics），即：「石油價格上揚，自由化趨緩；石油價格下跌，自由化加速。」我將在本章後半說明。

第三，我們對石油的日漸依賴，引發醜陋的全球能源爭奪

大戰，讓世界各國露出最壞的一面：華府面對沙烏地阿拉伯壓制女性和缺乏宗教自由的情形緘默不語；中國也為了蘇丹的豐沛石油，和兇殘的非洲獨裁者結盟。

最後，藉由能源採購，我們金援反恐戰爭中的雙方。這絕非誇大其辭。某種程度上可以說，我們的能源採購讓波斯灣的保守伊斯蘭政府致富；我們促使這些政府與沙烏地阿拉伯、阿拉伯聯合大公國、卡達、杜拜、科威特，及其他穆斯林地區的慈善機構、清真寺、宗教學校及個人，共同分享這筆橫財。然後，這些慈善機構、清真寺及個人再將錢捐給反美的恐怖組織、自殺炸彈客及穆斯林宣傳者。

我們一方面以納稅人的錢資助美國陸、海、空三軍及海軍陸戰隊；另一方面也同時透過能源採購間接金援蓋達組織、哈瑪斯（Hamas）、真主黨（Hezbollah）及伊斯蘭聖戰組織（Islamic Jihad）。

全球企業網（Global Business Network）策略顧問公司董事長舒瓦茲（Peter Schwartz）用一句話來總結美國當前能源政策：「讓需求量極大化、供應量極小化，然後竭盡所能向世上最恨我們的人購買能源，以補足供需之間的缺口。」我實在想不到比這更愚蠢的事情。

美國人民當然也注意到這層層關係，看那些九一一事件後問世的保險桿貼紙就知道：「你的運動型休旅車每加侖消耗多少士兵？」、「奧薩瑪（Osama）愛你的運動型休旅車」、「沒有什麼車子比悍馬越野車更蠢了」、「優先徵召運動型休旅車駕駛從軍」，或是「美國需要換油」。從政治話語裡也可以看出端倪，例如布希總統於2006年美國國情咨文演講中，便宣稱

美國人「染上了油癮」。

姑且不管那些保險桿貼紙和標語，事實上，美國在九一一事件之後，幾乎沒有採取任何行動來戒除油癮。

我們必須更努力，因為戒掉油癮不再只是環保需要，更有策略上的急迫性。唯有削減全球對石油與汽油的需求，我們才能自在呼吸──這句話不折不扣，表達的正是這個意思。

我們對石油的仰賴，在美國國內、甚至於世界各角落都造成更多不良趨勢；衝擊之大，遠超過我想像得到的其他單一因素。我們的油癮使得全球暖化問題惡化、獨裁者更強大、空氣汙染嚴重、貧者愈貧、民主國家式微、激進的恐怖分子更富有。我還漏掉什麼嗎？

石油財富壯大了伊斯蘭激進支派

一直以來，伊斯蘭教有不同的信仰形式。近年來有些支派比較能接納現代性，重新詮釋可蘭經，容忍其他信仰。例如：蘇菲派（Sufi Islam）或仍可見於開羅、伊斯坦堡、卡薩布蘭加、巴格達及大馬士革等都會區的民粹派（populist Islam）。

也有些支派主張，伊斯蘭應該回歸到最純粹的根源，亦即先知穆罕默德時代所奉行、遵守簡樸苦行戒律的「沙漠伊斯蘭」（desert Islam）。例如伊斯蘭世界的薩拉菲運動（Salafiyyah movement），追隨者包括沙烏地阿拉伯統治家族所信奉的瓦哈比派（Wahhabi）以及蓋達組織。這個教派的歷史可追溯到前現代時期，它從不渴望改革，因此從未真誠接受現代精神。「虔誠先輩」（As-Salaf us-Salih）或簡稱「先人」（the Salaf），指的是穆罕默

德的第一代門徒及之後兩代的追隨者，他們被視為實踐伊斯蘭教義的最佳典範。今天，這種基本教義派路線的追隨者，被統稱為薩拉菲主義者（Salafis）。

二十世紀以前，薩拉菲主義者在阿拉伯沙漠以外地區不怎麼有吸引力。然而今非昔比，他們在沙烏地阿拉伯大量油元的資助下，不僅深深影響今日穆斯林的主流信仰詮釋，也改變一般穆斯林對其他信仰的看法，以及與較不傳統的穆斯林、非遜尼派（non-Sunni）之間的關係，尤其是什葉派（Shiites）。

在穆斯林極端主義分子的操控下，有石油撐腰的薩拉菲主義從意識形態層面合理化武力聖戰行動：以重建西元七世紀政教合一的伊斯蘭「哈里發國」（caliphate）為目標。他們所鼎力支持的團體，包括：塔利班政權、蓋達組織、哈瑪斯，及活躍於伊拉克、巴勒斯坦及巴基斯坦的遜尼派自殺炸彈客。

1979年，激進基本教義派分子質疑沙烏地王室家族的穆斯林信仰純正性，攻占麥加大清真寺，使得沙烏地想輸出伊斯蘭基本教義的渴望急劇高漲。無獨有偶，同年也爆發伊朗革命，油價一飛衝天。《陰影壟罩下的高塔》（*The Looming Tower*）作者萊特（Lawrence Wright），在這本清楚描述蓋達組織歷史的著作中指出：

麥加大清真寺遭受攻擊……讓沙烏地王室驚覺到，原來革命真的會發生。王室從這次血腥對峙學到的教訓就是：要保護自己免於受到宗教激進分子傷害，只能授權給他們……結果，受政府資助、自詡為宗教正義使者的宗教警察，開始在沙烏地王國橫行。他們在購物中心和餐廳閒晃，趕男人進清真寺

做禮拜，確保所有女人蒙面遮體。

沙烏地政府並不滿足於只淨化自己的國家、給予國民最低限度的宗教自由，甚至向整個伊斯蘭世界宣教，運用被稱為「天課」（zakat）的數十億沙幣宗教稅，在全球興建數百所清真寺與大學，以及數千所的宗教學校，全由瓦哈比派的領導人和老師擔任教職。結果，僅占有穆斯林世界1%人口的沙烏地阿拉伯，卻資助整個信仰90%的支出，壓倒其他伊斯蘭傳統。音樂自此在這個王國消失，藝術和文學全面受到審查。而原本就沒什麼機會在這個年輕國度展現抱負的知識分子更是從此消沉；偏執和狂熱，占據了封閉恐懼的心靈。

中東地區的伊斯蘭化

全球大約有15億穆斯林，散居於各主要城市。由於沙烏地阿拉伯石油資源豐富，又是兩大神聖清真寺所在地（分別位於麥加與麥地那），擁有獨一無二的正統性和無與倫比的資源，使它能在穆斯林世界提倡自己極端保守的伊斯蘭品牌。從來不曾有這麼多財富被交給全球主要宗教的極少數分子，為世界帶來這麼多的長期後果。

五十年後，再回首看待開啟能源氣候年代的這一刻，我們或許會歸納出一個結論：這時代最重要的地緣政治趨勢，正是伊斯蘭信仰中心的移轉。亦即從十九、二十世紀，由較柔性、對世界以及其他信仰較開放的開羅—伊斯坦堡—卡薩布蘭加—大馬士革「地中海／城市伊斯蘭中心」，轉向較拘謹、苛求女

性、對其他信仰不懷善意的薩拉菲主義「沙烏地／沙漠伊斯蘭中心」。

過去二十年來，愈來愈多伊斯蘭基本教義支派的崛起，並不能完全歸咎於沙烏地的金援。對全球化和西方化普遍而強烈的抵制、新一代年輕穆斯林抗拒以往所有失敗過的意識型態（包括：阿拉伯國家主義、阿拉伯社會主義及共產主義）等因素，也造就現今的局勢。不過，沙烏地資金確實助長並鞏固一個徹底保守傳統的伊斯蘭興起。2008年6月4日的《金融時報》指出，中東有近三分之二的人在二十五歲以下，而且四人中就有超過一人失業。許多失意、失業的年輕人，從信仰中找到慰藉。

作家李奇威（William G. Ridgeway）為主張打破舊傳統的英國研究機構社會事務小組（Social Affairs Unit），撰寫一系列思慮縝密、鼓動思想的文章〈來自阿拉伯的信〉（Letters from Arabia）。他於2005年8月22日發表的文章提到，這種轉變就某個層面來說，其實就是「沙漠伊斯蘭」與「城市伊斯蘭」（Urban Islam）長期對抗的現代版。「沙漠伊斯蘭」的代表，是嚴謹拘束的沙烏地瓦哈比派；至於「城市伊斯蘭」，則較具世界觀、對女性較友善，也較能接受新想法。

李奇威寫道，「現代化的入侵，已提升沙漠伊斯蘭於現今社會的地位及影響力。」

西方國家普遍都相信，中東雖然遲疑，最終仍必會走向自由民主。但事實剛好相反，該區域正往另一個方向快速邁進，學者稱之為「伊斯蘭化」（Islamicisation），意指激進的什葉派與瓦哈比派信仰和生活方式正在中東擴散。因為這個趨勢，現在

的中東已和五十年前大不相同。以今天的標準來看，1950年代波斯灣發現石油時，許多穆斯林國家還相當自由：酒精不受管制，女性無須穿戴面紗，人民還能公開討論強調現代化、政教分離，和西方國家交流對話的「凱末爾路線」。當時的中東，似乎正往正確的方向發展。

然而沙烏地阿拉伯爆增的石油財富，卻改變這一切。「擁有石油，意謂著沙烏地阿拉伯如今握有籌碼，有能力讓世界變得更像他們，」李奇威說：「這回山將會走向穆罕默德……完全固守傳統教義的沙漠伊斯蘭，奪走了阿拉伯生活的趣味和色彩，彷彿這就是長久以來阿拉伯人的生活方式。人們藉由服飾表達自己、展現魅力的趣味已一去不返，一切都被黑色所取代。」李奇威表示，在石油資助下，沙烏地瓦哈比派版本的伊斯蘭信仰迅速蔓延，意謂著「自由的城市伊斯蘭，遭受沙漠伊斯蘭的攻擊。但在阿拉伯文化或電影製作的黃金時代，沙漠伊斯蘭不過處於邊緣地位。在已然逝去一切中，最具代表性的或許是舊時阿拉伯喜劇片中那些妖嬈微醺的女性角色。在當年，她不過被人訕笑；但如今，她會被人用石頭砸死。」

除了沙烏地阿拉伯，其他保守的波斯灣國家 —— 科威特、卡達及阿拉伯聯合大公國，也有大量石油資金湧入，讓他們在國內、外成立更多保守的慈善組織與宗教機構。

2007年8月，一位在波斯灣國家擔任教授的埃及籍友人，在當地與我共進早餐時分享以下心得。為了自身安全，他要求不透露姓名。他說，沙烏地阿拉伯已經對整個穆斯林世界的伊斯蘭生活造成巨大衝擊：「看看男女之間的關係就好。以往

同一家族的男女可以同處一室，並肩而坐。現在，他們得分開。目前的兩性關係十分敏感，你搞不清楚該不該跟女性握手⋯⋯這個區域的「沙烏地伊斯蘭化」已經留下不良影響，而且得花數十年才改得過來。如果你去參觀大學，會發現男女不混合上課。我還在埃及念書時，上課會坐在女生旁邊，現在，男女學生共處一室卻自動分開來坐。這不是埃及的伊斯蘭，這是沙烏地的伊斯蘭。更糟的是，沙烏地只是出錢，埃及卻是實踐他們想法的人⋯⋯我們把沙烏地的生活方式引進埃及，從服飾到清真寺門口賣的書，傳達的都是瓦哈比派對伊斯蘭教義的詮釋。遺憾的是，埃及沒有資源反擊。」

埃及到現在還是無能為力。2008年6月9日，《新聞週刊》派駐中東的記者諾爾蘭（Rod Nordland）在開羅寫了一篇文章，清楚表達這一點：

薩布依（Abir Sabri）以雪白的肌膚、烏黑的秀髮、豐厚的雙唇及迷人的身材而聞名遐邇，以往以性感形象活躍於埃及電視和電影螢幕。但前幾年，達到事業巔峰之際，她卻不見了——至少再也看不見她的臉。她開始在沙烏地擁有的宗教電視頻道表演，蒙著面紗詠唱可蘭經經文。薩布依說，只要她舉止合宜，保守的沙烏地金主答應給她接不完的工作機會。她接著解釋：「他們是瓦哈比投資家。」她指的是正盛行於沙烏地阿拉伯、教規嚴屬的遜尼派。「以前，他們投資恐怖主義。現在，他們把錢投入文化和藝術。」

埃及人其實痛恨他們的文化遭到沙烏地化。長久以來，從

摩洛哥到伊朗的表演藝術，一直由埃及主導。如今，擁有大把油元的沙烏地投資者買下了歌手和演員的契約，重塑埃及的電視和電影產業，並且以嚴苛的沙烏地價值取代無拘無束的埃及價值。

埃及電信業歐拉斯康（Orascom）董事長薩維雷斯（Naguib Sawiris）表示：「據我所知，這是中東目前的最大問題。埃及一向非常自由、世俗、摩登。現在……」他站在二十六層樓高的開羅辦公室窗戶旁，比著手勢說：「我眼中所看的，明明是我的國家，卻不再是我的國家。我在這裡像個外國人。」

沿著尼羅河往上游走一英里，是開羅的君悅大飯店。這個五星級酒店的沙烏地籍老闆，下令自 2008 年 5 月 1 日起禁酒，還誇示的將酒窖裡價值 140 萬美元的酒全都倒入水溝。埃及歷史最悠久的製片公司——馬薩製片廠（Studio Masr）執行長穆拉德（Aly Mourad）表示：「在埃及，少了酒精的飯店就好像沒了大海的沙灘。」他指出，目前埃及製作的電影中，95% 由沙烏地人出資，可是他們國家連一間電影院也沒有。「他們會說，拿去，你可以用我們的錢，不過有一些小條件……」其實不只一些。電影製作人口中的「35 條規定」，包括的不只是約定禁止出現擁抱、親吻或飲酒等畫面，甚至空著的床也不准出現，更別提暗示有人可能在上面做了什麼。沙烏地握有的衛星頻道，也買下埃及的電影收藏館，嚴格審查一些經典老片，甚至直接禁止播放某些影片。

有的埃及人認為，這種大驚小怪的行為其實不完全是沙烏地人的錯。電影製作人庫里（Marianne Khoury）解釋：「電影變

得愈來愈保守，是因為整個社會日趨保守。」她認為，沙烏地的資金一直是維繫埃及八十歲電影產業的命脈。埃及製片商在1960、1970年代的高峰期，每年可推出超過一百部電影。到了1990年代，製片量卻大幅下滑，每年僅存六部。多虧有沙烏地投資者，才得以回升到四十部。庫里說：「如果他們停止投資，就沒有埃及電影了。」

至少，還有一些埃及人認為，沙烏地阿拉伯這個國家終究會改變。肚皮舞者狄娜（Dina）預測：「埃及一定會恢復到以前的模樣。」她是埃及僅存的幾位本土肚皮舞者之一。另外，別忘了2006年直言不諱探討同性戀的大戲《亞庫班公寓》（*Yacoubian Building*），是由沙烏地製片公司資助。富商薩維雷斯也已經開辦自己的衛星電視頻道，播放未經審查的美國電影。他下定決心要打贏這場仗。不過，他形單影隻，而沙烏地阿拉伯的億萬富翁卻族群浩大。

患上油癮的美國，從未思考如何去面對這些現象。前美國中情局局長伍爾西（Jim Woolsey）指出，冷戰期間，美國早已習慣對付蘇聯的極權主義者，這些極權主義者受十九世紀經濟學思想的影響，所抱持的世俗意識型態並不是太難對付，畢竟沒多少馬克思主義者真的願意為「各盡所能，各取所需」的主張而犧牲生命。然而，當前美國透過能源採購所間接助長的意識型態，卻明顯更具敵意，而且公開宣揚自殺攻擊行為。

伍爾西指出，「瓦哈比派的教令明確，對於什葉派、猶太人、同性戀及叛教者」極不友善，而且經常壓制其他人，尤其

是女性。他們的基本信念可說是與蓋達組織一致。」換句話說，純粹就意識型態來看，沙烏地阿拉伯（美國主要盟軍）所信奉的宗教信條與蓋達組織（美國主要敵人）相去無幾，差別只在手段不同罷了。伍爾西說：「的確，瓦哈比派與蓋達組織之間的對立，並非源自對基本教義論述上的不同。兩者的關係比較類似1920、1930年代史達林派與托洛斯基派的鬥爭，大家你爭我奪，看誰能當頭。兩派充滿敵意的根本觀點，都指向同一個大方向。世界各地許多瓦哈比派資助的經書院延續這樣的敵意，並付諸行動，繼而引發種種後果。」

沙烏地油元也逐漸影響中東以外的穆斯林國家，對相關情勢談論最深入的，莫過於經典名著《三杯茶》（*Three Cups of Tea*）的作者摩頓森（Greg Mortenson）及瑞林（David Oliver Relin）。這本書鉅細靡遺描述這位由登山家變成教育家的美國人摩頓森，如何創立中亞協會（Central Asia Institute），並在十二年間，於巴基斯坦及阿富汗郊區興辦超過五十所先進的學校，企圖改善貧窮、增加學童受教育的機會（尤其是女孩），以對抗伊斯蘭極端主義。這些學校的數目至今已有七十八所，仍在持續增加中。摩頓森在書中提到：

我知道沙烏地瓦哈比派多年來一直在阿富汗邊境興建清真寺。但在巴基斯坦信奉什葉派的巴爾蒂斯坦（Baltistan）市中心，見到瓦哈比派新落成的建築時，還是令我訝異不已。這是第一次，我驚覺到他們想達到的規模，這令我害怕……

2000年12月，根據沙烏地《事物核心報》（*Ain-Al-Yaqeen*）

報導，瓦哈比四大宣教組織之一的哈拉曼基金會（Al Haramain Foundation），已於巴基斯坦和其他穆斯林國家興建1,100間清真寺、學校及伊斯蘭中心。光是去年，就僱用3,000名支薪的宣教人員。

報導中也提到，四大宣教組織中最活躍的國際伊斯蘭救援組織（International Islamic Relief Organization；九一一調查委員會指控該組織直接援助塔利班與蓋達組織），在去年同期，完成第3,800座清真寺的興建，還耗資4,500萬美元提振「伊斯蘭教育」，並且僱用了6,000名教師，其中許多人是巴基斯坦籍。

摩頓森說，他在巴基斯坦及阿富汗邊境興建小型先進學校網絡的資源，「相較於瓦哈比派，簡直是小巫見大巫。」

每當我去查看某個計畫的進展時，總會看到似乎一夕之間，附近又冒出十間瓦哈比經書院。巴基斯坦腐化的教育體系，讓瓦哈比教義的推行變得只跟經濟因素有關。巴基斯坦只有極少數富裕人家的孩子，得以進入私立菁英學校就讀……大部分地區，甚至連苟延殘喘、經費不足的公立學校都沒有……經書院體系的目標，正是這群公立學校無法照顧到的赤貧學生。經書院在不毛之地提供免費的教室及黑板，還興建學校，成了數百萬巴基斯坦父母教育孩子的唯一機會。

「我不想讓人以為，所有瓦哈比派信徒都是壞的，」摩頓森說道，「他們的許多學校和清真寺，在協助巴基斯坦窮人上

做得很好。但是，有些似乎只是為了教出聖戰狂熱分子而存在。」

摩頓森很清楚，上述現象有多大程度是受到美國能源採購的資助。

這件事不是只有幾個阿拉伯長者拿著一袋又一袋現金，走下海灣航空（Gulf Air）的飛機那麼簡單。他們把最聰明的經書院學生載回沙烏地阿拉伯和科威特，接受長達十年的思想灌輸。等他們歸國之後，就鼓勵他們娶四個老婆，像兔子一樣生養眾多……瓦哈比快速製造出一代又一代經過洗腦的學生。他們想著二十、四十甚至六十年後的事，希望屆時他們的極端主義大軍，能壯大到擠滿巴基斯坦與其他伊斯蘭世界。

假使「沙漠伊斯蘭」壓倒性吞噬了「城市伊斯蘭」（多虧我們的能源採購助了一臂之力），將對能源氣候年代的地緣政治帶來極大衝擊。埃及學者暨英國倫敦國際戰略研究所（International Institute Strategic Studies in London）中東波斯灣安全計畫資深研究員，同時也是《不文明的文字戰爭：阿拉伯世界的媒體與政治》（*Uncivil War of Words: Media and Politics in the Arab World*）作者范迪（Mamoun Fandy）指出，這將把伊斯蘭推向紅海與波斯灣。

我想說的是，伊斯蘭有「地中海伊斯蘭」及「紅海伊斯蘭」。如果伊斯蘭的中心朝著地中海推進，即貝魯特、伊斯坦堡、亞力山卓、安達魯西亞等運輸、貿易及交流盛行的世界，那麼伊斯蘭教和它集結的社群，將更具世界觀、更開放、更迷

人。如果朝紅海推進，即艱困孤立的沙漠地區、同時也是原油產地，伊斯蘭教將變得更令人驚恐、更封閉、更仇視外來文化。

未來的發展，好壞參半

近來，關於沙烏地阿拉伯的消息好壞參半。好消息是，統治的紹德（al-Saud）家族開始以實際行動企圖控制仇恨最深的聖戰宣教分子、宗教學者及青年，並嚴懲加入國內恐怖組織或志願前往國外進行自殺任務的沙烏地人。壞消息是，伊斯蘭基本教義及瓦哈比派的意識型態，已經深植沙烏地的宗教和教育體系中，想要抑制它的發展，可不是簡單的事。過去，只要暴戾的聖戰分子將矛頭指向境外，沙烏地統治家庭就不擔憂。然而近來，聖戰分子開始對國內機構展開攻擊，他們便開始正視這個議題。

2008年3月20日，BBC引述沙烏地當地報紙《中東日報》（*Asharq Alawsat*），指出沙烏地王國「準備重新訓練四萬名領拜人，和好戰伊斯蘭分子抗衡」。這等於是對全國高層神職人員的矯正課程。當你看到，該國政府也明確要求這一批領拜人停止咒罵基督徒和猶太教徒，應該就會明瞭問題的嚴重性。2008年2月1日沙烏地政府官方報紙《利雅德報》（*Al-Riyadh*）上，專欄作家奧簣威博士（Sa'd Al-Quway'i）寫道：「呼籲消滅所有基督徒與猶太教徒的做法，與神律牴觸。」他接著說，這些詛咒「不應該指向所有無宗教信仰者或異教徒，應該只針對傷害伊斯蘭教、反對伊斯蘭教的人。」

然而，油元是否有推動較多正面的趨勢？我們還是要注意到，大量湧入的財富其實也對每個油藏豐富的國家，扮演一些激發現代化的力量。愈來愈多女性接受教育，而且不僅限於上宗教學校。愈來愈多女性與男性能出國深造，新式大學開始招生。更多媒體開始在阿拉伯穆斯林世界發聲，其中不乏獨立、進步的電視頻道與報紙。阿拉伯灣（Arab Gulf）*1國家正迅速全球化，主辦國際會議，並且邀請美國及歐洲大學創設分校。這些美國學術界的種子是否已向下扎根？時候未到，但是整個趨勢值得繼續觀察，尤其是沙烏地阿拉伯的進展。

親自深入沙烏地阿拉伯，讓我能斬釘截鐵的說，這國家有一群溫和、甚至明顯親西方的沙烏地人，他們曾留學美國、會定期造訪美國，而且仍然支持他們最鍾愛的美式足球隊。我跟他們見過面，也跟他們辯論過，並且喜歡和他們在一起。他們深愛自己的信仰，也為瓦哈比極端分子的暴行感到羞愧。這群極端分子眾多行徑中最荒謬的，莫過於2002年造成十五名沙烏地女學童喪生的事故。當時，宗教警察不准這群女孩離開陷入火海的學校大樓，也不允許消防隊員進入火場救援，因為這些女孩沒有依照沙烏地傳統遮蔽臉和身體。我相信，許多沙烏地人希望見到更開放的伊斯蘭國家。可惜他們不是制訂宗教政策的人，被引進巴基斯坦、倫敦、摩蘇爾（Mosul）及雅加達經書院的，也不是這群人的進步觀點。

1　譯註：阿拉伯灣有時即指波斯灣，但因爭議性大，阿拉伯世界以外地區並不通用，國際組織亦不承認這個說法。

油元如何變金援

　　然而，問題不止於多少女性要蒙面遮體。在伊拉克，來自沙烏地阿拉伯、北非及阿拉伯世界各地的年輕遜尼派穆斯林，受到沙烏地瓦哈比領袖或他們的理念感召，成為自殺炸彈組織的核心成員，造成以美國為首的軍隊在伊拉克的戰事陷入僵局，還使得當地遜尼派和什葉派關係惡化。影響之大，遠超過其他任何因素。

　　前美國財政部次長李維（Stuart Levey）於2007年9月12日接受美國廣播公司新聞網（ABC News）訪問時說：「如果我能一捻手指，啪的一聲切斷某個國家的金援，那一定是沙烏地阿拉伯。」事隔兩個月，2007年11月22日的《紐約時報》指出，美軍某次突襲敘利亞邊界、伊朗辛賈爾（Sinjar）附近沙漠地區的帳篷營地時，發現藏匿的文件和電腦顯示出一個事實：

　　沙烏地阿拉伯和利比亞在反恐戰爭中，雙雙被視為美國的盟軍，但是過去幾年來，前往伊拉克志願擔任自殺炸彈客，或是協助其他攻擊行動的外籍士兵中，約有60%來自上述兩個國家……該次襲擊的目標是一個叛亂恐怖小組，負責偷渡大部分外籍士兵到伊拉克。行動後數週，美國情治人員搜查文件和電腦發現：沙烏地人是外籍士兵的最大宗，約305人，亦即41%。這數據顯示，儘管沙烏地阿拉伯自2001年9月11日起，即大力遏止想成為恐怖分子的國民……部分沙烏地士兵還是成了漏網之魚。

該篇報導引述美國高層軍事官員的話,說明軍方相信沙烏地老百姓提供蓋達組織在美索不達米亞活動的絕大部分資金,好阻止什葉派主導巴格達政府。文中還提到,這些辛賈爾文件「顯示每位外國士兵隨身攜帶約1,000美元,大多用來支援該偷渡小組的運作。美國官員更透露,每位沙烏地人挾帶的金額大於其他國家的士兵。」

我於2007年8月訪問庫德斯坦(Kurdistan)時,一名資深庫德安全官員告訴我:「沙烏地人正在輸出他們的恐怖分子。這有兩個好處:第一,他們能甩掉自己的恐怖分子。第二,這些恐怖分子在伊拉克殺害的都是他們痛恨的人,例如什葉派教徒。」他補充說明,這些待在伊拉克的遜尼派蓋達組織分子,只要「到卡達、阿拉伯聯合大公國或沙烏地阿拉伯繞一圈,就能帶回一袋又一袋的錢」。

石油政治助長這個過程。美國能源政策顧問公司(Institute for the Analysis of Global Security,簡稱IAGS)是總部位於美國華盛頓的智囊團,長期追蹤石油對地緣政治的衝擊。該組織共同負責人拉夫特(Gal Luft)與柯林(Anne Korin)在一篇名為〈助長恐怖行動〉(Fueling Terror)的論文中這麼解釋:

以沙烏地阿拉伯為例……許多慈善團體是真的致力於公益,但有些根本是洗錢工具和恐怖分子籌募資金的機構。儘管許多沙烏地人心存善念捐款,相信自己捐的錢是用來做善事,但也有人對資金流向及恐怖分子的目的了然於心。阿拉伯世界的資金轉移這麼難以滲透與控管,原因在於哈瓦拉制度(Hawala system)——非正規的資金轉移系統,也是全球恐怖主義

的主要資金運作方式之一。這個制度存在好幾世代，深植於阿拉伯文化中。哈瓦拉式的資金交易以彼此的信賴為基礎，完全口頭執行，不會留下任何書面證據。沙烏地政權一直與民眾串通一氣，對有錢的國民捐款給慈善機構、再轉給恐怖組織的作為心知肚明，卻視而不見。

IAGS認為，「如果不是西方國家的油元，大多數波斯灣國家根本沒有那麼多財富，能投入如此龐大的金額購買武器並且支持恐怖組織。」IAGS也指出，沙烏地阿拉伯的石油收益占該國總出口盈餘的90%到95%、國家歲入的70到80%。「這些灌輸宗教排他性、仇恨西方價值觀的慈善機構和教育基金會，背後的資助者絕大部分都是從石油業或相關產業致富的沙烏地人。賓拉登的財產也是因為他的家族營造事業承接政府合約（資金來自油元）而發跡。」

在沙烏地阿拉伯金援伊斯蘭基本教義派在全球興起的同時，伊朗也在1979年推翻國王之後，開始宣揚自己具有伊斯蘭什葉派革命性精神的品牌。甚至於這兩國還視對方為敵手，競相成為穆斯林世界的真正領袖及模範國家。換句話說，於1979這一年，在沙烏地基本教義國家（沙烏地阿拉伯是石油輸出國組織最大產油國）和什葉派伊斯蘭共和國（伊朗是石油輸出國組織第二大產油國）之間，出現一場史無前例的現代化全球宗教軍備競賽，彼此較量誰最能影響穆斯林世界的未來發展。

2006年夏天，黎巴嫩真主黨不顧後果攻擊以色列之後，真主黨領袖納斯瑞拉（Hassan Nasrallah）隨即宣布，會發放現金給數千戶受到以色列報復行動而導致家園毀壞的黎巴嫩家庭。

「我們會發放補償金，給每個家庭一些錢，支付一年的房租。另外再買家具給房屋全毀的人，」納斯瑞拉說：「總計是一萬五千戶。」納斯瑞拉也鄭重聲明，真主黨會協助人民重建家園和事業，承諾受難者「不需要向任何人伸手要錢，或是排隊等待」領取救濟金。套句全州（Allstate）保險公司的廣告詞，這簡直是在說：「交給真主黨，你完全放心。」

等等，真主黨是從哪裡取得超過30億美元的資金來重建黎巴嫩呢？畢竟這個組織不事生產，也不向追隨者徵稅。答案當然是：伊朗會從石油收入中拿錢出來給納斯瑞拉。如此一來，他就無須因為發動一場師出無名、只帶來毀壞的戰爭，而得面對憤怒的黎巴嫩人了。沒錯，多虧當時每桶70美元的石油，真主黨才能同時擁有卡幽沙式（Katyusha）火箭和奶油。在油元淹腳目的時候，這有何不可呢？真主黨和伊朗就像兩名有錢的大學生，在那年夏天像租海灘小屋般把黎巴嫩租下來，然後彼此吆喝：「來吧，把這地方砸個稀巴爛。管它的，反正老爸會買單。」納斯瑞拉只差沒跟黎巴嫩國民說：「喂，不用找零了。」

基於上述所有理由，美國總統布希在九一一事件之後，拒絕採取任何重要行動減少石油消耗，等於是在推行「不讓任何一個穆拉落後」*2政策。前美國中情局局長伍爾西直言不諱：「我們正在出錢買那條要用來絞死自己的繩索。」

2　穆拉（Mullah）是對伊斯蘭教士的尊稱。「不讓任何一個穆拉落後」乃是仿自布希政府「不讓任何一個孩子落後」（No Child Left Behind）的教育政策口號。

油價愈高，自由愈少

石油帶來的龐大財富轉移，不僅影響穆斯林世界，也衝擊全球政治。當政府絕大部分收入都是來自於在地上鑽個洞，而無須仰賴人民的精力、創造力和創業精神時，政府就很容易限制人民的自由，降低教育經費，人民的發展也會因此落後。這些都是我所謂「石油政治第一定律」導致的後果。

九一一事件之後，讀著每天的報紙頭條、聽著新聞報導，我開始思量石油政治第一定律。聽到委內瑞拉總統查維茲要英國首相布萊爾「下地獄」，還告訴支持者，美國主導的美洲自由貿易區（Free Trade Area of the Americas）成員國也「可以滾回地獄」時，我不禁自問：「如果現在的油價是每桶20美元，而不是60或70美元；如果委內瑞拉需要扶助國內企業家才能生存，而不是只要朝地上鑽洞就有錢拿，看他還說不說得出這番話！」

過去幾年，我持續追蹤波斯灣地區的事件。我注意到，第一個舉辦自由公平的內閣選舉、且允許女性參選和投票的波斯灣國家，是與沙烏地阿拉伯東海岸毗鄰的小島國巴林。巴林同時是第一個聘請麥肯錫公司（McKinsey & Company）來全面檢視勞工法，提升國民生產力、就業力，以減少外來勞工的波斯灣國家。它也是第一個和美國簽署自由貿易協定的波斯灣國家。巴林國王和他的顧問毫不諱言他們的目標為：破除仰賴石油福利國家的文化。自1971年巴林獨立以來，石油福利國家的思維一直主導該國經濟；以生產力的提升作為加薪的依據；終止每家工廠成立時可從印度或孟加拉引進500名廉價勞工的做法，

因為這種做法表示每家巴林的工廠雖可支持工廠老闆的家計以及500名來自南亞勞工的家庭，卻獨漏巴林勞工或他們的家人。

巴林是君主立憲制的國家，有國王、也有經選舉產生的國會。巴林著手翻新教育制度，重新訓練教師，並創設技職制度，讓不想上大學的年輕子弟能習得一技之長。巴林也比以往更歡迎外國人直接投資，並且讓國營事業民營化，以刺激企業的真正競爭，讓巴林的經濟有別於其他波斯灣國家的經濟「競爭」模式，通常由兩家政府出資的企業相互競爭。

重點是，為什麼巴林要在2007年油價日正當中時推動這些計畫？因為巴林不僅是1932年首先發現石油的波斯灣國家，也是1998年左右第一個發現石油逐漸枯竭的波斯灣產油國。我一點也不驚訝，巴林首度針對貪腐舉行公開辯論是在1998年，當時原油價格跌到每桶15美元以下。

和其他油藏豐富的鄰國不同，巴林在1990年代就幾乎能在行事曆上註明，從哪一天開始無法再仰賴石油收益。因此，巴林毫無選擇，轉而培養、開發國民的天賦。我不禁自問：「這真是巧合嗎？第一個石油耗竭的波斯灣國家，也是第一個尋求政治和經濟改革的國家？」我完全不認為這是巧合。環顧阿拉伯世界，我見到黎巴嫩人民發起民主運動，驅逐入侵的敘利亞軍隊。我不禁對自己說：「這是意外嗎？黎巴嫩身為阿拉伯世界第一、也是唯一真正民主的國家，碰巧也是少數一滴石油也沒有的阿拉伯國家？」

我愈思考這些問題，愈清楚裡面存在某種關聯，一種能測量、圖示的相關性。油價與某些國家政治自由度和經濟改革的

步調、範圍及持續性，彼此之間一定有關係。某天下午，我和《外交政策》雜誌的總編輯奈姆共進午餐，我攤開餐巾紙，在上面畫了圖表，以解釋1975到2005年間油價與產油國自由化的大概關聯。當一組數據下滑，另一組就會上揚。

我請奈姆想想，2001年時石油每桶25到30美元，美國總統布希看著俄羅斯總統普丁的靈魂、看到了美國的盟友：「我直視他的雙眼，發現他非常坦率，值得信賴……我可以感覺到他的靈魂。」但是，油價飆到每桶100美元的現在，再端詳普丁的靈魂，你會看到能源巨擘俄羅斯天然氣公司（Gazprom）、俄羅斯最大石油公司路克斯（Lukos）、前蘇聯官方報紙《消息報》（Izvestia）、《真理報》（Pravda）、俄羅斯國會及其他俄羅斯民主機構，都被普丁大口吞掉。或者就像某位不願透露姓名的世界領袖在某次訪問時告訴我的：「油價每桶20美元時，普丁獲得俄羅斯人民20%的選票。油價每桶100美元時，普丁便擁有百分之百的選票。」

1997年，油價跌到每桶20美元以下，伊朗選擇改革派學者哈塔米（Mohammed Khatami）出任總統，他呼籲進行「文明社會之間的對話」。到了2005年，油價每桶60到70美元，伊朗選阿賀馬迪內賈德（Mohammed Ahmadinejad）當總統，他宣稱，第二次世界大戰德國納粹大規模殺害猶太人的事件是虛構的。

「我向你保證，」我告訴奈姆：「等油價降到每桶20美元時，大屠殺就不再是憑空捏造的。」奈姆拿走那張餐巾紙回辦公室給工作人員看。一小時後，他來電要我以餐巾紙上的論點，為《外交政策》寫一篇文章。我照辦了（發表於2006年5-6月號）。

在圖表的一軸，我標示出自1979年起的全球平均原油價格。另一軸則代表某國經濟與政治自由度的增減。我選了俄羅斯、委內瑞拉、伊朗及奈及利亞。自由度的衡量基準，則參照美國自由之家（Freedom House）的〈世界自由度調查報告〉（Freedom in the World），與加拿大菲沙研究中心（Fraser Institute）的〈世界經濟自由度報告〉（Economic Freedom of the World Report）。我所用的自由度基準包括一國舉辦自由公平選舉的次數、報社創立或倒閉的家數、獨斷逮捕的人數、被選入國會的改革派人數、展開或中止的經濟改革計畫數量、企業民營或國營化的數量等等（我得承認，這並非實驗室做出來的科學實驗，因為一個社會的經濟與政治自由度，永遠不可能絕對量化或互換）。我得到以下這張圖表：

儘管這只是初步的關聯，卻足以讓我提出「石油政治第一定律」。這定律假設如下：「在油藏豐富的石油主義國家，油價和自由度往往成反比」。也就是說，全球平均油價愈高，言論自由、新聞自由、自由公平選舉、集會自由、政府透明度、司法獨立、法治、成立獨立政黨與非政府組織的權利等，愈容

易遭到侵犯。此外，油價愈高，石油主義領袖就愈不在意世人的看法或批判，而使上述負面趨勢更加惡化。這是因為，他們握有更多的可支配所得來打造國內安全部隊、籠絡對手、賄賂選民或收買公眾的支持，繼而抗拒國際規範。

反之，根據「石油政治第一定律」，油價愈低，自由化的步伐就愈快。石油主義國家被迫更透明、更願意聆聽反對聲浪、更敢開心胸與外界互動、更專注於打造激發人民（包括男性和女性）最佳競爭力的法律和教育制度、鼓勵新公司成立，以及吸引海外投資。油價跌得愈深，會有愈多石油主義領袖在意外界的看法。

從俄羅斯、委內瑞拉、伊朗到奈及利亞

我將石油主義國家定義為：出口與政府歲收高度仰賴油產的威權國家或政府制度不完善的國家。幾乎所有石油主義國家都是在建立完善透明的治理制度前，就已經累積了石油財富。我認為最具代表性的石油主義國家包括：安哥拉、加彭、奈及利亞、伊朗、俄羅斯、埃及、哈薩克、科威特、烏茲別克、亞塞拜然、印尼、委內瑞拉、卡達、阿拉伯聯合大公國、敘利亞、赤道幾內亞、蘇丹、緬甸，以及沙烏地阿拉伯。至於那些油藏豐富，但在發現石油前就已經有穩固民主制度、多元經濟的國家，如挪威、美國、丹麥、英國等，則不適用於「石油政治第一定律」。

從以下四個石油主義國家的圖表可以看出，油價在1990年代早期下滑時，這些國家的競爭、透明度、政治參與及在位

者的擔當能力，都呈現上揚的趨勢（以自由選舉的次數、報紙開辦數量、改革派當選人數、經濟改革計畫的數量，以及企業民營化程度來衡量）。不過，當2000年油價開始攀升，這些國家的言論自由、新聞自由、公平選舉，以及組織政黨和非政府組織的自由等，都出現被打壓的趨勢。

像巴林這樣的國家，儘管領導人利用油藏逐漸耗盡的事實，強調改革的燃眉之急，但是2006年油價急速攀升也為他們帶來問題。巴林的改革推動者被迫重新修正改革論調，官方指派的巴林經濟發展局（Bahrain Economic Development Board）執行

伊朗：國際貿易自由 vs. 油價

資料來源：〈英國石油2005年世界能源統計報告〉（BP Statistical Review of World Energy 2005）及國際能源總署；菲沙研究中心〈世界經濟自由度報告〉

長阿勒哈利法（Sheikh Mohammed bin Essa Al-Khalifa）告訴我：「我們不得不從強調改革是『必要的』，改為改革是一種『目標』。」這個論調比較難打動人心。每桶100美元的油價，不會中止巴林的改革，「但是會拖慢你的步伐，」阿勒哈利法接著說。國會在通過那些鼓勵開放競爭、減少政府干預的政策時，速度會變得有一點慢。

的確，經濟專家早就點出，豐富的天然資源其實不利於

俄羅斯：自由之家〈轉型國家調查〉排名 vs. 油價

資料來源：〈英國石油2005年世界能源統計報告〉、國際能源總署、自由之家〈轉型國家調查〉（Nations in Transit）

一個國家的經濟與政治發展，也就是所謂的「荷蘭病」（Dutch disease）或是「資源詛咒」（resource curse）。荷蘭病指的是：意外發現天然資源會導致去工業化的過程。這是1960年代早期荷蘭人在北海發現大量天然氣資源時，所產生的新名詞。患有荷蘭病的國家會出現以下症狀。首先，貨幣升值。因為發現石油、黃金、天然氣、鑽石或其他天然資源，導致資金突然大量湧入，使本國貨幣成為強勢貨幣。對外國買家來說，這代表該國貨物價格變貴，因此削弱了出口競爭力，但對該國人民而言，進口貨物變得非常便宜。於是現金充足的國民開始毫無節

委內瑞拉：自由之家〈各國自由度〉評分 vs. 油價

資料來源：〈英國石油2005年世界能源統計報告〉、國際能源總署、自由之家〈2005年世界各國自由度報告〉

制的購買廉價進口商品，導致國內製造商紛紛倒閉，瞬間造成去工業化。

「資源詛咒」可以用來形容同樣的經濟現象，以及當一個國家過度仰賴天然資源時，其政治、投資及教育的優先措施會如何遭扭曲，繼而使得一切運作，都因誰掌控這些天然資源、誰能從他們手中拿到多少錢而受影響。

石油主義國家的人民往往對何謂「發展」產生誤解。這些

奈及利亞：法律制度與財產權 vs. 油價

資料來源：〈英國石油2005年世界能源統計報告〉、國際能源總署、菲沙研究中心〈世界經濟自由度報告〉

人民認為，之所以國家貧窮、領導者（或是其他團體）卻富有，不是因為國家無力推動教育、法治，鼓勵創新和創業精神，而是因為有人偷走油元、剝奪他們應享的權益。他們多數時候是對的，確實是有人偷走這些錢，但人民會誤以為，要追求繁榮富裕，只要阻止竊賊即可，而不需要在更好的教育、法治、創新與創業精神的基礎上，一磚一瓦打造出自己的社會。

「如果奈及利亞不產油，整條政治方程式一定會迥然不同，」奈及利亞知名人權運動推動者恩萬科（Clement Nwankwo）在2006年3月到華盛頓訪問時告訴我。「如果我們的收入不是來自石油，我們就會注意經濟的多元發展，民間企業將扮演更重要的角色，人民也將更能展現自己的創造力。」恩萬科的話，讓我想起在德黑蘭時，一位受過西方文化洗禮的伊朗女記者和我走在街頭時，跟我說的話：「如果我們沒有石油，或許現在也能像日本一樣。」

石油政治第一定律想探討的正是上述論點，並且更進一步討論石油與政治的關聯：不只石油主義國家擁有過多的石油收益，會對民主化帶來負面衝擊，石油的實際價格也會導致這些影響。實際油價與民主化的成長或退步，也存在大致的關聯。

石油財富阻礙民主發展的五大機制

當我思考上述關聯存在的原因時，讀到最有見地的評析是〈石油會阻礙民主進程嗎？〉（Does Oil Hinder Democracy?），作者是加州大學洛杉磯分校政治科學家羅斯（Michael Ross），刊登於2001年4月號《世界政治》（World Politics）。羅斯詳盡說明，石油

大量輸出與民主無法並存的原因。羅斯取得 113 個國家從 1971 到 1997 年的數據，經過統計分析之後發現：「一個國家不管仰賴石油或礦產出口，通常會變得較不民主，其他形式的初級產品出口則不會造成這種現象。這效應不局限於阿拉伯半島、中東或撒哈拉沙漠以南的非洲地區……也不限於小型國家。」

羅斯的研究最令我感到受用的，是他列出過量石油財富會如何阻礙民主發展的明確機制。首先，他提出稅收效應（taxation effect）。油藏豐富的國家慣於以石油收益，來「減緩民眾要求政府更有擔當、更代表民意的社會壓力」。

我喜歡做這樣的類比：美國革命時喊出的口號是「無代議權，就不納稅」（No taxation without representation），石油主義威權國家的標語則是「不用納稅，當然沒有代議權」（No taxation, so no representation, either）。

靠石油撐腰的政權，不需要向人民徵稅，他們只要鑽口油井，再把石油賣到海外。因此，這些政府不需要聆聽民眾的聲音，實現民之所欲。

第二項石油抑制民主發展的機制，羅斯認為是支出效應（spending effect）。石油財富促成更多酬庸支出（patronage spending），間接降低民主化的壓力。羅斯提到的第三項機制，則是團體形成效應（group formation effect）。一旦石油收益為不民主或缺乏制度的國家提供大量橫財，「政府將會利用他的慷慨，防止獨立的社會團體形成，」羅斯如此寫道。此外，他還提到過多的石油收益也可能造成壓制效應（repression effect），因為它讓政府有更多錢改善警力、國內安全和情治單位，來嚇阻民主運動。最後，羅斯提到反現代化效應（antimodernization effect），也就是說，

多餘的石油財富會減輕要求專業分工、都市化及高等教育等的壓力。這些趨勢通常與大範圍的經濟開發同時出現，也會培養出善於表達、能自由組織結黨的公民，並且擁有多元自治的經濟力量中心。

羅斯又收集169個國家的數據進行新的研究，他找到造成中東國家女性教育程度低、職場代表性不夠、政治權力不足的原因：石油。

羅斯刊登於2008年2月號《美國政治科學評論》（*American Political Science Review*）的論文〈石油、伊斯蘭和女性〉（Oil, Islam, and Women）提到：

中東地區在外工作或任職於政府機關的女性人數，比全球其他地區少。多數觀察家認為，這種不尋常的現象是該地區的伊斯蘭傳統造成的……有人甚至主張，伊斯蘭世界與西方世界的「文明衝突」，部分是因為穆斯林女性受到苛刻對待……然而本論文以為，中東女性在職場與政府機關代表性不足是石油所引起，與伊斯蘭教無關……女性無法參與非農業勞動，帶來嚴重的社會後果包括：生育率上升、女孩受教育機會減少，以及女性在家族中的影響力較小等。此外，還有深遠的政治影響。外出工作的女性少，表示她們較難交換資訊、克服集體行動的問題，較難政治動員、透過遊說爭取更多權利，較難在政府機構取得代表性。這讓產油國家反常的擁有穩固的父權文化與政治制度。

換句話說，羅斯認為造成幣值高估、進口攀升、壓垮國內

製造業（即荷蘭病）的高油價，也是導致女性社會地位低下的原因。他指出，一旦人民把油元花在廉價進口貨品上，不僅一般出口產業會衰退，特別是紡織業和成衣業的工作（也就是貧困及教育程度較低的女性最容易從事、位於經濟階梯最底層的基層工作）也會消逝。與此同時，石油景氣大好往往帶來更多營造工程和建築工作，男性有更多就業機會、也因此擁有更多權力。羅斯的研究資料顯示，其他因素不變的狀況下，一國石油收入增加時，女性參與勞動和政治的人數雙雙下滑。他寫道：「石油生產會導致外出工作的女性人數變少，繼而削減女性的政治影響力。這個論述和前述的結果，不謀而合。」

有人問，為何1960年代油價低廉、甚至完全沒有石油收入，卻沒有使阿拉伯世界更民主？（事實上，埃及、敘利亞、黎巴嫩及伊拉克等國，在1940年代和1950年代初期，也就是在發現石油之前，比現在要來得自由許多。）答案是：1950到1989年間，美國較關注哪些國家親美或親蘇聯，而不太在意他們實際上是否民主，所以往往讓冷戰阻礙了各地的民主發展。另外，當時阿拉伯世界盛行的意識型態與政治文化並非自由主義，而是阿拉伯國家主義與阿拉伯社會主義，而當時的女性權力不僅微弱，甚至不存在。此外，許多在第二次世界大戰後奪得政權的阿拉伯軍閥，都得到外來資源扶助（如石油），也就是冷戰期間蘇聯或美國的「外援」。

然而1980年代，由於人口急速膨脹，失業青年眾多，全球資訊革命興起，加上共產主義垮台後引發真正的全球民主運動，上述情景全都轉變了。從這一刻起，高油價使產油國更容易收買人民，低油價則反之。

我實在很難想像，埃及和敘利亞軍閥如果少了冷戰期間莫斯科與華盛頓的「外交石油」（diplomatic oil），沒有油藏豐富的波斯灣國家提供援助、投資房地產，或是沒有在1980、1990年代終於發現國內的石油和天然氣資源，是否能撐這麼久。這些資金的確幫助埃及總統穆巴拉克在國內經濟與政治停滯不前時，還能在位超過二十五年之久。這件事還衍生一則在開羅流傳許久的笑話。報導這笑話的是我在《紐約時報》的同事斯拉克曼（Michael Slackman），故事如下：在穆巴拉克奄奄一息時，一名副官走到他身旁說：「總統先生，你不為人民做告別演講嗎？」總統睜開雙眼，回答：「是嗎？為什麼？人民要去哪裡？」

　　當錢能從地上提煉出來，自然無法孕育出具有創新和創業的人民。2008年2月4日《耶路撒冷報導》（Jerusalem Report）引述科威特《政治日報》（Al-Siyasa）上巴格達迪博士（Ahmed al-Baghdadi）的一段話。「我們到底生產了什麼？」這位鮮少直言批評政府的學者向同胞提問：「我們的石油，是由外國人生產與行銷。我們溫室裡的蔬菜，是由外國人耕作與照料。擁有這些溫室的科威特人，可以靠這些作物向政府領取巨額補助金，但如果這些作物改為進口，成本只要本地栽種的十分之一⋯⋯我們消耗了很多，但我們什麼也沒生產，什麼都是進口的。」

　　這絕對是伊朗乃至整個阿拉伯世界，至今沒有任何一所世界級大學或科學研究中心的原因。我認識一位阿拉伯企業家，他成立一家具有世界競爭力的服務業公司。他曾跟我說，由於油元的濫用，每一個阿拉伯經濟體都由政府主導，「阿拉伯有許多企業家，但阿拉伯世界卻不存在創業精神⋯⋯這些地區

的企業家靠著石油或反恐戰爭賺進收入⋯⋯根本無法培養出有才能的人。我們引進廉價勞工，輸出自己的國民。我們出口白領，進口藍領。你如何在這裡創造新財富？這地區的財富，只能從房地產和承接政府工程中累積。唯有油價跌到每桶10美元，才可能啟動民營化進程。」

這樣的情況一點都不難理解。如果你也生活在這樣的社會中，最簡單的賺錢方法就是去偷或到處挖石油，不然就靠政府所授予的壟斷地位，再不然就是透過裙帶關係獲得政府的鉅額合約。簡單來說，如果你想有所發展，就得從事很多非生產性、舞弊的行為，這些行為可以為你帶來經濟命脈，但也可能哪天突然把你的生命也一起帶走。這就是為什麼，這些國家總會面臨嚴重人才流失問題，有很多人寧可選擇離開。

同樣的情景如今也發生在俄羅斯。儘管該國人口眾多，但只有兩所大學擠進全球前五百大。「當油價變高，改革就會變慢。」來自阿爾泰（Altay）的自由派俄羅斯國會下議院議員里茲科夫（Vladimir Ryzhkov），是下議院少數仍然直言不諱的人之一，2007年2月我訪問莫斯科時，他告訴我：「經濟愈國家導向，俄羅斯也愈封閉。去年油價創新高，卻不見任何改革。這就是為什麼自由之家去年宣布，俄羅斯是個『不自由』國家。你們美國人該思考：『油價何時會下跌？』這是我們俄羅斯民主主義者的唯一希望。」

極端的財富，扭曲的國際影響力

我們以為柏林圍牆倒塌，會掀起勢不可擋的自由市場、自

由政治浪潮。那之後十年的確如此。1989年起的十年間，自由選舉在世界各地蔓延，浪頭十分強勁。不過這段期間，油價正巧在每桶10到40美元間。當2000年初期，油價飆漲至每桶50到120美元時，情勢開始逆轉。一股石油威權主義（petro-authoritarianism）浪潮，從俄羅斯、委內瑞拉、伊朗、蘇丹、安哥拉，一路延伸到土庫曼。

這些選舉產生或自封為王的菁英分子，運用天外飛來的石油財富治理國家，讓自己安穩的坐擁權力、收買對手，反抗柏林圍牆倒塌後的自由風潮。

史丹佛大學的民主專家，同時也是《民主精神》（The Spirit of Democracy）的作者戴雅門（Larry Diamond）指出，這是今天全世界面臨民主衰退的關鍵因素。他說，全球二十三個出口收入極度仰賴石油與天然氣的國家中，沒有任何一個是民主國家。屢創新高的油價只是助長了這個趨勢。

前美國國務卿萊斯永遠不會承認，布希團隊在某種程度上應該為助長石油威權趨勢而負責。不過她也坦承，石油政治大幅改變她的工作。2006年4月5日，她在參議院外交關係委員會作證時說：「我能告訴各位，身為國務卿，沒有什麼事比能源政治正在……我想用『扭曲』這個字……扭曲全球外交，更令我震驚。能源政治讓一些國家握有無窮力量，但他們濫用這股力量改變國際體系。如果沒有能源政治，這些國家的力量其實很薄弱。此外，這也使得成長迅速的國家（如：中國和印度）火力全開的探勘能源，去到他們以往不可能出現的世界角落。」

地緣政治的「扭曲」，當然包括中國為了取得石油和天

然氣,而向威權國家蘇丹靠攏,蘇丹對其西部邊境省分達佛(Darfur)向來採取兇殘的鎮壓手段。「扭曲」也包括美國抗拒直接與沙烏地阿拉伯對談,了解它的清真寺和教士在支援伊拉克自殺炸彈客的行動上扮演何種角色。我想,染上毒癮的人,永遠不會跟毒販說實話吧!「扭曲」也包括,俄羅斯企圖在北極圈下的豐富藏油區插上國旗。

「扭曲」當然也包括英國政府於2006年12月14日下令重大弊案局(Serious Fraud Office)停止偵辦英國航太系統公司(BAE Systems)和沙烏地阿拉伯的軍購弊案。航太系統公司是世界第四大軍火製造商,在這項交易中,販售總值約800億美元的戰鬥機給沙烏地空軍,但卻傳出航太系統公司花了20億美元(沒錯,是20億)買通沙烏地官員,包括前沙國駐美大使班達爾親王(Prince Bandar bin Sultan),確保這一大筆武器交易順利進行。

然而,前英國首相布萊爾卻以「國家安全」為由,決定停止調查該賄賂案。布萊爾解釋道:「我非常確定,如果調查持續進行,一定會對國家的真正利益造成莫大的傷害。更別提我們將損失數以千計的高技能工作,以及非常、非常重要的企業。」這似乎只是布萊爾政府的外交辭令。他真正的意思是:「沙烏地人警告我們,如果調查持續進行,暴露出哪些沙烏地人收了什麼賄賂,他們從此連一顆子彈都不會跟航太系統公司買。所以我們決定中止偵辦。」這可能是西方民主史上最大、最露骨的司法扭曲。

值得注意的是,沙烏地並沒有威脅要切斷對英國的石油供應,而是揚言要關閉通往英國的資金水龍頭,停止交易並撤回對英國的投資及存款。因為他們知道隨著油價愈來愈高,他們

就會有更多資金可用來威脅英國。這正是為何漲個不停的油價會使經濟力量源源不絕的從西方國家轉移到產油、產天然氣國家，不管是俄羅斯、委內瑞拉、伊朗或波斯灣國家。波斯灣國家的主權基金購買西方大型金融業（如花旗集團）與製造業（如保時捷）大量股權，因此在2008年金融危機中發揮穩定的作用。雖然目前看來這些主權基金有其正面效益，但就長期來看，難保他們的經濟力量不會轉化為在國際間的政治影響力。畢竟，這正是美國和英國掌握經濟力量時會做的事：利用手中資金，在海外大肆謀取國家利益。

改造伊斯蘭世界的「石油政治」策略

所以，我要說的是什麼？讓這些產油國全都宣告破產嗎？

不，我不想讓沙烏地阿拉伯、科威特、埃及、敘利亞、俄羅斯，或是印尼破產。這麼做只會因貧困造成另一種形式的不安定。況且，即使每個人都開插電的混合動力車，油價也不可能在短期內跌到零。在能預知的遙遠未來，我們還是需要塑膠、肥料等石化類製品。然而，只要我們能發明充足的再生能源，降低全球的石油需求，以致於連那些油藏豐富的國家也必須設法讓經濟多元化，讓人民用更創新的方法工作，世界政治將會更美好。

在九一一事件前，美國基本上是把阿拉伯各國視為一個個大型加油站：沙烏地加油站、利比亞加油站、科威特加油站等。「兄弟！」我們告訴他們（我們只跟男的說話）：「這樣好了，讓幫浦持續運作、壓低油價，不要太擾亂猶太人，你要在

後面搞什麼，隨便你。你可以對女人不好，可以任意剝奪人民的權利。你要印製任何與我們有關的荒唐陰謀論也行。你想把小孩子教育成無法包容其他信仰，無所謂。你要在清真寺裡宣揚什麼仇恨，隨你高興⋯⋯只要你記得把幫浦打開，把價格壓低，不要太常騷擾以色列，那麼，就去做你在背地裡想做的事。」

是呀，但是九一一那天，美國卻碰上這些搞鬼的手法，還是最上乘的手法，慘遭蓋達組織與賓拉登化身攻擊。唉，為了試圖將自由引進伊拉克（這任務我贊成），布希政府確實試著與伊拉克人民合作，來改變那些暗中進行的活動。

很遺憾的，布希先生企圖削弱這股在背後、在檯面下的殘暴勢力時，實際上沒有採取任何行動來減少美國對石油的依賴或壓低油價。他把所有籌碼都押在迅速入侵伊拉克的行動上。沒人知道伊拉克這長篇故事如何收場，但有兩件事我可以確定：第一，促進阿拉伯－穆斯林世界改革的需求，從未如現在這般急切，包括教育改革、女性權力、宗教現代化，以及更能凝聚共識的政治。第二，不論伊拉克發生什麼事，美國人都不能在近期內，以改革之名侵犯另一個阿拉伯－穆斯林國家。我們必須找到其他方法和那裡的人民合作，以改變那些暗中進行的事。

我認為要在後伊拉克時期推動波斯灣地區改革的最佳策略，就是發展綠色能源，使油價回跌。然後，藉助外來的全球化力量、國內的經濟壓力，迫使這些國家的領袖改變。

正是這兩股力量的結合，推動了巴林的改革。假如油價只有現在的一半，這些政權就無法如此輕易的抗拒政治與宗教的

現代化。根據約翰霍普金斯大學外交政策專家孟達邦的觀察：「當有人告訴他們得改變時，人們不會改變。只有他們告訴自己必須改變時，才會改變。」油價下跌，才能讓波斯灣地區領袖告訴自己必須改變。

從歷史的教訓中，我們知道上述方法有效。想想蘇聯的案例。2007年2月，我到莫斯科的美國大使館演講，主題是「全球化與能源政治」。會後，我與俄羅斯國家經濟學院（Academy of National Economy）院長馬烏（Vladimir Mau）聊了一下。我問他是否贊成我的說法：讓蘇聯垮台的不是美國前總統雷根，而是每桶10美元的油。其實，1991年蘇聯瓦解那年聖誕節的油價是每桶17美元。

馬烏教授毫不猶豫的搖頭。他認為我錯了。他說，毀滅蘇聯的兇手，是每桶70美元的高油價後來卻跌到每桶10美元。他解釋，1970年代油價因阿拉伯石油禁運和伊朗革命而突然飆升，導致克里姆林宮過度提供經濟補助，扶助經營效率不彰的國內產業，延宕真正的經濟改革，還入侵阿富汗。緊接著，1980年代、1990年代初期，油價突然狂跌，葬送了過度擴張、驚嚇失神的帝國。

事情的經過是這樣的，馬烏教授解釋，效率不彰的蘇聯經濟倖存了數十年，都得歸功於被迫到集體農場耕作的農夫，種出廉價的農產品，還有低價的監獄勞工奮力打造國營事業。然而，自1960年代起，連這些便宜的勞動投入都不夠，克里姆林宮只好開放糧食進口取代出口。當時共產主義可能就此分解了。不過，1973至1974年的阿拉伯石油禁運，油價突然高漲，蘇聯當時是僅次於沙烏地阿拉伯的產油大國，等於使蘇聯

延長十五年的壽命，因為它擁有第三種廉價資源：「石油與天然氣，」馬烏教授說。這筆意外之財讓布里茲涅夫政府「有錢買通不同利益團體，如農牧團體，進口一些貨物，買下軍事工業集團。」馬烏教授繼續解釋著：「石油占總出口量比例從10%到15%，增加到40%，」但這只是讓蘇聯更僵化，「擁有的石油愈多，需要的政策愈少。」

1970年代，蘇聯輸出石油和天然氣，然後「用這筆錢進口糧食、消費性商品，以及開採石油和天然氣的機器設備，」馬烏教授說。蘇聯開始擴張自己，也擴大各領域的補助金發放。這些花費幾乎全仰賴石油收益，而非實際製造、農業生產的所得或稅收。但到了1980年代初期，部分歸功於美國的節能政策，全球油價開始下滑。「蘇聯的一個因應之道，應該是減少消費其他貨物，但克里姆林宮不能這麼做，因為政府一直致力於收買選民，」馬烏教授表示。因此，克里姆林宮「開始向海外借款，並將大部分錢花在消費與補助金，以維持人民的支持和國家安定」。油價和產量持續下跌，當時蘇聯總理戈巴契夫曾嘗試改革共產黨，卻太遲了。

關於蘇聯瓦解，莫斯科經濟轉型研究所（Institute for Economies in Transition in Moscow）所長蓋達爾（Yegor Gaidar）親眼目睹了整個轉變。1991到1994年間，他出任俄羅斯代理總理、經濟部長及第一副總理等職。2006年11月13日，蓋達爾對華盛頓智囊美國企業研究所（American Enterprise Institute）發表「帝國崩潰：給現代俄羅斯的教訓」（The Collapse of an Empire: Lessons for Modern Russia）演說時指出，「蘇聯瓦解的時間點可以追溯到1985年9月13日。這天，前沙烏地阿拉伯石油部長亞瑪尼親王（Sheikh Ahmed Zaki

Yamani）宣布，他們決定徹底改變石油政策，不再保護油價。於是沙烏地阿拉伯快速奪回全球市占率。接下來六個月，沙烏地阿拉伯的產油量增加四倍，而實際油價也大致減少到四分之一。結果，蘇聯每年虧損約200億美元。少了這筆錢，蘇聯根本無法存活。」

馬烏教授認為，蘇聯愚蠢至極的石油政策，與今日的伊朗其實明顯相似。1973-1974年間石油危機爆發時，伊朗國王利用石油財富，要求仍舊十分傳統的伊朗社會進行現代化。反對強行現代化的反彈力量，引爆1979年柯梅尼（Ayatollah Ruhollah Khomeini）的伊斯蘭革命。柯梅尼利用伊朗的石油收益擴張國家，並廣發國家補助金，來鞏固自己的權力。

停止石油癮，支持伊朗綠色革命

然而，1979年伊斯蘭革命時，伊朗人口約3,000萬人，如今則已超過7,000萬人，在經濟管理不善的情況下，即使傾盡伊朗的所有石油財富也跟不上人口爆炸的步伐。阿賀馬迪內賈德總統殘酷的破壞了伊朗經濟，沒有提供人民福利，也沒有對國內創新和出口產業進行投資，以至於即使全球油價超過每桶140美元，伊朗的失業率仍飆升至20％。由於煉油能力不足，伊朗發現自己還必須進口汽油。

從2008年到2009年，伊朗每天出口大約240萬桶石油，但油價從接近每桶140美元，降至約每桶60至70美元，收入的大幅下降勢必會壓抑政府支出。根據《道瓊通訊社》（*Dow Jones Newswire*）報導（2008年9月9日），國際貨幣基金中東中亞部

主任可汗（Mohsin Khan）告訴記者：「伊朗的收支平衡價為每桶90美元，如果油價跌至每桶90美元以下，他們將被迫緊縮公共支出，並可能削減社會福利，這對該國政府來說會是個嚴重問題，將面臨公眾強烈不滿。」在2009年6月伊朗爆炸性大選之前的幾個月，並非只有伊朗面臨這個問題。可汗預測阿爾及利亞的收支平衡價格為每桶56美元，沙烏地阿拉伯為49美元，卡達為33美元，阿拉伯聯合大公國為23美元。

2009年6月阿賀馬迪內賈德透過舞弊再次贏得總統大選後，大量民眾穿著綠色衣物湧上街頭抗議無能的政府領導者。這場「綠色革命」的爆發絕非偶然，顯然與大蕭條所導致的原油價格長期下跌有關。油價或許不是民眾起義的唯一因素，但無疑是重要原因之一。不幸的是，石油財富也讓伊斯蘭政權和其革命衛隊建立起強大國家安全機構，以及涵蓋眾多公營企業與經濟合作者的廣泛網絡，他們共同合作，成功扼殺這場革命運動。至少足以讓阿賀馬迪內賈德和他的親信得以繼續掌權。雖然革命者使用推特（Twitter）、部落格（Blog）、臉書（Facebook）等新技術來作為組織、宣傳和動員的反抗武器，但政府卻擁有貨真價實的武器。就在本書初版發行後的2009年秋天，民眾手機上推特的訊息聲，徹底被政府的槍聲所掩蓋。

但我堅信，如果我們能夠大幅降低石油價格並保持在這樣的水準，那麼隨著時間的流逝，伊朗執政者遲早將會面臨蘇聯領導人當年所經歷那些造成共產主義瓦解的因素。

於是對於強硬派伊斯蘭主義者而言，要不然被迫開始從支持者和反對者那裡收回愈來愈多的福利，這只會使他們的執政更不受歡迎；要不然就必須賦予伊朗才華洋溢的人（無論是男性

或女性）新的力量，讓他們自由的向世界其他地方學習，透過科學、貿易與國際合作機會，使這個曾經偉大的波斯文明在沒有石油的情況下重新蓬勃發展。這種根本上的轉變，會從內部破壞原本嚴密控制社會的意識型態，幾乎可以肯定「伊朗版戈巴契夫」即將誕生。我們都清楚故事的結局，「看看蘇聯的歷史就知道，」馬烏教授說。

因此，我們得嚴肅看待這件事：伊朗民主改革派人士需要的不是我們的讚揚，而是我們的行動。我們只需要做一件簡單的事，無需費一槍一彈就能確實削弱神權主義者的統治，就能迫使他們解除對人民的束縛：停止我們的石油癮，也就是停止對伊斯蘭極權政府提供資金。沒錯，我們需要時間，影響全球石油價格需要花費很多時間。但美國消耗全球約25％的石油，因此我們的行動事關重大。

在美國發起一場真正的綠色革命，將是支持伊朗「綠色革命」的最佳方式。戒除石油癮的美國革命，和終結伊朗神權統治的綠色革命同時並進，將有益於我們，也有益於於伊朗。如此一來，無論伊朗是誰贏得總統大選，未來出現改革者的機會都將大增。這也是為什麼落實環保不再只是環保主義者崇高的個人嗜好，也不再只是像美國副總統錢尼（Dick Cheney）曾譏諷的「個人美德」，而是國家安全的當務之急。美國當前在油藏豐富地區推動民主的諸多策略，如果少了研發再生能源替代方案使油價回跌，終將以失敗收場。

今天，「如果你不是卓越節能環保實踐者，你就不可能成為卓越的外交家或民主運動推動者」。這就是「石油政治第二定律」（Second Law of Petropolitics）。

失控的氣候變遷

小時候，媽媽問：你長大之後想做什麼？

你回答：媽，我想改變世界。

如今，我們真的改變了世界。

人為排放的二氧化碳，造成全球暖化現象。

只要全球平均溫度上升攝氏 2 到 2.5 度，

就會大幅提升到達災難臨界點的機率。

到那時，人類無論採取何種適應方式，

可能都無法承受氣候的巨變。

【華盛頓特區電】週二據消息來源指出，晝短夜長、涼爽宜人的秋天，於地球出現近三十億次後，在本週稍早正式宣告消失。

秋天曾是一年之中最精華的季節，炎夏與寒冬交替之際人人渴求的一絲喘息。如今卻已被悶熱潮溼、長達數月的酷暑與乾旱所取代。

「大家都希望秋天不要走，但它確定不會再來了。」美國國家氣象局局長海斯在11月6日舉行的記者會中宣布。「它曾經帶給我們許多美好，但遺憾的是，時代已然改變。」海斯表示：「說真的，它能夠撐到現在，我們也很意外。」

儘管這天的來到讓許多人驚訝不已，然而一切早有警訊。近年來，秋天從三個月銳減成短短兩週，而且來得愈來愈遲……儘管令人感到失望，但也有許多美國人承認，最後的幾個秋天其實「一點都不令人期待」，往往秋意盡失、秋涼不再。

——2007年11月7日《洋蔥新聞》[1]首頁報導
〈運行三十億年，秋天在本週消失〉

1　譯註：《洋蔥新聞》（The Onion）是美國一個專門諷刺時事的電子媒體，報導內容皆為虛構。

全球各地出現許多警訊，顯示我們已然進入氣候變遷的年代。科學家提出的新證據包括：全球平均氣溫改變、海平面上升和冰河加速融化。這使我開始思考一些新的問題，尤其是以下這兩項：「是誰造成全球暖化？」及「高爾是不是欠大家一個道歉？」

2005年8月，就在橫掃美國南部的卡崔娜風災過後，我開始思考第一個問題。我和許多人一樣，發現卡崔娜風災不只是令人難過而已。看到這麼多無辜的人受到無情摧殘，而且絕大部分是窮人，以及風災引發的種族歧視爭議，再加上政府救災無力，我除了痛心、難過之外，也感到十分恐懼、不安。我發現，風災帶來的哲學難題，並不少於氣象問題。

大家都知道，颶風的威力主要來自海洋表面的高溫。卡崔娜颶風朝紐奧良直撲而來時，墨西哥灣的表面溫度比去年同期高了約攝氏1.1度。科學家表示，卡崔娜颶風是在通過「套流」（loop current）之後才強度大增。套流是流經墨西哥灣的暖洋流，攜帶大量太陽熱能。許多氣候學家認為，墨西哥灣海水溫度升高，是促使卡崔娜發展成空前強烈颶風的原因，而海水溫度升高，有一部分要歸咎於全球暖化。這才是令人擔憂的地方。

是天災還是人禍？

2007年初，我和任教於加州理工學院的能源化學家好友路易斯共進午餐。加州理工學院位於帕沙第納（Pasadena），校園內棕櫚樹林立，當我們在校區教職員會館用餐時，我忍不住問路易斯：「為什麼卡崔娜這麼讓人不安？」路易斯沉思了

一會兒，啜了口餐廳特調的草莓檸檬汁才終於開口。他反問：「是我們造成的嗎？還是上帝造成的？」

　　一開始，我不懂他為什麼這麼問。後來我突然明白了。每當有颶風或其他天災發生，保險公司和媒體往往指稱這是「自然災害」。路易斯要問的是：人類是否排放過多的二氧化碳，以致於我們無法分辨，現今的氣候究竟是自然力作用的結果，還是人類的影響。他說：「究竟哪些是天災，哪些是人禍？」

　　換句話說，是人類造成全球暖化，還是上帝造成全球暖化？究竟是誰讓墨西哥灣水溫異常上升、增強了卡崔娜的威力？是我們，還是上帝？路易斯說，卡崔娜帶來的哲學大哉問是：「以往我們所謂的天災，是否很快就會變成不折不扣的人禍，或者至少有部分是人為所致？」

　　路易斯表示，如果人類確實正在影響全球氣候，往後又該如何自圓其說？我們該怎麼解釋超級颱風、颶風或異常乾旱的現象？是不是得說：「我們造成氣候暖化；我們使孟加拉淹水；我們讓上天降雨？」以後難道都得這麼解釋嗎？還有，誰是「我們」？美國的二氧化碳排放量高於其他國家，是否要說：「美國造成暖化現象？」但如果中國每隔一星期就興建一座燃煤發電廠，是否該改口說：「中國造成暖化現象？」

　　對於這項哲學難題，美國氣象頻道（Weather Channel）的氣候學家卡倫（Heidi Cullen）有一套獨到見解。她跟我說：「以前，寒冬中偶爾回暖，就像天賜的幸福。而今，整個溫暖的冬天卻像人類應得的報應。」

　　聖誕節前幾天，華盛頓特區依然有攝氏15度，也尚未降下初雪，所以當朋友打電話邀我去打高爾夫球，我當然要把握

機會。可是，我不再認為這是上天給的好事。卡倫表示，現在大家才開始不安的意識到，當人類破壞大自然的規律，總有一天大自然也會從某處反撲，要人類付出代價。

卡倫解釋說：「自然好比一個龐大而複雜的交響樂團。太陽就像決定節奏快慢的大鼓，掌控著地球冰河期與溫暖期的交替更迭。然而，現在人類的影響早已深入大自然，甚至擾亂日常氣象，就如同在交響樂團中彈奏著震耳欲聾的電吉他。」

這樣的轉變真是諷刺，畢竟偉大的哲學家們耗費畢生心力，就是試圖要把大自然理解成一個有自己運行規律、不受人力或神力所影響的系統。以色列政治理論家伊薩（Yaron Ezrahi）指出，古希臘人「始終畏懼眾神透過大自然施展強大神力，他們把自然災害視為眾神給人類的懲罰，雷聲則是宙斯對人類的警告」。這些傳統信仰引發一場哲學運動，哲學家們試著證明事實正好相反，這一切並不是眾神對人類的戰爭，而是獨立存在的自然現象。

「將自然視為人類無法控制的法則與定律，是現代西方思想的源頭。」伊薩說，「後來的希臘人創造了『自然』的概念，將其視為與人類行為互不影響的獨立系統，這樣一來，人們就不用再擔心自己的行為會影響到自然現象。」希臘人切斷了自然現象與人類行為道德與否之間的關聯，讓人們免於焦慮，不用擔心自己的行為會引發洪水、暴風雨或乾旱。

而今，人類無法再免於憂慮。只是我們憂慮的不是：「我們是不是做了什麼，宙斯才創造出颶風？」而是：「我們是不是做了什麼，才造成颶風的產生？」伊薩指出：「我們不再問：『我們能否節制眾神，從而節制氣候變化？』而是問：

『我們能否節制自我，從而節制氣候變化？』」

人類不願面對的真相

人類不再是受制於自然的客體。在某種程度上，人類成為控制自然的主體。我們早已成為大自然交響樂團中的一員，只不過有些人仍不願接受事實。這就要談到我的第二個問題：為什麼高爾欠大家一個道歉。

2008年1月，我在瑞士達沃斯（Davos）舉行的世界經濟論壇上主持一場研討會，美國前副總統高爾正好是與談人之一。聽完他鏗鏘有力的論述後，我客氣的建議他撰寫一篇文章投書媒體，開頭是：「很抱歉，我真的很抱歉。我跟大家道歉。我完全低估全球暖化的嚴重性，在此請求大家原諒。」

這篇文章絕對會吸引你的注意，對吧？

當然，我只是在搞笑，高爾不需要跟任何人道歉，反倒是我們虧欠他一句真誠的感謝。就在許多人只想逃避全球暖化的問題時，他卻拍攝紀錄片《不願面對的真相》（*An Inconvenient Truth*），只為告誡世人氣候變遷可能帶來的後果，警惕世人了解問題的嚴重性。他努力奔走所付出的一切，也為他贏得一座諾貝爾和平獎。然而至今，仍有許多人不願面對真相。我提議高爾向大家道歉，背後真正想表達的是，我們應該認真的思考，該如何盡最大的力量去彌補因為對氣候變遷抱持否定、逃避、質疑的態度所帶來的傷害，更應該立即採取必要的行動。

否定氣候變遷者基本上可以分為三類：一是被化石燃料公司收買的人，他們完全否認全球暖化是人為造成的嚴重問題。

二是少數幾位科學家，他們都看過數據資料，卻提出各種理由斷言：自工業革命以來驟增的溫室氣體排放量，並不會嚴重到令地球不適人居。最後是保守主義者，這些人拒絕接受氣候變遷的現實，純粹是因為反對政府更進一步管制或介入。

這些質疑聲浪模糊了焦點，導致我們不去深究人類是否正在製造危險的氣候變遷，也使人誤以為這類主張不過是一種政治說法，而非科學事實。高爾原本是傾向自由主義的政治人物，後來致力於宣導氣候變遷的威脅，成為最有影響力的代言人。這些反對人士因此得以藉題發揮，暗批氣候變遷完全是政治爭論，根本不是科學與政治之爭。

高爾從一位政治人物搖身一變，成為推廣氣候變遷威脅議題的全球知名人士，這傳達了什麼訊息？曾在柯林頓政府時期擔任能源部代助理部長的羅姆（Joseph Romm），他不僅是位物理學家，還撰寫過幾本關於氣候變遷的著作，如《全球暖化危機四伏》（Hell and High Water），並創辦 ClimateProgress.org。他認為，高爾之所以聲名大噪主要有幾個因素：首先，美國科學家大多寧願保持低調。因此，要美國民眾說出三位「美國偶像」（American Idol）歌唱大賽的評審很容易，要講出一位頂尖科學家卻很難。羅姆說：「在科學界，假如你是個大眾作家，同儕便不會把你當成嚴謹的科學家；假如你是個嚴謹的科學家，你不會隨意對大眾發言。」其次，一些平常密切關注環境問題的環保人士因為氣候變遷對全球和人類可能帶來的影響甚鉅，而避免討論此事。最後，美國媒體的看法大多傾向反對派，相信「氣候變遷是政治議題，而非科學事實，所以具有正反兩面的說法」。

然而，氣候變遷根本不是政治問題。長久以來的氣候變遷現象，是既定的科學事實。今天幾乎大家都接受，與過去長期的自然演變相較之下，氣候確實出現異常變化。此外，有見識的科學家一致認為，人類要為氣候異常變化負絕大部分責任。羅姆表示，即便如此，媒體多半都把上述這些事實報導成有待釐清的問題，表示連專家學者也同樣意見紛歧。他解釋說：「媒體總認為他們應該扮演公正客觀的角色，保持中立就永遠是對的。」

　　蒙畢爾特（George Monbiot）是英國作家兼環保主義者，或許事情正如他在《紐約時報》（2009年4月24日）上談到的那樣：否定氣候變遷者充分利用媒體一遇到爭議議題就非得要「平衡」報導的習慣，讓人們對氣候變遷的事實產生懷疑。「他們完全不用提出能夠說服別人的論點，只要盡可能把大家弄得更疑惑就好。」

　　種種因素驅使之下，高爾決定挺身而出，藉由自己的知名度與政治影響力，促使全球重視氣候變遷可能帶來的災難。高爾並非有名望的科學家，只是個訊息傳遞者，再加上他刻意從警告世人的角度呈現事實，因此引發許多不必要的爭論。爭論的焦點都放在他個人身上，早已偏離氣候變遷是由人為因素導致的現實。不僅如此，愈來愈多證據顯示，氣候變遷的速度遠比最悲觀的氣候學家在三、四年前預測的還要快得更多，甚至更難掌控、更具有破壞力。因此將本書的新版稱為「世界更熱、更平、更擠」，真是再適合也不過！

氣候變遷的證據

關於氣候變遷相關的評估有很多，我們來看看麻省理工學院全球變遷研究中心（Joint Program on the Science and Policy of Global Change）於2009年發表的研究結果。該中心發展出一套全球整合模擬系統（Integrated Global System Model），追蹤並預測1861年至2100年的氣候變遷。「在我們最近的全球模型模擬中，」研究報告中解釋，「海洋吸收熱能的速度較先前預估得更低，吸收二氧化碳的表現也比預估來得弱；隨著溫度持續升高，來自陸地系統的回饋也愈來愈強；一個世紀以來溫室氣體的累積排放量更高，而氣膠（aerosol）抵消溫室氣體的能力卻較低。在這些影響因素中，沒有任何一個因素強大到足以造成溫度升高。但是，通過因素間彼此之間相互作用、相互加乘的效果，卻導致溫度升高的機會大幅增加。」

在這些冷靜的科學語言下包裹著一個令人震驚的事實：氣候變遷的速度遠比人們想像的還要快。這確實令人震驚，但也不足為奇。畢竟，新聞報導幾乎每天都會告訴我們一些不尋常的事情，一些出現在世界各地的異常天氣現象。「2003年7月至8月，歐洲經歷一波超過攝氏38度高溫的熱浪，因而奪走35,000條人命。」曾任歐巴馬總統科學顧問的哈佛大學氣候專家侯德倫總結說，「這次熱浪被稱為是百年難得一見的特殊事件。但在人類開始大規模干擾氣候前，一般認為大約要兩百五十年才會發生一次。然而，目前的模型預測告訴我們，到2050年熱浪將是約每兩年經歷一次的常態事件，而到2070年歐洲將出現異常涼爽的夏天。

侯德倫說，十年前，人們所認為最壞的情況是北極夏季海冰將在2070年完全消失，少數較悲觀的人則認為2040年就會發生。然而如今，人們說北極海冰可能在短短幾年內全數消失。這也難怪，因為就在2007年夏天，高溫融化大量海冰，人類第一次可以在原本冰原綿延的北極海自由航行。這是自有相關記錄以來，西北航道（Northwest Passage）首次無冰，而使船隻能全程航行通過。美聯社（2007年12月11日）發布以下有關這次史無前例事件的報導：

　　今年夏天，北極冰層融化速度明顯加快，這是一個警訊，有一些科學家擔心這可能意謂著全球變暖已經超過不祥的轉折點。甚至有人猜測，北極夏季海冰將在五年後消失。據美聯社獲得的美國航太總署最新衛星數據顯示，格陵蘭冰蓋的融冰量較過去最高紀錄增加將近190億噸；而到今年夏末，北極海冰的體積僅為四年前的一半。「北極在咆哮，」位於科羅拉多州圓石市的美國國家冰雪資料中心（NSIDC）資深科學家瑟瑞茲（Mark Serreze）如此說道。就在去年，兩位頂尖科學家的預測震驚科學界，北極海冰融化得如此快速，以至於可能在2040年夏天完全消失。本週，在重新核對最新數據之後，美國航太總署氣候科學家齊瓦利（Jay Zwally）說：「依照目前的速度，北極海到2012年夏末可能幾近於無冰狀態，比先前預測的速度快非常多。」因此最近幾天，科學家們一直在想：2007年在北極創下的融冰記錄，到底只是暖化過程中所出現的短暫現象，或者情況惡化程度遠超出過去電腦模擬預測，目前已經加速進入一個新的氣候變遷週期？「北極經常被人們比喻為『氣候

暖化礦場裡的金絲雀』，」少年時曾擔任煤礦搬運工的齊瓦利說，「作為氣候暖化的信號，金絲雀已死，是時候該離開礦場了！」

這才是真正的頭條新聞，這才是我們應該討論的焦點！正因如此，我才會開玩笑的建議高爾公開向大家道歉，告訴大家他低估氣候變遷的嚴重性。「是的，」他或許可以說，「我錯了！這些問題遠比我原先想得更嚴重，而且發生得更早。」

雖然高爾仍舊婉拒寫那篇專欄文章，但他確實了解我的弦外之音。高爾向我解釋說，在過去的三十年中，科學家們通過使用「一系列預測」來談論對氣候的危害，在最好的情況、中等的情況和最壞的情況下，平均溫度將升高多少，冰將融化多少，以及可能將造成多大的損害。但近年來，每當他們做出這些預測並待這年過去，得到的實際數據往往會達到甚至超過最壞情況的預測。如果我們不做任何的改變，到2100年時，預計全球平均氣溫增加幅度將超過攝氏6度。「這樣的情況不堪設想，將足以癱瘓我們的文明，並摧毀我們目前的生活」，高爾說。

然而，否定氣候變遷者希望我們相信，目前人類的生活模式沒有任何問題，一切不會有什麼變化，我們可以永遠這樣生活下去。他們希望我們相信，眼前面臨的狀況就像玩擲骰子遊戲，擲出的點數必定介於2到12之間：「擲出2點，表示完全沒有氣候變遷；擲出12點則是如高爾所言的劇烈氣候變遷，但擲出12點的機率根本微乎其微。」各位！很抱歉，這顆骰子是大地之母的，就像「龍與地下城」（Dungeons & Dragons）遊戲

裡的骰子那樣，它們骰出來的點數可能是20、30或60。所以別以為骰子最大的總和一定是12，很可能會是60。愈來愈多的跡象顯示，我們正在朝總和為60的結果邁進。如同羅姆所言，仍有待釐清的科學問題只剩下：「氣候變遷將帶來的，會是『嚴重的後果』，還是『空前的大災難』？」以及，「我們是否很快就會走到這個地步？」

羅姆在部落格上寫道：「全球暖化的議題寫得愈多，我愈發現自己和那些在部落格及保守主義運動上相當活躍的懷疑論者與反對派有一些共通點。我跟他們一樣，質疑聯合國跨政府氣候變遷小組（以下簡稱IPCC）撰寫評估報告的流程。對於IPCC在報告中指稱的『氣候科學共識』，我持保留態度。我也不認同氣候變遷『在科學上已有定論』的說法。不過，共通點僅止於此。科學非但未有定論，還有許多令人不安的未知數，而且愈深入了解過度排放溫室氣體的嚴重後果，帶來的不確定性愈多。」

就像路易斯曾對我說：「你還記不記得？小時候媽媽問你長大想做什麼，你會回答說：『我想改變世界。』現在你可以告訴她：『媽，我們真的辦到了！』」

我們到底對氣候產生什麼樣的影響？又是什麼時候開始產生影響？

你說的我都懂，但我就是不信

每當我談到氣候變遷議題時，常有人跟我說：「我不相信任何有關氣候變遷的東西。有人告訴我，去年平均溫度可是創

了最低紀錄呢！……可是一千年前並沒有汽車排放二氧化碳的問題，那氣候又為何會變化呢？我在某處讀到氣候變遷完全是受太陽黑子變化影響……但抱歉，我就是完全沒辦法相信你說的。有人告訴我……」

這類說法我聽了很多。我該如何回答這些問題？首先，我會嘗試解釋「氣候變異」（climate variability）和「氣候變遷」（climate change）之間的區別。

根據世界氣象組織網站，「氣候」通常被定義為一個區域的「平均天氣」，也就是在特定期間內，諸如溫度、風力、降水量等變項的平均狀態。而「氣候變異」則是指實際溫度，風力或降水量與平均值間出現顯著落差。首先，由於氣候是如此的複雜（涉及物理學，生物學和化學間如此眾多的交互作用與影響），我們並不總是能夠了解驅動氣候變異的確切因素，例如「為什麼在溫度上升的長期趨勢中，會有一年溫度特別低」，或者「為什麼在雨量下降的長期趨勢中，會有一年雨量特別多」。同時，由於氣候具有變異性，因此人們不該只關注特定一年或特定地區的天氣事件。「檢視歷年的氣候數據，我們可能會觀察到世界上某些地區比其他地區更冷或更熱，出現創紀錄的低溫或高溫。但我們無法用這種區域性氣候變異，來否定長期氣候變遷趨勢，」世界氣象組織祕書長賈侯（Michel Jarraud）在《華盛頓郵報》上發表的一封信中（2009年3月21日）指出：「即使反聖嬰現象（La Nina）導致2008年比2007年涼爽，但2008年仍然是有記錄以來排名第十熱的年份。」

那麼「氣候變遷」又是什麼呢？正如世界氣象組織所定義的：「氣候變遷是指氣候的平均狀態或其變異具有統計學上

的顯著變化，並會持續一段較長的時間（通常為數十年或更長時間）。」

有一個最關鍵的重點是，「氣候變遷」是外力所導致，可能是受自然力量的影響，也可能是人為因素所造成。也就是說，「氣候變異」是由其內部複雜的動力而產生的自然變化；而「氣候變遷」則是由於某些外部力量而迫使其發生變化。

在引起氣候變遷的自然力量中，最主要的就是地球軌道的變化，改變太陽輻射照射到地球不同部分的強度，從而影響低層大氣的熱能平衡，進而改變了氣候。科學家知道，氣候變遷也有可能是由火山爆發而引起，火山爆發會將大量塵埃顆粒釋放到空氣中，大量顆粒有如保護傘般阻隔部分太陽輻射，導致氣候突然變冷。相反的，當地表下溫室氣體（如甲烷）突然大量自然釋放，也會使氣候發生變遷，甲烷吸收的熱量比二氧化碳多得多，會導致氣候突然變暖。

然而，地球歷史上這一刻的新變化是，驅動氣候變遷的力量不是地球軌道的變化，不是火山的噴發，不是溫室氣體的自然釋放，而是人類燃燒化石燃料。人類因為種植稻米和牲畜，以及對森林的焚燒和砍伐，而將二氧化碳、甲烷和其他集熱氣體排放到大氣中的速度，比自然釋放的速度快了一百倍。

科學家是怎麼知道的？ 2008年8月，我造訪格陵蘭冰原北極圈上的一個冰芯研究站，該站位於北緯77度45分，西經51度6分，我在那裡上了十分寶貴的一課。我和丹麥氣候與能源部長赫德高（Connie Hedegaard）領導的專家團隊一同前往，其中包括IPCC主席帕喬里，他與高爾共同獲得諾貝爾和平獎。我們乘坐的是美國空軍國民警衛隊C-130運輸機，降落時是用

滑橇而不是輪子，因為著陸區是一片冰雪覆蓋的平地。搭乘裝有滑橇起落架的飛機著陸是非常難得的體驗；而搭乘這種飛機起飛更會讓人畢生難忘。我們重試了三次才達到足以起飛的速度，飛行員使用助推火箭（沒錯，是一種固定在機翼上的小型火箭）來確保我們順利升空。

　　研究站位於格陵蘭冰原渺無人煙之地，無疑是世界上最特別、最孤立的研究站之一。往四周望去，觸目所及完全平坦的冰雪一路延伸到地平線。視野是如此的寬廣遼闊，讓我感覺彷彿看得見地球邊緣的弧度。營地包括一個供科學家用餐的網格球頂（geodesic dome）、十幾頂供科學家（和訪客）以睡袋就寢的加熱帳篷，以及一個用冰雕成的地下研究實驗室，那裡安裝鑽頭和相關實驗設備。超過三個「夏天」，他們的計劃是從冰上取樣直到格陵蘭島的基岩，大約 1.5 英里，或相當於十五萬年的累積冰層。格陵蘭島是觀察氣候變化與影響最佳的場所，因為這個世界上最大的島嶼只有 57,000 人，幾乎沒有產業。而且巨大冰原的溫度、風力和降水量等狀況反映的不只是地區的氣候因素，而是受到匯聚於此的全球大氣和洋流的影響。無論中國或巴西發生什麼事，最終都會在格陵蘭見到所受的影響。

　　我過去從未接觸過冰川學研究，我驚訝的發現，竟然可以從這些追溯到幾萬年前的微小冰芯樣本中學到多少東西。丹麥研究員史蒂芬森（Jorgen Peder Steffensen）向我提出一個我無法拒絕的提議：「如果你能來哥本哈根，我會向你展示聖誕節的雪，真正的聖誕節雪，落雪時間是在公元前 1 年到公元 1 年之間。我還可以向你展示在一萬一千七百年前最後一個冰河時代末，剛下的最後一場雪的樣本。」他還問我：「你想看看含有維蘇

威火山噴發時的硫化物空氣樣本？」也就是西元79年火山灰將龐貝城埋葬的那天。

這些樣本可不是隨時都能找到。實際上，冰川學家史蒂芬森多年來一直在挖掘冰層，他可以說是世界上最全面的冰芯樣本集合的策展人。冰芯樣本是從格陵蘭冰川中鑽出的一種大氣DNA，現在保存在丹麥首都的冷藏庫中。當科學家們鑽探得愈來愈深，他們就能更清楚了解過去各時代的氣候狀態，也就對氣候變遷有更好的理解。每層冰中都含有被困在其中的水和氣泡，經過科學家的專業分析，可以從中了解當時氣候的許多細節，例如溫度、大氣中溫室氣體含量、火山灰的數量與來源，甚至可以從氣泡中的海鹽含量來推測冰川與海洋的距離。

想像一下這樣的場景，有個超大冷凍庫滿滿裝著透明冰磚，每塊冰磚代表著從十五萬年前格陵蘭冰帽誕生以來每一年的大氣數據。史蒂芬森的妻子達傑森（Dorthe Dahl-Jensen）同樣隸屬於哥本哈根大學波耳研究所（Niels Bohr Institute）的冰與氣候研究中心（Centre for Ice and Climate），她正和一組國際專家團隊蒐集整理已鑽探的冰芯，並在格陵蘭島最北端的北極圈建造冷凍庫博物館。他們的目標是完成一件過去從未有人做過的事情：對格陵蘭氣候變遷進行完整描繪。他們記錄的年代將從二十萬至十三萬年前的冰河期，到十三萬至十一萬五千年前較溫暖的伊米亞（Eemian）間冰期，再到十一萬五千至一萬一千七百年前的最後一個冰河期，直到現在我們所處的溫暖時期。（請記住：地球通常是一個冰球，溫暖時期是例外。）

他們在格陵蘭的最後一個鑽探項目於2004年完成，最值得注意的是14,700至11,500年前的冰層，它為自然氣候變化

提供很好的提醒。達傑森團隊在2008年發表在《科學快訊》（*Science Express*）的文章中，說明他們從冰芯中發現，就像大約11,700年前最後一個冰河時期結束那時一樣，格陵蘭島的北半球大氣環流「突然改變」。這似乎是由於熱帶地區季風突然變化所致。當時熱帶地區一定發生了什麼事，或許是因為火山噴發而使氣候發生變化。這種變化是如此突然，以至於在短短的五十年之內，讓格陵蘭島的溫度升高攝氏10度之多。這是極為劇烈的溫度上升！

達傑森說：「這表示我們的氣候系統受到某些力量影響時，可能自然出現突發且劇烈的變化。」我問她：畢竟一萬年前可沒有人類，所以這是不是證明人類活動並非影響氣候變化的關鍵因素？完全不是這樣的，她回答，正由於我們的氣候一直在改變，而且有時發生的很突然，然而人類為什麼要以史無前例的速度排放更多溫室氣體到大氣層，來增加氣候劇烈變化的發生機率？雖然我們並不總是能夠確切指出氣候變遷是哪幾個原因所造成，但我們肯定知道物理學定律：我們知道溫室氣體會吸收熱能；我們知道大氣中有愈來愈多的溫室氣體，這些溫室氣體將為大氣層中吸收愈多熱量；而且我們知道，這些溫室氣體即使數千年也不會消散，因此溫室氣體對地球平均溫度和氣候會產生累積性的影響。人類活動所累積的溫室氣體愈多，地球平均溫度就會愈高，遠遠超出自然因素所造成的氣候變異與氣候變遷。這將使地球氣候趨於極端，冷的時候更冷，熱的時候更熱。

否定氣候變遷者經常利用氣候變異和氣候變遷的不確定性暗示人們：既然我們無法確知世界上所有的事情，那麼我們也

無法確認那些事情到底是怎麼一回事。而且，由於太多的人迫切希望在退休基金減少時不必擔心氣溫上升，因此他們會引用任何不確定因素作為不採取行動的理由。但是，當心！我們愈拖延，自己的處境就愈危險。否定氣候變遷者的思考方式，就好像是有位患者去醫院做診斷，醫生告訴他：「如果不停止吸菸，你將有90％的機會死於肺癌」，他卻回答：「哦，醫生，你是說你不是100％確定？那麼我還是繼續吸菸好了。」

科學家傾向於將注意力集中在他們不知道的10％上，我們不能因此誤以為他們所知道的那90％並不重要、並不需要採取行動。確實，我們無法確切知道溫室氣體的增加會讓全球平均溫度上升多少；我們無法確切知道會有多少冰將要融化、融化的速度會有多快；我們也無法確切知道海平面將升高多少，以及將要多久；我們不能確切知道何時、以及在多大程度上將使氣候系統超出自然可變性而變得混亂。但是我們知道的是，大氣中更多的人造二氧化碳將成為強迫函數。隨著時間的流逝，這意謂著地球的平均溫度將持續穩定的上升、冰量持續減少、海平面也將升高，而且這一切的過程將無法逆轉，只能放慢速度。

「這些有關全球氣候衝擊的重要結論，不僅僅貨真價值，而且正在加速發展，甚至已經造成重大危害。人類的活動是造成這些災難的主要原因，而引爆更具破壞力災難的關鍵點，就隱藏在『一如往常』的生活軌跡之中。如果我們願意開始行動，有很多措施可以降低未來付出更慘痛代價的風險。這些結論並不是由山巒協會或反資本主義者所杜撰，」哈佛大學的侯德倫強調，「而是根據發表在全球最頂尖科學期刊上的重要研

究。這些科學研究課題與成果，都經歷過最大規模、最長期、最高成本、最國際化、最跨學科、最徹底的正式同儕審查機制。」

侯德倫繼續說道，對氣候變遷議題的懷疑論者往往可被分為三個類型，這也是科學與社會互動時所面臨的巨大挑戰。第一類的人會告訴你：「你錯了！因為氣候不會以不尋常的方式發生變化，即使氣候有一些變化，也不是人類的活動所造成。」第二類的人會告訴你：「好吧，你是對的，但這也不是什麼太大的問題。氣候的確正在發生變化，人類也的確是導致氣候變化的原因，但這並不會造成太大傷害。」而第三類的人會告訴你：「是的，氣候破壞會造成實際損失，這問題確實很重要，但一切為時已晚，要扭轉現況太困難、也太昂貴了，所以我們只能忍受。」

這些氣候變遷懷疑論者的立場，充斥在脫口秀、網路部落格、給編輯的信、不分青紅皂白執著於「平衡立場」的報紙社論，以及聚會時充滿感染力的對話之中。隨著時間的流逝，懷疑論者通常會逐漸從第一類轉變成第二類，然後從第二類轉變成第三類，因為後來他們也開始發現到部分證據變得愈來愈難以忽視或反駁。在過去幾年中，極少數具有科學背景的氣候變遷懷疑論者，幾乎全部從第一類轉變成第二類。而從第二類轉變成第三類，以及從第一類直接跳到第三類的人也變得愈來愈常見。然而，這三類立場都是錯誤的。

侯德倫將其一生多數時間，都投注在各方面氣候變遷相關議題的研究，所得到的心得被他無奈的稱為「侯德倫第一定理」。就像這樣：「你對一個問題了解得愈多，你就會愈感到

悲觀。研究大氣科學的人是悲觀的；了解大氣和海洋科學的人更悲觀；而了解大氣、海洋和冰川學的人又會更悲觀；了解大氣、海洋、冰川和生物學的人自然更加悲觀；而了解上述事物以及工程學、經濟學和政治學的人最悲觀。」這是因為，你知道若要改變導致問題的所有根源，需要耗費多漫長的歲月。

「我喜歡的說法是，」霍德倫補充說，「我們駕駛的汽車在霧中剎車失靈，就這樣直直衝向懸崖。雖然不太清楚現在離懸崖還有多遠，但肯定知道有個懸崖就在那兒。合理的建議是：我們是時候該踩煞車了。」

或是像我的同事《紐約時報》環境新聞記者雷文（Andrew C. Revkin）喜歡說的：「就是因為不確定，所以我們需要採取行動。如果我要在森林旁建造房屋，而且知道乾旱和森林火災的可能性愈來愈高，」雷文強調，「那麼我會購買較高額的住宅火災保險，還會多花點錢在防火屋瓦上，這樣才能降低風險，並避免出現最壞的結果。而不會坐在那裡說：『天哪，又沒人能確定知道那片森林遭到雷擊時，會有幾棵樹燒起來、火災會延燒多遠。既然沒人能確定我的房子會被燒到，那又為何要購買火災保險？』」

我們的星球版火災保險將竭盡所能致力於將大家的腳從排放更多二氧化碳到大氣的踏板上移開。我們無法停止全球暖化，因為我們已排放太多二氧化碳，這些二氧化碳已滲入我們的未來。但我們仍然可以降低全球變暖的速度，從而減緩我們受到極端氣候侵襲的機會，就像避免房子遭受森林大火那樣。

令人恐懼的已知事實

　　IPCC於2007年發表一份氣候變遷評估報告的結論中，為上述這兩項問題提供最新版的科學答案。答案摘要如下：十八世紀中葉、工業革命前，大氣中的二氧化碳含量約為280 ppm。這個水準維持了一萬年。意思是，在1750年時，100萬個大氣分子中含有280個二氧化碳分子；但如今，同樣體積大氣中卻含有約384個二氧化碳分子。二氧化碳含量在這麼短的時間之內暴增，唯一的可能解釋就是自工業革命以來，人類大量使用化石燃料、大量砍伐森林，使得碳排放量大幅增加。

　　否定氣候變遷者往往反駁說，除了人為排放二氧化碳之外，還有其他因素影響地球冷熱調節。的確如此，氣候系統自有運作的節奏。地球繞行太陽的軌道如同心律調節器，控制著氣候變化的節奏，也影響地球吸收的太陽熱能。

　　自古以來，導致地球平均溫度不斷變化的因素有幾項。

　　第一，地球繞太陽的公轉軌道不是正圓，而是橢圓。因此，當地球公轉軌道改變，與太陽的距離也會產生些微變化，進而影響吸收到的太陽輻射量。這些變化大約是每十萬年一個週期。

　　第二項因素，是地球自轉軸的傾斜角度。因為地球自轉軸傾斜，才有四季更迭。要是地球自轉軸不傾斜，紐約所在的緯度都會變成四季如一，因為終年吸收的太陽輻射量一樣多。由於自轉軸傾斜，各緯度地區在夏季吸收到的太陽輻射較多，冬季則較少，因此才有四季變化。不過，每隔約四萬年，地球自轉軸的傾斜角度也會稍稍改變，幅度大約在1到2度之間，因

此各地吸收的太陽輻射量會有所增減。

第三項因素，是地球繞行太陽的軌道平面變化，大約是每兩萬一千年為一個週期。這同樣會影響地球吸收到的太陽輻射量。這三項週期變化稱為「米蘭科維奇循環」（Milankovitch cycle）。這些變化持續發生，其總和效應會不斷影響地表太陽輻射的分布。

加州理工學院的能源化學家路易斯說：「知道這些週期後，我們可以計算地日距離與四季長短改變後，全球各地吸收的太陽輻射量有什麼變化。我們還能從冰核取樣中蒐集數據，分析地球六十七萬年以來的年平均溫度及二氧化碳濃度。資料顯示，地球平均溫度的變化大約在攝氏6度左右。當地球處於溫暖期，也就是我們所處的間冰期，氣候就像現在一樣。當地球處於冰河期，平均氣溫會下降攝氏6度，從北極到美國印第安那州都會被冰河覆蓋。」

許多否定氣候變遷者主張，地球軌道變化與太陽輻射量的增減，才是造成全球平均溫度劇烈震盪的唯一因素。他們聲稱人類活動不會造成實質的影響。路易斯表示，這種說法有問題：地球冰河期與間冰期的交替，取決於攝氏6度的全球均溫變化，但太陽輻射量稍有增減，不至於產生如此巨大的溫度差距。地球公轉軌道變動所造成的太陽輻射變化，並不足以解釋為何全球平均溫度會如此劇烈震盪。

路易斯解釋說：「我們已知的是，地日距離縮短或拉長，會使海水溫度上升或下降，導致海洋釋放或吸收二氧化碳。海水溫度上升，會釋放出二氧化碳。就像你把七喜汽水打開後加熱，二氧化碳氣體會慢慢冒出來，海洋也是如此。加溫後的

海洋釋放出二氧化碳，二氧化碳使氣溫上升，導致海洋再度升溫，並釋放出更多二氧化碳。此外，海洋溫度上升，冰層就會融化，減少反射的陽光。海洋吸收更多陽光後，更會加速暖化。」

路易斯表示，地球從冰河期進入間冰期時，大氣中二氧化碳含量的變化最多不超過 120 ppm。也就是說，含量在 180 ppm 與 300 ppm 之間擺盪，於此同時，地球的平均氣溫也在攝氏 6 度的範圍內變化。過去一萬年，二氧化碳含量大約停留在 280 ppm，因此氣候也相對穩定。

二氧化碳暴增

從 1750 年左右開始，情況驟然轉變。工業革命以來，尤其是過去五十年間，大氣中的二氧化碳含量自 280 ppm 暴增至 384 ppm。這很可能是過去兩千萬年從未發生的景象。不僅如此，太陽通常需要經過幾千年的週期循環，才能造成如此轉變。未來五十年，大氣中的二氧化碳含量還可能再增加 100 ppm。這些多餘的二氧化碳並非來自海洋，而是人類使用化石燃料與森林消失所致。能夠確知這一點，是因為我們可以測定碳的年分。燃燒化石燃料與海洋釋放出的二氧化碳不同，其中的碳也分屬不同年分。測量結果顯示，過去五十年間大氣中增加的二氧化碳，主要來自燃燒化石燃料所排放的碳。

我們還知道，過去一百年以來，日地距離並沒有太大變化，但大氣中二氧化碳淨值卻大幅上升。路易斯解釋：「最初確實是太陽造成地球大氣中的二氧化碳含量增加，但這並不表

示不會有其他因素促使二氧化碳增加或釋放，導致今日的暖化現象。所謂其他因素，就是我們人類。假設太陽是拿霰彈槍發射二氧化碳，那麼人類拿的肯定是加農砲，而且還不斷加強火力。我們很清楚，大氣中的二氧化碳含量升高會造成氣候變遷，因為過去六十七萬年以來，每當二氧化碳增加，氣溫就會上升；二氧化碳減少，氣溫就會下降。所以，一味相信人類排放更多二氧化碳不會造成問題，等於是心存僥倖，打算跟過去六十七萬年累積的如山證據過不去。」

如同 IPCC 在 2007 年 1 月最新評估報告中的結論所言：全球暖化趨勢「證據確鑿」，而且「非常可能」是促使全球氣溫自 1950 年開始不斷攀升的主因。報告也指出，現在可以 90% 確定，工業與農業發展所排放的二氧化碳與其他溫室氣體，就是造成全球暖化的元凶。

IPCC 依據現有的科學研究判定，倘若因人為因素造成大氣中二氧化碳含量達到 550 ppm，也是我們即將達到的水準，到二十一世紀中期，全球平均溫度可能將逐漸上升大約攝氏 3 度（海水溫度上升需要一段時間，所以會有時間差）。如果能夠實行減緩氣候變遷的措施，把二氧化碳含量控制在 450 ppm，全球平均溫度或許只會上升約攝氏 2 度。

令人憂心的科學證據

美國 Sigma Xi 科學研究學會在聯合國基金會贊助下撰寫一份全球暖化報告。執筆的氣候學家表示，根據他們的判斷，以 1750 年的溫度為基準，如果全球平均溫度上升攝氏 2 到 2.5

度，「將會大幅提升氣候變遷到達『災難臨界點』的機率。到那時，人類無論採取何種適應方式，可能都無法忍受巨變的氣候。」有鑑於此，歐盟呼籲全球暖化應控制在攝氏2度以內。這也是為什麼，除了適應措施之外，我們還必須實行減緩暖化的政策，透過減少二氧化碳的排放量來緩和氣候變遷的腳步，否則人類恐怕來不及適應未來氣候產生的巨變。

參與這份研究報告的哈佛學者侯德倫指出：「一直以來，大家都主張以二氧化碳含量550 ppm與全球均溫上升攝氏3度為上限，並非因為在此限度內的氣候變遷對人類毫無影響，而是因為這似乎是我們的努力所能做到的極限。可是自1990年代中期起，幾乎所有科學證據都令人日益憂心，全球均溫上升攝氏3度，就會超出人類的忍受範圍。」

為什麼？原因很多。舉全球暖化為例，科學家發現他們低估暖化對農業的影響。例如氣候暖化後，沒有寒冬來殺死破壞農作物的害蟲。此外，格陵蘭與西南極洲冰原融化或崩塌的速度比預期還快。最後，海洋酸化威脅珊瑚礁與貝類的速度也比預期快，而這兩者都是海洋食物鏈中不可或缺的一環。（酸化現象是指：水中的二氧化碳增加，就會形成更多碳酸。碳酸是一種弱酸，會影響海水的酸鹼值，也會溶解構成珊瑚礁與貝類外殼所需的碳酸鈣。）

還有其他因素顯示，我們可能低估了全球暖化的嚴重性。首先，有良心的科學家深怕危言聳聽。危言聳聽會挨罰，保守謹慎卻可免責，所以他們多半謹言慎行。侯德倫說：「騙子只要隨口嚷個一句話，科學家卻得寫上三大段文章來反駁。」再者，輸入IPCC氣候模型的原始數據，與其他氣候模型的原始數據有嚴重的時間落差。要建立模擬氣候模型，科學家必須比

對已知的歷史資料與實際發生的現象，判定兩者是否相符，再根據過去趨勢預測未來的氣候變化。勞倫斯柏克萊國家實驗室（LBNL）的資深科學家柯林斯（Bill Collins）指出，過去五年，中國加速發展重工業、生產水泥、大興土木，並且大幅增設工業發展所需的燃煤發電廠，但IPCC輸入模型的相關資料，卻大多早於五年前。

「沒有一個能源經濟模型把中國過去五年暴增的碳排放量納入分析，」柯林斯說，「這才是令人擔憂的地方。IPCC採用的計算方式多半建立在1990年代，當時中國排放量下降，而蘇聯也正在瓦解。因此，我們現在面臨的情況，比IPCC模型預估最糟的情況還要糟糕。」

更可怕的未知數

讓氣候專家徹夜輾轉難眠的，是那些可怕的未知數。他們知道事情將會發生，但卻無法準確進行預測。例如，我們對那些具特殊性、高破壞性、非線性的氣候變化所知有限，而且不清楚它們彼此間會發生什麼樣的交互或加乘作用。這些作用又稱為正回饋迴路與負回饋迴路，舉例來說，當「亞馬遜地區乾旱現象」與「海平面上升」同時發生，兩者的交互作用會讓地球產生什麼變化？如果再加上「格陵蘭冰原融化」，又會造成何種結果？要是許多氣候回饋迴路同時發生呢？目前根本沒有一台超級電腦能夠準確預測結果。

不同型態的氣候變遷，實際上如何相互作用？前美國中情局局長兼能源專家伍爾西經常舉極地寒原（Arctic tundra）為例。

從西伯利亞西部延伸至阿拉斯加的寒原中，大約有5,000億噸的碳留存在冰凍的泥炭沼裡，約占全球土壤碳含量的三分之一。要是這片泥炭沼中的永凍土開始解凍，裡面的碳很快就會轉換為另一種溫室氣體，那就是甲烷。伍爾西解釋說，甲烷是比二氧化碳更強的溫室氣體，一旦大量釋放，恐怕會立即引發劇烈的氣候變遷，威力相當於好幾十億噸的二氧化碳。這可能會導致氣溫再度攀升、更多冰層融化，並引發更嚴重、更驚人的後續效應。

要說服政府把這類非線性改變納入考量並做好預防措施，其實很不容易。原因或許在於，大多數人觀察現象時，一貫採取未來學家與發明家庫茲威爾（Ray Kurzweil）所稱的「直覺式線性觀點」（intuitive linear view），而非「歷史指數型觀點」（historical exponential view）。庫茲威爾在《奇點臨近》（The Singularity is Near）一書中指出，我們多半很難理解指數型的改變。他打了比方：有個人在湖裡養了一小片荷花，每隔幾天就會清理，不讓荷花過度生長。起初，荷花的面積只占整座湖的1%，所以他便放心渡假去。幾個星期後回來，他很驚訝的發現，整片湖長滿了荷花，湖中的魚都死光了。荷花池的主人忽略一件事：荷花不會因為人類的線性思考，而改變原本的指數成長模式。伍爾西補充說：「我們這一代與下一代的人都必須了解，自然不見得會按照人類的線性思考模式來發展。」

因此在能源氣候年代中，我們必須改以指數型觀點思考。伍爾西說：「過去看似可以接受或無關痛癢的人類行為，現在可能早已成了不智之舉，因為這些行為會增加系統內產生轉移的機率。」我們無法確知些微改變會在何時引發巨大影響。

當然，自然界也有保持氣溫平衡的回饋迴路。例如，全球暖化可能會增加低雲的雲量。低雲上升形成高雲，則有助於氣溫下降。「雲有正回饋與負回饋機制，」路易斯解釋說，「各個氣候模型的預測有所差異，多半是由於對雲的分析方式不同，以及把雲的正負回饋納入模型的時機與方法各異。」不過，我們現在觀察到的回饋現象，大都相當令人擔憂。

誰能百分之百確定？

氣候模型只能推斷，當二氧化碳濃度改變，全球均溫會有什麼變化，以及新的變化又會對全球氣候、生物圈與人類文明造成什麼影響。不同的模擬結果，都是綜合各種因素後所得出的平均值，告訴我們平均來說未來的走向如何。然而，我們不能天真的以為，未來變化一定會在平均值的範圍內。

「地球並非朝著平均值的方向走，」路易斯補充說，「我們知道它正在演變，只是還不確定會往哪個方向走。可是，愈來愈多的證據顯示，非線性、失控的回饋機制一旦開始作用，地球很可能會朝著更快速、更劇烈的氣候變遷方向演進……二氧化碳含量到達 450 ppm 是安全的嗎？550 ppm 呢？我們不確定。我們只知道，過去一萬年維持在 280 ppm 時，一切相安無事，但今日的地球已遠超過這個水準。

你放心讓孩子住在一個二氧化碳含量高達 550 ppm 的地球上嗎？我不放心。也許不會有問題，但沒有人經歷過，誰也不知道。」

讓我們一起祈禱

　　即使說不出原因，愈來愈多人暗暗覺得氣候變遷是千真萬確的事，因為以往在教科書上才看得到的現象，現在近在眼前。我自己是在旅行途中目睹一些跡象，最近不禁開始捫心自問：「三十年前踏入新聞業的時候，我是BBC世界新聞的忠實觀眾。將來，難不成要以收看美國氣象頻道終老嗎？」小時候，地方新聞的播報順序是「新聞、氣象報告、體育新聞」。第六感告訴我，等到2030年，晚間新聞的播放順序會變成「氣象報告、其他新聞、體育新聞」。愈來愈多地區出現惡劣的天氣和氣候，甚至登上頭條新聞，還成了政治的熱門話題。政治人物開始很認真的呼籲大家一同祈雨。光是在2007年，我就碰到兩個案例。

　　2007年5月，我到澳洲參訪，發現當地正處於人民所稱的「大乾旱」時期。澳洲的乾旱已持續七年，情況嚴重到總理霍華德（John Howard）在2007年4月19日親自站出來，呼籲人民一同祈求天降甘霖。霍華德表示，要是天公再不作美，他就不得不下令禁止莫瑞－達令河盆地（Murray-Darling river basin）的灌溉用水分配。澳洲有40%的農業生產都來自這個區域，執行這項禁令，就像埃及法老王禁止人民使用尼羅河水，或美國總統禁止人民使用密西西比河水一樣。

　　消息一出，澳洲人大為震驚，但霍華德是認真的。我到他在雪梨的辦公室訪問他時，他表示：「我要人民一同祈雨，不是在開玩笑。」有意思的是，老天果真下了一點雨！霍華德還提到，有位同屬自由黨的國會議員住在維多利亞省北部的馬利

（Mallee），也是乾旱最為嚴重的區域之一。這位議員打電話跟他說，好不容易下起雨後，他的孩子興奮莫名，紛紛跑到雨中玩耍，因為他們都未滿六歲，這輩子第一次見到雨。

可是，光是祈雨還不夠。2007年底的澳洲大選，氣候變遷首次與工會法規及房貸利率並列選戰三大熱門議題。霍華德政府被抨擊只會祈雨，而未實行具體的政策來因應氣候變遷。出口民調顯示，霍華德遲遲不簽署〈京都議定書〉，是這次大選敗給工黨的主因。2007年12月，大選剛過不久，新任總理陸克文（Kevin Rudd）立刻在峇里島舉行的氣候變遷會議上，將批准〈京都議定書〉的文件交給聯合國。這是他上任後的第一項外交行動。

澳洲之行結束後幾個月，我回到美國。當時，我在網路上看到一則新聞，當下便決定到喬治亞州的亞特蘭大走一趟。新聞報導說，喬州州長帕度（Sonny Perdue）率領人民在州政府大廈前舉行禱告儀式，祈求上帝降雨緩解喬州與美國東南部的長期乾旱。

「大家今日齊聚一堂，目的只有一個，就是以無比虔誠的心，祈求大雨降臨，」州長在數百名祈禱民眾前說，「噢，天父，我們為浪費資源向祢懺悔。」至少，他們還有自知之明。隔週，《時代》雜誌（2007年11月19日）在文章中狠狠挖苦帕度和喬州一番，直指他們不用大腦，只想靠老天賞臉。《時代》雜誌一針見血的指出：「上帝可沒允許他們在東南部鬧水荒時，還放任一座戶外主題公園興建人工雪場，耗費好幾百萬加侖的水。這一切都是帕度和州政府官員的決策，他們姑息棉花田浪費灌溉用水，又坐視亞特蘭大都會區過度開發。」

喬州浪費水資源的問題，極有可能演變成新聞事件，原因不只一樁。佛羅里達州北部長期乾旱，而且屢創歷史紀錄。重點是，當地盛行的牡蠣養殖業，多半仰賴喬州的水源灌溉。缺水問題眼看就要在美國南部引發內戰。雖不至於像飽受乾旱之苦的索馬利亞和蘇丹一樣，為了搶水爆發流血衝突，但情勢緊迫的程度，有過之而無不及。

　　2007年12月14日，撰寫《夢想之州》（Dream State）的作者羅伯茲（Diane Roberts）投書《聖彼得堡時報》（St. Petersburg Times），抨擊比鄰的喬州與帕度。「亞特蘭大拚命向外擴張，宛如在感恩節晚餐上喝得爛醉的遠房親戚，腫脹不堪的身軀恣意伸展，完全不受控制。」羅伯茲批評道。

　　亞特蘭大都會區遍及二十八個郡，人口在過去短短七年內暴增100萬。大型購物中心、高爾夫球場、門禁森嚴的獨立社區、豪宅區、公寓住宅區四處林立。根本沒有人關心水夠不夠用……面對缺水問題，帕度拿出的解決方法只有兩種：一、祈雨；二、怪罪瀕危物種法案。我贊成祈禱，我也贊成用各種方式求雨，不論是跳祈雨舞、實行桑特里亞教（Santeria）的殺雞獻祭、唸控制天氣的威卡教（Wicca）咒語，還是什麼法術都好。可是，帕度竟然把缺水問題扭曲成人類和貝類的搶水大戰。他把錯都怪到貝類頭上，因為這些貝類要靠查塔胡奇河－夫林特河－阿巴拉契科拉灣（Chattahoochee-Flint-Apalachicola）的淡水養殖。帕度接受電視訪問時表示，「沒有哪種貝類比亞特蘭大的人民、兒童和嬰兒更需要水……」環保團體地球正義（Earthjustice）的律師蓋斯特（David Guest）說：「大家都笑稱這是

一場嬰兒與牡蠣的戰爭。但重點是：亞特蘭大為什麼會認為他們需要更多水資源？」

五十年前，亞特蘭大建造藍尼爾湖（Lake Lanier）的目的，是維持查塔胡奇河的船運，它本來就不是座飲用水庫。隨後，亞特蘭大都會區肆無忌憚的擴張，藍尼爾湖也就順理成章成為該地的聖井……喬州要求美國陸軍工兵團減少對下游的放水量，好為喬州節省飲用水。蓋斯特便質疑：「難道會吵的小孩就一定有糖吃嗎？」姑且不論下游的生存問題，讓亞特蘭大拿到更多水，等於把提款卡借給毒蟲，還相信他說保證只使用一次。

這就是為什麼人們不該假定，我們只會在像卡崔娜颶風那樣嚴重的自然災害上感受到氣候變遷。「這可不一定，」羅辛（Minik Thorleif Rosing）是丹麥自然歷史博物館的頂尖地質學家，也是我那場格陵蘭之旅的夥伴之一，他對我解釋道：「多數人在日常生活中，都可以明顯感受到氣候變遷的影響。由於某些地區乾旱加劇，它可能導致更高的水費；由於使用化石燃料的真實成本變得高昂，能源價格可能更高；由於天氣變得更加不可預測，而不得不承受更高的保險費和抵押貸款利率。

親眼目睹不願面對的真相

獵人、農夫和漁夫通常都比較保守，跟高爾紀錄片裡的人很不一樣。不過，他們對賴以維生的河流、農田、獵場和山谷

瞭若指掌。近來，這些人發現，他們根本不用看《不願面對的真相》，因為自己正親眼目睹，氣候變遷的現象就在自家上演。倘若你到蒙大拿州走一遭，就會知道怎麼回事。

2007年1月初，我北上到蒙大拿州。說老實話，當天冷得要命，根本沒有什麼全球暖化的跡象。我這次主要是去考爾斯普市（Colstrip）參觀一座露天煤礦場。我有幸請到世界一流的導遊，那就是民主黨籍的蒙大拿州州長史懷哲（Brian Schweitzer），和他的愛狗傑克。一見面，州長立刻告訴我，傑克的人氣指數比他還高。

我到比林斯市（Billings）跟州長碰面。他身材魁梧，還是個冷面笑匠。我們搭乘他的雙引擎螺旋槳飛機飛到考爾斯普，半途遭遇強勁的北風，吹得大家人仰馬翻。隨後，我們降落在煤礦區中央的臨時跑道上。（回程時，又有一陣狂風呼嘯而過。我只能緊緊抓著皮製的把手，結果竟然在上面留下一道道指痕。平安降落後，我拚命向駕駛道謝。這時，州長扯著嗓子說：「很高興今天能請到最優秀的實習生來開飛機！」州長，您真幽默……）

飛行途中，州長一邊向我介紹蒙大拿的著名地標，一邊語重心長的說，他們認為氣候正在轉變，而且速度飛快。

本身是農藝學家，也曾在沙烏地阿拉伯蓋農場的州長說：「蒙大拿的州民靠天吃飯。我們都很清楚氣候正在改變……所以，當全球最大石油公司艾克森美孚（Exxon Mobil）找來一位自稱是『科學家』的傢伙，說氣候沒有改變，我們不用看《紐約時報》也知道這小子在說謊。」

州長向我詳細說明，為什麼蒙大拿州的獵人、農民與漁夫會開始相信氣候變遷。每年7月，蒙大拿州都會測量鱒魚棲息

地的河水溫度。高山的冰河到了夏季會開始融冰，使下游河水降溫，而鱒魚最喜歡冰涼的河水。不幸的是，過去十年來，山頂積雪不到7月就已融化殆盡，所以沒有足夠的逕流冷卻河水，嚴重威脅鱒魚的生態。州長說，冰河國家公園下游著名的弗拉黑德河（Flathead River），在1979年7月時，水溫是攝氏11.3度；到了2006年7月，水溫上升至攝氏15.95度。二十年前，每到夏季必定充滿冰融雪水的河流，現在有一半被雨水和山泉水取代。眼看鱒魚的生態岌岌可危，蒙大拿州不得不在某些河段禁止釣捕鱒魚。

「釣鱒魚能夠調劑身心，」州長表示，「不能到喜愛的河流釣魚，人民會非常沮喪。」除此之外，還有森林大火的問題。蒙大拿西北方山區，在林木界限以下原本布滿了冷杉與落葉松。然而，由於冬季暖化，樹木開始遭受昆蟲與害蟲侵襲。以往每年1、2月，氣溫降至攝氏零下28.9至34.4度時，害蟲的幼蟲就會凍死。近幾年來，樹木失去了這層保護。

「落磯山脈已經有好幾公頃的樹木死亡或瀕臨死亡，」州長指出，「為維持健康的森林生態系，自然的因應之道就是閃電。閃電引起小規模的森林野火，隨後又會有一場降雨加以熄滅，這種大自然的力量，原本就是森林中的樹木更替與維持生態平衡所需要的。然而，由於落磯山脈死亡或瀕死的樹木實在太多，只要一次閃電，50萬公頃的樹木便付之一炬。如此一來，整座森林的生態結構將因而改變。」

這個現象連帶影響蒙大拿州的獵人。該州的狩獵季通常是從10月的第三個星期日開始，主要的獵物是麋鹿。州長說：「狩獵季開始，一半的州民都會出動。太太巴不得先生趕緊出

門狩獵，好讓她們有點喘息空間。男孩子則是滿心期待到山裡去野個幾天，省了洗澡和刮鬍子的麻煩。」州民都知道，每到10月，1,800至2,400公尺高的山上開始下大雪，麋鹿被迫下山，成群結隊的出現在山谷附近覓食，獵人便有絕佳的機會捕捉。為了維持生態平衡，適當的撲殺也是有必要的。如今，山上的降雪來得晚，麋鹿的狩獵季不得不延後到11月。這不算什麼災難，只是告訴我們，大環境正在改變，我們的生活方式也會因而改變。

州長說：「延後狩獵季並不是科學家的指示，而是想去打獵的州民發起的。他們跟我抱怨說，已經三年沒抓到一隻麋鹿了。這些人都是老百姓，也許沒有什麼氣象資料的根據。可是依照經驗判斷，他們都知道情況不對勁。」

不過，有些問題並不是調整日期就能解決。全美最大的密蘇里河流域，有70%的河水來自蒙大拿州的融雪。哥倫比亞河流域也有50%來自蒙大拿州。蒙大拿州降雪減少，不僅這些流域的水量減少，許多水壩的水力發電量也大幅降低，而必須改以燃煤補足。此外，融雪逕流日益減少，水位降低，農民就必須設置馬力更大的電動抽水機才能灌溉農田，所以電力需求更大。

「蒙大拿州位於河川的源頭，」州長說，「州內的融雪流向大西洋、太平洋，一直到北極。每年，我們為全美帶來新鮮的河水。過去，融雪會持續一整年，現在到了7月中，山頂的雪就融化光了。必須等到11月，才會有新一波的降雪。」

2008年2月，加州大學聖地牙哥分校的斯克里普斯海洋研究所（Scripps Institution of Oceanography）在《科學》（Science）雜誌上

發表一篇研究。研究結論指出，根據自1950年以來的數據顯示，美國西部山區每年至4月1日止的融雪水量逐年下降，而且研究觀察的九個山區中，八個有這現象。研究人員表示，氣候變遷無疑是造成融雪水量減少的主因。融雪是美國西部灌溉、飲用水與水力發電的主要供水來源，因此，「調整美國西部的水利設施，已是勢在必行。」

難怪否定氣候變遷者在蒙大拿州很吃不開。州長說：「去年有幾份民意調查顯示，超過60%的蒙大拿州民願意為了減緩氣候變遷而改變生活模式，或者付更高額的稅金。連這輩子從不打領帶的鄉下老人家都會感嘆說：『唉啊，環境在變了！』他們只要抬頭看看8月時的山頂，就知道積雪消失了。以往熟悉的景象，如今已不存在。祖父輩在世紀初建立農場時仰賴的山泉，到夏季就漸漸枯竭。他們不知道原因，但知道環境在變，而且是大家都不樂見的那種改變。」

1月開花的水仙

愈多人親身體驗到氣候的變化，愈能體認我們現在面臨的，絕不是聽起來挺親切的「全球暖化」：「噢，天氣不過暖和了點，能糟到哪裡去？對我們這些明尼蘇達人來說根本沒什麼。」事實上，我們正在經歷的是「全球氣候異變」（global weirding）。

「全球氣候異變」一詞，是由落磯山研究中心共同創辦人羅文斯所提出，意思是：全球平均氣溫上升（即全球暖化），將引發各種異常的天氣現象，包括更猛烈的熱浪、乾旱、暴雪，

更劇烈的暴風、洪水、降雨和森林大火，也會造成物種滅絕。天氣會愈來愈反常，而且早就開始了。我住在馬里蘭州的畢士大，車道附近的水仙通常3月才會開花，今年卻提早到1月初。我覺得很奇怪，很像老影集《陰陽魔界》（Twilight Zone）裡才有的怪現象，甚至有點期待看到引言人瑟林（Rod Serling）在我家前院除草呢。

詭譎的天氣或許有點像科幻電影的情節，但背後的科學證據卻是千真萬確。全球均溫只要上升一點點，就會對天氣產生巨大影響。原因是，風的生成與其環流型態取決於地表溫度的變化。所以，只要地表平均溫度改變，風的型態也會隨之轉變，連帶影響季風的生成。地球暖化時，蒸發率也會改變。這就是為什麼，有些區域遭逢威力加劇的暴風雨，有些地方卻承受高溫熱浪與更長期的乾旱。

為什麼旱澇加劇的極端氣候會同時存在？這是因為氣溫上升、地球暖化，會加快土壤的蒸發速度，所以乾燥地區變得更乾燥。同時，蒸發速度變快，也會增加大氣中的水蒸氣含量，所以靠近大片水源與對流旺盛的區域變得更溼潤。我們都曉得水循環的道理：地面的水蒸氣上升，最後會化為降雨；水蒸氣增加，降雨自然也會增加。因此，全球降雨量可能會上升，暴風雨所攜帶的雨量可能也會驟增，導致洪水與豪雨的現象愈益頻繁。這就是為什麼，聽來無傷大雅的「全球暖化」一詞，不足以描述它可能引發的巨變。

「大家熟知的『全球暖化』其實是誤稱，」侯德倫指出，「這個詞的含意是一種制式、漸進、不具傷害性的氣溫變化。然而，目前全球面臨的氣候變遷絕非如此。各地氣候變化不僅

不一致，變化的腳步也飛快，遠超過歷史紀錄，也超出生態系和人類社會所能適應的速度。除了氣溫之外，許多重大的氣候現象也都遭受波及，包括降雨、溼度、土壤水分、環流型態、暴風雨、積雪與覆冰量，以及洋流與湧升流。此外，氣候變遷對人類的負面影響多於正面影響；現在是如此，未來無疑更是如此。比『全球暖化』更恰當的用詞，應該是『全球氣候逆亂』（global climatic disruption），只不過稍嫌冗長。」

聯合國世界氣象組織最近發表一份研究，列出這一年來發生的異常極端天氣現象。CNN也在2007年8月7日，針對這項研究做了報導，主題或許可以稱為「2007年全球氣候異變」：

今年有四個季風低壓形成，為往年紀錄的兩倍，導致印度、巴基斯坦與孟加拉發生嚴重水災……英格蘭與威爾斯地區經歷有史以來最潮溼的5到7月，打破1766年以來的紀錄。7月下旬，暴漲的河水眼看就要淹沒河岸……上個月底，蘇丹遭逢暴雨和洪水侵襲，造成2.3萬棟泥磚房倒塌，以及至少62人死亡。此次降雨異常猛烈，也比以往的時間提早……5月，高達4.5公尺的大海嘯襲擊馬爾地夫68個島嶼，造成嚴重的水患與災情……同月，俄羅斯全國各地則是遭受熱浪侵襲。在這一波氣候異常的浪潮中，東歐與南歐地區並未倖免於難。6月至7月，這兩個地區的氣溫創下史上最高紀錄……南半球今年冬季特別寒冷，使南美洲各地飽受寒風、暴風雪與罕見的大雪之苦。7月，阿根廷的氣溫降至攝氏零下22度，而智利則是攝氏零下18度。6月，南非遭遇自1981年以來的第一場大

雪，部分地區積雪甚至高達25公分。

全球極端氣候不斷加劇且日益頻繁的現象，一直持續到2008年夏季。美國愛荷華州遭受空前猛烈的豪雨襲擊，使境內的錫達河水位暴漲，高出海平面30英尺，遠超乎過去的經驗和預期。罕見的大水淹沒了錫達拉皮茲市（Cedar Rapids）。《紐約時報》在2008年6月13日的報導中引用一句話，很貼切的表達出愛荷華州人民感受到的氣候異變：愛荷華州達芬波特市（Davenport）氣象台的水文學家左格（Jeff Zogg）說：「以前降雨破紀錄，大概頂多比過去紀錄高個1至2英寸，但這次可是足足高出6英尺之多，實在很驚人。」

世界到底會變成什麼樣子？

進入能源氣候年代，世界到底會變成什麼樣子？看到天氣如此反常，許多人不禁想問，我們到底身在何方？不過，只有少數人有危機意識，警覺到我們目前該做的，是設法管控不可避免的，避免不可管控的。我們必須努力發揮想像力，並且體認到氣候變化的幅度，遠超出預測的平均值。

氣象頻道的氣候學家卡倫主張，氣象播報員應該在預報每日天氣時，融入氣候變遷的科學背景知識，以增進大眾的認知。「我們有責任讓觀眾從氣候變遷的大趨勢中，理解氣候與天氣間的緊密關聯。」

於哥倫比亞大學拉蒙特－杜赫第地球觀測站（Lamont-Doherty Earth Observatory）取得氣候學與海洋大氣動力學博士的卡

倫表示：「倘若氣象播報員無法告知觀眾：『如果我們維持目前的排放量，我們每個月將有十天以上會收到空氣品質警報、我們將看見臭氧濃度與酷熱指數 *2 的不斷攀升』，這樣等於是在危害自己的觀眾。氣象播報員是社會大眾與科學界的溝通橋梁。大眾仰賴他們、信任他們。因此，他們更應該將科學導入大眾的生活，這也是提升社會環境素養水準的好時機。」

　　氣象頻道定期追蹤各項歷史新高與新低紀錄的次數。卡倫指出：「現在不論是哪個月份，新高紀錄都多於新低紀錄。就拿 2008 年 3 月 15 日到 21 日這週來說，刷新歷史高點或持平的紀錄高達 185 項，但打破歷史低點或持平的紀錄只有 28 項。看到這些現象長期持續下去，實在很難不令人納悶，為什麼氣象播報員就是不談這些現象？大家都感覺到天氣異常，但電視台的氣象播報員卻很少提到『全球暖化』一詞。這是幫助民眾了解氣候的好機會，就跟過去的氣象教育一樣。現在，『低壓』與『高壓』已經是大家耳熟能詳的名詞，這並不是一蹴可幾的現象。卡崔娜颶風帶來的不僅是全球暖化的一個例證，更彰顯我們在進行基礎建設的抉擇時，必須做出長期可行的決策才能存活。天氣的問題，已經不再是『出門要不要帶傘？』這麼簡單而已，而是必須去思考『該不該在沿海地區購屋』或『堤防建得夠不夠高』？」

　　2006 年 12 月，卡倫在 Weather.com 網站的部落格上張貼一篇名為〈無謂的爭議，非無謂的垃圾科學〉（Junk Controversy Not

---

2　譯註：酷熱指數（heat index）指的是人體實際感受到的熱度，是綜合氣溫與相對溼度之後的結果。

Junk Science）的文章，批評某些氣象播報員不願意報導氣候變遷的現象。這番言論隨即引發反彈聲浪。氣象播報員大都經過美國氣象學會認證，該學會曾在一份聲明中很清楚的指出，全球暖化主要肇因於燃燒化石燃料。然而不知為何，氣象學界多半對氣候變遷抱持懷疑的態度。

2007年，我到亞特蘭大造訪這次風暴的核心──氣象頻道總部，它位於一棟不起眼的辦公大樓中。卡倫的辦公桌擠在氣象頻道的新聞室裡。總部裡有上百位氣象播報員，卻只有她一位氣候學家。她跟我分享那篇引發爭論的部落格文章，內容如下：

專為華盛頓特區的死忠氣象迷所架設的Capitalweather.com網站，最近刊登一篇地方氣象播報員的訪問，特別談到氣候學與氣象學界意見紛歧的問題。爭論的焦點正是全球暖化。被問到全球暖化的科學背景時，那位氣象播報員的回答是：「全球暖化一直是媒體矚目的焦點，也引發許多爭論。我曾經試著去深究這個議題，但它實在過於複雜。這個議題已經泛政治化了，正反兩方似乎都有偏離事實的毛病。根據歷史經驗，天氣型態有一定的循環週期。雖然最近我們觀察到普遍暖化的現象，但依然缺乏長期的科學證據，所以很難歸納出任何結論。這是我個人的看法。」

卡倫接著在文中提到，美國氣象學會針對氣候變遷發表的聲明內容是：「有力的證據顯示，自工業革命以來，人類活動造成大氣中溫室氣體與其他微量氣體濃度上升，即是導致氣候

變遷的主因。」因此，卡倫寫道：

　　氣象播報員既然經過美國氣象學會認證，有資格在電視台播報氣象，就有責任好好自我加強全球暖化的科學背景。氣象播報員是少數受過科學專業訓練，又能經常與大眾接觸的科學家。因此，他們有責任教導民眾分辨哪些是有根據、經過學界認可的科學實證，哪些純粹是政治口水。一位氣象播報員如果沒有能力談論氣候變遷的基礎科學原理，美國氣象學會或許根本不應該給予認證。顯然，學會本身並不同意「全球暖化是天氣型態進入週期循環的結果」的看法。這好比允許氣象播報員在電視上說「颶風是以順時針方向旋轉」或「海嘯是天氣造成的」，這些根本不是泛政治化的說法，而是錯誤的說法。

　　卡倫的文章張貼後不到二十四小時，立刻遭到來自四面八方的抨擊，其中包括一些知名科學家，像是身兼氣候專家、捍衛石油與天然氣業的奧克拉荷馬州共和黨參議員殷荷菲（James Inhofe），以及保守派政論節目主持人林博（Rush Limbaugh）。一天之內，氣象頻道的官網就收到近四千封電子郵件，多半都是衝著卡倫的文章而來。據她引述，有人甚至寫說：「妳就指指高壓系統、乖乖當個播報花瓶就好，少說什麼氣候變遷的屁話。」卡倫的回應是：「很多觀眾投書說：『不要再談政治了，我轉到氣象頻道不是為了聽你們談政治。』這就是他們對氣候的看法，以為氣候議題就是政治議題。科學家多半很怕變成某項議題的倡導者，但倡導者並不怕變成科學家。只因為我公開談論氣候變遷議題，有人就認為我是該議題的倡導者。實

際上，我唯一倡導的是科學。科學才是重點！」

　　大家喜愛收看氣象頻道的其中一項原因是，天氣現象「不是任何人的錯」。卡倫也曾任職於科羅拉多州波爾德的美國國家大氣科學研究中心，她語重心長的說：「我們播報氣象的時候，不會指責任何人。氣象新聞也無關政治。然而，自從卡崔娜風災過後，氣象再也不單純是氣象，還摻雜其他因素，」從前，天氣被視為是大自然的作為，「現在，惡劣的天氣竟然有可能是人為因素造成。」

從鏡子裡看見瀕危物種

　　我可以理解，向來為石油業發聲的參議員為什麼會抱持鴕鳥心態。但我完全不明白，像林博這類的保守派人士，怎麼會把反對氣候變遷變成共和黨的政見主軸。我一直以為，保守派會堅守保守主義的精神，凡事謹慎至上。因此就算有人說，氣候變遷帶來嚴重破壞的機率只有10%，他們也會認為，我們應該要好好保育地球。大多數氣候專家對於氣候變遷已有共識，面對這個現況，如果還堅持說：「我決定跟少數人站在一起。我以農場、我的未來和孩子的未來做賭注，相信少數人的看法是對的，其他後果都管他去吧。」請問，還有什麼比這樣的心態更瘋狂、更激進、更托派（Trotskyite）*3思想，也更罔顧一切？

3　譯註：托派思想擁護俄國布什維克黨理論家托洛斯基所主張的馬克思主義，強調不斷革命的重要性。

加州州長阿諾史瓦辛格（Arnold Schwarzenegger）曾經嘗試說服共和黨，希望他們不要將懷疑氣候變遷的論點納入競選政見。他跟我打了個比方：「如果有九十八位醫生都說我兒子病了，必須服藥，只有兩位說沒事，我會聽從那九十八位的意見，這是基本常識。全球暖化也是一樣。我們應該跟隨大多數人的意見。」

我也站在多數人那一邊，我相信氣候變遷是千真萬確的事。可是，大眾不僅必須接受氣候變遷是事實，也必須認清真相：我們再不開始採取減緩與適應的措施，氣候劇變的骰子擲出的總和很可能是60點（而且後果可能是難以預料的巨變）。誠如生態技術國際公司總裁華森所言，我們必須「運用人類特有的想像力，來理解眼前種種非線性、不受控制的氣候現象。原因是，一旦出了什麼差錯，可沒有安全帶或安全氣囊能作為防護。我們全部都會淪為地球上生物實驗的犧牲品」。

「大自然不過就是化學、生物學與物理學的變化，」華森解釋說，「自然現象就是這三項的總和。大自然不具道德思想，不在乎人類的詩歌、藝術，也不管我們上不上教堂。我們無法跟大自然談判、無法左右大自然，也無法規避自然法則。唯一能做的，就是設法適應。無法適應大自然的物種，將會被淘汰。」就是這麼簡單，而這也是為什麼，「你每天攬鏡自照時，看到的是一個瀕臨滅絕的物種。」華森說。

⑧

拯救生物多樣性

想像降雨量增為平常的一千倍，我們會怎樣？
再想像瘧疾或愛滋病的傳染率增加為目前的一千倍，
我們又會怎樣？
如今，每二十分鐘就有一個物種消失，
這個速度就是地球歷史上平均速度的一千倍。
繼續無知的剝削大自然，
我們就跟鳥類摧毀自己的巢沒有兩樣。

大自然是上帝的藝術作品。

　　——布朗（Thomas Browne），《一個醫生的宗教信仰》

「發展」，如同莎翁筆下的善，「一旦過度，就會自我
摧毀。」

　　——李奧帕德（Aldo Leopold），〈野外狩獵場的請願書〉

2007年12月5日，當我看報時，竟然有種讀聖經的錯覺。頭版有則新聞，是我的《紐約時報》同事亞德利（Jim Yardley）在中國所做的報導。文中指出，世上最後一隻為人所知的雌性長江巨型軟殼龜，現在住在中國長沙某個破舊的動物園裡，而最後一隻同類的雄性軟殼龜，則住在蘇州的動物園。這一對年邁的烏龜，據說是「挽救世上最大型淡水龜的最後一線希望」。

亞德利寫道：「雌龜以園方特製的生肉飼養。她居住的池塘周圍有防彈玻璃保護，也有監視錄影機監控她的一舉一動，夜晚還有守衛看管。如此大費周章，用意很簡單：全力保護軟殼龜的生命……這隻雌龜今年八十歲，體重近九十磅。」至於她那無緣的另一半，「今年一百歲，體重約兩百磅。」最近的報導指出，科學家會先嘗試人工受精。到2008年春天的交配季，再讓兩隻烏龜共處一池（如果人工受精失敗的話）。

亞德利指出，「對許多中國人來說，烏龜象徵健康長壽，但這兩隻長江巨型軟殼龜倖存的故事更顯示出，中國野生物種與生物多樣性正遭受重大威脅。」中國境內的環境汙染、毫無節制的狩獵活動，與如脫韁野馬般的經濟發展，正以驚人的速度摧毀自然棲息地，導致動植物大量滅絕。

每二十分鐘就有一個物種消失

眼看愈來愈多物種在全球經濟發展的大洪流下瀕臨滅絕，諾亞方舟的情景，很可能會在我們這一代首度重現。也就是說，我們必須開始搶救許多瀕危物種的最後一對，或者實行上

帝在〈創世紀〉中給予諾亞的指示：「凡有血肉的生物、每樣兩個、一公一母，你要帶進方舟，好保存他們的生命。」

然而與諾亞不同的是，我們這一代和我們所創造的文明，導致了滅絕物種的大洪水。因此，打造方舟，我們責無旁貸。愈來愈多珊瑚礁、森林、漁場、河川與沃土，都被人類商業發展破壞或摧毀。而只有人類，才能建造保存物種的方舟。

我們必須體認到，像諾亞一樣打造方舟而非製造洪水，不僅是我們的挑戰，更是我們的責任。這才是現代人類智慧的開端。進入能源氣候年代，我們不僅要因應能源需求暴增、氣候劇變與產油國獨裁力量擴散的問題，還必須面對又熱、又平、又擠的新世界帶來的另一項後果：動植物瀕危或滅絕，地球的生物多樣性岌岌可危。

過去十年，我跟著國際保育協會（Conservation International）走遍全世界。該協會致力於生物多樣性的保育工作，我內人安（Ann）正好是理事。每次要撰寫關於生物多樣性的文章，我都會打電話向協會的專家請教，寫本章時也不例外。不斷有新的物種被發現，也陸續有舊的物種瀕臨滅絕。物種滅絕的原因，如果不是生物環境因素，就是人類經濟發展、狩獵或其他活動導致。然而，國際保育協會近來估計，現在每二十分鐘就有一個物種消失。這個速度是地球歷史上平均速度的一千倍。我們實在很難想像，人為因素導致自然界的某種現象以原來一千倍的速度發生，到底代表什麼意義。這個差距實在太大了！

「想像一下，如果其他自然現象暴增為平常的一千倍，對我們的生活、生計與地球環境會帶來什麼樣的影響？」國際保育協會生物多樣性應用科學中心（CABS）資深主任布魯克斯

（Thomas Brooks）問道：「要是降雨量暴增為平常的一千倍，會怎麼樣？我們會被淹沒。降雪量暴增為平常的一千倍呢？我們將永遠被覆蓋在大雪底下。假如瘧疾或愛滋病的傳染率增加為現在的一千倍呢？好幾百萬人將會死亡。這就是生物多樣性面臨的現狀。」

不只是動物園要煩惱生物多樣性消失的問題。我們不知道再這樣下去，會失去多少寶貴的天然藥物、工業原料、生物資訊，以及天地的大美。我們也不知道有多少人類所知甚少、卻是構成生物網不可或缺的元素，正在一點一滴消失。

「地球的生物多樣性宛如一間獨特、珍貴的圖書館。可惜這間圖書館正漸漸被燒毀。我們連藏書的分類工作都還沒做完，更別說全部閱讀了，」身兼林洞研究中心環境科學家的哈佛教授侯德倫表示。

試想，要是大量物種不斷加速滅絕，世界會變成什麼樣子？如果世界剩下寥寥無幾的物種，甚至完全失去生物多樣性，那會是一個只有鋼筋水泥叢林、動植物銷聲匿跡、不見山林的世界。不僅從生物學的角度而言，這樣的環境不適合居住，我們也不會願意居住其中。

失去豐富多樣的萬物，畫家要去哪裡欣賞山光水色與豔麗花朵，以尋找創作的靈感？還有什麼能夠感動詩人與音樂家，以譜出美麗的詩篇與交響樂曲？宗教領袖與哲學家，又要去何處觀察上帝的精心傑作，以思考祂的意義？如果沒有聞過花香、游過河水、摘過蘋果或欣賞過春天的山谷，生命不會豐富完整。我們當然可以尋找其他替代品，但沒有任何東西比得上自然萬物那美麗、豐饒、多彩、又變化萬千的原始樣貌。失去

萬物之美，人，也不再是人。難怪有研究顯示，醫院的病人如果可以從病房中觀賞到外面的自然風景，復原速度會比較快。

「為了謀利，不惜摧毀一座熱帶雨林和其他富含物種的生態系，就像是把羅浮宮所有名畫拿來當柴燒，」我到哈佛實驗室拜訪知名昆蟲學家威爾森（Edward O. Wilson）時，他這麼比喻。他的實驗室抽屜裡，擺滿他和同事在世界各地蒐集到的螞蟻品種，共有好幾千種。「這就是我們現在幹的好事。『我們得種植油棕才能賺錢。對婆羅洲雨林和紅毛猩猩，只好說抱歉了。』」

生物多樣性是人類適應改變的利器

如果生物多樣性具有的美學、詩學、宗教與精神價值，還不足以說服你，我們可以再來談談它經常為人忽視的實際利益。環保人士為這些利益取了個稍嫌生硬、又不太貼切的名詞，稱為「生態系服務」（ecosystem service）。生態系為人類提供各種利益和「服務」，讓負擔不起或缺乏民生及水電資源的人也能夠受惠。大自然能供應乾淨的水源，過濾溪水的汙染物質，提供天然的魚類養殖場，控制侵蝕作用，提供躲避暴風雨和天然災害的屏障，保護農作物授粉所需的益蟲、攻擊害蟲，並且吸收大氣中的二氧化碳。對開發中國家的窮人而言，這些「服務」都是他們賴以維生、不可或缺的資源。

「環保主義的批判者……對那些微小、不為人知的生物往往不屑一顧。他們總是把這些生物分成兩大類：昆蟲與雜草，」威爾森在《自然萬物》（The Creation）一書中寫道：

這些人不曉得是無知還是擅於遺忘，地球上大多數的生物與物種都由這些小生物構成：美洲熱帶雨林裡有種不知名的蛾，它的幼蟲非常貪吃，使澳洲的牧地不至於長滿仙人掌。馬達加斯加有一種「雜草」叫玫瑰長春花，含有能夠治療何杰金氏症（Hodgkin's disease）與急性兒童白血病的生物鹼。挪威某種不知名真菌裡的一個物質，讓器官移植手術變得可能。水蛭唾液裡的化學物質能夠製成抗凝血溶劑，預防手術中與術後發生血栓。

從石器時代巫醫採用的草藥，到現代生物醫學發明的超強新藥，這些生物都扮演要角……野生物種還可以滋養土壤、淨化水源，以及為多數開花植物授粉。我們呼吸的每一口新鮮空氣，都拜地球萬物所賜。失去大自然的助力，人類不僅來日無多，日子也不會好過。

威爾森也指出，如果我們貶低自然因而破壞生態，「首當其衝的，很可能就是規模最龐大、最複雜的生物，包括人類在內。」

生物多樣性不僅幫助我們生存，也幫助我們適應。生物多樣性最實際的功能，即是協助包括人類在內的所有生物適應改變。2008年3月，為了了解國際保育協會如何拯救印尼的海洋生物多樣性，我來到印尼的努薩培尼達島（Nusa Penida）。當我與協會的海洋生物學家厄德曼（Mark Erdmann）一同坐在沙灘，看著龍目海峽（Lombok Strait）時，他給我上了一課，告訴我生物多樣性如何幫助物種適應改變。

「改變，是生命中不變的常數。一旦失去物種、文化與作物的多樣性，就會更難適應改變，」厄德曼解釋說，「你可以找找看，有哪個農夫只培育一種作物，只要這種作物染病，農場就會毀於一旦。或者，有哪個財務顧問會把錢全投資在一支股票上……總而言之，有多樣性，才有復原力。面對即將到來的全球快速變遷，人類必須發揮最大的復原力來因應改變。」誰知道未來會有什麼可怕的疾病等著我們？如果我們把熱帶雨林剷平，改種能夠提煉棕櫚油與燃料乙醇的作物，等於把藥箱裡的天然藥物全都丟棄。「正因為改變是不變的常數，生物多樣性更是不可或缺。生物多樣性提供人類適應改變所需的原料，」厄德曼補充說。

在又熱、又平、又擠的世界，一切將以空前的速度演進、變化。人類最不能失去的，就是適應變遷的利器。

維護自然環境刻不容緩

我們要維護的生物多樣性，到底包含哪些範圍？我喜歡線上字典 Biologyreference.com 提供的定義：生物多樣性是指「地球上所有生命的總和，包含陸地、海洋、淡水生物群系與生態系，以及所有居住於其中的動植物、菌類與微生物，也包含所有生物的行為、互動與生態過程。生物多樣性也與地球的非生物元素直接相關，包括大氣、海洋、淡水系統、地質構造與土壤。兩者共同交織成一個規模龐大、相互依存的生物圈。」

國際保育協會會長密特邁爾（Russell A. Mittermeier）表示，在整個地球生物圈中，科學家已經發現並記載的動植物與微生物

共有170萬至180萬種。不過據估計，地球的所有物種大約有500萬至3,000萬種。有些科學家甚至認為，尚未被發現的物種至少還有1億種，因為這些生物大多隱身在地下、海洋或偏遠地區。密特邁爾指出，過去十五年來，新發現的靈長類物種大約有80至90種。「也就是說，在短短十五年間，科學家所發現的靈長類物種數量，就占已記載數目的15%到20%。」

因此，全球進入綠色行動時，我們的因應對策不只要開發綠色能源，以減緩氣候變遷的腳步，以及氣候變遷對天氣、溫度、降雨、海平面和乾旱的影響；還要維護地球生物多樣性，才不會摧毀維繫生命所不可或缺的動植物。請記住：氣候變遷的問題確實迫在眉睫，但失去生物多樣性，同樣會破壞地球整體環境不可或缺的承載力。影響之鉅，不亞於氣候變遷。近幾年，大家全心關注氣候變遷議題，雖然值得稱許，但在這同時，失去生物多樣性的問題卻被擱置一旁。所以，綠色行動需要把重點同時放在開發新能源與維護自然環境。

「全球暖化與環境污染，只是我們過度榨取自然資源所造成的其中兩項後果，」國際保育協會資深副會長、也是經濟學與環境議題專家的普里克特（Glenn Prickett）表示，「其他還包括過度捕撈海洋魚類，以及森林和珊瑚礁遭到破壞。這不僅威脅居住在這些生態系中的動植物，也大大影響依靠這些生物維生的人。」

我們必須採取全面性的思考。如果大家只著重控制二氧化碳的排放量，而忽略生態系的變化，「地球的生物多樣性將因此大量消失，」普里克特補充說，「不要以為地球失去生氣後，還能保有宜人的氣候和興盛的文明。熱帶雨林等生態系是

否健全，會直接影響全球的氣候型態。」

過去十年來，我跟著普里克特走訪各地的生物多樣性熱點與瀕危區域，也是國際保育協會積極拯救的區域。我們從巴西東南方的潘塔納爾溼地（Pantanal wetlands），來到沿岸的大西洋雨林，再從委內瑞拉南方的蓋亞那森林保護區（Guyana Shield），深入祕魯叢林，到位於坦博帕塔河（Rio Tambopata）流域的金剛鸚鵡研究中心，最後再從名稱頗具異國情調的中國西藏香格里拉高地（Shangri-La），去到印尼蘇門答臘島上的熱帶雨林，與峇里島周圍的珊瑚礁島。我也曾親自造訪肯亞的馬賽馬拉（Masai Mara）野生動物區、坦尚尼亞的恩戈羅恩戈羅火山口保護區（Ngorongoro Crater），與沙烏地阿拉伯沙漠中廣大的空白之地（Empty Quarter）。在有孩子以前，我還到過死海的鹽丘去體驗垂降的快感。這些旅程都是寶貴的學習經驗，讓我對生物多樣性有更進一步的認識。

不過，我對生物多樣性面臨嚴重威脅的認知，大部分是建立在首次與普里克特一同旅行的途中。1998年，我們前往巴西，拜訪南馬托格羅索州（Mata Grosso do Sul）當時的環保局長巴洛斯（Nilson de Barros）。我這輩子從來沒有在黑河（Rio Negro）中央這麼奇特的地方進行訪談。

南馬托格羅索州位於潘塔納爾溼地的中心，在巴西、玻利維亞和巴拉圭三國的國界附近。潘塔納爾是世界上最大的淡水溼地（面積與美國威斯康辛州相當），也是美洲豹與其他瀕危物種的棲息地。普里克特跟我搭乘一架小型螺旋槳飛機，飛往位於黑河中央的一座牧場兼渡假中心：黑河農場。我們降落在前院後，隨即乘坐遊艇，到河中的某個淺灣處與巴洛斯會面。

潘塔納爾保護區宛如一座少了恐龍的侏羅紀公園。我們順流往下時，經過一群趴在岸邊的凱門鱷，還看到幾隻大型水獺跳上跳下。一路上，我看到白鷺、藍紫金剛鸚鵡、巨嘴鳥、朱鷺、南美澤鹿、琵鷺、紅頸鸛、狐狸、豹貓與美洲鴕不時從叢林裡探出頭來，驚異的見證如此豐富的生物多樣性。巴洛斯與他的團隊佇立在水深及腰的河中央等待我們。

「先來罐啤酒，好好洗個澡之後，我們再談，」他邊說邊打開一罐啤酒，潺潺河水從他身上流過。

見到他以前，我一直以為，我的工作是全世界最棒的。

全球化的成長需求難以阻擋

巴洛斯解釋說，全球生物多樣性與生態系目前面臨的最大威脅主要來自兩方面。其一是在最窮困的地區，那裡的人民為了謀生，只能掠奪大自然資源。類似情況一多，周遭的森林、珊瑚與物種隨即大量消失。這是亞馬遜溼地和雨林附近面臨的嚴重問題。不過，潘塔納爾不一樣，該地區的問題，不是窮人為了脫離窮困而去砍伐樹木，再轉賣給木材公司。潘塔納爾是個特例，透過放牧、捕魚與近來的生態旅遊等經濟活動，這裡的人與自然得以共生共榮。

潘塔納爾的主要威脅來自外在，那就是全球化。現在有三大全球趨勢危害該地的生物多樣性：首先，為了滿足全球暴增的大豆需求，在潘塔納爾盆地上方平原種植大豆的農民，不斷擴張種植面積。農地排放出的農藥與淤泥，持續汙染周圍的河川與野地生態。再者，巴西、阿根廷、烏拉圭、巴拉圭與玻利

維亞共同組成貿易集團,期望提升南美經濟在全球的競爭力。為了能更容易將潘塔納爾的大豆產品運送到市場,這些政府計劃在此地進行河流疏濬與截彎取直工程,這將會嚴重衝擊周遭生態。最後,由各國能源公司組成的企業集團,正在建造一條橫越潘塔納爾的天然氣管線,準備將玻利維亞豐富的天然氣輸送到巴西大城聖保羅市,解決當地大量的能源需求。

事實上,潘塔納爾正陷入受益於全球化經濟提升,卻逐漸喪失生物多樣性的兩難困境:好處是,更多人民能更快的脫離貧窮;壞處則是,生活水準提升之後,愈來愈多人有能力從事生產與消費,卻也同時破壞資源與環境。全球化使世界變得更平,卻也更擁擠。各地都市迅速向外擴張、政府大幅興建高速公路、交通流量增加、房屋愈建愈大,而人民對耗能的設備需求也倍增。為了滿足不斷攀升的全球經濟需求,許多公司紛紛設法收購印尼、巴西等地的大片原始森林,轉作油棕種植地、大豆農場或經營其他大規模的商業活動。收購規模之大、速度之快,可說是前所未見。

普里克特指出,這幾年來,國際保育協會、美國自然保育協會(The Nature Conservancy)與世界自然基金會(World Wildlife Fund)等非政府組織已經開發出一套工具與宣導模式,來教育鄉村地區的窮人,讓他們懂得維護自己賴以生存的生態系,以更永續的方式生活。「可是,我們還沒找到一套工具和辦法,來解決全球化對生物多樣性的威脅。現在情況已經岌岌可危。」

當然,近年來有許多保育團體和跨國企業合作的案例,像沃爾瑪、星巴克和麥當勞等。目的是教導這些企業如何降低供應鏈與生產過程對自然環境的衝擊。然而,這些作為不過是杯

水車薪。全球經濟成長刺激物價上揚，促使企業開發更大片的耕地生產農作物、纖維與生質燃料，並擴大木材、漁貨與礦物的需求。因此，愈來愈多熱帶森林遭到濫墾，愈來愈多珊瑚礁因破壞性捕魚方式而消失，愈來愈多礦物資源被過度開採。

如果政府不積極監督土地的開發與用途，也沒有能力抵擋來自全球市場的壓力，這個又平、又擠的世界對成長的需求，必定會徹底摧毀僅存的森林與珊瑚礁，及其富含的生物多樣性。如此一來，全球暖化只會不斷加劇，因為在二氧化碳的總排放量中，有20%是森林消失所導致。

國際保育協會指出，每二十分鐘就有物種消失的同時，還有一千兩百公頃的森林因為開發而被燒毀或剷平。森林消失所導致的二氧化碳排放量，遠超過世界上所有汽車、卡車、飛機、火車和船隻等交通工具的總體排放量。森林覆蓋率減少，物種的棲息地跟著縮小，所以只能被迫遷移或適應。能夠適應的，就能存活；不能適應的，慘遭滅絕。就是這麼簡單。只不過，現在這個現象發生的速度更快、範圍更廣。

生質燃料作物對雨林的傷害

因此，我們必須強化保育觀念。人類侵占自然，必須有一定的程度與界限。沒有這些限制，未來只會有更多物種棲息地被剷除、河川遭到汙染、珊瑚白化，以及森林因為農業工業化而被夷平。照這樣下去，我們只能眼看著問題發生，然後採取頭痛醫頭、腳痛醫腳的補救措施，永遠無法發展出能兼顧經濟成長與生物多樣性的系統化全方位對策。

首先，我們必須先找出各個現象之間的關聯性。為了節能減排和提升能源安全，歐盟設立了目標：在2020年前，可再生能源必須占所有使用能源的20%。這也包括增加利用生質燃料，也就是從玉米、油棕、大豆、海藻、甘蔗、工業廢料、木塊或柳枝稷等野草中，提煉出供交通工具使用的燃料。歐盟規定，境內銷售生質燃料的原料，生產地不得來自高生物多樣性的熱帶雨林、自然保護區、溼地或草地，例如棕櫚油和玉米。可是燃料在全球市場是可替代的產品，並不容易監控。因此我們實在難保歐盟對可再生能源的規定會不會恰好適得其反，使得東南亞雨林加速遭到砍伐，被油棕作物取代。

有人說，這個現象已經發生了。棕櫚油通常用於化妝品和烹調，但也是提煉生質燃料最有效率的原料。諷刺的是，森林消失所增加的溫室效應氣體，將會遠超過使用生質燃料所能減少的碳排放量。我曾經坐飛機經過印尼蘇門答臘島北部的油棕園上方。從上空俯瞰，底下是一塊又一塊長方形的耕地，很像在熱帶雨林中建了二十五座足球場。

《時代》雜誌記者格倫沃（Michael Grunwald）在2008年3月27日的一篇文章中，描述他和朋友搭飛機經過巴西油棕園時看到的情景：

卡特（John Carter）從飛機上俯瞰一英里下方的亞馬遜南部，望著世上最珍貴的生態寶藏慘遭破壞的情景。他眼睜睜看著，人民以推土機和電鋸把雨林變成養牛場或大豆農場，也眼見熊熊大火無情的吞噬一片又一片叢林。科學家憂心，亞馬遜熱帶雨林很可能漸漸變成樹木稀少的熱帶莽原。巴西政府剛剛

宣布，今年森林消失的速率可能會高達去年的兩倍。

德州牛仔出身、觀察敏銳的卡特表示，這個情況很快就會加劇。他成立一個非營利組織，在亞馬遜原始地帶推廣永續牧業。卡特說：「看著森林逐漸消失，會讓我起雞皮疙瘩。」他還說：「這就好像親眼目睹強暴現場一樣。可是，你根本無能為力。砍伐雨林的利潤太高了。在這些原始地帶中，你會發現市場力量有多強大。」

物種一旦滅絕，就永遠消失

數字會說話。地球存在了四十億年，而地球上的生物則存在超過二十億年。在這二十億年中，物種是以極度緩慢的「正常」速度滅絕。平均而言，一個物種可能存在約一百萬年，然後才自然滅絕。在歷史上各個時期，這個溫和緩慢的自然滅絕現象，曾經被五次災難性的大滅絕打斷，造成大量物種迅速消失。國際保育協會的生物多樣性專家布魯克斯說，最近一次的大滅絕大約發生於六千五百萬年前。當時有一顆隕石撞擊猶加敦半島，也就是今日的墨西哥。科學家認為，隕石撞擊後釋放出濃密的塵雲，籠罩整個地球，造成氣溫急速下降，導致地球上大多數的動植物挨餓至死，也造成恐龍滅絕。

時光往後推移，到人類出現後的近幾萬年，我們發現人類每遷徙到一處，即造成大量物種滅絕。移入夏威夷的玻里尼西亞人和定居馬達加斯加島的印尼船員都是最好的例子。還有在更新世出現的人類祖先，在大約一萬兩千年前穿越今天的白令

海峽的陸橋到北美洲，導致許多大型哺乳類動物滅亡，包括長毛象和劍齒虎。進入現代後，全球化的衝擊不斷擴散。因此有人說，地球正在面臨第六次的大滅絕。而且，這次的滅絕並非局限於某一個區域，「其規模相當於隕石撞擊，或者等同於化石紀錄所及的五次大滅絕，」布魯克斯表示。

人類就是洪水、就是隕石。我們應該學會當個稱職的諾亞方舟。國際自然保育聯盟（IUCN）至今已成立超過四十年，主要工作是追蹤世界的生物多樣性，並且評估已知動植物物種的絕種機率。該聯盟定期公布〈瀕危物種紅皮書〉（Red List of Threatened Species）以察看物種滅絕的情況，同時也讓社會大眾了解現狀。

根據〈瀕危物種紅皮書〉的報告，人類移居所造成的大規模滅絕，例如玻里尼西亞人在西元400年定居夏威夷島時，「多半是『封閉性的物種滅絕』，也就是說，即便情況慘烈，但只發生在某個區域內，」布魯克斯表示。然而，拜全球化之賜，過去僅限於一個島或某個地區的物種滅絕，現在在世界各地同時擴散。

布魯克斯表示，人類有能力復育自然棲息地，能夠恢復像水牛這類瀕臨絕種動物的數量，也能淨化汙染，連汙染嚴重的倫敦泰晤士河都能整治。「甚至扭轉氣候變遷，也是我們能力所及，」他補充說，「可是，物種滅絕是不可逆的。『侏羅紀公園』是虛構的故事；物種一旦滅絕，就永遠消失。地球百萬年的珍貴遺產，就這麼一去不復返。」

再遲，就來不及了

熱帶雨林的美妙難以盡數，但我最喜歡的，還是大自然的
聲音。2006年6月，普里克特、我和我的家人，坐船沿著祕魯
的坦博帕塔河往上，來到國際保育協會為拯救紅金剛鸚鵡所
設立的研究中心。我喜歡躺在蚊帳裡，靜靜聆聽大自然的交響
樂。雨林中的大合唱，聽起來就像是不和諧的現代樂。有鳥類
吱吱喳喳的鳴叫聲、紅面吼猴的啼哭聲、野豬的噪叫聲、青蛙
的呱呱聲，還有各種昆蟲唧唧嘎嘎的發出奇特的聲音，有的聽
起來像汽車警報器或門鈴聲，有的則像掉了樂譜還繼續演奏的
管樂隊。然而這首渾然天成的交響樂，卻不時被人類無助、淒
厲的尖叫聲打斷，因為有人在廁所遇上大蜘蛛。

我們造訪的亞馬遜雨林區位於祕魯南部，絕大部分是無人
居住的原始地帶，也是世界上幾大瀕危野生物種的棲息地。這
裡有一片紅土構成的峭壁，是全世界最大的金剛鸚鵡舔土區。
每天早上都有藍色、紅色、金色的金剛鸚鵡聚集在此，享用泥
土大餐。在雨林中低頭一望，你可能會看見一隻狩獵的黃蜂正
在螫毛毛蟲，然後在牠身體裡產卵。再抬頭一看，你或許會在
蒼鬱的綠蔭中，瞥見織布鳥的巢。不過，你也會發現，織布鳥
的巢往往與大白蜂的巢比鄰而居。為什麼呢？原因是，如果有
敵人攻擊幼鳥，也會驚動大白蜂。這真是了不起的天然保全系
統。

然而，環顧四周，我們卻發現危機悄悄逼近。

坐船往坦博帕塔河上游的途中，我們看到淘金客利用機動
駁船和汞在河岸邊挖掘、淘洗，嚴重破壞河岸生態。由於全球

金價不斷攀升，坦博納塔河流域掀起一股瘋狂的淘金熱。有些淘金客為了搭建營地大肆砍伐樹林，有些則獵食稀有動物。除此之外，這一片原始叢林愈來愈容易到達，因為連結巴西大西洋岸到祕魯太平洋岸的兩洋公路已接近完工。增設道路有利農耕、伐木、礦業發展，也會加速石油與天然氣的開採，導致更多樹林變成耕地。森林大量消失，只會釋放更多造成氣候變遷的溫室氣體。

見到這番景象，讓我想起氣候學家卡倫的比喻。她說，人類正在大自然的交響樂中大肆彈奏電吉他。我們都遺忘一項重要事實：在緊密交織的生物網中，人類是唯一沒有任何動植物仰賴的物種。然而，人類卻必須依靠整個生物網才能存活。人類在這個生物網中演化，而這個生物網造就了今日的我們。我們不能沒有這個生物網，而整個生態系唯有維持平衡，才能欣欣向榮。

生物學家威爾森認為，維護生物多樣性不只是為了拯救自然，也是為了拯救人類。我們必須認清人類身為物種之一的定位，並且決定今後如何繼續在地球上生存，以及如何與周遭的自然環境互動。

「失去賴以存在、演化的生物圈，人類就不會完整，」我到哈佛實驗室拜訪威爾森時他這樣告訴我。他還說，人類愈是以自身行為改變氣候和自然環境，愈會失去維持地球物種平衡不可或缺的動植物、森林、河川、海洋與冰河。這些都是免費的天然資源，也帶給人類極大的福祉。這樣一來，我們必須花更大的力氣保持生態平衡。所有關注氣候變遷議題的人都應該好好思考，人類是否真的擁有和大自然一樣的力量，是否真有

能力掌控一切。

威爾森指出：「我們對自然環境造成的破壞愈嚴重，愈得設法取代大自然的力量，自行運用智慧來維持一切，而且片刻不能鬆懈……除非我們有本事把整個地球變成一個人類得以隨時操控的太空船，並且維持一切的生存條件，包括時時刻刻控制大氣的變化，否則我們最好讓一切回歸自然，回復到與萬物快樂共處、和平相伴的狀態。」

繼續無知的剝削大自然，跟鳥類摧毀自己的巢、狐狸破壞自己的洞穴、水獺敲毀自己的水壩沒有兩樣。我們不能繼續下去，還以為這麼做只會造成「局部」影響。現今，生物多樣性消失正帶來全球性的衝擊。正如國際保育組織倡導的觀念所言：「在彼處失去，在此處傷痛」（Lost there, felt here）。不要認為現在造成的傷害「以後」再彌補就好。

遲了，就來不及了。這是我們進入能源氣候年代後，對於生物多樣性必須有的認知。「延遲」是上一代、上個時期、上個文明才享有的奢侈。意思是，從前不論你什麼時候有空，想要像兒時一樣享受大自然，都能如願以償。你可以對著同樣的山水作畫、看見同樣的動物、大吃同樣的水果、爬同一棵樹、在同一條河裡抓魚、享受同樣的天氣，或者拯救同樣的瀕危動物。大自然似乎取之不盡、用之不竭。就算有危機發生，影響有限，或者還有轉圜餘地。進入能源氣候年代，由於物種滅絕與發展的速度不斷加快，我們的字典裡將不再有「延遲」這兩個字。等你真正有空，想回到童年盡情去享受大自然時，早已來不及。這些美好事物已經消逝無蹤，而你永遠沒有機會挽回。

別想著等以後再做，因為再遲，我們就沒有「以後」了。因此，不管你想拯救什麼，最好現在就行動。誠如世界地球日發起人海斯（Denis Hayes）所說：如果環保主義只淪為一種時尚，那將是我們最後的時尚。

9

能源匱乏

現在，世界上有四分之三的人口使用化石燃料發電，

就已經造成如此劇烈的氣候變遷，

如果連剩下四分之一無電可用的人也加進來，

我們的星球將會變成什麼樣子？

我們愈能降低太陽能、風力發電的成本，

並且讓窮人安全的取得這些科技，

不僅能消弭貧窮，還能阻止氣候變遷與空氣汙染。

一片漆黑的非洲

如何知道非洲何時才真正有脫離貧窮的機會？我的判斷標準很簡單：看到安潔莉娜裘莉跟迦納的太陽能板合影，或參觀辛巴威的風力渦輪發電廠，就知道非洲有救了。近年來，由於裘莉等名人積極投入公益，世人開始正視非洲的苦難。他們特別關注貧窮與疾病的問題，也為非洲帶來迫切需要的救援物資與償債優惠。然而非洲電力嚴重短缺的問題，卻幾乎沒有人注意到。只要看看全球的夜間衛星照片，就會發現驚人的結果：歐洲、美洲與亞洲燈火輝煌，非洲絕大部分地區卻是一片漆黑。

對抗愛滋病、淨水、保育森林、瘧疾防治與消弭貧窮的議題都有人大力倡導，但「能源匱乏」的問題卻乏人問津。這項議題似乎沒什麼吸引力，沒有國際公益團體發聲、沒有話題性、沒有抗議布條或頭巾來為自己定位，也沒有名人加持。大家都不想為發電廠代言，因為無論在政治上或環保上，發電廠都是眾矢之的。更糟糕的是，籌資和興建發電廠曠日廢時，而且無法立即回收成本。

事實上，能源一直是非洲最不受重視的老問題。可是我們不禁要問，沒有足夠的供電能源，非洲可能遠離貧窮、愛滋病、不乾淨的飲用水和瘧疾嗎？根據世界銀行統計，荷蘭一年的發電量是200億瓦，相當於撒哈拉沙漠以南、南非以外非洲國家一年發電量的總和。中國的發電量每兩星期增加10億瓦，也相當於撒哈拉沙漠以南、南非以外非洲國家一年增加的量。

即使各國供電量差距如此懸殊，能源匱乏的問題依然鮮少成為討論焦點。聯合國與世界各大發展組織在2000年提出的千禧年發展目標，甚至沒有納入普及電力這一項。這些發展目標包含在2015年前達成消除赤貧、普及國民教育等八項。但是，不先解決能源匱乏，如何消除貧窮？

「能源匱乏」（energy poverty）一詞，我最早是從太陽能電氣照明基金會（SELF）執行長佛瑞林（Robert Freling）口中聽到的。該基金會的主要任務，就是為開發中國家的鄉村與偏遠地區提供太陽能電力和無線通訊設備。享受能源帶來的便利生活是現代人的基本權利，就跟空氣和水一樣，佛瑞林主張，「可是那些致力於解決發展問題的聰明人，卻經常忽略這一點。」

在現代，缺電問題或許令人難以置信。但據世界銀行估計，世界上大約有16億人過著沒有電的生活，等於全球每4人就有1人無電可用；在撒哈拉沙漠以南、南非以外的非洲地區，有75%的家庭、約5.5億人無電可用；在南亞的印度、巴基斯坦、孟加拉等地，則有7億人無電可用，約占這些國家總人口的50%、鄉村人口的90%。國際能源總署（International Energy Agency）預估，若現狀繼續維持下去，到2030年仍將有14億人無電可用。

生火煮食是缺電地區最常見的替代方法。然而，每年約有160萬人因為使用燃燒效率不高的爐具或鍋具，導致室內空氣不良而死亡。受害者多半是婦女及兒童。根據世界衛生組織的統計，利用生質能烹煮是僅次於營養不良、不安全性行為和缺乏乾淨水源與衛生條件的另一大死因。

為什麼世界上還有那麼多地方有能源匱乏的問題？各個地

方的原因不盡相同。某些地區是因為經濟成長飛快，加上人口爆炸，導致能源供不應求。此外，石油與天然氣價格飆漲，也迫使窮困國家的政府採取限電措施。還有一些地區是因為長年乾旱，使水力發電陷入癱瘓。

不過，能源短缺的國家都有一個共通點，就是公用事業經營不善，沒有能力籌措足夠資金來興建及營運發電廠與輸電線路。這些國家長期飽受政府無能或內戰之苦，或兩者皆是，而這兩項問題往往息息相關，在非洲更是如此。一國政府要有能力、政局要穩定，才能規劃、籌資、興建和營運成本高昂的發電廠與輸電網（這些都是長期的建設計畫）。否則，大眾便無法享受長久的供電，甚至永遠無電可用。不過即使是有為的政府、政局和平的國家，發電計畫仍可能經常停擺，有時是因為政府不允許公用事業民營化、並收取可永續經營的合理價格，有時則是公用事業淪為政治酬庸的工具或政治鬥爭的戰利品。事實上，現在非洲取得的償債優惠，主要是將停擺的發電建設貸款一筆勾銷，而停擺的原因多半是貪汙或管理不當。

南部非洲電力聯營網（Southern African Power Pool）是由非洲南端十二個國家的電力公司組成的聯盟。《紐約時報》於2007年7月29日，一篇由懷恩斯（Michael Wines）撰寫的文章中提到聯營網經理穆沙巴（Lawrence Musaba）的看法：「我們缺乏發電和輸電所需的大量資金已經長達十五到二十年之久，而且無論公部門或私部門都不願意投入。」穆沙巴也在文章中提到，非洲人口第一大國奈及利亞政府在2007年4月公布的報告中指出，「國內79座電廠只有19座在運轉……該國再生能源委員會表示，跟全盛時期相比，每日供電量掉了六成。停電造成的經濟

損失一年高達10億美元。」

能源也是一種經濟商品，必須有良好的政府治理、健全的管理機構與有效的市場機制，消費者才能享受源源不絕的供電。少了可靠能源，人民在生活各方面就會受到負面影響。畢竟，能源是萬物運行的動力。

能源匱乏是所有問題的根源

太陽能電氣照明基金會（Solar Electric Light Fund，簡稱SELF）執行長佛瑞林認為：「對於村莊而言，缺乏能源就表示無法定期抽取乾淨的用水、無法與外界通訊、成人識字班無法開課，學校也無法使用電腦或網路。」這只會更加深社會的不平等。

佛瑞林指出：「能源匱乏影響最大的是鄉村地區的婦女。主要原因是，她們每天都得走好幾英里的路去取飲用水和洗澡水，或者撿柴火。還在念小學的女孩常常課上到一半，就被叫去幫忙做這些日常粗活。」非洲村莊地區的婦女通常負責煮飯，所以她們也是室內空氣汙染最大的受害者。點煤油燈或在通風不良的廚房裡生火，都是造成空氣汙染的原因。如果學校沒有乾淨的水，許多非洲國家的青少女在月事來的時候，就只能選擇不去上課。沒有電，就沒有乾淨的水可用。

能源使用與國家生產毛額息息相關。沒有電網供電的工廠，就不得不仰賴成本較高、汙染較嚴重的備用發電機。根據世界銀行的統計，非洲製造業一年平均停電58天，營業額因此損失5%到6%。至於非正規的地下經濟，一年損失甚至可能高達20%。最近世界銀行一項研究發現，取得電力可以讓孟加

拉鄉村的家庭收入增加20%，連帶使貧窮率下降15%。另一項研究引用孟加拉的調查指出，家裡有電可用的學童閱讀時間比家裡無電可用的學童多出33%。

換句話說，開發中國家面臨的每項問題都與能源短缺有關。教育的問題在於師資短缺與電力不足。撒哈拉沙漠以南非洲地區的醫療保健問題，在於醫師不足與藥物短缺，以及缺乏醫療設備和冷藏藥物所需的電力。印度鄉村地區的失業率高，主要因為缺乏人才與資金，也沒有足夠的能源供應工廠營運。孟加拉農業不振，主要因為種子、肥料與農地不足，以及缺乏抽取地下水所需的能源和電力設備。

最後，佛瑞林總結：「能源匱乏的影響遍及生活每個面向，也讓人類在二十一世紀脫離經濟貧窮的希望完全破滅。」

當然，長久以來鄉村與都市地區的窮苦人民都是靠著有限的能源生存。他們燃燒木材和糞便、利用動物犁田，並且以水載舟。在工業化國家電力普及後一百多年，窮人仍然仰賴傳統能源。如果有石油和電池設備，或者臨時搭建的電線設備，他們當然也會樂於善加利用。

然而，能源匱乏的問題今非昔比。在又熱、又平、又擠的世界，能源匱乏的衝擊更大、傷害更深。在地球全球暖化下，如果無電可用，適應氣候變遷的能力將嚴重受限，甚至可能危及生命。在世界變平後，如果無電可用，便無法使用電腦、手機或網路，而這些都是全球商務、教育、合作與創新的必備工具。當世界日益擁擠時，如果無電可用，不太可能有機會在鄉村出人頭地，於是你可能被迫搬到孟買、上海，拉哥斯等大城市討生活，居住在已經過度擁擠的貧民區。

今日，經濟成長更加取決於能源的有無。能源將帶來更豐富的知識，激發更驚人的潛力，也提供更多保障，因此相較於過去，能源更能讓我們的生活安定。能源匱乏不僅阻礙弱勢者向上發展，社會也因而錯失他們可能創造的寶貴貢獻。原因何在，我們來進一步檢視。

能源匱乏與暖化的世界

在全球暖化日益嚴重的世界，誰是最大的受害者？首當其衝的是那些跟造成暖化最沒有關係的人，也就是最窮的人。他們沒有電、沒有車、沒有發電廠，更沒有會排放二氧化碳的工廠。一日靠不到兩塊錢美元生活的人口有24億，他們多半居住在鄉村，仰賴周遭的土地、森林與植物維生。

氣候變遷專家大多認為，全球均溫升高、風生成的頻率增加、蒸發速率加快、降雨量增加，確實會導致更極端的氣候型態：某些地區會降下更猛烈的暴雨；某些地區則會發生更嚴重、更長期的乾旱。對於能源匱乏的鄉村居民而言，惡劣的天氣絕對是一場夢魘。暴雨增強，土壤來不及吸收雨水，會使更多雨水流入大海。因此土壤漸漸流失，蒸發速率也隨之變快。土地開始乾涸，提升引發野火的機率。

沒有電，要適應這些極端氣候，只會難上加難。由於過度開發、森林消失、人口爆炸與水質不穩定，許多鄉村貧苦地區早有供水吃緊的問題。如果氣候變遷導致這些地區乾旱加劇，就像非洲與南歐部分地區目前的情況，能源匱乏地區的人根本沒辦法像有電的人一樣長時間吹電扇、冷藏多一點食物和藥

品，或者淨化水質。地下水位愈下降，窮人就更需要電力與燃料，才能從更深的井抽水。

海平面一旦大幅上升，居住在孟加拉等低窪地區的窮人，將被迫往內陸遷移。居住在高海拔地區的人，則更容易受到昆蟲傳染的疾病侵襲。原因是，在非洲和拉丁美洲的高海拔地區，氣溫上升的速度比低地快，所以蚊子有機會把瘧疾帶到地勢更高的區域。氣溫如果持續升高，在這兩大洲內會多出好幾百萬人受瘧疾威脅。沒有能源，人民便無法藉由關窗開冷氣來躲避疫情。

就以非洲的盧安達為例。絕大部分的鄉村地區都沒有輸電網，而石油或柴油發電的成本又日益增加。沒有可靠的能源，不論能源是否潔淨、價格多少，盧安達的人民如何保存疫苗、提供淨水、開電風扇或經營診所，以長期改善醫療情況呢？

（當能源匱乏地區的人等待取得供電之時，需要我們盡全力維護周遭的森林、珊瑚礁與其他自然棲息地，因為這些生態系可以幫助減緩惡劣的氣候變化。舉例來說，沿海的紅樹林能夠抵禦洪水與海水暴漲，保護低窪地區的居民。2004年南亞大海嘯時，珊瑚礁與紅樹林完好的地區比被海濱飯店與養蝦池取代的地區所受到的衝擊要小。此外，當乾旱加劇、冰河縮小，導致水源減少時，高地森林能夠提供更穩定的水資源。生態保育甚至與瘧疾有關聯。近期研究顯示，森林消失的地區容易爆發瘧疾，因為樹木遭到砍伐留下的泥水池，正好成為病媒蚊的溫床。因此，要適應氣候變遷，不僅得靠電力與防波堤，也要仰賴保育工作。）

有電可用的人，也發覺氣候變遷使得供電量減少。2006年6月，我造訪祕魯，在印加聖谷地區（Sacred Valley of the Incas）認識了朗巴利（José Ignacio Lambarri）。他擁有一座占地六十公頃的

農場。雖然他沒有以「全球氣候異變」形容眼前的情景，卻敘述出相似的現象。朗巴利告訴我，他這一生都在努力栽培巨型白玉米，用的種子有二十五美分硬幣那麼大。這些巨型玉米有獨特的生長條件，必須在水質、溫度、土壤與陽光都配合得宜的情況下，才能成功培育出來，主要外銷西班牙與日本。可是近年來，水位開始下降，氣溫漸漸升高，結果玉米種子長得不像往年一樣大，還出現新的害蟲，甚至自古印加時期就存在的梯田，也開始缺乏灌溉水源。他還發現，山上那條從他小時候就有的雪線正在後退。他說：「我告訴我太太，山上的雪全部消失的那一天，我們就要搬出山谷。」

世界各地的農人都和朗巴利一樣，必須仰賴冰河融水灌溉農地和維持水力發電水壩的運作。然而隨著氣溫上升、冬季縮短，冰河的融雪量漸漸減少。水荒開始引發衝突。朗巴利告訴我，他和其他農人每年都會開會決定如何分配水資源。現在，「開會氣氛一年比一年火爆，因為土地一樣多，但可以分配的水卻變少了。」

我跟物理學家兼氣候專家羅姆提到這件事時，他回答我：「英文的對手（rival）這個字，最早是指使用同一條河的人。你去查查字典。」我查了。《韋氏大字典》的解釋是：「拉丁文 rivalis 原意：與另外一人共用河流的人。」

如果全球暖化真的朝預測的方向發展，這個世界將多出很多「對手」。

能源匱乏與平的世界

五十年前，如果你是住在開發中國家的窮人，又無電可用，你絕對是弱勢。可是，即便你的生活跟已開發國家的人差距甚遠，卻不至於無法彌補。你一樣可以用紙、筆寫信，再走到郵局寄信，還可以到圖書館閱讀紙本書。只不過，可能得走上五十英里才能到達這些地方。

五十年前，美國中下階層的人想去圖書館和郵局可能同樣得走路或騎自行車，但距離約只有一、兩英里。不論如何，只要能夠到達，取得書籍和信紙都不是問題。換句話說，貧富落差確實存在，鴻溝也頗深，但不是無法彌補。

時至今日，沒有電，就不能使用電腦、網際網路、Google、Hotmail，或任何形式的電子郵件及電子商務。這樣一來，你也無法在網路上搜尋各大圖書館、比價購物和收發電子郵件，也無法動動滑鼠、利用電腦的剪貼功能寫封信或寫本書，或擬定企畫案。也就是說，在平的世界裡，大家用來相互競爭、彼此連結與協同合作的基本工具，你都沒有機會使用。因此，在平的世界裡，由於無電可用所造成的發展差距，已經不是逐漸增加，而是呈指數成長。

許多專家學者也許早已觀察到這個現象。我則是在2007年10月，到印度中部的海德拉巴市去參觀一個偏遠村落時才無意中發現。那次，我主要是去拜訪印度前幾大科技公司薩蒂揚（Satyam）的創辦人兼董事長拉主（Ramalinga Raju）。他還共同創辦在印度數一數二的慈善基金會——畢拉主基金會（Byrraju）。該基金會致力於協助印度鄉村消弭貧窮。拉主與弟

弟拉瑪安排我去探訪位於安得拉邦（Andhra Pradesh）東北部、距離海德拉巴約三百五十英里的幾個村落。這些村落不過是世界的一小角，卻讓我一窺全球的能源匱乏問題。

來到玻塔卡拉帕利村（Podagatlapalli），第一件事是接受印度傳統的洗禮：以黃色花瓣沐浴，接著在前額點上紅點。匆匆用完午餐後，他們帶我去參觀畢拉主基金會資助的新診所，也是當地絕無僅有的一間。進入診所的小房間後，映入眼簾的情景讓我非常驚訝。裡面有位老人躺在手術台上，身上只穿了一條內褲。他的皮膚黝黑，胸前與手臂都有濃密的銀白毛髮，身上連接一台心電圖機。在老人與電視設備中間，有位穿著白色制服的護士兼技術員正在操作心電圖監測器。電視螢幕上有一位心臟專科醫師，他人正在南方的班加羅爾（Bangalore）、距離此地約五百英里遠的某間醫院裡，透過衛星連線觀察心電圖，然後準備判讀結果和進行診斷。

「太了不起了，」我心想，「遠距醫療絕對是最先進的資訊科技革命。世界真的是平的！」可是，當我朝房間的右邊角落一望，立刻被拉回現實。整個遠距醫療過程所使用的心電圖機和電視設備，竟然是用糾纏不清的電線接到十六顆汽車電池上來提供電力。為什麼會這樣？因為在印度，沒有輸電網的村落占了總人口的70%。這顯然是最糟糕的能源科技革命。

世界必須又平又環保

我在《世界是平的》中，有一章名為〈對許多人來說，世界一點都不平〉（The Unflat World），當時雖然科技發展正在抹平

全球經濟的競爭市場，但許多人依然無法與日益平坦的全球平台接軌。後來我慢慢發現，愈來愈多一天只靠兩塊美元生活的人也買得起有網路功能的手機，或者能使用價格100元美元的電腦；今日的印度，行動電話每月增加700萬個新用戶，至2008年初，印度11億人口中行動電話的總用戶人數是2億人。未來，通訊設備的價格還會往下降，因此，世界更將持續且極為快速的「變平」。

世界正在變平是事實。然而，無論這些通訊設備有多便宜，唯有當世界變得又平又環保，也就是能以充足、潔淨、可靠又便宜的電力來普及通訊，金字塔底層的人才能真正與世界接軌。

為什麼世界變平和環保兩者必須同時兼顧呢？那是因為讓發展中國家在能源方面以跨越式發展迎頭趕上已發展國家是至關重要的，舉電話的大躍進發展為例，許多開發中國家沒有經歷電信線路與電話線桿的發展，就直接從沒有電話跳躍到使用行動電話。同樣的，我們期望那16億無電可用的人口，也能夠從沒有輸電網的狀態直接跳到使用太陽能或風力發電等分散式的綠色能源，不要在發展中途採用集中式燃煤火力發電。

當然，短期之內，當環保的替代能源目前還無法達到一定的規模，非洲與南亞地區還是必須仰賴一定數量的集中式燃煤電力。然而，要是這16億無電可用的人口完全仰賴燃煤、天然氣或石油發電，對氣候與環境將勢必造成毀滅性的衝擊。現在世界只有四分之三的人口使用化石燃料發電，就已經造成如此劇烈的氣候變遷，如果連剩下的四分之一也加進來，會變成什麼樣子？因此，我們迫切需要發展充足、潔淨、可靠又便宜

的電力，而且愈快愈好。我們愈能將太陽能、風力或甚至核能發電的成本降低，並且讓窮人安全的取得這些科技，我們就愈能在改善能源匱乏的同時，阻止氣候變遷與空氣汙染。

　　2008年1月，我女兒娜妲莉趁著大學寒假期間，到辛巴威布拉瓦約市（Bulawayo）一間社區活動中心實習，幫助當地的愛滋遺孤和愛滋病童。她在實習期間幾乎很少跟我們聯絡，因為她工作的日間照護中心經常斷電，根本無法使用電腦和電話。辛巴威仰賴南非輸送一部分電力，而南非當地的供電一直非常吃緊。2008年1月29日，CNN.com有一則南非報導指出：「南非頻頻斷電，政府是否還能達到年經濟成長6%的目標，實在令人質疑。斷電問題也使南非更無力對抗25%的高失業率。」這一點都不令人意外。電腦不能開機，手機不能充電，就跟擺在桌上的紙鎮沒兩樣。紙筆和信鴿可能還比較有用。

　　在平的世界裡，缺乏穩定的電力會失去更多；相反的，擁有穩定的電力則會帶來更多好處。這不僅攸關個人發展，對全球發展也有潛在影響。我們從世界的另一個角落就可窺知此現象。那裡是由畢拉主基金會贊助成立、位於玻塔卡拉帕利村的一間小學。這間小學以水泥砌成，結構簡陋。不過，我去探訪的教室倒是擠滿印度孩子，他們正在輪流操作四台色彩鮮豔的兒童專用電腦學習站。這些學習機是由小頑童（Little Tikes）與IBM兩家公司共同生產，裡面搭載互動式的兒童早期智力開發軟體。電腦學習站是由藍色的塑膠製成，中間有一台觸控式螢幕，主要用途是推廣偏遠地區兒童的學習，因為這些地區非常缺乏合格的閱讀和寫作教師。

　　我對其中兩位孩子印象最深刻。一位是穿著藍色短褲的小

男生，另一位是穿著白色洋裝的小女生。他們兩個擠在學習機的長方形座位上，聽著耳機裡的指示在互動式螢幕上操作。耳機是大人的尺寸，戴在兩個小朋友頭上顯得特別巨大，好像兩頂安全帽。可是他們完全不以為意，只是全神貫注的操作電腦，臉上顯露出的求知欲望是那麼強烈。

回程途中，我一直掛念著那兩個孩子。我腦中頻頻浮現的是，這些孩子很可能就是下一個愛迪生、明日的居禮夫人、未來的女太空人萊德（Sally Ride），或是前印度總統與首位火箭科學家卡蘭（A.P.J. Abdul Kalam）。可是，如果沒有可靠的能源科技來支援他們目前唾手可得的資訊科技，這些可能都不會成真。

「讓鄉下學校的孩子有電腦可用，幫助他們以無線網路與世界連結，將會帶來十分深遠的影響，」佛瑞林表示，「當學校引進新的遠距教學課程，師生們都非常興奮。有了網路之後，交友變得無國界，不僅能分享音樂與舞蹈，還能促進多元文化的交流，即使網路彷彿讓世界變小了。」

新的能源科技讓夢想成真

要解決發展中國家偏遠地區的貧窮問題，不需要靠地上電信線路與電話線桿的無線通訊，也不需要靠電線和電線桿的分散式能源，創新的能源科技相較於前述兩者都來得有用許多。2000年，太陽能電氣照明基金會發起一項計畫，打算在南非打造第一間使用太陽能發電的高中。這間麥耶卡高中（Myeka High School）位於千山之谷（Valley of a Thousand Hills），距離德班市（Durban）約兩小時車程。他們在這間高中設置一座太陽能發電

系統，供應一間電腦教室與網路衛星接收器的用電。後來基金會邀請學生參加一場由國際太陽能學會（ISES）贊助的作文比賽，題目是「太陽能帶來的影響」。冠軍由十一年級的迪洛摩（Samatha Dlomo）奪得。她的作文如下：

我今年十六歲，在偏遠地區已經住了十四年。過去這些年來，我都靠蠟燭的微弱光線讀書和做功課。黑板是我們學校最主要的教具。學校開始裝設太陽能板時，我完全不知道那是做什麼用的。幾個月之後，我們收到一台投影機。從那時起，我們有了嶄新的校園生活。後來收到的設備還有：二十台電腦、兩台電視和一台錄影機。最近，我們開始透過衛星連上校園學習頻道與網際網路。現在，我們的學習都以研究為導向。這意思是，我們上課時會使用學習單，並盡量利用網路搜尋資訊。過去，我們大部分的時間都花在抄黑板上的重點。千禧年時，學校立下一個新願景：到 2005 年，要培育出能夠進入科學、科技、工程、醫學等領域工作的學生。幾年前，這只是個遙不可及的夢想。

想像一下，如果我們能夠運用世上最窮困人民的創造力與創新能力，會產生什麼結果？試想，如果提供他們所需的工具和能源，讓他們有能力與世界競爭、連結和合作，又會有什麼結果？這必定會引爆一波前所未見的創新成長，而且範圍遍及科技與人文藝術領域。充足、乾淨、可靠又便宜的電力，將「創造出全球首見真正公平的競爭舞台，」矽谷科技研究智庫、史丹佛國際研究中心（SRI International）執行長卡爾森（Curt

Carlson）指出，這將會「激發更多創新的力量。他們將會與我們攜手，一起突破目前在醫療、教育與能源上的困境。要解決問題，必須結合由下而上與由上而下的力量。」

未來趨勢專家威克經常為「創新」做下列比喻：創新者就是能夠利用99%已知，創造1%未知的人。不知道或無法獲得那99%的已知，就失去了創造1%未知的基礎；充其量，只能在99%的已知範圍內再創造。換言之，只要提供電力給16億無電的人口，抹平這個不平的世界，我們就能讓這群人的智慧與99%的已知連結，促使更多人加入創造1%未知的行列。「到那時，創新將無所不在，」威克表示。

《經濟學人》形容，這是「群眾創新的時代」（the age of mass innovation）。如同記者維迪斯瓦倫（Vijay Vaitheeswaran）在2007年10月11日刊載的文章中所言：

歷史上的創新，似乎都由菁英主導，但仔細深究就會發現，社會大眾一直在默默貢獻一己之力。在《向上提升的文化：科技與西方千禧年》（A Culture of Improvement: Technology and the Western Millennium）一書中，作者弗里德爾（Robert Friedel）指出，來自社會各階層人民的力量如何一點一滴、積沙成塔，創造出今日後現代、後工業社會的驚人發展。試想，如果企業與國家能夠充分運用分散於各處的創造力，會產生多麼大的提升力量。在群眾創新的時代，甚至能夠用可獲利的方法，解決二十一世紀最迫切的需求，包括永續的綠色能源、可負擔且普及的老人醫療照護，以及全新的產業發展。世界上最後一項能夠取之不盡、用之不竭的自然資源，就是人類的智慧。

能源匱乏與擁擠的世界

有了能源，不僅暖化不再那麼難以忍受，平的世界更公平，也能舒緩人口擁擠的狀況。印度安得拉邦的伊薩柯塔村（Ethakota）帶給我更深刻的啟發。為全球各大企業提供後端作業與外包服務的薩蒂揚公司，在當地設置一間遠端資料中心。自2006年起，薩蒂揚陸續將簡單的外包業務，從海德拉巴總部移至伊薩柯塔村的資料中心。120位擁有大學學歷的村民，就在一大片香蕉園與棕櫚樹林環繞下接受訓練，並利用無線網路與世界連結。他們為一家英國雜誌社處理資料，還為印度一家電信公司提供客戶服務。這間資料中心採兩班制，每班八小時。要不是當地一天停電六小時，他們其實可以採三班制。

當我訪問資料中心的員工時，發現一件出乎意料的事。事實上，有些員工原本就在伊薩柯塔村出生，後來搬到印度的大城市討生活。現在，他們又選擇回到老家，因為這裡雖然薪資低，生活卻充實、平靜。只要供電無虞，在薩蒂揚的資料中心，他們得以在地生活、全球行動。

瓦瑪（Suresh Varma）是一位資料管理師，今年三十歲，原本在海德拉巴替一家美國石油公司工作，後來決定回到這片林木蒼鬱的土地，這裡也是他父母的老家。這簡直像從矽谷搬到真正的山谷一樣。他解釋說：「我在這裡的生活品質比印度任何大城市都要好……都市就是個水泥叢林，大部分時間都浪費在塞車和交通上。在這裡，你只要走路上班就行了……我在這裡一樣可以掌握其他城市的脈動，同時兼顧我的專業志向。」

現在，都市的外包中心全天候營運，而且員工離職率相當高，鄉村則完全不同。「在村莊裡，沒有人會離職，」畢拉主基金會的理事長賈可伯（Verghese Jacob）說。因此，基金會計畫將資料處理中心的經營權逐漸移交給鄉村地區的人民。「他們很有創新能力，也非常積極。有些人從來沒有使用過電腦，所以比起都市長大的孩子，他們更懂得珍惜機會。」

如果這些發展能夠擴大規模，就可以紓解印度大城市過度擁擠的問題。像孟買（1,900萬人）與加爾各答（1,500萬人）這兩大城市，人口基本上已經飽和了。愈來愈多人擠在都市的狹小空間生活，因而造成的社會與環境問題，已經嚴重威脅到社會底層人民的生活。

用綠色能源平衡在地化與全球化

促進鄉村發展是唯一的解決辦法。賈可伯估計，僅靠印度鄉村的一間外包中心，就可以創造相當於四百公頃農地的就業機會與收入。也就是說，在鄉村設立這些知識服務中心，等於打造更多片農田，可以增加好幾百個就業機會。這樣一來，年輕人在鄉村反而比在都市更有出路。不過，這些發展的必要條件是，要有充足、乾淨、可靠又便宜的電力，以及穩定的網路和電話。有了通訊連結，村民便能取得最先進的農業技術資訊與最新的市場價格，幫助他們提高農產品的價值。有了網路，鄉村的藝術家也能上傳地方藝術與手工藝品的照片，直接向全球市場行銷。

在印度與中國，一直以來人民必須離鄉背井或舉家搬遷到

擁擠的大城市，他們並非因為喜愛都市生活，而是因為那裡才有工作機會。不過，如果我們能夠像薩蒂揚一樣，把能源、教育、通訊與資金一併帶到鄉村，情況就會改善。這就是使村落永續發展的關鍵，而我們期待永續發展的村落愈多愈好。當一座村落發展起來，不僅可以造福多數仍住在村落中的窮人，也有助於平衡全球發展。但是要促進村落發展，就必須賦與當地人民在地生活、全球行動的能力，也要提供他們發展的機會與途徑。而賦與他們這些能力，電力是必要條件。

「有史以來，我們第一次有機會在全球化與在地化之間取得平衡，」布盧默能源公司（Bloom Energy）的印度籍共同創辦人兼執行長史歷哈（K. R. Sridhar）說。世界各地的窮人如果能擁有與世界連結的工具和技能，也有充足、潔淨的能源支援這些連結，就無需非得去大城市的工廠當作業員、開計程車或幫傭才能生存，「他們能從全球化與在地化的發展中獲得最大利益，」史歷哈表示。他們可以繼續享受鄉間的美好，保留在地的傳統、食物和穿著，並且維繫家庭情感，同時也能賺取收入、打造更好的未來。鄉村人民的生活品質提升，婦女的生育率也會降低，進而減輕人口成長的壓力。

「在地化與全球化一旦達到平衡，真正人性化的時代也將隨之誕生，」史歷哈主張。「保持立足家園、放眼全球的原則，你就能腳踏實地的朝夢想邁進。」也因如此，人人都能充分發揮個人潛力。因此，唯有兼顧資訊科技（IT）與能源科技（ET）的發展下，使世界變平又變綠，這項願景才能成真。也唯有如此，全球的人民與資源才能均衡分布、緊密相連。史歷哈說，只要達到這個目標，「全世界將煥然一新。」

啟動綠能，
才能從地獄到天堂

人類目前遭逢的五大關鍵難題，

其實只是許多大好機會偽裝成無解的難題。

綠色經濟將成為所有市場之母，

為企業及國家創造千載難逢的最佳經濟投資及成長機會。

一個國家若擁有設計、創造，

以及輸出綠色能源科技的能力，

就擁有無往不利的力量。

啟動綠能，掌握新契機，

是人類及地球永續發展的唯一解藥。

我們還有足夠的時間，只要能從現在做起。

——梅多斯（Donella Meadows），環境科學家

2006年，我應史丹佛大學一個關心能源與環境議題的學生團體之邀，到該校進行演講，主題為「綠色創新」。當我在後台踱步時，校長漢尼斯（John Hennessey）照例做了開場白，並對當天的主題提出他的看法。他認為人類今日所面臨的能源氣候挑戰，適足以詮釋「共同使命」*1（Common Cause）創辦人、美國前教育部長加納（John Gardner）提出的觀點：這些挑戰，其實只是「許多大好機會偽裝成無解難題」。

我喜歡「許多大好機會偽裝成無解難題」這樣的說法。很簡單的一句話，卻充分掌握我們面對未來應有的態度。

現在就必須付出代價

在本書前半部，我先介紹能源氣候年代伴隨而來的問題：能源供需失衡、產油國獨裁、失控的氣候變遷、能源匱乏，以及生物多樣性消失等，這些看似無解的問題，將會決定人類未來生活及地球的面貌。在本書後半部，我會試著說明，對任何挺身面對這些挑戰的國家而言，解決這些問題其實也蘊含絕佳的機會。

為什麼說是機會？道理很簡單，因為人類再也不能用以石油為燃料的系統，繼續追求經濟成長了；這套系統從工業革命演變至今，已經把我們猛然推入能源氣候年代。如果我們繼續走老路，那麼地球的氣候、森林、河流、海洋及生態系，都會

1　譯註：「共同使命」是一個無黨派、非營利的遊說團體。這個組織協助美國公民對政府的施政發聲，也讓民選的領導者更能夠對公眾利益負責。

受到愈來愈多的破壞。所以，我們需要建立一套新的「綠色能源系統」(Clean Energy System)，繼續推動經濟發展，在不以掠奪地球為代價的前提下，使更多人脫離貧窮。因此，發明並推動綠能科技最有成效的國家、社區和公司，就會在明日的全球經濟中擁有最重要的地位。因為在一個又熱、又平、又擠的世界裡，所有的能源、水、土地、自然資源都幾乎耗用殆盡，每個人終究都會被迫為他們所耗用的能源、所導致的氣候變遷、所喪失的生物多樣性、所資助的產油國獨裁、所造成的能源匱乏，而付出莫大的代價。

你再也不能用子孫的信用卡來償付這些代價了！協助企業從環保創意中獲利的綠色秩序策略公司 (GreenOrder) 執行長夏比洛 (Andrew Shapiro) 認為，無論是大自然、國際社會、你的社區、你的顧客、你的鄰居、你的孩子或你的員工，都會要求你、你的公司或你的國家，為你或他們所生產及消耗的東西，支付「身為物主的所有代價」。這個代價將包括「短期或長期、直接或間接、看得見或看不見、經濟上、社會上、地緣政治上，以及環境上的一切代價」。

為什麼我很確定將來大家必須付出代價？有兩個理由。第一，因為我們已經越過有關能源供需失衡、產油國獨裁、失控的氣候變遷、能源匱乏，以及生物多樣性消失等各方面的引爆點。已經沒有任何緩衝的餘地，沒有任何退路；再也沒有可傾倒垃圾的綠地、可濫捕魚類的海洋、可無止境砍伐的森林了。我們的生活方式對地球氣候和生物多樣性所造成的影響，已經到了再也無法歸咎於各種外在因素或可以置之不理的地步。我們的環境存款帳戶被提領一空。如今面對的不是現在或以後付

出代價的問題，而是如果現在不採取行動，就不會有「以後」了。

我確定人類必須付出代價的第二個理由，是因為這些事情的真正代價已經變得明顯可見、可衡量、可預估，而且無從逃避。在這個抹平的世界裡，每個人都看得到別人在幹什麼，所作所為形成什麼樣的傷害。因此在未來，無論你生產或消耗什麼東西，都不可能再逃避應該支付的所有代價。

危機所帶來的轉機

我知道這是嚴峻的形勢，我們確實需要改變。但在此同時，這種不得不做的情況，也為我們帶來新的機會。在未來，任何一個公司、社區和國家，都可以供應更豐沛、更廉價、更潔淨（無須排放二氧化碳）的電力，這將能實質解決二十世紀初困擾著世界的五大問題。有了豐沛、廉價、可靠的電力，我們將大大緩解能源和自然資源的供應和需求緊張、破壞石油專制、減輕氣候變化、減少生物多樣性的喪失，並消除能源匱乏。這是多麼的令人振奮？困擾著全世界的五大問題，卻有著一個相同的解決方案。

從這之中，你看到了什麼？我看到的是：尋找豐沛、廉價、清潔、可靠電力的行動，將造就下一個全球性產業。我將這個偉大的新興產業稱為能源技術（ET-energy technology）產業。未來，「ET」將取代「IT」，成為下一個最熱門的產業。考量未來全球潔淨能源技術需求的規模，這是必將發生的現實。

因此，我相信未來能夠主導能源技術的國家，將能享有最

佳的保障，無論是在國家安全、生態安全，以及能源安全上皆是如此。在這樣的產業趨勢下，將產生更多在生產、設計與軟體層面具有更高創新能力的公司，因為具有創新能力的公司才能打造出更綠的產品，締造最健康的生活環境。同時，以綠能為發展方向的國家，也將能在國際社會中享有最高度的尊重與信任。它將被視為最具前瞻性與啟發性的國家，因為它比其他國家更有能力妥善解決困擾著全人類的問題。

換句話說，「潔淨能源就是力量」（CE＝P）。這個公式中的「力量」，不僅僅是電力，更是締造經濟、政治、創新和聲譽的力量。一個國家若擁有設計、創造及輸出綠色科技的能力，以生產潔淨的電力、水、空氣，以及健康充足的食物，那麼在能源氣候年代，將成為這個國家無往不利的力量。雖然綠能並非國家所擁有的唯一力量，但已足以和電腦、晶片、資訊科技、飛機和坦克等力量分庭抗禮。

「綠色經濟如今是所有市場之母，是畢生難逢的經濟投資機會，因為它已經變得非常根本。」根據美國派傑（Piper Jaffray）投資公司另類投資執行理事康姆（Lois Quam）的觀察，「地球暖化的挑戰，帶來前所未見的最佳投資及成長機會。想找出任何可以比擬的經濟轉型，唯有回溯到工業革命時代。工業革命之前與之後，經濟面貌迥然不同。在工業革命之後，每件事情都不一樣了：產業興衰交迭，公民社會變遷，新社會機構誕生，工作及日常生活的各層面也截然不同。隨之興起的是全球新強權。這次的綠能科技轉型，也將是歷史上再一次的轉捩時刻。」

總而言之，這意謂著在能源氣候年代，「綠色」不再是一

種時尚，一種菁英主張，一種希望十年後可付清費用的善行，而是你生長、創造、設計、製造、工作及生活的方式。正如夏比洛所言，「因為這麼做真的比較好。」當一切真實代價都計算在內之後，綠色成為最聰明、最有效率、成本最低的做事方式。這是我們即將目睹的巨大轉變。綠色將從菁英主張變成最佳方案，從選擇品變成必需品，從一時流行變成致勝策略，從棘手難題變成絕佳機會。

有些國家已預見這個趨勢，其他國家也很快就會了解，最終所有國家都會看得很清楚。雖然我希望所有國家都能盡早認清情勢，但身為美國人，我想確保自己的國家能走在趨勢的前頭。

重新定義「綠色」

在這個議題上，我有個瘋狂的做法。我一直試圖讓政策制定者重新定義「綠色」。我告訴他們：這已經不再是祖父時代的環保運動了，涉及的也不僅只是能源議題，而是攸關國力的「綠色行動」（Code Green）。如今，任何一個願意採取綠色行動的國家，都能使自己在未來變得更強大、更健康、更安全、更有創造力、更有競爭力，並在國際間受到更多尊重。

重新定義綠色很重要。我深信命名就是擁有它。如果你可以命名一個議題，則可以主導該議題。這正是「綠色」長期遭受的困境，至少在美國，它往往是由其反對者來命名的。他們將「綠色」定義為「自由主義者」、「環保狂」、「娘娘腔」、「男人婆」、「不愛國」和「含糊其詞的歐洲人」等。

我要說的是，當我們認真考慮到我們面臨的問題，以及帶頭解決這些問題的國家和公司將獲得的機遇和財富時，綠色絕不是上述的負面涵義，絕對不是！還有什麼比綠色更能展現「愛國主義」、更符合「資本主義」、更具有「地緣戰略」？綠色是新的紅色、白色和藍色。

　　簡單來說，「綠色行動」是一項戰略，可以幫助緩解失控的氣候變遷、生物多樣性消失、能源供需失衡、產油國獨裁和能源匱乏等情況，同時還能使美國變得更強大。我們能透過幫助世界解決問題來解決自己的問題；我們也能透過解決自己的問題來幫助世界解決問題。

　　隨著訴求對象的不同，我可以強調不同的主題，但道理都是相輔相成的。面對環保人士時，我會說：「讓我們把美國變成全世界最綠的國家，變成減緩氣候變遷、生產潔淨動力、保護生物多樣性方面最具領導地位的國家。當我們這麼做，就會讓美國成為一個更強大的國家。」面對保守派人士，我會說：「讓我們大力提倡綠色能源，使美國在能源氣候年代成為最強大的國家。當我們這麼做，就能幫助全世界減緩目前高爾所談論的那些事情。」

　　很多美國人會說：「我們怎麼禁得起讓經濟大轉型以防止氣候變遷？如果最後發現氣候變遷不過是場惡作劇，或只是一時流行，我們卻誤用所有的資金，那怎麼辦？」每次我聽到這個說法，我的答案總是一樣：如果氣候變遷是場惡作劇，那麼它會是美國所遭遇過最美妙的惡作劇。

　　如果能把美國的經濟變成綠色能源及提升能源效率的經濟，以紓解能源氣候年代帶來的全球暖化等挑戰，那麼這就像

接受奧運的鐵人三項運動訓練一樣：如果你獲選參加奧運，獲勝的機會將大大提高，因為你的每塊肌肉都已受到鍛鍊。如果沒有參加奧運，你仍會因此變得更健壯、身材更好、更長壽，贏得人生中其他每一場比賽。因為接受鐵人三項運動訓練，不只在於鍛鍊一種肌肉或一種運動技能，它們會相輔相成，進而促進整個身體系統的健康。

康姆補充說，最重要的是，完成一場真正的經濟革命，亦即邁向綠色行動，是一種「典型的美國式商機」。因為它需要用到美國所有的優勢：它需要做大量的實驗，這種實驗只有在美國的尖端學術研究大學或國家實驗室才看得到；它需要很多不怕嘗試、冒險、失敗，之後還會東山再起的創業公司，也需要很多創投專家準備為大獲利投下大賭注；它需要商界、政界、學界之間高度合作和整合；它需要成千上萬人在自家車庫裡搞創意，做無數新的嘗試。此外，最重要的是，這是一種大獲利、大目標的國家計畫，不僅要使國家變得更富有，還要讓全世界變得更美好。

即使最後證實關心氣候變遷的人錯了，美國還是要調整國家的發展方向，在生產潔淨的電力和最節能的汽車、家電、建築物，使美國在保護熱帶雨林及自然棲息地方面成為全球領袖。那麼，最壞的狀況會是什麼？美國因此擁有較乾淨的空氣和水，比較節能的產品，更多勞工在未來全球最大的產業中受過訓練，能源價格提高但支出減少，生產力提高，人民變得更健康，擁有綠能產品的出口業，讓世界各地的人競相購買；更別提還贏得世人更多的尊敬。此外，我們不再因為人類無法創造出更豐富的資源，而必須爭奪每一樣匱乏的東西。在一個又

熱、又平、又擠的世界裡，匱乏的東西將會變得非常多。

相反的，如果最後證實那些懷疑並否認氣候變遷的人是錯的，氣候變遷並不是像他們聲稱的「不過是場惡作劇」，但我們卻聽了他們的話，什麼都沒做，試想：世界將會發生什麼情況？我們的未來將飽受旱災、水災、冰河融解、海平面上升、沿海區遭受大規模破壞、世界各地競相爭奪資源。正如環保顧問華森說的：「人類自己將成為地球上生物實驗的犧牲品。」

簡而言之，這正是為什麼我認為不僅需要重新定義「綠色」，也需要重新調整美國在綠色行動方面的計畫，如此能讓美國變得更強，而且，藉由提供更多選擇，也能讓美國人在即將來臨的新時代變得更自由。

美國應該發揮影響力

不過，我們該採取行動的原因還不止於此。美國人還有道德上的責任：因為美國的人均資源消耗量位居世界之冠；因為美國比任何國家擁有更多發展創新的資源；因為在這個星球上，美國比任何國家更具有影響眾人的地位；因為提供世上更多人所需的綠能工具，完全符合美國拓展全球自由的使命。

正因為美國的資本體系和研究型大學兩者結合起來，仍是全世界推動創意最有力量的引擎，所以如果少了美國及美國總統、政府、產業、市場、人民的領導或提倡，世界就無法以快速且大規模的方式，有效解決能源氣候年代裡種種重大問題。加州的經驗告訴我們：只要通過技術創新與調整法規，就能大幅降低人均能源消耗量；僅僅只要一個州的改變，對能影響其

他四十九個州的發展方向。

雖然加州長期抗稅（tax revolt）*2是嚴重錯誤的預算管理方式，但可以肯定的是，在能源效率政策領域之中，加州始終是真正的潮流引領者。美國之於世界，必須像加州之於美國一樣，成為世界綠能潮流的引領者。

美國該做的，是對綠能技術進行大規模的早期投資（就像我們過去在PC、DVD和iPod上所扮演的角色一樣），然後利用印度的低成本服務，以及中國的製造平台，迅速將這些新技術降低到「中印價格」（Chindia price），讓中國和印度都買得起。如果美國不抓住這個機會，最終遲早會有其他國家那麼做。

如果美國能在發展綠能技術和促進環保方面成為世界領袖，那麼一定可以帶領全世界邁向正確的方向。這聽起來可能有點老套，或帶點侵略主義的味道，但我不是這個意思。我只是想強調一個觀點：從實際歷史發展來看，世界少了美國的領導，可能會經歷更多大規模的壞事，而且不會發生什麼大規模的好事，無論是打擊納粹和法西斯主義，或是對抗共產極權，以及二次大戰後歐洲的重建都是如此。

如今，全世界都在等待美國在能源氣候問題上扮演領導者的角色。雖然我並不反對〈京都議定書〉這樣的全球氣候協定，但我認為，期待那些協定能發揮擁護者所預期的效果，希望非常渺茫。因為不僅讓所有簽約國遵守協定是一種無止境的

2　譯註：加州的抗稅運動源自1978年6月6日獲得通過的「加利福尼亞州第13號提案」（proposition 13 in California），這項對加州地方財產稅稅率限制法的修正案，大量限制當地政府利用財產稅籌集收入的能力，使得地方政府的總收入銳減，甚至破壞加州一定程度的經濟發展。

挑戰，就連一開始要他們同意某項協定也非常困難。

綠化美國，就能綠化全地球

我寧願美國人把力氣花在創造一種「美國模式」上，迫使其他國家自動效法。我深信如果美國能成為楷模，帶頭發展綠色能源、提升能源效率，以及保護環境的制度，當美國變得更有生產力、更健康、更受世人尊敬、更有競爭力、更有創意、更有安全保障，那麼一定會有更多國家及人群爭相仿效，這將遠比透過一些全球協定逼使大家走綠色路線更有效。一個真正綠化的美國遠比五十個〈京都議定書〉更有價值，因為「競相爭先」永遠比「強迫奉行」更有效果。

套用阿基米德的句子：給我一個綠化的美國，我就能綠化整個地球。

近年來，似乎國際上有如此多的人在批評美國。所以美國人很容易忘記，忘記美國模式仍然是世界各國所追尋與仿效的對象，忘記美國一旦停止促進好的趨勢或阻止壞的趨勢，全世界都將受到影響。

請記住：美國長期以來一直是自然資源保護的創新者，我們也一直在全球推廣這樣的價值。一個世紀前，我們發明國家公園系統；到如今，這樣的做法已在世界上被廣泛仿效。在過去三十年中，我們透過外國援助計劃，幫助從巴西到印尼的發展中國家保護他們的森林、草原、珊瑚礁和瀕危物種。這些計劃的推動，不僅幫助其他國家邁向明智的發展方向，並向全世界展現美國最好一面。

尼克森政府在「國家環境保護法案」（National Environmental Protection Act）中，明定在進行可能威脅環境的大型計畫前，必須要先進行「環境影響評估」。誠如英國環保主義者布爾克所說：「當時歐洲各個國家馬上跟進這樣的概念，如今已被全世界所採用。」

不妨聽聽法國總統薩柯奇的看法。2007年11月，他首次到美國華盛頓進行官方參訪。我必須在早餐記者會上問他一個問題，於是我問：「如果美國在減緩氣候變遷上成為世界領袖而不落人後，會產生什麼影響？」薩柯奇開始談到他對美國文化的熱愛，「我從小到大都聽貓王的歌……從小到大都看美國電影……美國創造出前所未有的經濟成就、前所未有的民主成就……我永遠都會熱愛美國。所以當我看到人人憎恨美國時，真的感到很痛苦。」所以當美國在氣候變遷等全球重大議題上不肯帶頭時，薩柯奇說：「我心想，美國夢在哪裡？出了什麼事？它到哪裡去了？你們在八大工業國（G8）高峰會這種全球會議上遭人噓聲。如今的情況就是如此。美國鄰近兩個海洋，所以海平面上升時你們會首當其衝。美國應該做世界的榜樣，應該在環保之戰中一馬當先……你們不能贏得人權冠軍，卻在環保的責任和義務上敬陪末座。」

我也從德國接收到類似的訊息。歐洲在環保方面的領導地位極為重要，可是實在不像美國那麼能抓住世人的心，至少目前美國仍居領先地位。「美國是全世界最活躍的國家，也是全世界最大的經濟體，」德國聯邦環境部長加布里爾（Sigmar Gabriel）在一次訪問中向我表示，「我們需要它的市場、它的改革者。我們需要美國的資本主義來解決這個問題。如果美國人

綠化了，全世界其他人都會跟著綠化。」

與他人攜手服務人群

身而為人，我們什麼時候自我感覺最良好？答案是，與他人攜手服務人群的時候。領導綠色科技革命正好能讓美國人這麼做。此外，這也是美國人尋回道德權威的方法。因為除非一個國家能認同世界利益大於國家利益，否則它就不可能真正的綠化。聰明人基金（Acumen Fund）是在開發中國家營運的公益性創業組織，創辦人諾佛格拉茲（Jacqueline Novogratz）告訴我：「當年我以一個年輕女性身分在肯亞鄉下工作時，聽過一種市井傳說：如果鄉下婦女生病，醫生去看她時，第一件事就是要這個生病的女人煮飯給全村的人吃。意思是身體有病經常是因為心生病了，如果你能奉獻自己，也就治療了自己。」

布希總統在九一一事件之後提出很多道德指標，但同一時期，在對抗恐怖主義的戰役中，美國卻喪失很多道德權威。在綠色能源、能源效率和環保上樹立楷模，會是恢復權威的最佳辦法，因為綠色行動正是謙卑的象徵，它在向世界宣示：雖然美國是超級強權，是全球最富有的國家，卻不認為自己有權比任何國家擁有更多的世界資源。

有這種想法，並不表示我們就該放棄自己的利益。絕對不是。但是，有時表現得較不自私，正是一種自利的行為。大家將會知道，美國人會去積極解決世界的一些問題，至於其他問題，只能站在同為人類的立場提出合作，美國也將樂意之至。

就像加州州長阿諾史瓦辛格說的：把美國從氣候變遷的落

後者變成領導者，會「產生一種力量強大的副產品」。他解釋說，那些因為伊拉克戰爭而不喜歡美國的人，至少從此可以這麼說：「沒錯，我因為戰爭而不喜歡他們，可是我真的很喜歡他們那種了不起的領導風範，我說的不是牛仔褲和漢堡，而是環保。」大家會為了這個緣故而喜歡美國，可是現在情況卻非如此。

侯威（Daniel Walker Howe）在談十九世紀美國史的著作《上帝造就了什麼》（*What Hath God Wrought*）中，提到他在1844年的商業圖書館協會會議中，曾引用愛默生（Ralph Waldo Emerson）的一段話：「美國是象徵未來之國。它是個充滿契機、充滿計畫，有偉大藍圖和成功希望的國家。」

這段話用在今天，仍然像在1844年一樣正確。如今美國確實又面對另一個契機，一個龐大的計畫，並擁有偉大的藍圖和無限的希望。美國想在全球體系中維持強權地位和領導角色，唯一的方法就是看它是否願意做大事、成大業。而如今全球最大的挑戰，莫過於開創綠色能源、提升能源效率，並保護森林、地球及動物的存續。

可是別搞錯了：綠色行動是個大計畫。我們需要為經濟找到一個全新的系統。這是個系統性問題，所以唯一的答案就是要建立新系統。

自從工業革命及現代資本主義興起之後，全球經濟就是由我所謂的汙染性燃料系統（Dirty Fuels System）所推動。汙染性燃料系統是以三種主要元素為基礎：具汙染性、便宜、充足的化石燃料。多年來，人類以「取之不盡」的想法揮霍這些燃料，以「用之不竭」的心態任意開發其他天然資源，包括水、土

地、河流、森林及海洋魚類。（我對於過去兩世紀以來，那些拚命挖掘煤礦、開採石油和天然氣，以供世界經濟成長所需能源的人，沒有中傷之意。他們只是應要求做事，目的在提供全世界提高生活水準所需的燃料。我也知道今天的燃煤比過去乾淨得多，如今廣泛使用的天然氣又比煤乾淨很多。但是這些燃料對環境和氣候的確造成汙染。）

事實上，這個汙染性燃料系統根本不是人刻意設計出來的。它從十八世紀自然演變至今，先是推動了西方工業國家的成長，近年來則讓幾個開發中國家的經濟快速起飛，像是印度、中國、南非、波蘭、埃及等國。

這個系統在發展時，運作得很有效率。世界各地都在開採煤礦、石油和天然氣，再用油槽、火車和油管，把這些化石燃料輸送到全球各地的發電廠或煉油廠，然後加油站或輸電網再把這些能源直接輸送給消費者，而消費者從來不會懷疑電燈是不是永遠都會亮，加油站是不是永遠都會在幾英里路外的街角出現。木材、水和魚類也一樣，以魚為例，你永遠想吃就可以吃，直到一切都枯竭為止。這是一個系統，一個根深柢固的系統。

可是這個汙染性燃料系統已經無法繼續下去了。如果勉強繼續下去，不管是與能源、氣候、生物多樣性、地緣政治或能源匱乏相關的議題，都將腐蝕地球上每個人的生活品質，並且終將危及地球上的生命。不幸的是，截至目前為止，我們一直想個別解決汙染性燃料系統所造成的問題，而不是創造一個新系統來代替它。而每當我們嘗試解決某個問題時，最後不是創造了新問題，就是加速惡化另一個問題。

想想看：設法保護生物多樣性的人，為瀕臨絕種的動植物

建立保護區，這是非常重要的行動，可是氣候變遷卻改變棲息地的氣候和降雨模式，使一些保護區不再適合他們想保護的生物居住。雖然我們想保護生物多樣性，但是在一個氣候會快速改變的汙染性燃料系統裡，我們永遠不會成功。

想想看：美國攻擊伊拉克，一部分是以促進中東民主為名，這當然是很重要的事，然而維持一個交通系統，是以使用中東石油的千百萬部汽車為基礎，這表示我們的生活方式間接資助該區的軍力，而那正是企圖損害美國對民主所做努力的政權。所以，雖然美國想促進中東的民主，但是在一個會資助民主頭號敵人的汙染性燃料系統裡，我們永遠不會成功。

想想看：美國想紓解世界的貧窮，這是非常重要的工作，然而為了維持汙染性燃料系統，美國對農民和農業提供大量的補助，以鼓勵農民為了提煉乙醇而種植玉米，結果卻提高全世界窮人的糧食價格。所以，雖然我們想打擊貧窮，但是在一個鼓勵人們用食物來發動汽車，而不是少開車、多使用大眾運輸工具，或要求汽車大幅改善油耗標準的系統裡，我們永遠不會成功。

以系統思考解決問題

想解決一連串相互關聯的重大問題，卻沒有用系統化的方式去處理，自然效果不彰。我們現在就需要創造一個新的系統！所以讓我們停下來，思索一下系統最重要的兩個特徵：其中一個可以靠觀察大自然來領悟，另一個則可以靠開豐田Prius油電複合動力車來了解。

系統的第一個法則，就是一切都是相互關聯的。想領悟這一點，沒有比大自然更好的老師了。美國山巒協會創辦人繆爾在1911年所寫的文字，至今讀來仍鏗鏘有力：「若試著選出任何一樣個別的物品或事件，會發現它與宇宙中所有東西都相關。」

關於這個道理，我最喜歡的一個例子是《紐約時報》於2007年8月5日刊載的一篇文章，文中提到美國西部的白楊樹神祕消失後又突然再現，其中最引人矚目的是黃石公園拉瑪谷（Lamar Valley）中的白楊樹。作者康威（Chris Conway）解釋說，白楊樹的消失並不神祕：因為美洲大角鹿在白楊樹還來不及長大之前，就把嫩芽吃掉了。可是過去幾年間，白楊樹突然又開始茂盛起來，康威報導研究者所發現的原因，令人頗感意外：「科學家把此現象歸功於野狼；牠們在黃石公園絕跡七十年之後，於1995年被再度引進。」

野狼對白楊樹有好處嗎？康威寫道：「當然，野狼會吃大角鹿。根據公園統計，在冬季，平均每隻野狼每個月會吃掉一頭大角鹿。」

可是白楊樹再現拉瑪谷，並不只是古老生態法則中獵食者吃掉獵物的產物。根據科學家在美國奧勒岡州立大學的一項新研究，這也可能與恐懼有關。儘管至少有6群、超過50隻野狼出現，但是在此研究區內，至少有6,500頭大角鹿倘佯其間，數目之多，本來大可繼續掠食白楊樹。但研究發現，「恐懼的生態環境」讓河谷恢復生態平衡，幾十年來首度保護白楊樹嫩芽免於大角鹿的啃食。

該校森林學院教授及該研究報告作者之一的瑞波（William J. Ripple）表示，在大角鹿難逃野狼攻擊的地區，白楊樹會重現生機。「我們認為，這些大角鹿需要在冒著被吃掉的危險或在喜愛的地方覓食之間，取得一種平衡。所以這是在恐懼的生態環境中，在食物與風險之間的一種取捨。」

另一位作者及該校名譽教授貝斯塔（Robert L. Beschta）則以自身經驗，把這種情況比做在大灰熊出沒的鄉間作研究。「在有大灰熊的鄉間，我會改變做事方式，進入視線不佳的區域時，我會變得比較小心。我想大角鹿的情形也很類似。在大角鹿看不清楚或很難躲開野狼的緊張環境下，草木就會長得比較茂盛。因為大角鹿不敢去那裡。」

這種情形誰想得到？黃石公園裡野狼多，白楊樹就會多，因為大角鹿不敢在視線不清的河谷裡啃食更多白楊樹嫩芽。事物的本質如此，所以能源、氣候、貧窮、生物多樣性及地緣政治等也一樣：想以最有效的方法影響這些事物，你需要用系統的方式去思考和行動。你需要仿效大自然，因為它是最終極的複雜適應系統。

羅斯（Jonathan F. P. Rose）是擅長綠色建築及社區的美國房地產開發人，也是自然資源保護委員會（NRDC）的董事會成員以及業餘的系統理論家。他曾這麼告訴我：「地球的系統化天性是持久而穩固的。大自然是個系統，而且永遠以系統化的方式反應。它就是如此，不會有起伏變化，永遠以一種穩固的方式運作。」

羅斯認為，唯一會改變的，就是我們配合大自然系統的運作，去理解和行動的能力。「但是想要做整體性的理解和思考，就必須打開心胸，用一種共存共榮的方式去思考。自然宇宙原本就有相互依存的特性，就像地心引力一樣。身為一個建造商，我不必決定建物的哪個部分需要或不需要因應地心引力定律，你不會向地心引力討價還價，因為它是存在的事實。相互依存就像地心引力一樣，是大自然原本就有的一種特性。」

　　生活在城市環境中的現代男女已經與自然脫節，以至於我們實際上不得不重新學習人與自然相互依存的真理。真正重新學習的唯一方法，就是將自己沉浸在大自然之中。

　　2009年的夏天，我來到波札那共和國西北部奧卡萬戈（Okavango）三角洲的野生動物保護區，那裡沒有柏油路、沒有電視機、沒有網際網路，當然也沒有手機基地台，不過那裡有日報……不過，可不是我們平時看的那種報紙，它的訊息都印在路面上：那是一整片純白色喀拉哈里沙漠，被朝向水源地的河馬踏步的足跡一分為二。每天早晨，當我們開始探索荒野之旅時，導遊通常會從吉普車上探出身子，仔細端詳著地面上動物和昆蟲的足跡，他說他正在「閱讀晨間新聞」。

　　我們很幸運能與艾弗茲（Map Ives）同行，他今年五十四歲，是曠野遊獵（Wilderness Safaris）的永續發展總監，這間公司長期投入波札那的生態旅遊發展。看著他興味盎然的閱讀著大地之母寫下的象形文字，以系統化的思考方式思考自然，彷彿是他的第二天性。當我們正式進入原野，艾弗茲解釋本日「新聞」，今天有些跑得非常快的獅子經過這裡，可以從它們的腳印之間的異常深度和距離看出來。他還補充說明本日「氣

象」，大風是從東方吹來的，他指著已經被輕度灰塵抹去的爪痕印記的邊緣。今天早晨水位仍然很高，因為附近的鬣狗踪跡很少凹痕。本日「體育新聞」呢？鬣狗拖著牠的獵物，可能是一隻小羚羊或小岩羚，這從沙地上這條約1英寸寬、50碼長，通往灌木叢的小徑可以明顯看出來。在這裡，每1英里都可以讀到不同的新聞。

對我們而言，要跟上像艾弗茲這樣在奧卡萬戈三角洲邊緣長大的人的思緒，可不是件容易的事。他指出自然事物間微妙的聯繫，以及大自然提供所有免費服務：每隔兩秒時間，植物清潔空氣；紙莎草和蘆葦過濾流水。棕櫚樹在由白蟻建造的土丘上生長。是的，感謝上帝，所有在三角洲上凸起的綠色島嶼，都是源自於白蟻保暖的需求。棕櫚樹會吸引那些動物，它們帶來的種子和肥料會讓樹木發芽，於是形成更大的島嶼。當艾弗茲和你談論斑馬時，突然間有鳥飛過，他會講話講到一半脫口而出「大藍耳椋鳥」，然後又再回到斑馬身上。

「如果你在自然界中停留足夠的時間，並放慢腳步讓感官發揮作用，那麼你將開始感知沙子、草叢、灌木叢、微風的拂動、空氣的厚度、生物的聲音，並習慣與動物共享這個世界，」艾弗茲說。實際上，長久以來，人類天性就是如此。

不幸的是，他補充道：「自工業革命以來，人類技術的快速發展，吸引人們走入城鎮與都市，並提供他們『加工』過的自然資源，」我們與自然萬物建立聯繫的天賦可能正在消失，「和生物多樣性消失得一樣快。」

這就是問題所在。我們正嘗試解決一系列綜合性問題，包括氣候變遷、能源匱乏、生物多樣性的消失、減輕貧困，以及

種植足夠的糧食來餵養地球。然而，大家卻各自為政的堅持自己的視角。於是致力於消除貧困問題的人，憎恨著致力於改善氣候變遷問題的人；致力於改善氣候變遷問題的人，在未考慮生物多樣性問題下召開國際高峰會議；而致力於改善糧食短缺問題的人，選擇抵制提倡保護生物多樣性的人。

他們應該全部手牽手，一起來趟曠野之行。

「我們需要停止孤立的思考這些問題，每個問題都有自己的倡議者、支持者和議程，用一種統整的方式加以整合，以實際情況來思考該如何解決問題，」國際保育協會資深副會長普里克特指出，「我們通常傾向於將氣候變遷視為與能源不當使用所導致的問題，但事實上也涉及土地的不當使用：高達三分之一的溫室氣體排放是來自熱帶森林砍伐和農業。因此，我們致力於保護森林和其他生態系統，不僅僅是為了拯救物種的消失，同時也是為了解決氣候變遷問題。」

但我們還需要使糧食產量增加一倍，以養活日益增長的人口。「因此，如果我們希望在不砍伐更多森林、不抽乾更多溼地的情況下做到這一點，就意謂著農民將需要新技術和耕作方式，讓他們能耗費更少的水資源，在現有的土地上產出更多糧食。」他補充說：「健康的森林，溼地和草原，不僅可以保護生物多樣性和吸收二氧化碳，還有助於緩解氣候變遷造成的影響。因此，我們若想成功處理氣候變遷、貧困、糧食安全和生物多樣性消失等問題，將取決於能否向土地學習，尋找統整性的解決方案。」

簡而言之，正如那些「奧卡萬戈日報」閱讀者會告訴你的那樣，我們需要確保我們提出的政策解決方案，能與大自然一

樣完整兼顧各個面向。唯一的方法，就是讓自己沉浸在系統性思考之中。其實你並不是一定得去非洲來一趟野生動物保護區學習之旅。你需要做的，就是在公園或河邊散步，不用你的iPod，也不用手機，只需用雙眼和雙耳專注於周圍的光線，聲音和氣味即可。

如果系統性思考的第一個法則是：「每個事物間都彼此互有關聯」，那麼第二個法則就是：「你可以選擇只改變系統中的個別問題，但這樣只能達到相當有限的效果」。如果你不捨棄舊系統，換一個適當的新系統，你所做的每件事情都會受到束縛。相反的，當你整理出一個新系統，而且做法正確，那麼每件事情都會開始好轉。最後，新系統不僅會對個別的部分有好處，同時也對整體有益。就像羅斯所說：「改善個別問題只能產生漸進的轉變；改善系統則能創造整個生態的變革。」

豐田Prius油電複合動力車，就是用新系統代替舊系統的完美例子，因此創造全新功能，產生「1加1大於2」的效果。豐田Prius車款並不是比較好的車，而是比較好的系統！Prius有煞車、有電池、有引擎，其他的車也都有，但Prius的創新之處在於，設計者把它視為可產生多種功能的系統，而不只是一堆以轉動車輪為目的的汽車零件組合體。設計者心想：「為什麼不利用煞車產生的能源，製造可儲存在電池裡的電力，然後再用電池讓車子運轉，能跑多少路就跑多少路，以局部代替油箱裡的汽油？當Prius下坡時，我們也可以把車輪轉動所產生的動能儲存在電池裡，提供上坡需要的動力。」

換句話說，豐田從系統的角度去思考，才能從每加侖跑幾英里的漸進式改革跨出一大步，變成每部車都可以自行產生部

分能量。豐田從解決問題（怎樣讓車子擁有更好的燃油效率），邁向轉型性創新（如何讓車子不僅降低耗能量，還能產生能源）。它創造出一種系統，使產品的效能遠大於各別零組件效能的總和，讓你我這樣的平凡人能做不平凡的事情，也就是只要開 Prius，就能用一加侖的汽油跑五十英里路。一旦你開始系統化的工作，就會有數不盡的好處，也會有數不盡的機會。

　　如今，每個國家和每種文化所面對的挑戰，就是開發潔淨的能源系統，生產乾淨的電力，穩定的改進我們所有的能源及資源效率，為環保盡心力。這是我們最大的挑戰，因為唯有這樣的系統，才能使整個世界的經濟得以成長，而且不僅不會加劇能源供需失衡、產油國獨裁、氣候變遷、生物多樣性消失及能源匱乏等問題，同時還能減少製造問題。

　　沒有系統，就沒有解決之道。如果聽到一個政治人物在提倡「再生能源」，你大可轉身走開；如果聽到一個政治人物在提倡「再生能源系統」，就不妨駐足聆聽。接下來，讓我們看看這個系統的每個重要元素：潔淨的電力、效率和環保，再看看如何發展每個部分，進而把它們連結在一起。

潔淨的電力

　　我先從基本原則談起，也就是全球社會需要讓經濟繼續成長，因為經濟若不能成長，就談不上人類發展，窮人也永遠無法翻身。可是成長不能再以會排放二氧化碳的汙染性燃料為基礎。我們的成長必須盡可能建立在潔淨燃料上。所以，首先，我們需要一個可激發大量創意的系統，並發展出充足、潔淨、

可靠又便宜的電力。

國際保育協會氣候及水文的資深組長托騰（Michael Totten）
說：「本世紀最大的轉變，就是我們對物質世界的了解從分子
進展到電子，人類文明的象徵從糧倉和煙囪轉移到網路。」正
因為從分子進展到電子，帶來系統性的連結和效率，才能創造
潔淨電力的網絡，這個網絡把電力從電廠傳輸到企業、家庭和
電動車，再傳輸回來。而這個網絡（我將於第十二章中詳述）能讓
平凡人以不平凡的方式，去創造、使用和節約能源。

想馬上解決能源氣候年代的許多問題，沒有任何方法比發
明一種充足、潔淨、可靠又便宜的資源更有效。給我充足、潔
淨、可靠又便宜的電力：

—— 我就能給你一個可繼續成長、卻不會讓氣候變遷失
控的世界；

—— 我就能用發電機挖掘深井，在沙漠給你水源；

—— 我就能讓產油國獨裁者沒有生意；

—— 我就能終止因社群亟需燃料而導致的森林消失，並
去除在大自然寶地上鑽井挖油的任何藉口；

—— 我就能讓世上千百萬窮人與外界取得聯繫，讓他們
有能力冷藏藥品，讓他們的女性能接受教育，讓他
們能在夜晚擁有燈光。

—— 我就能建立更多網路，讓全世界的人都能貢獻他們
的能源創新，就像程式設計者在全球資訊網上創造
的共用軟體一樣。

潔淨電力無法解決所有問題，但是它比任何元素更有助於
解決其他問題。而在綠色能源系統中，激發創新是首要工作。

因為迄今尚無人找到任何一種電力來源，能符合四種標準：充足、潔淨、可靠又便宜。不過，有兩種方法可激發創新：一種是短期的，一種是長期的，不論哪一種，我們都應該全力以赴。

第一種方法，就是藉由已大量發展、可提供綠色能源的科技，更快讓學習曲線產生效果，自然的激發創新。其實，科技發展史就是不斷改善發明的歷史：讓發明物變得更小、更聰明、更有生產力、更充足、更可靠；而當數量夠多，我們就能學習把這些發明改良得更好。想想看你擁有的第一支手機、第一台筆記型電腦和第一部冷氣機，再比照現在所用的手機、筆記型電腦和冷氣機。拜創新之賜，它們愈來愈好，也愈來愈便宜，不過，這是來自大量生產，以及學習在每一代新產品做小幅改進的結果。人們常低估這種創新方式的價值，其實這正是我們目前所需要、也有能力去激勵的一種創新方式，唯有靠這種創新，才能克服科技上的障礙，讓現有的風力及太陽能系統盡快變得充足、可靠又便宜。想激勵這種形式的創新，亦即從已知科技中學著讓產品變得更好、更便宜，可利用大方的租稅誘因、管制誘因、再生能源法令，以及其他有助於形成市場的機制，為這些既有的潔淨動力科技，創造持久的市場需求。

第二種創新方法，是透過某些人的研究和實驗，找到令人驚喜的突破。激勵這種創新的方法，就是要增加政府贊助的研究，同時為綠色能源的創新塑造更多的市場需求。我們需要更多人、公司和大學，也需要為最有前景的新構想，迅速創造一個有大量需求的市場。突破性創新的發展通常很難預測，能源的創新也不例外。「你沒辦法看著它發生，」比爾・蓋茲在一

次訪談中對我說，「突破很可能在你最意想不到的地方出現，我們只有在事後回顧時，才知道事情是怎麼發生的。」

雖然這兩種創新都亟需大規模的嘗試，但對於能源這件事，我們通常只把重點放在尋找意外的突破，卻對日常穩定的突破視而不見。能源物理學家及柯林頓政府能源部官員羅姆說：「其實風力及太陽能混合科技現在已經符合成本效益。」如今光是想打破阻撓它們發展的市場障礙，都比把賭注放在具突破性進展的「絕佳但仍屬想像的低碳科技」（Terrific Imaginary Low-carbon Technology），造成更大的衝擊。

更快的大規模開展綠能科技

羅姆指出一個歷史事實，這是2001年時，由荷蘭皇家殼牌石油公司對未來五十年使用能源的可能演變所提出的看法，「一般來說，在把某種能源以初級能源*3形式引進商業市場後，還需要二十五年的時間，才能占有全球能源市場的1%。」羅姆補充說：「在引進商業市場後，還要花二十五年才能占那麼小的比例。而從科學突破到引進商業市場的初步過渡期，本身可能就要花上幾十年。雖然燃料電池最初發明的時間，距今已超過一百六十年了，但我們還沒看到氫燃料電池驅動車進入商業市場，也幾乎沒看過任何商用燃料電池。這告訴我們兩件重要的事情：第一，新的突破性能源科技不會依照我們關切的

3　譯註：初級能源指蘊藏於大自然，且未經任何人工轉化過程的能源，例如煤、原油、陽光和鈾。

時間表快速進入市場，及時發揮巨大的作用。如果我們想讓綠色能源占全球市場的5%到10%，甚至更多，也就是在2050年大規模的開展（如果不能更快的話），那麼，第二件事就是，在大家共同面對的急迫處境下，我們必須採取史上未見的激進做法來開展這種科技。」

這就是為什麼我們需要不斷努力，去發明充足、潔淨、可靠又便宜的新形式電力，也需要持續使如今已有科技所產生的潔淨電力，包括太陽光電（solar photovoltaic）、風力、太陽能板、地熱等，變得更充足、可靠又便宜。前者來自對目前未知的發現，後者則來自對已知事情的進一步學習，透過大量、迅速的開展現有科技，以便從學習曲線中獲益。（我將在第十三及十四章中，討論如何激發這兩種形式的創新。）

太陽光電是利用太陽光讓矽之類的物質產生電力，這種能源很潔淨，而且日趨便宜。可是太陽光電不夠充足，除非我們發明可貯存大量太陽光電的電池，才能在缺乏日照時也有電力可用。太陽熱能發電（solar thermal electricity）是利用反射鏡把太陽的熱能集中起來為流體加熱，以蒸氣驅動發電機。這是大有可為的一種能源，因為它不需要用電池來貯存電力（依我的看法，這是所有能源科技中最有希望的基本負載潔淨電力科技）。它和燃煤火力電廠一樣用蒸氣發電，但不會排放廢氣。然而，雖然太陽熱能發電既潔淨又可靠，尤其在西班牙已經發展得很成功，但建造費還是太昂貴。它需要在更多地方發展，供應量才足以與燃煤抗衡。風力發電很潔淨、也很便宜，但只能在風力強勁的時候或地方，發電才夠充足，而且也需要更好的貯電電池，才能大量供電。

柴油發電機的動力很便宜也很充足，卻不潔淨（想想看你跟在一部大卡車後面開車時聞到的那種氣味），而且大量生產時也不可靠，因為發電機會壞掉。靠大自然和火山岩產生的蒸氣所發動的地熱動力，雖然很潔淨也很可靠，卻不充足也不便宜。而燃燒煤礦再捕捉及封存二氧化碳，雖可提供我們潔淨、充足的電力，卻不便宜（把排放的二氧化碳封存得愈多，產生的總動力愈少），而且沒有人知道什麼封存程序才可靠，因為有些二氧化碳可能會滲漏出來。核能很可靠也很潔淨，但絕對不便宜也不充足，而且核廢料的貯存也是問題，因為核廢料有可能滲漏，也可能被處理成製造炸彈的原料。*4

這些新能源科技各有利弊，說明何以荷蘭皇家殼牌石油公司所做的展望報告書，認為2007年風力發電只能占全球能源

4　譯註：如何看待生質燃料這種能源？它們是由糧食農作物、廢棄農作物、木片或特殊的草類，所萃取出來的燃料。我對生質燃料抱持戒慎的態度，因為它們不能大量解決能源問題，我們也不該試圖把它們當成主要的解決之道。只有電力能大規模提供我們所需的動力。不過，在從汽油驅動的汽車轉移到電動車的過渡階段，生質燃料可以作為橋梁，但必須符合下列四種條件。第一，在考量所有用來種植、收成、加工、運送生質燃料的水、肥料、汽油、交通的投入成分時，生產生質燃料必須在能源平衡上屬於相當程度的正數。由甘蔗萃取的生質燃料大約可達到8:1的正向能源平衡，由玉米萃取的生質燃料則最多只能略高於1:1。第二，種植生質燃料在碳排放上不能對大自然造成強烈的負面效應。如果你砍掉一片熱帶雨林來建造一座油棕種植場，以生產生質燃料，所造成的碳排放，生質燃料要花費五十到八十年的時間才能完全彌補回來。第三，生產生質燃料時，不能破壞該區豐富的生物多樣性；所以必須仔細考慮要在哪裡種植作物。第四，不能大規模用燃料換取食物，否則等於解決了一個問題，又引發另一個問題。對於像巴西這樣的國家，靠著廣大的耕地和盛產的甘蔗，生質燃料可以解決其交通問題。對於從非洲到加勒比海的其他熱帶國家來說，這種做法大概也可以。可是除了這些地區之外，以現有的生質科技而言，生質燃料並不是我們尋找的答案，而且如果想大規模發展，將會造成大自然的反撲。當然，創新也許能改變這種情況，所以，對於採用非食用性作物和廢棄農作物以萃取生質燃料的各種方法，我們應該多投資。不過就今日的情況而言，巴西適合這樣的做法，但美國並不適合。美國的未來還是得靠潔淨電力。

產量的0.1%左右，而太陽能發電甚至未能達到這個水準。鑑於目前創新和技術擴散的趨勢，殼牌石油預測，如果我們每件事都做對了，那麼2050年時，再生能源將可占全球主要能源的30%，化石燃料則仍占55%。可見那不是新系統，還差得很遠。所以我們需要加把勁，激發更多的創新。

就許多方面來看，創新是下一代人唯一的出路。他們要如何償還「蚱蜢世代」所留下的巨額債務？為了支撐這個人口日益增長的世界，他們勢必得用更少資源來創造出更多財富。若要做到這一點，唯一方法是進行大量創新。

電資系統公司趨勢專家威克喜歡這樣說。如果你是一百年前的銅礦開採商，你可能會撿起一鏟土，發現其中約20%是銅礦，而80%是岩石。如今，在一個典型的銅礦中，撿起一鏟子發現它是1%的銅和99%的岩石，這已經很普遍了，「將銅與岩石分離會消耗能量，而且當你需要處理愈多的石頭才能得到更少的銅礦時，就需要更多的能量，」威克說。在各類資源的情況都是如此，我們過去用來開發的豐富且易於處理的資源已經消失或供不應求。在愈來愈平的世界中，愈來愈多的人在爭奪這些資源。這意味著至少在美國，下一代必須以不同的模式創造財富，我們的父母是利用隨時可用的，無法提取和加工的廉價資源來積累財富，而下一代必須透過鬥爭和艱難的資源來積累財富提取起來很昂貴。

在這樣的世界中，如果我們想繼續提高生活水準，「我們可以像中國人一樣努力工作兩倍，或者可以以兩倍的速度創新。」威克說。這就是為什麼圍繞潔淨能源的創新是美國的未來。我們已經從農業經濟到工業經濟再到信息經濟，再到創新

經濟。我們必須從頭腦而不是從礦山提取財富和能量，必須開創創新之源而不是石油之源。

威克說：「就創造財富的方法而言，未來二十年將與前兩百年大不相同。」農業經濟的蓬勃發展就在於擁有更多的土地，工業經濟的蓬勃發展就意謂著擁有更多的原物料，而資訊經濟的蓬勃發展就意謂著比競爭對手更快收集和應用信息。如今，創新以更少的投入創造出更高的生產率、舒適性、住房流動性、動力和娛樂性，這就是發展經濟並保持永續的方式。創新是在不損害地球的前提下獲得更多增長的方式。回收將是其中的很大一部分，因為如果我們無法挖掘愈來愈多的銅，我們將需要以創新方法來回收所擁有的銅。當你的鄰居由能帶來積極影響的綠色房屋構成，實際上產生的能量比消耗的能量還多，並且完全由可回收的建築材料製成，而當你的鄰居都駕駛由可再生塑料製成的太陽能汽車時，我知道我們已經達到一種永續的全球化形式。

能源效率和資源生產力

有一個令人恐懼的統計數據（2009年1月12日）：「傳統的白熾燈泡只有4%的能量被用於發光；其餘的能量會隨著工廠，傳輸線或燈泡本身的熱量而散失。這就是觸摸白熾燈泡時會灼傷手指的原因。」我們必須學會用自己的精力去做更好的事情。這將我帶到任何潔淨能源系統的第二個要素：效率（由於使用更好的技術，而能以更少的能量執行相同功能的能力）。當你開始應用技術時，你會在一些最令人驚訝的地方發現能源效率。正如

美國能源部在官方網站上指出的那樣:「例如,使用回收的鋁屑製造新的鋁罐,其耗能要比鋁土礦(用於製造鋁的原材料)製造鋁罐的耗能低95%。就紙張而言,回收可以節省樹木和水。用回收紙製成一噸紙張可以節省多達十七棵樹木,用水量減少了50%。」

雖然我們最優先的工作是創新潔淨電力,卻不能把未來賭在這種突破上,我們必須現在就大幅改進能源效率,以及自然資源的生產力。「我們不能只注意能源供給面的創新,」麥肯錫全球研究所所長法雷爾(Diana Farrell)表示,「還必須注意能源的需求面。」也就是說,我們必須想出更好的方法,使經濟成長需要的電力愈來愈少,需要消耗來自森林、水、土地的能量也愈來愈少。這就是增進能源和資源生產力的意義:用較少的東西創造更大的成長。想在創造能源電力上有所突破,可能得花很多年的時間,可是改進能源及資源的生產力,卻可能大幅降低我們消耗的能源及二氧化碳排放量。現在愈提高能源及資源的生產力,以後需要生產的潔淨電力就愈少,需要掠奪的自然資源也愈少。

2008年2月,麥肯錫全球研究所的一項研究指出:從現在到2020年,全球能源需求量的成長幅度,「至少可削減一半,只要我們掌握時機,提高能源生產力(能源生產力指我們消耗的能源所達成的產量水準)。」想減少那麼多能源消耗量,全仰仗我們把建築物、包裝、汽車、冰箱、空調設備及照明系統,設計得更具有人工智慧,並不斷提高這些物品的能源效率,就能耗用較少的資源,獲得同樣的舒適、方便和照明。

因此,當世界變得又熱、又平、又擠,迫使經濟成長縮

減，把餅做小，再分成更小塊分食之前，我們必須盡量透過對潔淨電力和能源效率的創新，努力做個更大、更耐久的煎餅鍋。在我們接受一個匱乏又充滿限制的世界之前（如果我們繼續像以往一樣經營，我們的子孫就會繼承一個這樣的世界），必須竭盡所能做各種嘗試，就像杜克能源公司（Duke Energy）執行長羅傑斯（James E. Rogers）所說的，我們必須推動一切形式的創新，「盡可能去擴展這個世界的可能性」。

「我不希望從我這一代開始，必須跟孩子說，你不能擁有跟我一樣好的人生。」燃料電池發明人及布盧默能源公司創辦人、印裔美籍的史歷哈說，「讓別人去說這種話吧，我拚死都要找到出路。」

家庭計劃

儘管我堅信創新和效率的力量，但當愈來愈多的人以高能耗、高消費的美國生活方式生活時，地球的承載能力受到了限制。高能量生活方式的傳播是一個現實問題。但是當你將其與全球人口成長相結合時，這就是災難的處方。很難相信，如果沒有更多的人、更多的地方實現計劃生育，地球如何可能維持這麼多的「美國人」。

由於已開發國家和發展中國家都計劃生育，在減緩人口成長率方面取得了一些進展。但正如1968年史丹佛大學經典著作《人口炸彈》（The Population Bomb）的作者保羅埃利希（Paul Ehrlich）與安娜埃利希（Anne Ehrlich）在2009年的一篇文章（Powells.com）中指出的那樣：「令人沮喪的事實是，即使在人口

成長率方面有好消息，但人口停止增長並開始緩慢下降之前，預估世界仍會增加二十五億人口。這些額外的人口成長，將對維持我們生命的系統，產生巨大的負面影響。我們的祖先以自然的方式耕種最富饒的土地，但現在有愈來愈多人被迫轉而在貧瘠的邊緣地帶嘗試種植出更多的食物。我們已無法在地表或附近開採出豐富的礦石，而被迫開採和精煉更深、品質更差的礦床，帶來愈來愈高的環境總成本。水和石油必須來自品質較差的水源或較深的井，並需要長途運輸，過去和將來人口成長對環境造成的後果將長期困擾人類，其影響將取決於目前的人口和未來增加的人對我們共同環境的表現。」

人口成長率的減緩，將使一切變得容易許多。你不再需要為那麼多的人開發潔淨能源、你不再需要幫助那麼多的建築物增進能源效率，也不再需要從有限的土地上獲取那麼多的食物。因此減緩人口成長，就能減輕環境保護工作的負擔。

人們一直在計算數字。我的同事雷夫金（Andrew Revkin）在《紐約時報》上提到（2009年9月15日），理想人口信託基金（Optimum Population Trust）委託倫敦政經學院所進行的一項研究中得出以下結論：「避孕是『最環保』的技術……聯合國的數據表明，當計劃生育未滿足的需求得到滿足時，會使意外生育減72％，到2050年，預計世界人口將減少10億，至86.4億。在2010年至2050年之間，存活的人口每年加總減少120億，3,260億，而根據目前的計劃，這個數字是3,380億。以這種方式節省的34噸二氧化碳其成本為2,200億美元，大約為每噸7美元。但是，如果使用低碳技術，以同樣的二氧化碳來節省費用將超過1兆美元。」

史丹佛大學的生態學家黛莉（Gretchen Daily）說：「我們實際上知道有什麼用處。」然後他為我列出了清單：首先，對避孕工具以及計劃生育教育和方法的需求未得到滿足。其次，教育年輕婦女和女童對生育力產生深遠影響，因為受過良好教育的婦女愈多，她們就能具備更多的工作能力，來獲取支應她們及子女生活所需的收入也會大大增加。受過教育的婦女也相較而言比較具有性自主意識，在控制生育數量上也有所助益。但是，我們也不應該忘記男人。讓男人參與計劃生育方案，使他們能夠改善教育水準，並與他們合作改變社會對家庭規模的態度，通常也能帶來很多好處。第三，改善醫療保健也極為重要，《每日報》有一段文字說：「因為當兒童的死亡率下降，人們就不需要生八個孩子，或許只要生下兩個能長大並養育父母的兒子，因此可以降低出生率。」第四，小額信貸系統會產生很大的影響，《每日經濟評論》解釋說，特別是在農業社會中，如果沒有錢僱用移民勞力，擁有本土的童工勞力將非常有用。

　　此外，探鑽水井或讓鄉村擁有電力也是可行的做法；發生的次數愈多，你就愈不需要孩子收集飲用水或糞便和木頭來做飯，「如果你可以降低孩子的直接經濟利益，」《每日報》說，「並為人們提供更多的資源進行投資放在一起，這些事情對生育能力產生了巨大的影響，將它們放在一起是不可避免的：維持更高的生活水平，保護我們的自然界和宜居的氣候，世界人口規模必須盡快穩定。

　　另外有一個我們絕不能忽視的問題，那就是家庭生育計畫。沒有任何一個人能告訴別人生育多少個孩子才正確。但

是，我深信，作為一個國家和全球社區，我們的目標應該是確保世界上每對夫婦能夠獲得有關計畫生育的教育及相關服務，使他們能夠選擇與判斷最適合自己的家庭型態。

然而現實是，我們在這方面並沒有盡全力做到最好。這導致的結果是，到2050年，世界實際上可能比我們預期的更加擁擠。根據威爾遜中心（Woodrow Wilson Center for Scholars）環境變化與安全計劃主任達貝爾科（Geoff Dabelko）的說法，到2050年，世界將有92億人。「但是這個數字是假設我們在世界上最貧窮的國家中避孕的情況大大增加。如果生育率保持不變，世界人口總數可能達到驚人的1,190萬。十年前，聯合國1998年的人口修正案預估尼日的生育率會從每名婦女7.4個孩子下降到2005年的6.3個孩子，而尼日現在有全世界最高的生育率，每名婦女生產7.4個孩子。在聯合國最新的預測中，該國對2050年的總人口預測從3,200萬人激增至5,800萬人。據此推斷，生育力在未來十年開始穩定下降，到本世紀中葉，每名婦女的生育率下降到4個孩子以下。」甚至在幾個國家，計劃生育工作停滯所帶來的潛在巨大影響，可能會使我們對2050年全球人口的很多預測無法實現。

「目前，婦女對計劃生育的未滿足需求估計超過兩億，而且這個需求到2050年預計將成長40％。」達貝爾科說，「要實現較低而不是較高的人口估計，將需要投注大量的政治關注和財政資源。」

保育倫理

　　儘管計劃生育、創新和更高的能源效率可能會共同發揮作用，使我們擁有更充裕的能源並減少排放，但事實上，我們仍然需要學習消耗更少的東西，並讓我們生產的產品更具永續性、更為持久耐用，或易於回收利用。如果無法讓保育倫理及環境永續的價值觀深植於公民心中，任何潔淨能源系統都將無法運作。不管我們發明什麼，許多人都渴望提高生活水準，長時間使用更少的東西至關重要，尤其對於那些已經使用太多的人。黛莉說：「已開發國家的消費水準與開發中國家的生育水準一樣難以為繼。」

　　這就是為什麼「保育倫理」在今天至關重要，並且在未來將變得更加重要的原因，尤其是如果我們確實發明出充足、潔淨、可靠、廉價的電力。因為我們從汙染性燃料系統中學到一件事：當資源免費或很便宜時，空氣、水、土地、森林、漁產、汽油、電力將容易遭到人類的濫用及過度使用。如果沒有保育倫理的觀念，即一種試圖盡量減少對自然界的影響根深蒂固的習慣，那麼充足、潔淨、可靠、廉價的電力，將成為掠奪自然界的許可證。既然能源是如此的潔淨、可靠又便宜，那麼為什麼不買台笨重又耗油的悍馬越野車，然後駕駛它穿越雨林呢？

　　換句話說：既然我們已經看到有多少人願意用汙染性燃料過度消費，那麼想像一下，他們是否有潔淨燃料的感覺？我喜歡保羅埃利希與安娜埃利希在Powells.com文章中的說法：「近年來，過度消費與環境惡化之間的聯繫愈來愈明顯，包括我們

在內的許多環境科學家都認為,『過度消費問題』遠比『人口過多問題』更難治愈。至少到目前為止,沒有能解決『過度消費問題』的避孕藥或事後避孕藥。」

進一步了解「保育倫理是什麼」,可以先從「保育倫理不是什麼」來回答這個問題。倫理不是法律,不是由國家強制施行的。相反的,它是大家自願遵守的準則、價值觀、信念、習慣和態度,是身為社會一分子的自我要求。法律是從外在規範人的行為,倫理則從內在約束。倫理是無論我們在哪裡都會恪守的行為準則。

哈佛大學政治哲學家桑德爾(Michael J. Sandel)表示,保育倫理有幾個準則,首先是「一種責任感,一種作為大自然管家的意識」。桑德爾說,保育倫理「是一種自我約束的倫理,表示我們有責任維護地球資源和大自然奇觀的原貌」,因為它們建構了整個生態,這正是地球上所有生物賴以生存的架構。

可是,除了要有作為大自然管家的責任感之外,保育倫理還必須有受託人的精神,桑德爾說:「所謂管家是指對自然界有責任感。其實大自然的威嚴及生物多樣性令人敬畏的奇觀,都是自然天成的現象。擁有受託人的精神是指,對未來的世代及之後將棲息於地球上的物種具有責任感。這表示我們與後代子孫是休戚相關的。基於保育倫理,身為大自然的管家兼受託人,意即人類應養成自我約束的習慣,以表達對自己所居住的地球的尊重,以及對未來世代的尊重。」

桑德爾說,要成為好管家和受託人,「我們必須自我節制,不能因眼前的需求或欲望,而隨意使用地球和它的自然資源。我們必須培養新的消費習慣和態度。」否則,無論我們發

明任何科技，都只會變成一種工具，把我們恣意揮霍的消費習慣，傳染給全世界快速增加的龐大中產階級。

不過，這表示全球經濟應該停止成長嗎？還是表示每個人都必須把生活水準降至最低，或必須以比今日一般上層或中產階級家庭低很多的消費標準生活？在環保運動中，的確有一些反資本主義者、反消費主義者、回歸自然派人士，認為我們應該欣然提倡這種想法。這種想法或許沒錯，不該置之不理，不過我認為目前還言之過早，因為就連已經確知可行、也不會改變基本生活的一般做法，我們都還沒嘗試呢！

譬如，告訴想買車、也買得起車的人不能買車，的確會因此改變現代人的生活方式；但是禁止車子超過某個噸位或引擎大小，或把最高速限降低為每小時55英里，或規定計程車只能用混合動力車，就不會從根本上衝擊生活方式。又如告訴大家，以後要採取限電措施，的確會改變現代人的生活方式；可是規定美國的辦公室在下班後不關燈是違法的行為（只要半夜開車經過美國任何大城市，都會看到成千上萬公司燈火通明的景象），就不會從根本上衝擊生活方式。

再舉幾個例子。如果告訴大家不能再擁有iPod或筆記型電腦，的確會改變現代人的生活方式；但是要求所有iPod或筆記型電腦採用再生原料來製造，就不會從根本上衝擊生活方式。如果告訴大家，以後的住宅面積不得超過5,000平方英尺（相當於140.5坪），的確會改變現代人的生活方式（至少在已開發國家是如此）；但是告訴任何想住在5,000平方英尺以上住宅的人說，這麼大的房子必須達到「零耗能」（energy net zero），也就是只能採用太陽能、風力、地熱等綠色能源，就不會從根本上衝擊生

活方式。

如果強迫每個人都騎腳踏車上班，的確會改變現代人的生活方式；但是要求市政機關開闢從郊區通往市區的自行車專用道，就不會從根本上衝擊生活方式（也許還會讓人們變得更健康）。如果在美國各大城市中心徵收交通擁擠費，就像倫敦和新加坡的做法一樣，可能會使生活方式有些改變；但是如果政府因而大量投資大眾運輸系統，那麼我們的生活不僅便利更舒適。去年我開始常搭華盛頓特區的地鐵去上班，而不總是自己開車。結果所花費的交通時間和開車一樣，有時甚至更快。路上我翻閱了兩份報紙，到公司時也覺得比較沒有壓力。其實只要政府多花錢在大眾運輸系統上，少花錢在汽油補助上，很多國家都可能有不少人寧願不開車。

總之，只要多用腦筋，而不是一味約束現代人的生活方式，而當大家真的發現綠色生活其實比較好，可以提供更多資源，而不是比較苦時，就能無形中省下幾百萬桶石油或幾億瓦的能源。前面我已說過，也許大幅改變生活方式，才是拯救人類和地球之道，所以我不會把這種可能性排除在外。可是在我們還不知道是否需要做這麼激烈的選擇之前，或許我們可以多多嘗試其他溫和的方案。

「環保不是消費的相反詞，」國際保育協會的普里克特認為，「人類需要靠消費來生活，並促進經濟成長。不過我們可以一面進行更多消費，一面做更多保育工作，而且認清哪些地方和資源需要保留自然狀態，在這之外尋求經濟成長。」我們必須確認哪些做法是浪費之舉，是一種習慣或疏忽，是不必要，但也不是刻意的，然後停止這些做法。普里克特說，「只

要我們能做智慧而適當的計畫，並提高警覺去保護我們想要保護的東西」，無論在保育或消費上，都還有很大的空間。

為能源和環境辯論的雙方經常都混淆了問題。太多環保主義者反對任何經濟上的成長，這種立場只會把窮人困在貧窮裡。而太多批評環保主義的人則把所有的保育工作，都視為古怪的反資本主義者在意識型態上的荒唐遊戲。他們沒有認清大自然裡潔淨的水和空氣、健康的森林和海洋，以及物種的多樣性對人類的日常生活和精神幸福是多麼重要，更別提對經濟的重要性，也尚未體認大自然多麼容易受到破壞。

「並不是每寸土地或海洋都需要受到保護，」普里克特說，「我們所該特別保護的，是那些維繫著生態系統運作的那些關鍵區域。因為這些土地和海洋庇護了瀕危物種、保護了水域、緩衝水流並涵養沉積物與養分、為我們食用的魚類提供繁衍棲息處所、阻止大氣層中二氧化碳含量繼續增加、維持生物多樣性、增進環境對氣候變遷的調節能力，同時大自然還豐富了人類不可或缺的精神生活。」

因此，我們需要一個綠色能源系統，讓它隨時發揮下列三種功能：

1. 創造並生產最潔淨、最便宜的電力。
2. 妥善使用電力及其他自然資源，以發揮最大的效率和效益。
3. 持續保護生態系統，並教育人們物質、精神及審美上的正確價值觀。

當我們製造愈多的潔淨電力，就能以更低的碳排放量，來完成更高的經濟成長。當我們能讓能源效率愈高，達成經濟成

長所需的潔淨電力就愈少。當我們愈能促進生態保育，不僅所需的潔淨電力和能源效率就愈少，達成經濟成長時所消耗的自然資源也愈少。

「有些人認為，從長遠的角度來看，便宜的綠色能源將引發新的災難，」美國太平洋研究所氣候專家葛雷易克說，「但從短期來看，我們眼前的問題是沒有足夠的綠色能源可用，在當前氣候變遷的威脅下，這個問題對我們來說更具危險性。不過當然，就長期來說，我們的確需要多思考一下『便宜』能源可能造成的影響。」

適應策略

不幸的是，任何潔淨能源系統都將需要另外一項要素：適應策略。無論我們明天開始做什麼，事實是人類已經向大氣中添加足夠的額外溫室氣體，在一定程度上改變氣候，隨之而來的災難像是冰雹、洪水、海平面上升，以及更頻繁、更嚴重的暴風雨、乾旱和熱浪。氣候變異已然來到，上述現象必然會成為我們未來生活中的一部分。因此，我們不能僅依靠緩解措施。在某些地區，生態系統和社會經濟團體將不得不適應氣候變化，這種變化可能非常嚴重，並且會突然出現。政府間氣候變化專門委員會（2007年）將「適應性」定義為「對自然或人類系統的調整，以應對實際或預期的氣候刺激或其影響，從而緩解養殖或利用有益機會的情況。」

一點也不奇怪，一些反對氣候變遷的人試圖將適應作為停止緩解努力的一種手段，或者作為不應對緩解挑戰的藉口：

「他們說，忘掉緩解，只關注適應。」這根本是胡說八道。適應絕不能替代緩解措施。想一想試圖透過重建主要堤防來準備適應新奧爾良的一個城市以適應下一個五級颶風的成本，你將了解為什麼緩解總是比適應便宜。

始終試圖防止更多的氣候變化緩解是第一要務。因為我們可能發明的緩解氣候變化的工具和策略對適應不可避免的氣候變化以及縮小我們必須適應的氣候變化範圍都將帶來巨大幫助。

可以肯定的是，對氣候的適應與人類歷史一樣古老。植物、動物和人類始終必須適應氣候波動，無論是遷移到不同的棲息地，還是在不同的季節種植不同的農作物。但是在過去，我們和周圍的動植物通常擁有逐漸適應的奢侈。正如環境保護署在網站上指出：「人為引起的氣候變化代表新的挑戰，可能需要採用適應方法，以應對可能比過去記錄可變性更大的自然氣候。社會和自然環境的敏感系統，包括農業文化、林業、水資源、人類健康，和沿海居民區和自然生態系統，將需要適應不斷變化的氣候，或者可能面臨生產力、效能和健康下降的情況。適應是一種有成本的風險管理策略，並不是傻瓜。任何特定適應的有效性都需要考慮期望避免的損害與實行適應策略的成本。」

根據伊斯特林（William Easterling）、赫德（Brian Hurd）和史密斯（Joel Smith）在2004年發表的〈應對全球氣候變化：適應在美國的作用〉。「如果暖化的程度在預計幅度範圍的下端，那麼美國社會總體上可以以淨收益或以一定的成本來適應，前提是氣候變異度（climate variability）並沒有改變，而且通常這對適應做

出樂觀假設。如果暖化的幅度很大，即使對適應做出相對樂觀的假設，許多部門也會遭受淨損失和更高的成本。」

考慮到這些警告，美國國家環境保護局提供各種示例可以作為適應策略。例如，這可能涉及美國政府今天動員陸軍工程兵團，制定一項基礎廣泛的計劃來加強海岸保護，利用堤防擋土牆、人工養灘，以防止海平面上升淹沒低窪地區、沿海地區的土地侵蝕，海灘侵蝕或洪水氾濫，也建議在城市種樹來使升溫緩和；繪製縣級地圖，描繪哪些地區需要野兔保護，哪些地區可以自然適應；推廣海岸保護技術，不會破壞所有棲息地；讓州和地方政府參與應對海平面上升；改善暴風雨的早期預警系統和食物危害圖，保護水源免受海水汙染；培育更耐氣候條件變化的新植物物種和農作物；因溫度升高而導致火災危險增加，提倡滅火措施，透過覆蓋和其他方式保持土壤水分；以及由於極端熱浪或極端天氣事件造成的過量需求而導致電廠發生

綠色能源系統的五大功能

故障時，使電力供應多樣化。

　　但是，順帶一提，對於適應作為不要幻想有任何萬靈丹。正如EPA指出的情況，「生態系統適應氣候變化的能力受到城市化、遷移路徑的障礙以及生態系統碎片化的嚴重限制，所有這些因素都已經給生態系統帶來嚴重的壓力，而與氣候變化本身無關……儘管生物系統具有適應環境條件變化的固有能力，但由於預計的氣候變化速度很快，可能會超越許多物種的適應能力。」

　　重要的是：我們需要一個潔淨能源系統，同時不斷優化其中的五個要素：生產更多的潔淨電子產品，這樣就可以在減少碳排放量的情況下，擁有更高的經濟成長。我們帶來的能源效率愈高，經濟成長所需的清潔電子產品就愈少。想要擁有小家庭的人愈多，我們要養活的嘴巴和要建造的房屋就愈少。

　　隨著我們的經濟成長，我們促成的節約愈多，使用的潔淨電子產品愈少，所需的能源就愈少，消耗的自然資源也愈少。而且我們為適應計劃所做的愈多，對於海平面上升、熱浪或暴風雨的最壞影響所能承受的緩衝就愈多。這套潔淨能源系統的每個部分集結起來並能有效運作，就可以幫助我們避免不可管控的，管控不可避免的。

一個理想的巴西農場

　　讓我們幻想一下，然後試問：如果在綠色能源系統下經營一座理想的巴西農場，那是什麼樣子？想像一個巴西農夫擁有一座千畝農場，一條魚群豐富的河流經其中，農場毗鄰著廣闊

的自然森林，裡面有各式各樣的動植物。下面是他經營農場的方式：

　　每日之始，他使用一台人工智慧型牽引機耕田，這種牽引機已經由約翰迪爾（John Deere）公司製造出來了。當他耕田時，牽引機會即時測量出每平方公尺地的溼度和養分，然後依據他希望的產量，自動注入適量的肥料；這樣就不會有過剩的肥料被沖刷到河流裡，傷害到這裡和下游的水生生物。氮肥用得少，也能減少排放像氮氧化物這樣強力的溫室氣體。拜這種科技之賜，耕地最肥沃的部分發揮最大的效益，所以他就不會為了多種幾畝農作物，而到雨林或河岸伐木整地。事實上，他和鄰居與當地的非營利環保組織合作，把他們的農場劃分成不同區域，這樣他們就能在最肥沃的地區耕種，然後把其他地區保留起來，恢復原生草木，這樣不僅可以保護溪流，還能讓野生動物在更大的自然棲地上遷徙。

　　順道一提，那種智慧型牽引機是插電的混合動力牽引機，上面還裝了靠生質燃料驅動的備用馬達，這種生質燃料是由生長在巴西貧瘠土地上的植物柳枝稷所萃取出來，而這些土地則是因國家計畫特別保留下來，以避免亞馬遜河流域因為生質燃料的需求而受到侵害。由於電腦會記錄下每平方公尺土地所滲入的肥料量以及最後的產量，所以明年農夫可以做更明智的決定，甚至減少施肥卻提高產量。此外，灑水灌溉系統也是一種智慧型自動系統，可以判斷每平方公尺所需灌溉水的精確用量。農作物本身也已經過基因工程的改良，可以在使用最少量的肥料、水和農藥的情況下生長。與非基因改造的農作物相比，這種農作物的生命力比較強，產量比較大，也比較有營

養，所以人們需要的食物愈來愈少，卻愈來愈健康。

此外，因為他使用較少又較潔淨的肥料，對河流的影響很小，所以用較少的能源和化學藥品，就能使水資源再循環利用。至於岸邊的樹木，因為沒有受到耕種而砍伐，因而保護農夫最珍貴的資產，亦即適合耕種、能生產農作物的土地，並透過樹根和溼地而提供天然的濾水網，使河流能免於沉積物的淤塞，也避免下游溼地受到破壞。有了健康的河流，農夫更能享受釣魚和游泳之樂；此外他還能申請執照，讓其他人在夏天來這裡釣孔雀鱸魚，額外小賺一筆。在與熱帶雨林毗連的那些土地上，他蓋了一個小型生態渡假村，所需的電力全來自一個百萬瓦等級的風力渦輪機，每年都吸引好幾百個生態遊客來此度假。

最後，政府允許他興建正式的生態渡假村，條件是要保護附近的雨林，並資助附近的國家公園。資助國家公園對他來說是有道理的，因為如果保護國家公園，就可以保護為農作物傳授花粉的蜜蜂，以及捕食害蟲的昆蟲棲息地，他就不需要用那麼多昂貴的殺蟲劑了。沒被汙染的森林也可以保護河域，為他的農場提供更可靠的水源（氣候變遷會帶來更多乾旱的威脅，水源變得日益重要）。此外，國家公園也能保護野生動物棲息地，讓他的遊客願意花錢來此參觀。最後的結果是，這裡的生態系變得更加健康、怡人、也更有生產力。由於各種因素相輔相成，農業有了更大的成長，對生物多樣性做了更多的保護，而且因為使用更少、更有智慧的原物料，所以產生更多的潔淨動力，達到更有效率的節能效果。這正是我們必須努力達成的理想。

改弦易轍

所以，我們該如何做？我們該如何從現有的汙染性燃料系統，邁向一個使用潔淨電力、追求能源效率、以生態保育為基礎的系統？我們必須從整體計畫著手，逐步建構這個系統，而不是頭痛醫頭，腳痛醫腳，沒有任何策略性的思考和藍圖，就像美國對生產玉米乙醇予以大量補助一樣。

2008年1月，我剛坐下來要訪問埃及貿易及工業部部長拉奇德（Rachid M. Rachid）時，他劈頭就說：「你們到底在做什麼？現在一般埃及家庭花在食物上的錢，竟占了總開支的60%。我們是全世界最大的小麥進口商，每年要進口600萬噸小麥！」很多美國農夫都在種植要提煉乙醇的玉米，而不是小麥，使得小麥價格從2006年底的每噸180美元，漲到2007年底的每噸390美元。「真的很慘！現在事情還沒解決，主要原因就是美國在補助生質燃料。」拉奇德說，「我告訴你，埃及窮人討厭生質燃料。他們不了解這種東西，而且討厭它們。」

倘若玉米乙醇只能貢獻這麼少的淨能，又會造成二氧化碳排放，這整個風潮會讓我想起已故的美國經濟學家鮑爾定（Ken Boulding）對於「次優」（suboptimal）的定義：對根本不該做的事卻拚命去做。

一個更系統化的做法會是什麼樣子？Google是個不錯的範例。2007年11月，這個熱門搜尋網站宣稱它不再只是提供強力搜尋（power searching），而是自己也要去搜尋動力（searching power），意指要開發來自非化石燃料的潔淨電力。沒錯！Google要進入能源創新和生產的產業，目標是盡快生產一種10

億瓦的可再生潔淨電力，足以供整個舊金山運轉。這是一個大膽的作為，大家應該讚揚 Google 肯把資金和腦力花在這麼開創性的事業上。

我只有一個小小的問題，那就是Google把它的革命性目標總結為一個簡單的等式：「RE＜C」，亦即「再生能源比煤便宜」（renewable energy cheaper than coal），好讓這種綠色能源在中國、印度，以及其他開發中世界大量生產。

再生能源必須比煤便宜，是對的，但我認為只是這樣還不夠。我們還需要創新的能力，以改進能源及資源的生產力，並需要保育的倫理觀念，否則，RE＜C的想法很可能使生物多樣性慘遭滅絕。Google的想法沒錯，因為我們的確需要保險桿貼紙，來道破我們的目標。我只是想建議這個保險桿貼紙更長一點。事實上，我的保險桿貼紙可能會蓋住你的整個保險桿。

我想厚著臉皮說，保險桿貼紙的內容應該這麼長：

REEFIGDCPEERPC＜TTCOBCOG（a renewable energy ecosystem for innovating, generating, and deploying clean power, energy efficiency, resource productivity, and conservation ＜ the true cost of burning coal, oil, and gas.）

意即：一個創造、生產、發展潔淨電力、能源效率、資源生產力、生態保育的再生能源生態系統，比燃燒煤炭、石油、瓦斯的真正成本便宜。也就是說，如果我們衡量一下化石燃料所引起的氣候變遷，所造成的汙染，所釀成的能源戰爭，就知道我們的確需要綠色能源，因為它的花費遠比化石燃料造成的社會成本來得便宜。

我的看法是，開始綠色行動表示要制訂適當的制度，包括政府政策、法規、研究基金、賦稅誘因等，以便激勵出一個新

系統，能夠創造、生產和發展出潔淨電力、能源效率、資源生產力及保育倫理。這需要系統性的做法，才能產生系統性的效應。我們非採取這種策略不可。

可是，這件事沒有捷徑。我們必須用綠色能源系統來取代汙染性燃料系統。從政治或經濟層面來說，有個簡單的詞彙，可以描述一個系統取代另一個系統的過程，那就是「革命」。

有人說，這正是目前我們所進行的：一場綠色革命。

恕我無法贊同。

第三部

我們要如何
往前邁進？

⑪

205種方法輕鬆救地球？

我們正面臨一場綠色革命嗎？

沒有資源的願景只是一種幻覺，

現在我們有的只是綠色幻覺，而不是綠色革命。

我們必須投入所有的資本與智慧，才能應付眼前的挑戰，

看看過去五年，

你可能會覺得我們真的在進行一場綠色革命，

但看看未來十年我們必須達成的目標，

就知道我們只是在辦派對而已。

在雞尾酒宴會中，一對夫妻看到另一對夫妻迎面走來：「噢，老天，他們來了⋯⋯快！表現得綠一點！」

——摘自《紐約客》的漫畫

近日一項研究發現，打高爾夫球的美國人平均每年要走900英里路。另一項研究則發現，打高爾夫球的美國人平均每年要喝22加侖的酒。這代表平均而言，打高爾夫球的美國人要走41英里路去喝1加侖酒。
這真令人感到驕傲。

——摘自網路

你是什麼意思？難道我們正在進行的不是綠色革命嗎？可是我剛才還在一間診所讀了《職業母親》（*Working Mother*）雜誌裡的封面故事，題目就叫做：「205種方法輕鬆救地球」（2007年11月號）。這大大激發起我對輕鬆救地球的興趣，於是我上Google去找更多有關這個主題的書籍和雜誌文章。結果，老天！我真的又找到不少：「20種方法輕鬆幫助地球」、「輕鬆保護地球的方法」、「拯救地球的簡易法則」、「10種方法救地球簡易法」、「救地球的20種速簡法」、「5種方法救地球」、「10種綠化家庭的極簡方法」、「365種方法輕鬆救地球」、「100種救地球的方法」、「1001種救地球的方法」、「101種治療地球之道」、「10種方法隨手救地球」、「21種救地球的賺錢法」、「輕鬆綠化法」、「40種方法輕鬆救地球」、「幫忙救地球：小兵立大功的方法」、「50種方法救地球」、「50種救地球並致富的簡易法」、「10種最佳方法綠化你的性生活」（例如素食保險套、太陽能電動按摩棒。這可不是我杜撰的）、「創意救地球」、「設計者救地球的101件事」、「5種救地球的怪方法」……，對於有救世情懷卻沒時間又缺錢的人來說，還有一篇文章可參考：「一分鐘內省錢救地球的10種方法」。

誰想得到救地球可以那麼容易，而且一分鐘就辦得到！

綠，正在流行

這種趨勢也反映出一些好消息。在愈來愈綠的潮流裡，思考如何以更潔淨的電力、更高的能源及資源生產力，以及符合環保的倫理來生活和工作，這些議題已經非常大眾化和民主

化，而不再只是菁英階層關心的議題。

　　如果你從事科技業，卻從來沒人邀請你參加任何綠色科技座談會，那你一定是完全沒注意產業動態，要不就是所有人都把你的電子郵件地址弄丟了。說綠色是今日的「流行色」，還不足以形容其熱門程度。據美國專利商標局表示，「綠」這個字確實是2007年申請商標註冊最多的一個字。新聞編輯室裡的環保記者，以往總是坐在距離編輯台最遠的角落，現在忽然變得很搶手。大學都在增設環境課程，並設法減少碳足跡（carbon footprint），企業界也是如此。如今美國候選人的政見若少了下列三部曲，是不可能當選的：我會支持綠色能源政策、我會讓美國從對石油的依賴中解放出來、我會與氣候異變奮戰。

　　這個議題的政治立場已經有了極大的轉變，即使是那些左右全球情勢、蓋達組織的支持者，也開始涉足貼有綠色標籤的事務了。2007年9月10日的《新聞週刊》曾報導，在2007年7月，「一個擁護印尼施行伊斯蘭教法的龐大伊斯蘭教徒團體（其領導人曾公開支持賓拉登）高舉著『地球之友』的牌子——印尼曾在一個集會上對美國某礦業公司和布希政府示威抗議……真正的環保組織『地球之友』（Friends of the Earth）則公開譴責該伊斯蘭教團體未經授權就使用他們的商標，並否認與該團體有任何關聯。可是，如果激烈的伊斯蘭教徒企圖以社會運動的外衣，掩飾他們更多的行動，也並不令人意外。」

　　與穆斯林相比，猶太人的動作也不落人後。根據合眾國際社（UPI）2007年12月5日的報導：「一個以色列環保團體發起『綠色光明節』網路活動，鼓勵全球猶太人在這次光明節（Hanukkah）少點一根蠟燭……活動主辦人說，每根蠟燭從頭到

尾燃燒完會產生15克的二氧化碳。」而世界各地猶太家庭點燃的蠟燭會產生相乘作用，積聚成可觀的碳足跡。「該活動呼籲全世界的猶太人，要節省最後一根蠟燭並拯救地球，活動主辦人之一歐塔（Liad Ortar）告訴《耶路撒冷郵報》（*The Jerusalem Post*）：『這樣我們就不再需要其他奇蹟了。』」（我看到有個部落格回應道：為什麼不要求全世界每個人都不要抽菸呢？）

一場綠色派對

　　要是我忍不住對這類事情有點嘲諷的味道，請多包涵。我讀到或聽過太多人說：「我們正面臨一場綠色革命。」沒錯，社會上的確有很多關於綠色的雜音。可是每當我聽到有人這麼說時，就忍不住反唇相譏：「真的嗎？你確定我們面臨的是一場綠色革命？你曾看過什麼革命是沒有任何人受傷的嗎？」在一般人所謂的綠色革命裡，每個人都是贏家，沒有人必須放棄什麼，而最常用來形容綠色革命的，就是「容易」二字。這根本不是革命，而是派對！其實我們正在參與一場派對。而且，我得說，這個派對還滿好玩的。我本人也受邀參加所有的派對，不過，至少在美國，大都只是化妝舞會而已。只要「看起來」是綠色的就行了，而且人人都是贏家，可說皆大歡喜。

　　美國農夫是贏家，他們是綠的。他們獲得政府大量補助種植用來提煉乙醇的作物，即使以一個減少二氧化碳的政策來說，這麼做根本沒有實質意義。艾克森美孚說它正在綠化，通用汽車也一樣。通用汽車在使用彈性燃料（flex-fuel）的汽車上裝設黃色的油箱蓋，表示這種車子是使用汽油或乙醇的混合

燃料車。多年來，通用汽車從未費心強調它的車子是彈性燃料車，或把這件事當成對顧客的行銷重點，它之所以會製造一些彈性燃料車，唯一理由是因為這麼做，政府就會准許它製造更多吃油極兇的悍馬和敞篷載貨卡車，卻仍然符合美國國會頒布的國家汽車平均油耗標準。這標準為什麼這麼模稜兩可？

煤礦公司也正在綠化，因為他們打算把自己改名為「能源」公司，並加強封存二氧化碳的技術，以便未來能給我們「潔淨的煤炭」，只不過這件事他們從來沒做到過。我很確定現任美國副總統錢尼是綠的，因為他在懷俄明州有個住所，他常去那裡打獵，而且他還支持煤製油*1。我們全都是綠的。「沒錯，向前走，各位先生女士，在美國現在的綠色革命中，每個人都可以參與演出，每個人都是贏家，沒有人會受到傷害，沒有人得做任何為難的事。」

我說過了，革命的定義不是這樣。這是派對的定義。

我們想要結果，卻不想用方法

幸好有相當多人參加這場綠色派對。在Greenasathistle.com網站上，有個追蹤環保議題的部落客就曾挖苦的道出他的觀察：

讓大眾意識到全球暖化的問題、推出環保商品，以及大家

---

1 譯註：煤製油（liquefied coal）是指將煤轉化加工，生產出汽油、柴油、液化石油氣等液體燃料的煤液化技術。

所做的環保行動，這些顯然都是好事，可是難道每本雜誌都得刊登綠色議題的文章嗎？我開始覺得氣候變遷的議題已經做了過多宣傳，尤其是扯上流行界的時候。說真的，如果我再多看「生態時尚」（eco-chic）這個詞一眼，就想要用我的生物可分解筆把自己的眼珠挖出來……我擔心一旦所有雜誌都這樣處理綠色議題，他們會像對待其他所有過時的流行一樣，感覺倦膩時就把它丟在一旁，不再理會。也許下個月他們就會宣稱……耗油的東西才「正點」，再生的東西已經「退流行」，然後再下一個標題：「亂丟垃圾是最新流行的黑色！」

為了讓人們覺察到能源氣候問題，並要求大家擺出象徵性姿態以喚起注意，結果在這方面所花的時間、力氣和口水之多，已經與設計系統性解決方案所花的時間、精力和努力不成比例。我們已經有太多「拯救地球家園」的演唱會，也收到太多服飾精品店寄來的「擁有一個綠色假期」聖誕目錄，卻太少人專注於遊說國會制訂有利於轉型的環保立法。如果能把花在演唱會或其他活動的金錢和動員力用於遊說國會，以便推動再生能源的生產和投資，制訂更寬鬆、更長期的相關租稅優惠或推動其他環保立法，就能產生更大、更有意義的影響力。

從象徵性的行動轉移到實質上的行動，其實並不容易。我住在美國馬里蘭州的蒙哥馬利郡，這裡有一票人自認是環保和資源再生的擁護者，也做了其他很多好事。可是當我想在我家側邊的院子裡裝設兩組太陽能電池陣列（solar array）時，他們卻告訴我這是違法的，因為有礙觀瞻。土地使用分區管制法說它們只能裝在後院，可是我家後院日照不夠。結果我們的太陽能

公司不得不聘請一位律師，訴請修正法律，我們幾乎在一年之後才成功實行。

五角大廈的規劃者常說：「沒有資源的願景只是一種幻覺。」現在我們有的正是一個綠色幻覺，而不是綠色革命。因為我們正在給自己和孩子們一個沒有資源的幻覺，缺乏能把願景轉變成事實的系統性回應。所謂系統性回應，是由知性的設計塑造，由市場力、更高的效率標準、更強硬的規定和保育倫理所支撐的。我們想要結果，卻不想用方法。

沒錯，如果你看看過去五年來我們走了多遠，可能會覺得我們真的在進行一場綠色革命。可是如果你看看未來十年我們必須達到的目標，就知道我們只是在辦派對而已。對於這種情形，沒有人比政治及環境科學家、阿列格尼學院（Allegheny College）教授馬尼茲（Michael Maniates）說得更好了。他在2007年11月22日的《華盛頓郵報》裡寫道：「從來不曾見過在如此的緊要關頭有這麼多該做的事，要求卻這麼少。」

馬尼茲說，有幾本暢銷書，「對我們必須要求自己和別人的事情，提出了一些建言」：

這些書的書名建議我們不用花太多力氣：《輕鬆做環保》、《懶散的環保人》，甚至還包括《綠書：天天輕鬆救地球指南》。雖然每本書都提出類似的建議（「紙張在回收前要廢物利用」，或「縮短淋浴時間」），然而這些書保留沒說的話，才真的耐人尋味。書的字裡行間不斷提醒三件事：作為一個消費者，我們應該在私生活裡尋找容易、符合成本效益的事情來做，因為這是我們最能作主、也最能控制的部分；這樣做最好，因為

(2)如果我們都這麼做，那麼這些個人選擇所累積的效果就可以救地球了；這真的很幸運，因為(3)我們天生就不太喜歡做那些不私密、非個人、不合成本效益的事，尤其不喜歡做不容易的事。這種對「容易」的讚譽，不只出現在最新推出的一些自助環保書裡，美國一些重要環保團體的網站，像是美國國家環境保護局，甚至是美國科學促進會，也都提出非常類似的行動清單，告訴我們可以透過消費選擇來改變世界，而這些消費選擇合乎經濟效益、容易，甚至很有格調。

了解真正的事實

當然，我們可不打算為了這個問題自毀前程，可是並沒有「容易」這個按鈕，讓我們一按下去就綠化世界。馬尼茲說：

真實情況是：如果我們把這些容易、符合成本效益和生態效益的方法全都加起來，所能達到的最好結果，也只是減緩環境傷害的速度而已……執迷於資源再生或多裝幾個省電燈泡，並不能解決問題。我們必須在能源、交通、農業等系統上尋求根本的改變，而不是在科技的邊緣打轉。但是，尋求根本改變所需要的改變和成本，似乎正是目前及未來可能的領導者都不敢討論的。這真令人感到遺憾，因為當奮力團結、與人合作、試圖解決困難目標的時候，美國人通常表現得最好……那些容易的事情當然得做，因為那能減緩傷害，也是我們為下一代著想的重要象徵。可是不能讓領導者低估我們。只做「容易」的事情來表示我們能做到的最大限度，就是無法利用政治

力量，而是讓每個人都個別採取行動，讓大家在步調不一致的情況下列隊行進。

　　問題是，只要一離開「輕鬆做環保」的舒適範圍，無論我們為這個議題達成過什麼表面的共識，都很容易瓦解。太平洋研究所氣候專家葛雷易克認為，談了那麼多綠色議題，事實上，「我們還沒有以一個整體社會的角度，對綠化的意義達成一致的結論。」這種情況讓每個自稱為環保人士的人都可以各持己見，因為根本沒有任何基準可言。

　　我希望在本書後面的篇章，能大概描繪出一個有系統的綠化策略。可是在此之前，我們得先在磅秤上站一下。

　　你很清楚當自己身上多了一點肉之後，為什麼就不想再量體重了（至少我知道），因為你就是不想知道自己得減重多少才行。沒錯，環保問題也是如此。大家都喜歡用抽象的方式談這個問題，根本沒觸碰到實際上的嚴苛挑戰，才能大幅降低二氧化碳的排放，提高能源和資源的效率。所以在我們採取行動之前，必須把這種挑戰放在磅秤上秤一秤，然後看看量出來的數字，仔細看，連眼睛都別眨一下，才能搞清楚這個計畫究竟有多龐大。

　　首先，記住我們要做的事：我們想改變氣候系統，避免不可管控的，管控不可避免的！我們想減少降雨量、減弱風力、減緩融冰的速度。除此之外，我們還希望保護並恢復全世界正在迅速耗竭的生態系，包括森林、河流、熱帶大草原、海洋，以及其中蘊藏豐富的動植物物種。最後，我們想要打破對汽油的集體成癮，因為汽油不僅對氣候有深遠的影響，對地緣政治

也一樣。我們的藍圖就是這麼大。這不是我們可以當成嗜好來玩的東西，而且絕對、絕對不可以用「容易」這個詞來形容這項任務。

事實是：不僅沒有205種輕鬆綠化法，根本就沒有任何一種輕鬆的作法能真正達成綠色任務！如果我們真的能完成，這將是人類史上最大一個和平時期計畫。全世界任何地方的政治領導人，都鮮少直接談到這個挑戰的真正規模。

找到生產和使用能源的新方法

結果，這項任務通常都落到石油、天然氣、煤礦公司的管理者身上。他們很樂於告訴我們這個問題的規模，可是通常暗自竊喜，因為他們希望我們相信真正的綠能革命是不可能完成的，我們別無選擇，只能繼續沉溺在石油、天然氣和煤礦裡。他們想瓦解我們的抗拒意志，他們話裡隱藏的訊息是：「現在就放棄吧，對你衷心嚮往的耗油名車投降吧；我們必須達成的任務實在太龐大了。所以現在就放棄吧，徹底放棄吧……」

我本能的不信任他們的分析，但也有例外，因為有些公司的確在再生能源上投入相當大的賭注，也的確設法在這一行好好作生意（只要有市場的話）。譬如，世界最大的電力民營公司雪佛龍（Chevron）用潔淨的地熱源（用地心火山物質在地底生產的蒸氣、熱氣、熱水，能讓渦輪發電機運轉，進而產生電力）來發電。下面就是雪佛龍執行長奧瑞利（David O'Reilly）對綠色能源挑戰的規模與範疇，所提出的看法：

這裡有個能源知識問題，如果你把全世界每天的能源消耗量轉換成等量的耗油量，就知道我們每小時消耗1,000萬桶石油，也就是4.2億加侖的石油。這是把所有水力、煤礦、石油、再生能源和其他能源統統加起來的結果。如果我們真的想做出一番成績，必須注意三件事：市場的大規模需求；生產大量替代能源所需要的大規模投資；以及生產替代能源所花費的大量時間。而目前很多替代能源都還處於萌芽階段……

我們先看看日益增加的能源需求。我聽說過「黃金的10億人口」（the golden billion），指的是地球上已經享有像美國一樣生活水準的10億人口。可是另外還有生活水準正在提升的20億人口，以及仍活在貧窮中的30億人口。正在提升的這20億人想達到美國目前的生活水準，仍在貧窮中的那30億人又想往上爬，從全球景氣的角度來說，美國也希望他們能爬上來。接下來還有目前尚未出生的30億人口，到了2050年，他們就在地球上了。如今的能源供應量主要是滿足那10億和20億人的需求，並不包括仍在貧窮中的那30億，更別提還沒出生的那30億了。所以這每小時1,000萬桶的石油消耗量還會再增加……因為能源使用量和生活水準是休戚相關的。

接著，我們再看另一個挑戰，就是必須在生產和使用能源上找到新方法。奧瑞利認為：「大家都太高估既有的替代能源開始大量生產的能力。」他解釋說，「我們先談效率問題：如果關閉整個交通系統，包括每部汽車、火車、船和飛機等每種會飛或有輪子的工具，讓地球上再也看不到一部汽車在跑，

那麼全球大約可減少14%的碳排放；如果停止所有的工業活動、商業活動、居家活動（停止供應每個家庭的所有用品），那麼大約可減少68%的碳排放……所以提升效率會有幫助，但不要做錯誤的承諾。我們還是需要石油和天然氣，需要用到煤炭，需要更充分發揮能源效率。」

好像這些景象還沒能把我們嚇得腦袋打結似的，奧瑞利繼續說，先不把意外的科技突破估計在內，替代能源要花幾十年時間才能大規模生產。「我希望我的孫子能活在一個不論是能源、環境或經濟都平衡發展的世界。這可不是一蹴可幾的，我們今天的系統是超過一百年來投資的成果，下個系統同樣也需要花一百年的投資。所以，當我們聽到美國政府或其他地方做出的輕率承諾時，要格外小心。我預測，十年後全球溫室氣體會比現在更高，可是等我的孫子到我這個人生階段，也就是六十幾歲時，溫室氣體就可以大幅降低。我們需要領導人站出來告訴我們，這件事很難、很龐大，需要大量的投資。」

我問奧瑞利，我一直看到報導提到，2007年大約有50億美元挹注到環保創投資金裡，他對這件事有什麼看法？「那連買一個精密的新煉油廠都不夠，」他簡短回了我一句。「想改變目前我們所走的路，需要的錢是兆位數的，否則我們就會待在現在的路上。」

避免二氧化碳加倍

假設你是個樂觀主義者，你相信現有的再生能源科技，以及可提升能源效率的機會，都已進步到足以對氣候變遷及能源

價格產生根本的影響，那麼我們究竟應該怎麼做，才能藉由發展現有的綠色能源科技及提升能源效率計畫（這些計畫必須從今天就開始做），來造成根本的影響？

這個問題的答案，也是觀察這個問題真正規模的另一種方式，是由普林斯頓大學工程教授蘇可羅（Robert Socolow），以及生態教授巴卡拉（Stephen Pacala）共同提出的。他們聯合主持「減碳專案」（Carbon Mitigation Initiative）組織，這是一個為氣候問題設計可計量解決法的國際協會。蘇可羅和巴卡拉在 2004 年 8 月號的《科學》期刊裡曾發表一份報告，指出人類排放到大氣層裡的二氧化碳只能有一定的限度，當二氧化碳量達到近代地質學史上從未有過的程度時，地球的氣候系統就會開始出現狀況。他們和聯合國跨政府氣候變遷小組的看法一樣，認為全球氣候將急遽紊亂的臨界點，是大氣層中二氧化碳含量達到工業革命前的兩倍，而那時的含量為 280 ppm。

「如果不處理氣候變遷的問題，就會引來數不盡的災難，那時麻煩就大了，」巴卡拉說，「所有的科學研究都顯示，最有殺傷力的災難，將會在二氧化碳濃度達到雙倍時爆發出來。」

所以，一個可理解的簡單目標就是：避免讓二氧化碳加倍。巴卡拉再次提醒，問題是，如果我們什麼都不做，讓全球二氧化碳排放繼續以現有的曲線成長，很容易就會在 2050 年左右達到雙倍的程度，也就是二氧化碳含量達到 560 ppm，2075 年左右更達到三倍。你不會想住在一個 560 ppm 的世界裡，更別提 800 ppm 了。為了避免那一天來臨，同時還要留給已開發國家繼續成長的空間（只不過碳要少用一點），也要留給印

度、中國等開發中國家成長空間，讓他們的碳排放可以比目前高出兩倍或三倍，直到他們走出貧窮，比較有能力提升能源效率為止，勢必要有一個巨大的全球工業能源計畫才行。

為了讓大家了解整件事的龐大規模，蘇可羅和巴卡拉畫了一個圓形圖，把它分成15份。有些部分代表無碳或減碳的動力科技，另一些則代表可以保存大量能源並防止二氧化碳排放的效率計畫。蘇可羅和巴卡拉認為，如果從今天開始行動，全世界必須在這15種計畫中找出8種來進行大規模發展，或是充分發展15種計畫，才能有足夠的綠色能源、生態保育、能源效率，讓世界經濟繼續成長，同時又能避免大氣層中的二氧化碳在本世紀中加倍。

當這些計畫在這五十幾年中逐步實行時，每種計畫能避免排放250億噸的碳，也就是從現在到本世紀中這段期間，總共可避免排放2,000億噸的碳，蘇可羅和巴卡拉認為，這個數量可讓我們低於二氧化碳濃度加倍的標準。可是，想符合15種計畫中的任何一種條件，該科技必須今天就存在，而且能大規模發展，此外，還得有辦法衡量碳排放量減少的數量才行。

15種避免二氧化碳加倍的計畫

現在我們有了一個目標：要避免二氧化碳在本世紀中加倍，為了做到這一點，從現在到二十一世紀中期的經濟成長過程中，我們必須避免排放2,000億噸的碳。讓我們來看看這15種計畫，並選出其中8種你覺得比較「容易」的計畫：

- 把20億輛汽車的燃油效率，從每加侖跑30英里，加倍為60英里。
- 以每加侖跑30英里的燃油效率，讓20億輛汽車從每年開10,000英里，減半為5,000英里。
- 把1,800個大型燃煤廠的效率，從40%提高到60%。
- 用天然氣動力設施取代1,400個燃煤火力發電廠。
- 在800個大型燃煤廠裝設碳捕捉及封存的設備，這樣二氧化碳就可以被分離出來，並貯存在地底下。
- 在新煤礦工廠裝設碳捕捉及封存的設備，使之產生氫氣，提供15億輛氫動力汽車之用。
- 在180個煤氣化廠（coal gasification plant）裝設碳捕捉及封存的設備。
- 把全球現有的核能發電量提高兩倍，以取代燃煤火力發電。
- 增加40倍的風力發電，以廢除所有的燃煤火力發電。
- 增加700倍的太陽能發電，以廢除所有的燃煤火力發電。
- 增加80倍的風力發電，為環保車提供氫氣。
- 用乙醇發動20億輛汽車，用全世界六分之一的農地來生產所需的玉米。
- 停止砍伐和燃燒所有的森林。
- 採用保育耕地，讓全世界所有的農業土壤都減少二氧化碳排放。
- 將家庭、辦公室、商店的用電量削減25%，碳排放也減少同樣的比率。

只要全世界能設法跨出其中任何一步，就已經是個奇蹟了，能做到8種更是奇蹟中的奇蹟！可是這正是我們需要做到的程度。巴卡拉說：「歷史上從來沒有一個縝密的工業計畫，具有這麼大的規模。」透過綠能科技和生態保育兩種途徑，「我們必須在未來五十年內減少排放2,000億噸的碳，同時仍繼續維持經濟成長。

如果我們今天就開始這麼做，這個目標就可能達成。可是我們每延遲一年，這個任務就會變得更困難，因為延遲一年，第二年就要做得更多，若我們延遲個十年或二十年，碳加倍就無可避免了。」

不是不能承擔，而是不能輸

加州理工學院的化學家及能源專家路易斯，用了一個和蘇可羅及巴卡拉不太一樣的算法，不過也可以表現出這個挑戰規模之龐大。路易斯的說法是這樣的：在2000年，全世界能源用量的平均比率大約為13兆瓦，這表示平均來說，全世界隨時都在使用13兆瓦的能量。

即使我們積極做保育工作，這個數字到2050年時仍預期會增加一倍，變成26兆瓦。可是如果我們想避免大氣層中的二氧化碳加倍，並順應美國及印度、中國等其他開發中國家的成長，那麼必須在2050年以前把全球的二氧化碳排放量削減80%左右，而且從今天開始行動。

這表示到2050年以前，我們只能使用2.6兆瓦排放碳的能源。可是我們知道到那時我們的總需求會從13兆瓦倍增到26

兆瓦，路易斯說：「這表示，從現在到2050年間，我們必須提高能源效率，節省幾乎等同目前用量的能源，也必須開發不會排放碳的能源，以創造幾乎等同目前用量的綠色能源。」

如今，一個一般的核能發電廠隨時可生產大約10億瓦的電力。所以如果從現在到2050年之間，只靠核能發電取得需要的所有潔淨動力（大約13兆瓦），那麼必須興建1.3萬座核子反應爐，或在未來三十年內，每天興建一座核子反應爐，而且是從今天就開始。

「我們必須投入所有的投資資本和智慧資本，才能應付這個挑戰，」路易斯說，「有人說這會毀了我們的經濟，是我們不能承擔的計畫，我卻認為這是無論如何都不能輸的計畫。」

更正，我們現在已經輸了。儘管有那麼多關於綠色革命的討論，路易斯說：「情況卻並沒有改善，事實上反而更糟。從1990到1999年之間，全球二氧化碳排放量每年平均增加1.1%。後來每個人都開始談〈京都議定書〉，所以美國扣緊腰帶，認真起來，打算讓世人見識一下我們的能耐。結果從2000到2006年之間，我們的二氧化碳排放增加率比全球高出三倍之多，比這段時間的每年平均增加率高出了3%！世人終於見識美國的本事。嘿，看看我們認真起來的能耐，我們可以讓更多的碳排放得更快。」

用政治力面對挑戰

該是政治出面解決氣候、能源、科技問題的時候了。無論是我們或任何人，有足夠的政治力量，去承擔和發展這麼大規

模的工業計畫嗎？

　　當然，以美國目前只是嘴上綠化的層次來說，還沒有牴觸到民主黨或共和黨那些公開宣稱的原則。可是如果要快速且大規模的推行綠能革命，就表示將會與一些經濟上、地方上、企業界的既得利益者發生牴觸，而這些人都居於兩黨的核心地位（從俄亥俄州的農民到西維吉尼亞州的煤礦遊說團）。因此，如果兩大黨內部沒有為這個議題發生真正的衝突，美國就不會有真正的綠能革命。

　　「如果不管民主黨或共和黨、企業或消費者，都表示支持你的目標，你就該懷疑自己是不是還沒把問題解釋清楚，或是還沒有把它陳述成一個真正的政治問題。」哈佛大學哲學學者桑德爾說，「凡是重大的社會、經濟或政治變遷，都很具爭議性，一定會引起爭論和反對。想要克服能源挑戰，除非你認為有純粹科技性的解決方法，否則一定需要大家共體時艱，並有政治決心。真正的政治，沒有不充斥反對意見和利益衝突的。政治的本質就是處理困難的抉擇，而不是一團和氣。唯有當政黨內外爆發真正的爭論時，才算開始在政治上認真面對綠色議程。」

　　如果政治上認為大變遷是可行的，但解決問題所需的最小資源卻付之闕如，還是不能稱之為一種革命。能源氣候年代所帶來的挑戰，「在現有的政治思考層次上是無法解決的，」惠利基金會（William and Flora Hewlett Foundation）的能源專家哈維（Hal Harvey）說：「你不能用產生問題的思考層次來解決問題。」

　　想要真正解決眼前這個挑戰，我想起生態環保顧問華森，曾告訴我他兒時當童子軍的一次經驗。「那時我很胖，有些事

情我認為自己做得到，實際上卻不行。有一次我們這小隊要參加一個50英里的健行活動，為了做好準備，必須進行一連串的健行訓練，所以我就自己去練習。我以為自己每次訓練時都走9到12英里路，其實只走了3、4英里。當真正的健行活動開始時，我因為狀態不好，中暑不支倒地。我因為不了解自己的狀態，讓自己和小隊裡的每一個人陷入危險。我知道想感覺自己做得很好、做得很對的心理需求，可是如果事實並非如此，我們就無法真正達成野地求生的任務。」

他又說，大眾似乎不太了解，現在的我們並不是像必須避免撞到冰山的鐵達尼號，而是已經撞上冰山了。海水已經衝進下層船艙，可是有些人還不想離開舞池，有些人則不想離開餐廳。可是如果我們不肯做困難的抉擇，大自然就會幫我們做。如今強烈意識到問題真正的規模和速度的，大都還只限於專業的科學圈子，可是很快的，環境會迫使每個人不得不去了解。

別誤會我的意思，我從許多投身於這個問題的年輕人那裡得到幫助。就像Greenasathistle.com網站上的部落客所說的：「談到環保，我們寧願偽善一點，也比冷漠來得好。」只要你知道自己在做什麼，不斷往正確的方向邁進，而且不要太早就宣告勝利。太早插下旗幟，只會惹來大麻煩。而這正是我們近來所做的事：貼個綠色商標，說些綠色八卦，辦個綠色音樂會，就以為在解決問題了。門兒都沒有！

「這就像在攀登聖母峰，當我們抵達海拔最低的六號基地營時，就決定環顧四周，放下裝備，拍拍挑夫的肩膀，然後打開一瓶慶祝用的白蘭地，」科技企業家海德瑞說，「可是這時候，29,000英尺高的聖母峰，仍然巍巍聳立在我們面前。」

從聖母峰山頂望下來究竟是什麼樣子？也就是說，一場真的會造成大破壞和大轉型的綠色能源革命是什麼樣子？請翻到下一章。

能源互聯網
打造新生活

當我們的電力設施能與所有的用電設備連線，

並且全依照屬於自己的能源計畫，

聰明的自動開啟、關閉、買電、儲電，

甚至是賣電給電網……

我們就是以更高的能源效率，取代更多發電廠的興建，

以最少的金錢、最低的汙染，享受最好的生活品質。

這不是魔法、也不是科幻小說的情節，

而是已經近在咫尺的未來！

革命不是請客吃飯，不是做文章，不是繪畫繡花，不能那樣雅緻，那樣從容不迫，文質彬彬，那樣溫良恭儉讓。

——毛澤東

你大概不曾看過站在聖母峰頂上所看到的景觀；事實上，成為聖母峰的一部分，也是你從未有過的經歷。那就像你家裡所有的電力系統，都透過資訊系統來控制，從使用、儲存、生產甚至是買賣潔淨電力，全都整合在一個大型無縫的平台裡；那就像是經過資訊科技革命與能源科技革命後，兩者已整合為一的系統；那就像是你已經住在一個「能源互聯網」（Energy Internet）的世界裡。

這不是科幻小說，這是即將成真的先進科技

我知道這聽起來像是科幻小說或魔法，但它不是。許多科技已經可以創造出能源互聯網，《經濟學人》曾用「智慧型電網」（smart grid）來形容它，說這樣的科技已經存在或正在實驗室裡進行著，接近完成中。我們現在最需要的就是透過整合型的政府政策（包括法律與標準、稅率與貸款、誘因與授權、最低限度與最大限度等），來引導與刺激市場，驅動創新技術向前邁進，才能讓這些新概念加速商品化，並將綠色革命更快帶進我們的生活中。

在接下來四章中，我將描述我們該如何維護一個乾淨、效能與節約的能源系統永續發展。本章將介紹能源互聯網如何讓你、我和你隔壁的鄰居，都藉由節能與綠色能源系統來完成一些不可思議的事，而且不論你是否注意到，這些事都將日以繼夜、無時無刻的進行中。

之後的兩章（第十三、十四章）將會敘述我們需要制定什麼樣整合型的政府政策，來引導和刺激市場與投資人投入資本，

以建立起能源互聯網,並創造出充足、潔淨、可靠又便宜的電力輸送到互聯網中。第十五章的重點則是在保護:我們如何制訂政策來保護這個自然界,包括那些延續我們生命的植物、動物、魚類、海洋、河流與森林。

這些章節合起來將解釋:在真實世界裡,如何建立一個可創造、生產、發展潔淨動力、能源效率、資源生產力與生態保育的再生能源生態系統;這個系統的成本會比燃燒煤炭、石油和天然氣的成本還便宜。

要讓這個系統成真的許多原物料,其實都已經以某種形式存在了,然而要創造這樣的系統卻沒那麼容易,畢竟沒有一種革命是容易的。但這真的不是科幻小說;所以,請持續保持開放的眼界與心胸,記住近年來最偉大的科幻小說家克拉克(Arthur C. Clarke)的洞見名言:「任何夠先進的科技,幾乎與魔法無異。」

在便宜、穩定且隨處可得的電力背後

在我們揭開這個魔法秀的序幕之前,我得先談一些平凡無奇的事情。我需要解釋一下,美國的電力系統(立基於公用事業規範的電力系統)是怎樣運作的。你最近一次想到電力系統,也許是在玩大富翁遊戲時,買了一塊地皮,而必須決定是否要花150美元去買家電力公司。這正是我在寫這本書之前的情況,我知道我的車是怎麼運作的,也知道最近的加油站在哪裡,但完全不知道所謂電力系統到底是什麼。雖然我每天的生活都得靠它,但我只知道每個月會收到電費帳單,然後付錢。不過,

電力系統其實比你我想像中有趣多了，而且它們對於綠能革命的重要性也遠超過人們的想像。

你也許認為這個部分可以跳過不讀，但請千萬不要。不論你喜歡與否，地方性或區域性的電力公用事業，仍將是我們國家能源系統的核心。如果我們要建立一個綠色能源的平台，需要透過改造當前電力系統來加以實現。當前的電力系統已經擁有穩定的顧客群，能以低廉成本籌集大量資金，並擁有推動能源互聯網發展所需的基礎設施，而且一般大眾也十分信任這些公用事業。詐騙集團喜歡用的策略，就是裝成地方電力公司服務人員去敲你家大門，而幾乎所有人都會不疑有他的說：「嗨！請進！」

這個電力系統如今到底運作的如何？許多國家和美國現存的供電系統，都是遵從一個最高指導原則來建造的，這個原則就是：滿足最大電力負載的任務。結果，不論是地方政府或州政府，還是區域性的管理委員會（regulatory board），都必須保證在所屬範圍內，供應足夠的電力及天然氣給顧客。也就是說，這些電力設施必須達成下列三項基本義務：提供價格合理的電力、提供穩定的電力（一天二十四小時、一年三百六十五天都必須供應）、提供隨處可得的電力（在電力公司營運範圍內，凡是需要電力的顧客都要被滿足）。

這套供電系統是由愛迪生的門徒英薩爾（Samuel Insull）所精心設計，他將愛迪生的發明商業化，並且早在一百多年前就把這套系統賣給政府單位。這套系統讓電力公司實際受惠，可以更有效而便宜的募集資金，投資興建大型電廠和電力傳輸網路，因為有廣大的顧客需求作後盾。這套系統也讓顧客受惠，

使他們數十年來得以享受便宜、穩定且隨處可得的電力。大多數電力公司都在這樣的情況下運作得非常良好，並且在二十世紀裡協助美國成長。

在美國，負責制定費率的電力管理機構稱為公用事業委員會，委員會成員一般是由州長或議會所任命；而跨州的電力交易則是由位於華盛頓特區的聯邦能源管理委員會負責管理。

然而，這套大型州際系統已經有逐漸走下坡的趨勢。一開始我們總是說，美國這套由數十年來建造的發電廠和傳輸線路所構成的供電系統，是人類有史以來建造過最大型的機器。也許它是最大的，也許不是。但有一件事我可以肯定的告訴你：這套系統絕對是人類有史以來建造過最笨的大型機器，而且它笨的方式還不只一種。

一個既大又笨的系統

我知道這樣說可能不太公平。簡單的說，從二十世紀以來，美國各地的家庭、城鎮與工廠的電氣化，全都得歸功於這項偉大的工程；如果沒有這項建設，美國的經濟發展也不可能有今日的規模。然而，即便這個供電系統可以提供便宜、穩定且隨處可得的電力，它的建造仍舊不是個聰明的設計。

這套供電系統就只是一間間的電力公司、一區區的服務範圍、一張張的資產負債表、一套套的地方性市場規範，依循各地的不同需求而隨意發展。直到今天，美國還沒有一個國家型的供電網路，現有的系統其實只是來自於全國各地的東拼西湊；相形之下，巴爾幹半島的國家分裂其實還不算什麼。

今日全美國約有3,200家電力公司，有些公司的服務範圍可以橫跨好幾州，有些公司就只服務單一城鎮或者某個郡的部分地區。這些電力公司和供電網路最終可以合併成全美的大區域電網，包括：結合美國東海岸、中部平原及加拿大東部省份的東岸電網（Eastern Interconnection）；德州獨立電網（也就是德州電力可靠性會議，Electric Reliability Council of Texas，簡稱ERCOT）；還有除了上述範圍之外，含括至太平洋沿岸的西岸電網（Western Interconnection）。上述三者構成美國的電力系統。

然而，這三大區域電網之間的整合少得令人驚訝，而且即便是每個區域內個別的電力公司之間也都沒有整合。想像一下，如果你從紐約開車到洛杉磯，途中完全沒有州際高速公路，只能走州內及地方型的快速道路，而且還只能用每個郡各自的地圖找路。這就是如果想把電力從紐約輸送到洛杉磯的情景。

雖然實際上，你不會想要橫越數個區域來輸送電力，因為大量的電力會在傳輸過程中耗損；然而這個東拼西湊的電網仍然是個問題，會使得區域內的電力輸送仍然十分困難。想像一下，當你從鳳凰城開車到洛杉磯，如果只能走地方道路，就像是要將亞利桑那州北部風力發電廠所生產的電，送到南加州的市場一樣的困難。

此外，這套系統的定價也很笨。這個電網的確能很穩定的供電，但這些電力全都來自不同的能源消耗；也就是說，在大部分的情況下，不論來到你家的電是如何產生的（可能是燃煤、石油、核能、水力、風力、太陽能或天然氣），你付的都是一樣的電費，而你也不需要去管這些電是在尖峰時段還是離峰時段生產

的。而且，你根本無從分辨：每一度電你都付同樣的價錢，只等著電力公司讀取你家後院的電表後，寄一張帳單給你；電費帳單不像電話帳單有明列細項，電力公司才不幹這種事。

最後一點，在大多數情況下，從你家到你的電力公司之間，這套系統笨到沒有辦法雙向溝通。你這個顧客無法要求只使用特定能源生產的電力，也無法要求使用特定的費率在特定電器上，即使你要求了，你的電力公司也無法提供。美國大多數的情況是，一旦你家停電，你必須自己打電話通知電力公司，要不然電力公司永遠不會知道。

但天佑美國電網，即使它很笨，這麼多年來還是能提供便宜、穩定且隨處可得的電力，穩定到多數的美國人從來不曾問過：這些電從哪裡來、是如何生產、又怎麼在插座、開關啟動或關閉的瞬間流動。我們就只是期望著：需要用電時就有電。當沒有電時，就算只有十五分鐘，你也會氣炸了！

電力公司的使命：興建更多設施、賣更多電

由州政府所指派的管理委員會，決定每家電力公司每度電能收取多少錢，他們給電力公司的指示基本上是：「你要負責生產便宜、可靠又隨處可得的電力，我們會給你專賣權來做這件事。每隔幾年我們會決定你服務範圍內的電力費率，確保你的收支可以平衡，還有足夠的利潤繼續運作，好讓你可以徹底的克盡職責。」

特別的是，管理者和電力公司會制訂出一套計畫，有時他們稱之為「整合資源計畫」，但基本上那就是一個平鋪直敘的

資金預算表。在這個計畫裡，電力公司會告訴管理者：「這是我計畫服務顧客的方式，我盡可能提供便宜、穩定又隨處可得的電力服務；計畫中這麼多的電廠和電力線網，總共需要花這麼多錢。」這個計畫一經認可，電力公司就會跟管理者說：「我將需要這麼多錢來支付這些成本。」

然後，管理者會就這份財務需求（也就是「法定盈餘」），先砍掉一部分金額（因為一開始的數字往往會浮報），然後再除以電力公司預計銷售的電力總度數，這就成了每度電的價格，電力公司就能據此向顧客收錢。這個價格的計算，含括：電力公司運轉既有電廠的固定成本、投資新電廠的成本、用來生產電力的燃料（包括煤、石油、天然氣和鈾）的變動成本，再加上勞工的成本、稅和保險；當然，最後還得再加上一點給股東的甜頭：他們的稅後利潤。

再簡單一點來說，電力公司就是靠興建這些設施來賺錢的：愈多的電廠和傳輸網路，愈能讓他們賣更多的電給更多顧客。由於管理者會利用提升費率來獎勵這些電力公司投入更多資本，因而愈多資本的投入，就代表電力公司可以賺到的錢愈多。同時，也因為電力公司的新投資是依照顧客需求的成長來調整的，所以電力公司會鼓吹消費，創造更多的電力需求，再投資得更多、興建更多設施，又再增加他們的收入。像這樣的循環不斷繼續，就像是受到制約的反射動作一樣自然。

自然資源保護委員會裡有名的電力專家卡瓦納夫（Ralph Cavanagh），曾經力促加州的電力革新，他說：「想想一個電力設施涉及如此龐大的投資，無論電力公司賣了多少能源，他們勢必要回收這些成本。當電力公司要投資一個新的天然氣發

電廠或風力發電廠，花費至少都要上億、甚至是數十億美元，而這些成本並不會因為你這個顧客用了多少電而有所變動。因此，電力公司自然肩負提高電力和天然氣銷售量的重要使命，這樣才能確保這些固定成本能夠回收。」

網點公司（GridPoint）是生產一種可以管理你家所有電力系統設備的公司，它的執行長柯塞爾（Peter Corsell）解釋道：從很多層面來看，地方電力公司就像是「5塊美元吃到飽的自助餐廳，它們是由電力管理者付錢來提供我們穩定、便宜又什麼都有的電力」，而我們每天都可以來這個自助餐廳吃任何想吃的。這個餐廳則總是24小時無休，而且總是這麼便宜。生活是如此美好，對吧。

然而，它之所以能這麼便宜，是因為大眾和管理者從來沒有要求電力公司在供電時做兩件事情：要求他們在生產電力時不能排放二氧化碳（我們只要求在燃煤過程中，那些像是汞、氮氧化物和硫氧化物等傳統汙染物必須移除，這些電力公司都做到了，但並不包括二氧化碳）；此外，也不曾鼓勵電力公司提供更有效率的能源計畫。我們並沒有鼓勵電力公司要回饋顧客的節能行為，也沒有要求他們讓顧客有機會選擇不同用電時段的費率，好讓大家可以在電力生產比較便宜時多買一點電、在電力生產比較貴時少用一點電。

便宜吃到飽的電力供應成為過去

電價是否便宜才是重點，這一點勝過能源效率和全球暖化的考量。便宜的電價確保電力公司必須更依賴燃煤火力發電。

這麼多年來，如果電力公司每度電都只賣5美分，才沒有人會管這些燃煤電廠排放幾百萬噸的二氧化碳到大氣中，也幾乎沒有人會在意沒有效率的用電或各種浪費電力的行為。坦白說吧，電力管理者其實一直在對電力公司施壓，要他們降低電價，並且聚焦在找到像煤一樣便宜的原物料上。

此外，可靠且隨處可得的電力與能源效率同樣有所牴觸。怎麼說呢？電力公司往往會超量建置供電系統，才能有足夠的「備轉容量」（reserve margin），以便隨時可以因應酷熱天氣中的尖峰用電需求；然而像這樣的電力尖峰負載往往在整個夏季中，只會發生一到兩次。對電力公司來說，「增加供電量」永遠是所有問題的解答，而不是「管理需求量」；而增加供電量所需的大量成本，就轉嫁到你的帳單上。

不過，就在某天你前往這個電力吃到飽自助餐廳的路上，一件有趣的事發生了。有少數人，例如美國前副總統高爾，跑到自助餐廳後面的廚房閒晃，而他們看到的情景並不怎麼賞心悅目。然後，他們回到餐廳裡排隊取餐的隊伍前，對著大家說：「你們知道這後面發生什麼事嗎？你們知道為什麼電力吃到飽只要花5塊美元嗎？因為有許多成本其實沒有轉嫁到我們這些顧客身上，而是由某人買單了。」

這些成本其實是由整體社會買單了，或是先掛在我們下一代子孫的信用卡帳單上。尤其是，這些用來生產吃到飽電力的便宜能源，是來自於煤炭、石油和天然氣，這些燃料導致全球暖化、讓兒童氣喘、產生酸雨，也造成森林消失、生物多樣性消失和產油國獨裁，而且沒有人將這些成本計算到我們所付的每度電價裡。一旦某些東西免費或是幾乎免費，人們對那樣東

西的需求通常只會更多。我們要求愈多便宜的電力，愈多的破壞就隨之而來。

　　負責運作這些電力吃到飽自助餐廳的人，是你的鄰居，也是我的鄰居。他們其實無意傷害這個社會，他們也只是這個系統的一部分。但這套汙染性燃料系統的建立，只是為了供應穩定的吃到飽電力，並且用最便宜的價格，供給任何需要它的顧客（也包括提供最低價的汽油給每個有需求的駕駛人），就算這套系統會產生破壞生態系並且影響氣候的副作用。我們直到最近才把這些影響全部串在一起，只是有許多人還不知道。

　　輿論已經開始改變，大家逐漸了解到我們需要一個新的系統，一個綠色能源系統。現在我們還是同樣希望，這些電力和燃料是便宜、穩定且隨處可得的，但也期望這些電力盡可能來自於不會排放二氧化碳的來源，而且是透過一個更有能源效率和環保的系統來提供，不再只有消費與汙染。

　　更精確一點的說，全美國約有40%的二氧化碳排放來自於供應一般家庭、公司與工廠的電力生產；占二氧化碳總排放量30%的是交通運輸工具，其中主要包括汽車、卡車、船舶、火車和飛機。如果我們能讓這個龐大的交通艦隊和各式各樣的建築更具能源效率，然後讓這些總共占二氧化碳排放量70%的建築與交通運輸工具，可以透過智慧型電網獲得充足、潔淨、便宜且可靠的電力，將是一項創新革命。這將會大幅帶領美國減少對化石燃料的消費與碳足跡。

　　這才是我們尋求真正的綠能革命。不過，這對許多人來說還是太抽象了。所以讓我們跳上時光機器，到未來的能源氣候年代第二十年，看看在真正的綠能革命中，我們的生活是什麼

樣子。

能源氣候年代第二十年：當所有電器都變聰明

清晨6點37分，鬧鈴響起，同時開始播放披頭四的經典老歌「太陽出來了」（Here Comes the Sun），這首歌是你前一晚從10,000首起床歌中挑選的，這項服務則是由你的電力公司、電話公司和iTunes共同合作提供的。

你其實沒有鬧鐘，這個音樂是從你家的電話擴音機播放出來的，而它整合在你的聰明黑盒子（Smart Black Box）裡。每個人現在都有一個聰明黑盒子，這是屬於你個人的能源儀表板。以前當你申請有線電視時，你會拿到一個機上盒或是數位記錄器；現在當你向一家先進的電力公司申請能源互聯網時，你就會拿到一個聰明黑盒子。如果你住在卡羅萊納州，可以向杜克能源公司申請；如果你住在西岸，就可以找南加州愛迪生電力公司。

這個黑盒子的大小跟微波爐差不多，就放在地下室裡，可以整合控制系統，同時確保所有的能源、通訊、娛樂設備和各種電力服務能夠彼此串連。它的功能包括每個房間的溫度設定，還有其他能源偏好設定，例如燈光、警示系統、電話、電腦、網路連線，以及所有的電力設施、娛樂設備，還有你那輛插電式的混合動力電動車和它的電池。聰明黑盒子有數位觸控式螢幕，可以精確的告訴你每一個設備在任何時間點消耗多少能源。

順帶一提，你的車已經不再稱為「汽車」了，我們現在

叫它作「行動式能源儲存裝置」（rolling energy storage unit），簡稱「RESU」，所以你現在應該說：「我開的是一台福特野馬RESU」。「汽車」這個詞，天哪！聽起來好二十世紀的感覺。

這可不是現在唯一會被認為老套的東西。在能源氣候年代剛開始的前幾年，我們將只連結電腦與網際網路的傳統線路，升級為所有東西的互聯網，也就是能串起所有裝置的能源互聯網：從電燈開關到冷暖氣機、熱水器、汽車電池、各種電纜線和電力站，全都裝上微晶片，隨時可以直接連結到電力公司，或間接透過聰明黑盒子，讓電力公司知道它們運作時需要多少能源；反過來也可以接收你或電力公司的指示，讓這些裝置知道什麼時候該運轉、要耗用多少能源來運轉；當然，當它們需要買賣電力時也會通知電力公司。也就是說，你現在可以和電力公司雙向溝通。

當電網上的負載比較高，也就是電力比較貴的時段，你的暖氣、冷氣、燈光和所有的用電設備，包括洗碗機、烘乾機、冰箱和汽車電池，都可以設定以最少的能源運轉。這些用電設備也可以設定在夜間才採全速運轉，或是當夜間電網負載低、電價比較便宜的時段，才讓你的電動車開始充電和儲電。

不用怕，選用這種系統完全是出於自願，並不會有一個老大哥在旁邊逼迫你這麼做。如果你不想在家裡裝設聰明黑盒子，完全不用勉強自己去安裝。你還是可以用過去那個愚笨的老方法取得電力，但可別想得太美，假如你不選用這個系統，你就會被丟進一般顧客名單中，而你的電價費率也會比較高。因為無論是從你家對外傳輸，或是將電力傳輸到你家，電力公司都無法優化你家裡的能源使用習慣，而其他顧客也不會願意

負擔比較高的費率，來補貼你對環境不負責任又浪費的行為。

在你讀完報紙、喝完早晨咖啡後，你可以用iPhone、黑莓機或是電腦啟動聰明黑盒子的控制面板。這個容易閱讀的全彩螢幕，可以讓你依據個人的能源計畫，知道家裡每個裝置的耗電狀況，也知道每度電在哪一個時段得花多少錢。

沒錯，屬於你個人的能源計畫。就像電話公司老早就在做的事情，現在你的電力公司也提供好幾種不同的方案，因此你可以設定你家的能源要如何使用，從最低的成本、最乾淨的能源、最高的效率，到指定你在家或去上班的時段才用電等不同的方案，全都任君選擇。

當用電方式可以任你選擇

目前最受歡迎的方案是「特價電力：夜間和週末計畫」。這個方案可以讓你的電力公司同時平衡負載，並減少能源需求的總量，也就是將每日尖峰時段和傍晚（這也是電力最貴的時段）的電力負載，移轉到夜間、電力最便宜的離峰時段。透過你家的聰明黑盒子，電力公司可以調整家裡自動調溫器的開與關；可以指示家裡的熱水器、冰箱與空調，在短時間內循環關閉與開啟，時間短到你幾乎察覺不到。此外，聰明黑盒子還可以讓電力公司在夜間控制洗碗機和烘乾機；或者每隔一段時間就關掉戶外電燈幾分鐘。

透過這樣控管能源使用的方式，每個月要繳的電費將可以減少15%。對電力公司而言，這也是很棒的交易，因為如此一來，他們就可以更有效的運用既有的發電廠，平衡離尖峰之間

的電力負載落差，因此不再需要為了滿足尖峰時段的需求來興建新的電廠。

另一種受歡迎的方案稱為「當日沖銷計畫」。在這個方案裡，你家所有的電器都成為你的能源購買代理人。聰明黑盒子的設定，會讓特定的電器只在每度電低於5美分時才運轉（例如烘乾機、洗碗機、熱水器和空調等），也可以讓你家裡的冷氣或暖氣（依季節而異）在每度電高於10美分時關閉（必要時，你可以打開窗戶，或者再加件毛衣）。

也就是說，當你在睡前設定好洗碗機，它會等到凌晨3點36分才開始運轉，因為那時你家的聰明黑盒子偵測到每度電的價格已經降到4.9美分。至於你家裡的冷氣則會持續開著，幫你的房子降溫，直到下午6點每度電的價格漲到12美分時，它就會自動關閉；而當晚上9點，每度電的價格又降到9.9美分時，冷氣才會再度啟動。

這種生活與你爺爺那輩已經完全不同了。在進入能源氣候年代元年之前，幾乎所有電力公司對每度電都收取一樣的價格，而不管市場的真實需求或價格波動如何。但在這個新時代，你所要做的就是選擇「當日沖銷計畫」能源方案，那麼你家中安裝聰明晶片的洗碗機和冷氣機，就會配合聰明黑盒子，代替你來進行當日電力的沖銷交易：它們每5分鐘就偵測一次即時的能源市場，自動取得最好的價格買進。

許多消費者並不明白，電力市場其實是一個不停變動的現貨市場，一天之內電力成本的起落變化可以相差十倍之多。在你每個月單一費率的電價帳單背後，其實隱藏著電力市場每天、每分鐘劇烈的價格變化。

電價主要是依據區域內電網的不同需求，和不同供應來源（包括燃煤或天然氣火力發電廠、水力、風力或核能發電廠等）的可得性而變動的。舉例來說，當區域電網裡的負載需求增加，超過以最便宜的燃煤方式發電的供應量，電力公司就必須加入天然氣發電，這就代表發電成本馬上增加天然氣發電的部分。若是相反的情況，當電網負載需求減少，成本可能就降到只需便宜的核能發電或水力發電即可。這些所有的情況，過去全都隱藏在汙染性能源系統的背後。

不過，現在再也不是這樣了！自從安裝聰明黑盒子和聰明的電器，電力公司也在電網上設置智慧型科技之後，在家裡就能夠讀取電力公司真正的發電成本，而且只有當電價降到你的設定值，電器才會開始運作。同時，這套系統不只是讓你在成本最經濟時用電，你也要感謝穩定提升的效率標準，讓你的用電量不斷減少。因此，如今你家電器所消耗的電，大約只有十幾年前的三分之一。

當節能就像開關電燈一樣簡單

在智慧型電網裡，控制你的能源使用習慣，就像開燈關燈一樣簡單。在這些方案下，每當你要走出家門時，只需要按下聰明黑盒子控制面板上的「休眠」按鈕，家裡所有的電器包括電燈都會停止運作，或是處於最低耗電的狀態，直到收到指示才重新啟動。

在你長途旅行回到機場時，你還可以直接用手機啟動聰明黑盒子的控制面板，叫房子「醒過來」，讓你到家時馬上就有

熱水可以沖澡，冷氣也已經把家裡的溫度調整到令人舒適的標準。

電力，不過就是開與關。智慧型電網就是要確保當電器處在開的狀態時，能達到它的最佳生產力。當你不在家時，為什麼要讓你家所有電器都處於開啟狀態，像個吸血鬼一樣一點一滴的在消耗能源？因為你的電器實在太笨了，笨到不知道怎麼做才更好。

藉由在正確的時間點開關電器，智慧型電網終將消滅這些吸血鬼，讓你家的總電力消耗至少降低10%。當然，在你真的需要使用烘乾機或洗碗機時，還是可以取消自動控制，而這個電力系統仍然會用當時最便宜又可得的電力，供應這些電器的運轉。

讓電力公司更願意開發綠色能源

你的鄰居是一位綠色狂熱份子，他選擇「來自天堂的燃料」方案。在這個方案下，每個月只需要多付一點點錢，電力公司就會確保你所用的每一度電都來自綠色能源，如風力、太陽能、地熱或水力等。這並不代表你家的電力在每一分、每一秒都是來自綠色能源，而是代表每個月電力公司都會保證生產一定總量的潔淨電力，而這個總量就是所有簽下「來自天堂的燃料」方案的顧客的電力需求總量。

這個方案會讓你在使用能源時覺得好過一點，因為你已經盡力去要求電力公司持續開發更多的綠色能源，也讓綠色能源因此更有價格競爭力。

讓家裡的電表走得更慢

你和鄰居也一起簽了「讓電表走得更慢」方案。這項方案的內容是：在家裡後院的四個角落安裝四支追日型的太陽能系統，這是向電力公司租來的設備；這些太陽能板所生產的電會直接輸入你家的電力系統中，因而使你對電網的需求量減少，也就真的讓你的電表走得更慢了。也就是說，你所使用的電，有一部分是由家裡的分散型發電廠來供應，也就是一般所稱的「區域型電力生產與儲存裝置」。當然，這些太陽能板是由電力公司負責維護的。

某一天，杜克能源公司派人前來幫你更換兩片因冰雹而受損的太陽能板。這不需要由任何人去通知電力公司，因為這些太陽能板全都與智慧型電網連線，可以連上杜克能源公司的超級電腦，所以當它故障時，會馬上自動傳送訊息回去。反觀過去你爺爺的年代，如果遇上嚴重的暴風狂掃家園，使得電力供應中斷，除非是自己打電話通知電力公司，否則電力公司根本不會知道哪邊停電了。爺爺啊！那個年代一定很辛苦吧！

電力公司非常樂意去你家安裝那些太陽能板，因為他們可以藉由這項新服務來增加收入；另一方面，由於你恰好住在人口密集的地區，而這邊的電網在尖峰時段總是負載很重，如果有顧客願意使用分散型的電力生產方式，就可以減少電網的負載壓力。所以，只要可以讓顧客更安全無虞的使用自家的風力或太陽能，來點亮屋內的電燈或是加熱熱水，當然是愈多顧客加入愈好。

讓鄰里合作、共享潔淨的電力

　　有些住在洛杉磯的親戚與朋友已經享受到更先進的技術了。他們和電力公司合作，發明自己的「綠色之友與家庭」方案。他們在街尾的小學後方租了三個停車位，然後向南加州愛迪生電力公司租了一台由布盧默能源公司生產的可逆式燃料電池機器，再將它連線到自己家裡。

　　這台機器是一個大型的黑盒子，尺寸大約與一台休旅車相當，可以從多個面向來省錢、節能與保護環境。它可以在深夜時向電網要電，那時的電價最便宜；再藉由電解過程，將水分解成氫，放進儲存槽裡，然後在電價是兩倍貴的尖峰時段，將氫轉換成電能，提供給鄰里住宅來使用，或是供電動車充電。

　　這台機器最大的優點，是可以將氫或太陽能轉變成電力，而且唯一的「廢棄物」只有乾淨的水。甚至，還可以將農業廢棄物放進這台機器裡，它就能用一個小小的內建火爐，將這些廢棄物轉換成氫，然後再轉換成電力。與鄰里共用電力的這所小學，學校裡的課程包括讓學生競賽，看誰能讓這台燃料電池機器生產最多電力。

　　電力公司對於提供這些服務同樣樂意之至，因為每種服務都可以讓他們賺錢，而不再只是提供5塊美元吃到飽的、便宜又愚笨的電力。電力管理者當然也樂見這些服務，因為他們相信這些服務既可以讓顧客受惠，又能保護環境、減少電網的負載壓力，因此就不再需要興建那些高價的發電廠。

讓電力負載曲線趨於平坦

在這個系統裡，你看不見但又極其重要的，就是能源互聯網和智慧型電網，因為它們可以讓電力公司使用更多的再生能源。

如同先前提過的，電力公司過去一直不斷在興建電力生產系統，以確保夏季最炎熱的四天之中，所有人的冷氣都可以正常運作，那時正是電力需求的最高峰。某種程度上，電力公司的做法是先預測需求量，然後提前一天或一個小時將供電量排入計畫表內；他們做這件事非常、非常在行。不過，為了避免計算錯誤，或是臨時無預警遇上又長又強的熱浪，他們也必須再準備額外的備載電力。所以理論上來說，即使是在炎夏最酷熱的日子裡，也沒有人會沒電可用。

但為了這些理由，電力公司又必須興建新的電廠。這聽起來似乎很聰明，但其實非常沒有效率。想像一下，假設你擁有一間生產問候卡的工廠，如果你就像電力公司一樣思考，那你就會花1,000萬美元，蓋一間工廠來維持平日標準營業額的生產量；然後，你又再花1,000萬美元蓋另一間工廠，只是為了滿足聖誕節前一週，以及母親節、父親節與情人節前三天所額外增加的需求量。

然而其餘的日子裡，第二間工廠不會生產任何東西，只是讓所有的設備保持在最低耗電量的待機狀態，以免當生日卡的需求量突然間暴增時應變不及。這樣運用資本的方式真的非常沒有效率，但這就是過去長期以來我們管理電力系統的方式。

如今智慧型電網已經就位，我們就能控制需求。因為不論

是電力公司或是顧客，都可以優化電力使用的方式，讓愈來愈多人在夜間電費最低時用電，而白天電價較高時，則只有少部分的設備需要運轉。當你想要使用電力，或是當電力公司要賣電給你，甚至是當電力公司需要向你的汽車電池或太陽能系統買電時，能源互聯網也因而變得更聰明，因此全年三百六十五天的電力負載也變得愈來愈固定。

當電力公司能讓全天候的電力負載曲線愈趨平坦，或是在尖峰時段沒有那麼高的負載，甚至沒有所謂的尖峰時段，他們就不再需要興建或運轉任何備載發電廠。實際上，這就是以能源效率的提升取代新電廠的興建。

這就是能源互聯網所創造的可能性，它不只是增進能源效率，也是首次讓大規模的再生能源系統變得可行。為什麼？因為當全天候的電力負載曲線愈趨平坦，電力公司就愈有機會去購買或生產再生能源電力，取代燃煤或天然氣的發電方式。

讓再生能源的成本降到最低

在能源氣候年代第二十年，南加州愛迪生電力公司已經有一半以上的電力供應來自兩大再生能源：風力和太陽能，剩下的另一半則是混合使用核能、天然氣，以及採碳封存技術的燃煤發電廠。南加州愛迪生電力公司已經在懷俄明州和蒙大拿州興建大型的風力發電廠，也跟沿途許多小型獨立發電廠簽約。懷俄明州風力發電廠的規模非常巨大，遠遠的就能看見風力發電機，變成像是胡佛水壩一樣的觀光勝地。

智慧型電網同樣讓這些大規模的再生能源系統變得實際可

行。過去，風力和太陽能最大的缺點就是不穩定：白天有陽光，晚上沒有；多數地方的風力總是在夜晚或清晨時比較強，換句話說，都是在離峰時段才有足夠的風。若是用既有的儲電技術，這些潔淨的再生能源並不符合成本效率。

過去的電力工業最可行的儲電機制是利用抽蓄電廠，也就是在夜晚時將水抽到高處，白天再讓水落下來發電。問題是，能夠利用這種水利技術的地方並不多，而且建造成本也非常昂貴；此外，每天晚上抽水到高處的能源消耗，是隔天讓水落下發電的三倍。這些因素使得電力公司很難依賴風力或太陽能來供應20%以上的電量。因此，當陽光不夠強或是沒有風時，還是得依靠興建額外的天然氣發電廠作為備載系統。

但如今我們已經進展到能源互聯網的時代，也有了智慧型電網，電力公司可以在陽光普照或是有風的時候，同步讓冰箱或是空調設備運轉，使供需得以平衡。這樣一來，就能讓使用再生能源的成本更低，因為當烏雲遮住陽光或是風停時，電力公司的智慧型電網就會提高電價來降低電力需求（此時你家的聰明黑盒子就會決定停止洗衣機的運轉，或者調整家裡的溫度設定）；而當陽光普照或風力強勁時，電力公司就可以用最低價來啟動家裡的烘乾機等設備。因此，這個電網有多聰明、它的能源效率有多高，以及有多少再生能源可以使用，彼此之間就產生直接的關聯性。

全新的能源消費方式，全新的能源市場

就像所有的革命運動一次就改變許多事情。當智慧型電網

擴展到智慧型住宅，也一路擴展到智慧型汽車，就表示在你家電表的背後，已經創造出一個全新的能源市場。

在過去的日子裡，除了進到你家的愚笨電力之外，別無市場可言。任何行為就停留在電表那裡，你也只需要在月底時按帳單付錢。然而，一旦你有了聰明黑盒子、你家的電器也都變聰明之後，一個新的市場就不再僅限於你家的電表，而是遍布家裡各個角落，同時也可以廣泛的應用到全國的工廠和商業大樓裡。

有些電力公司決定踏進這個市場，幫忙優化你的智慧型住宅，讓你從這些最潔淨、最便宜、消耗又最低的電力，取得最涼爽、最溫暖和其他所需要的電力服務。其他多數的電力公司則是決定擔任這個全新工業的促成者，成為提供能源效率改善服務公司（energy efficiency service company，以下簡稱為EESC）。

就像是網路服務業者已經慢慢整合傳統的電話公司一樣，這些EESC也是透過整合來幫你優化智慧型電網，藉此更符合你的需求。這些電力公司會告訴顧客說，他們將提供最好的折扣甚至補助，來協助你安裝最具能源效率的電器，或是重新整修你的房子來減少能源的消耗。這是因為政府已經訂了一條新法規，規定電力公司的收入必須來自幫助顧客節省的能源，而不是來自顧客消耗的能源（我將在第十四章詳述這個部分）。

某一天，奇異公司能源效率改善服務部門的業務人員來到你家門口。因為你的房子已有二十年屋齡了，這位業務人員給你一個提議：首先，他們會免費幫你的房子做一次全面性的能源效率檢查：他們會帶一台測量壓力的儀器到你家，找出是哪些沒有接好的管線讓冷、暖氣流洩出去，使得你家裡的暖氣，

可能只加熱了屋頂或地板下方供電線、水管通過的狹小空隙，讓老鼠們住得非常舒服，而不是你。

第二步，他們會借錢來修補這些管線滲漏的地方，並且修補屋頂的裂縫，因為那些裂縫也會使得你所用的能源慢慢往外流洩，讓每個月要繳的電費多出30%。最後，他們會幫你安裝更具能源效率的電器，而截至目前為止，你都不需要付任何一毛錢。這家EESC的收入其實是來自你每個月所節省的電費和瓦斯費的一部分，同時他們還可以利用幫你減少碳足跡所得到的碳排放額度，賣到全球市場上去賺錢。

奇異公司的EESC會從你省下的錢裡拿走75%，其中50%用來償還先前的貸款，另外25%則是他們的利潤，而你則保有省下的錢的25%。現在，你的房子不僅更具能源效率，也可以用更高的價格轉售了。

同時，另一家EESC，席爾斯（Sears），則會給你一本小冊子，上面說明他們願意提供你同樣的服務，而且只要六四分帳！因為由提高能源效率所產生的現金流其實很容易預估，而EESC可以將這些資金賣給投資銀行，然後再轉成綠色儲蓄債券（green savings bonds）。

智慧型辦公室就在你家

吃完早餐之後，你準備前往公司參加今天的第一個會議。你需要先步行一小段路（路程大約20步），來到你的家庭辦公室。你的手中握著一張智慧卡，這張卡是由VISA和美國聯合航空公司的飛行里程酬賓計畫所贊助，它看起來就像是一般的

信用卡，只是稍微厚一點。你將這張智慧卡放進辦公桌上Sun Ray終端機的插槽裡，然後開始一天的工作。

這台Sun Ray終端機是由昇陽電腦公司生產，它所需要的電力只有4瓦，而一般標準的桌上型電腦通常要耗用50瓦以上的電力。這台終端機省電的原因在於它沒有耗電的硬碟，嚴格說來它只是一台螢幕，在螢幕下方有個狹長型的插槽，當你將智慧卡插入槽內，它就會自動連上「雲端硬碟」，你所有的軟體、電子郵件、網路應用程式和個人檔案全都在裡面。

「雲端硬碟」可以看做是一個擁有龐大數量的各式伺服器的資料中心。它就座落在哥倫比亞河水壩的附近，因此你的所有應用程式都是用無汙染的水力發電來驅動（當然也包括其他數百萬連上「雲端硬碟」的人的應用程式），同時也利用水力發電來冷卻所有的伺服器。

家庭辦公室裡的智慧型光源，是由移動偵測器控制的，讓你一走進這個房間馬上燈亮，當然也包括空調設備的啟動；當你不在辦公室，這個房間就不會有任何能源消耗。

你的每項設備、這個城市裡的每個新家和每棟新建築，都要符合日漸提升的能源效率標準。在2007年的能源法案裡，美國總統小布希宣布要在2014年以前分階段淘汰傳統的白熾燈泡，因為這種燈泡會將90%的能源轉換成廢熱，讓辦公室內的溫度因而大幅升高。相信大家應該都有換燈泡的經驗，如果在燈泡尚未冷卻前更換，手指可是會被燙傷的。

現在已經有一種比較聰明、省電的螢光燈管，耗電量只有傳統燈泡的四分之一，這不只減少照明所需的能源和多餘的廢熱，也省去降低辦公室溫度所消耗的能源。

立在你的辦公桌上、Sun Ray終端機旁邊的是6瓦的桌燈。沒錯！只需要6瓦的耗電量，因為這種桌燈採用發光二極體和反光鏡來加強光源，所以相當於100瓦電燈的照度，卻只有6瓦的耗電量。

你家裡的其他電器也同樣如此有效率，例如超省電的冰箱，消耗的電力只相當於一顆20瓦的燈泡。此外，你家的電視、TiVo（電視節目導航數位錄放影機）、跑步機等，在沒有使用時都會完全關機，不會產生吸血鬼效應。

讓每個開車上路的人都付費

正常來說，你的公司鼓勵你盡可能在家工作。但今天，你收到一封來自老闆的電子郵件，通知說今天早上10點30分要在城裡的辦公室舉行視訊會議，與會成員包括管理團隊和遠在印度千奈（Chennai）工作的同事，會議主題則是討論一個大型的不動產開發計畫。於是，早上9點45分，你開著你那台福特野馬RESU上路。

這台RESU是插電式的混合動力電動車，它就像是一般的混合動力車，但有個比較大的電池，可以直接從牆上的電源插座充電。也就是說，你所有區域性的旅程都是由電力支應的，不過你車上還是有瓦斯貯氣槽作為備用動力。這個電池通常在每天晚上充電，也可以在任何需要充電的時候充電，因為它就像烘乾機和其他電器一樣，可以自動與電網互動，在深夜離峰時刻買進最便宜的電力。

在前往辦公室的途中，車上的導航系統地圖突然跳出一個

訊息，指出你平常習慣走的高速公路發生車禍事故，建議你改道，以節省時間及車上電池裡的電力。當車子進城時，你必須經過一個電子收費閘道。進城的時間若是在早上十點到下午兩點之間，它會自動調整收費為12美元（尖峰時段的收費則是18美元），這正是你必須盡量待在家裡工作，或是盡可能搭乘大眾運輸工具去上班的原因之一。

這其實是全新的道路壅塞定價系統的一部分，實施以來大幅減少進城的車輛數，也因此讓出更多的行車空間給電動巴士和其他類型的大眾運輸工具。比起從前，現在這些大眾運輸系統可以載更多人、更快抵達更多地方。實際上，這個剛上任的新市長就是靠著「道路標價、交通淨空」的競選口號而當選的。他說：「如果你想要少一點二氧化碳排放，那就向排放二氧化碳的人收費。如果你希望特定時段裡路上的車子少一點，那就向開車上路的人收費。」這個道理其實再簡單不過。現在，所有實施這項計畫的地方，都已經有效減少路上的車輛。

連停車都有錢可賺

到達辦公室前，你將車子停在立體停車場裡，讓車子可以充電，也可以賣電給電網。這種雙向式的隨插即用系統，在全美國各地的房子或是立體停車場都是通用的設計。你之所以停在這個立體停車場，是因為它比轉角那家推出更優惠的方案，讓你可以一個月內免費停四天，還附加每週五的洗車服務。這種停車優惠的競爭，現在可是一點也不稀奇。

為什麼這家立體停車場的老闆這麼渴望你來這裡停車？因

為他可以在你賣額外的電力回去給電網的同時，分享你賺進的錢。此外，這個立體停車場的整片屋頂全都裝設太陽能板，可以生產潔淨電力賣給停在這裡的所有車子，老闆稱它是「電子汽油」（e-gasoline），這個立體停車場的名稱則叫做「比爾的人工油田」（Bill's Artificial Oil Field），所以這位老闆是同時進行停車服務和能源生產的事業。

下午2點32分，當室外溫度高達攝氏30度，你的車還有許多昨晚充飽而未用的電力。根據智慧型電網的資訊，它計算出此時正是賣電的好時機。這輛聰明的RESU先計算你平常週三下班例行路徑所需要的電力，包括帶小朋友去足球場練球，然後去雜貨店買東西，另外還預留10%的電力，以防你臨時改變路徑。接下來，它就把多餘的電用每度40美分的價格賣給電力公司。

南加州愛迪生電力公司透過這個各地通用的插座系統，向你車上的電池買了5度電。這不僅讓電力公司可以滿足尖峰時刻的電力負載，也讓整個系統的負載曲線維持平坦，同時還讓你和這家立體停車場的老闆都賺到錢。

在這筆交易裡，你總共賺進2美元，而這家提供太陽能發電、也讓你的車連上電網的立體停車場，也從你賺的錢裡分了一杯羹。這個月到目前為止，你車上的電池已經靠賣電和紓解電網負載替你賺進24美元，而同一段時間裡，你總共只花了47美元讓車充電，因為你總是在晚上的離峰低價時段充電，然後又在白天高電價的尖峰時刻賣出多餘的電。

平均來說，你開車的花費約等於每加侖汽油只要1.5美元。不過，人們還是會盡量少開車，而多多使用大眾運輸工

具，因為道路壅塞定價系統會轉投資到大眾運輸系統，讓大家都願意這麼做。無論如何，這總好過任油價飆高而讓石油輸出國獨享利益。

為了上午的那場會議，老闆召集整個負責千奈新郊區智慧型住宅設計的管理團隊，你跟六位遠在印度千奈的同事開了三小時的會，從財務到建築等所有問題全都討論過一遍。過去如果需要這樣面對面的會議，至少有好幾個同事要飛到千奈，耗費相當多的時間、金錢和能源。但再也不需要這樣了。

實際上，這三小時的會議是藉由思科系統公司（Cisco Systems）的遠端臨場會議系統（TelePresence system）召開的。當你的團隊坐在會議室裡，就可以透過思科公司的網路，看到另一個團隊出現在整面電視牆上，而且畫面是非常逼真的3D影像。

思科公司的遠端臨場會議系統讓這些人看起來或聽起來，都像是真人親臨現場一樣，每位開會成員的影像都是實際的真人尺寸，配合高解析度的動態影像與環繞音效，可以讓你們清楚的辨別是哪位成員在發言。即便你們相距半個地球之遠，像這樣擬真的環境，會讓你感覺像是所有人都在同一個房間、同一張會議桌上開會一樣。好玩的是，因為整個環境和真人尺寸的影像太過逼真，讓你開完會時竟想站起來跟螢幕上的某人握手，引起一陣哄堂大笑。

開完會後，你回到家停好車，大約是下午4點左右，你打開電動割草機除草，此時你的小孩則搭著混合動力校車回到家來。那台校車也是另一種大型的RESU，透過跟你的RESU一樣的方式，它也可以藉由儲電和賣電幫學校賺錢。

讓建築盡可能多功能、零耗能

現在的社區型校園是一個具雙重功能的教育與商業中心。也就是說，當學校廚房供應完午餐之後，就由愛因斯坦兄弟貝果（Einstein Bros. Bagels）接手。從每天下午3點到隔天清晨6點，貝果公司都會利用學校餐廳來烤貝果，然後再將貝果送到遍及城內的經銷點或雜貨店；這樣一來，貝果公司就不需要建造一座烘焙工廠。

具雙重功能的校園現在已經成了一種新趨勢，透過這種方式不僅可以省下龐大的電力、土地和新建設，同時也可以替學校賺錢，讓學校請得起更多老師。達美樂比薩也是利用學校餐廳下午閒置的時間，製作並且遞送比薩到城內各處；他們已經有好多年不再租用或興建新的商業廚房了。

另外，這所學校也是一幢零耗能建築。它的設計和興建，從牆體、窗戶、照明系統、水處理系統到空調系統，不論是單獨檢視還是系統整體的合作都超級省能。同時，學校建築的外牆和屋頂也是一座迷你發電廠，整合了太陽能板、太陽熱能系統，再加上盡可能讓白天室外的光線透過智慧型窗戶進到室內的照明設計，可以取代燈泡的使用。

因此在白天的上班時間裡，這所學校就是一個「淨」能源生產者，可以將多餘生產的電賣給電網。到了晚上，當愛因斯坦兄弟貝果公司在廚房裡烘烤貝果時，學校就從電網買進離峰時段的低價電力。結果當每個月結算時，學校的電費帳單上需要支付的電費就是「零」。附帶一提，除非你的新建築可以做到零耗能，否則你是無法取得建築執照的。

為什麼零耗能建築和雙重功能這樣重要？這麼說好了，這裡有個有趣的事實：生產水泥時，要利用熱來烘乾石灰，這個過程中會釋放出二氧化碳；而全球所有的水泥生產過程中所排放的二氧化碳總量，其實跟交通工具排放的總量幾乎一樣。因此，我們興建愈多愚笨的水泥建築，就等於消耗愈多能源、排放愈多二氧化碳。一旦我們理解智慧型汽車和智慧型住宅可以省下多少能源，就會知道建築標準就跟油耗標準一樣重要。

智慧型電網的雛形已經出現

　　我知道以上所敘述的故事聽起來有點虛幻，就像是動畫影集《傑森一家》（The Jetsons）裡的科幻情節。但這故事其實一點都不虛幻。一個簡易的能源互聯網原型，已經在2007年開始部署了，這個實驗計畫在華盛頓州的奧林匹克半島進行，由美國能源部太平洋西北國家實驗室（Pacific Northwest National Laboratory）負責統籌，博納維爾電力管理局（Bonneville Power Administration）和地方電力公司共同協辦。

　　2007年11月26日，美國MSNBC新聞網報導這個實驗的初步成果，標題是「聰明電器學會保護電網」（Smart Appliances Learning to Save Power Grid），內容提到「在這個實驗裡，研究者發現所有參與家戶的尖峰電力負載，連續三天都減少了一半」。這篇報導還引用普拉特（Rob Pratt）說的一段話，他是太平洋西北國家實驗室跨部門合作計畫的專案經理，這項計畫又簡稱為智慧電網（GridWise）。普拉特是這麼說的：

「這真是太神奇了！」……有位住在華盛頓州西昆市（Sequim）的屋主布勞斯在地方電台聽到這個計畫時，馬上就登記參加。結果他說他家裡的用電量少了15%，他還自製一張估算表，計算有多少比率的電力會流進熱水器、空調系統和烘乾機，好讓他可以再想辦法省下更多電。

這個計畫會根據布勞斯每一季所節省下來的電費，再寄一張相同面額的支票給他作為回饋獎勵，而他最近一期收到的支票是37美元。經過幾次露營之旅後，布勞斯已經學會讓他的房子進入休眠狀態或是重新啟動 —— 他只需要簡單的登入一個網址，就能從遠端控制家裡的暖氣或熱水器開關。

報導中還解釋說：

在華盛頓州奧林匹克半島的布勞斯家和其他住戶家中，智慧型熱水器和空調系統會依照當時的供需狀況，每5分鐘更新一次電價資訊。屋主可以自行調整電器設備的設定，在尖峰時刻減少能源消耗與電費支出，並且在任何需要招待賓客晚餐或應付某位吹毛求疵的親戚時，取消原本的控制設定……

社會與環境行為專家卡札夫（Richard Katzev），也是奧勒岡州波特蘭市公共政策研究團隊的主席，他認為只提供充分的資訊給顧客是不夠的，除非一併提供他們行動的誘因。參與這項計畫的住戶現在都已經願意接受那些省電裝置，他們只需要再稍稍改變一下生活方式，例如讓洗碗機和烘乾機延到夜間才用低價的電力來運轉。

另外，報導中還提到：

在另外兩個共有約200戶家庭參與的相關研究中，研究者平均在每戶花費1,000美元來安裝節能電器與設備，同時監控性能。普拉特認為，如果這些設備能廣泛應用於一般住宅，前期成本大概只要400至500美元，而如果電器在出廠前就先安裝好這些晶片的話，前期成本就有機會更低。

普拉特說：「當這些設備便宜到一定的程度，就連咖啡機都能幫到供電電網。」如果全國都開始應用節能電器，將可以在二十年內省下700億美元，這已經相當於興建好幾座新發電廠和配電站的成本了。

從管理用電取代發電廠的興建

說到咖啡機也能幫助供電電網，當我到華盛頓州富國市（Richland）的太平洋西北國家實驗室拜訪時，普拉特和他的同事戴維斯（Mike Davis）及伊姆霍夫（Carl Imhoff），展示一套系統給我看。

那是一個裝潢成家用廚房的房間，裡面有洗碗機、烘乾機、熱水器、冰箱和咖啡機。每個電器都裝上太平洋西北國家實驗室設計的特殊晶片，他們稱之為「對電網友善的電器控制器」（Grid Friendly Appliance controller，簡稱GFA）。這個控制器是一個約5乘6公分大小的電路板，可以安裝進冰箱、冷氣、熱水器和其他各種家用電器的線路中。它會監控電網負載，在負載過

高或是收到指令時，讓電器關閉幾秒到幾分鐘，但不會把電器搞壞。當發電廠無法生產足夠的電力來滿足消費者時，GFA就會用這種方式來減少系統的部分負擔，以平衡電力的供需。

當我走進這個模擬的廚房，所有的設備都在運轉，包括冰箱的門還打開著，房間裡非常嘈雜。在我頭頂上方有個數位螢幕，上面顯示出所有電器都全速運轉時需要多少度電。當他們將輸入廚房的供電量減少70%，令人驚訝的事發生了：所有的設備都還在繼續運轉，嘈雜的聲音和剛才全速運轉時也沒太大分別，但其實供電量已經少了70%！

這是怎麼辦到的？原來，GFA只要感應到電力驟降，就會切斷部分的系統負載來因應。舉例來說，GFA會將烘乾機的熱源關閉，但是讓滾筒持續旋轉；GFA也會切斷熱水器的熱源，但因為熱水筒裡已經儲存足夠的熱水，即便你正在沖澡，也不會沒有熱水可用。

當偵測到電網的負載壓力很高，GFA也會自動將電力供應向下調節，使冰箱的循環除霜功能暫時中止，但如果你打開冰箱門，裡面的燈還是會亮起來，而放在裡頭的食物，在這短短幾分鐘之內也依然能維持在冷藏的狀態。像這樣對電網友善的電路板，目前每個只要25美元，如果能夠大量生產，價格一定會大幅下降。

目前這項科技已經開始在較大型的社區裡進行先驅實驗，它的優點有好幾項。首先，像這種電力驟降的情況，其實可能每週都會發生好幾次，只是你不知道而已。你之所以不知道，是因為電力公司通常會利用一到兩座備載發電廠來支應，而就算是在平常不需要它們供應電力到電網時，這些備載設備還

是要不停的運轉，以便當遇到電力驟降的情況，能隨時替補上去。就因為如此，你才不曾察覺到電力驟降的情況，然而如果這個備載發電廠是個燃煤火力發電廠，它就會不斷的排放二氧化碳。

如果我們可以藉由需求管制來管理電力驟降的問題（其實只需要減少電器的使用），比起一直增加額外的供電量，不但能省下能源和金錢，還能削減二氧化碳的排放量。

太平洋西北國家實驗室能源科學與技術董事會的共同主持人戴維斯說：「打從有了這個電網，我們就不斷利用新科技從供應端來解決所有問題，卻從來沒有試著用新科技從需求端來解決問題。現在我們已經有了這項科技，如果某人要求我家咖啡機的熱源每天必須關閉幾分鐘，同時有好幾百萬個家庭也都願意這麼做，我們就不再需要額外的火力發電廠了。我會非常樂意配合！」

這就是我們要的未來：落實能源互聯網

前述我所設想的模式，再加上戴維斯和他的同事所實驗出來的模式，一定可以引發一場電力工業的革命性改變。如果能顛覆過往只關心從發電廠到你家電表的局限觀點，公共電力事業將可以全面轉型。這樣的轉變所涉及的範圍將從潔淨電力生產的這一端，直接延伸到你的家用電器、汽車電池，甚至是你家屋頂的太陽能板。

電力公司將不再只是販賣既愚笨又汙染環境的電力銷售者，而是搖身一變成為整個智慧型電網和能源互聯網的推動

者，還能藉由整個系統的優化來賺錢。位於北卡羅來納州夏洛特市的杜克能源公司執行長羅傑斯總是說，與其花70億美元去蓋一座新的核能發電廠，他寧願電力管理者讓他把這筆錢花在打造一套智慧型的電力系統，供他的顧客在屋頂上安裝太陽能板、在家裡設置聰明黑盒子、在車裡有聰明的電池、還擁有各種裝了對電網友善晶片的家用電器，然後讓杜克能源負責提供網路裡各個層面的維護與服務工作。

羅傑斯說：「過去一百年來，我們將自己的市場局限在從電力生產者到你家的電表之間，然而我希望這個市場可以延伸到顧客家的屋頂，也延伸到所有的能源裝置，而且能源互聯網可以直接建置在顧客的住家、辦公室和汽車裡。因為，從優化這些能源互聯網和應用做起，才是真正的節能省錢……我要讓我的電網成為智慧型電網、讓每個人的家都變成智慧型住宅、讓每間工廠都變成智慧型工廠，然後再一一優化，讓每個人都能用最少的金錢和最低的二氧化碳排放，得到最多的服務。」

從營運一家5塊美元電力吃到飽的自助餐廳，轉變成優化能源互聯網的經營者與推動者，對電力公司來說，的確是很艱難的工作。但這就是未來。如同電資系統公司的未來趨勢專家威克所說的：「未來就在我們身邊，只是它還沒有廣為人知。」

他是對的！我們今日所見，已經可以推斷出未來可能的樣子；那些已經成形的科技，我們都可以讓它發生，但還需要一些關鍵的創新突破，才能讓這樣的未來廣為人知。

我所形容的能源互聯網若能真的落實，我們就有機會用更

少的發電廠、更高的能源效率、更多如風能和太陽能等再生能源，抹平能源需求的離尖峰落差，也能夠帶動更高的成長。

如果能再加上一項創新突破，找到可以真正提供充足、潔淨、可靠又便宜的電力的來源，啟動整個能源互聯網，我們將能大幅減少燃煤、石油與天然氣的使用。也只有這樣，革命才算完整。然後，我們就能夠讓潔淨電力輸入節能的智慧型電網、輸入智慧型住宅、輸入智慧型汽車。

當這一切發生時，將是一項偉大的能源變革。這是資訊科技革命與能源科技革命兩條大河的匯流。當這一切發生時，當這一切真的發生時，將超越你我的想像，開啟人類更深的潛力、更多的創新、更大的可能性，讓人們可以用永續的方式脫離貧窮。

我只希望自己能活得夠久，可以看到這一天的到來。下一章，我將敘述怎麼讓這件事成真。

比大地之母
還重要的利益之父

我們需要為綠色能源科技創造出瘋狂的需求，

我們更需要一個為綠色能源而存在的市場。

唯有藉由利益之父所帶來的

各種賦稅、法令、獎勵或處罰性的誘因，

才能趕在大地之母來課我們的稅之前，

打造出足以激發綠色能源茁壯、突破、革新的能源花園。

到那時，石油時代終將因綠色能源系統的興起而結束。

發明家愛迪生終於完成蓄電池的優化，可以用電力來驅動汽車，價格不貴又不太需要維修，即將在未來幾個月內上市。這些年來相同的報導不斷重複出現，卻不見電力運用到汽車的技術有多大進展。

——《國際前鋒論壇報》，1907年11月1日

如果我問顧客們想要什麼，他們一定會要隻跑得更快的馬。

——亨利福特，福特汽車創辦人

天津，是中國許多汽車大廠的總部，2007年9月我受邀到天津「綠色汽車代表大會」（Green Car Congress）演講。沒錯，就是中國，他們已經開始持續改善汽車的油耗標準和汙染規範，現在更召開討論最新綠色汽車科技的研討會。誰會料想得到呢？演講是在天津的萬豪酒店舉行，底下那些頭戴口譯耳機的聽眾，大部分都是中國汽車工業的高階主管，其中有些人看起來非常嚴肅。演講之前我努力想了很久，該說什麼來刺激這些人的思考，給一個他們從來沒有聽過的觀點。最後，我決定直接採取鎖喉攻勢！我在演講裡發動攻擊的基本策略如下：

「我每年來到中國，總會有年輕朋友告訴我，『佛里曼先生，你們美國人在過去150年來，靠著煤和石油為動力、靠著汙染環境來帶動你們國家的工業革命和經濟成長，現在，該輪到我們了！』這麼說好了，今天在這裡，我要代表美國人向各位說，你們是對的，該輪到你們了！所以請不用急，慢慢來，你們高興怎麼汙染環境來帶動經濟成長都可以，高興汙染多久都可以。

慢慢來，都沒關係！因為我想我的國家只需要五年的時間，就能發展出所有綠色能源和提高能源效率的技術，而你們中國得小心，不要因汙染而窒息；然後我們再把這些綠能技術全部賣給你們。在下一波綠色能源和提升能源效率技術的全球化產業興起之時，我們將至少超越你們五年的時間，我們會擁有壓倒性的領先優勢。所以，請別急！你們要怎麼汙染環境來帶動經濟成長都可以，想要汙染多久都可以。如果你們只想再汙染五年就好，沒問題；如果你們想再汙染個十年，讓我們有更充裕的時間在下一波全球化產業中超越你們，那更是太好

了。請不用急，儘管慢慢來！」

剛說完這段開頭，我看到許多滿頭灰白髮的中國汽車業者調整了一下頭上的耳機，想確定自己沒有聽錯：「台上這傢伙剛才說啥？美國要在下一波全球產業裡打敗我們？那是什麼產業？」當我繼續說下去，我看到有些人開始點頭，嘴角微微一撇，已經知道我在說什麼了：綠色能源將是下個十年的全球標準，而綠能技術將是下一波全球產業的主力。那些可以發展、製造和販售更多這類型技術的國家，將更具競爭優勢，他們將能享有最乾淨的空氣，又具有成長最快速的產業，這聽起來真是個夢幻的組合。

這就是我試著在天津引導人們思考所強調的重點，我將它轉變成關於競爭力的議題：能夠讓人們繼續使用汙染性燃料而不遭受大自然反撲的世界，已經不復存在，如果中國仍執意要持續使用汙染性燃料來帶動經濟成長，使用的時間愈長，就愈會延遲他們制訂那些帶動綠色能源產業的相關政策、價格與法令。那麼，身為美國人的我，當然就更高興了。

美國勝利！美國勝利！美國勝利！

不過……前提是，我們必須了解此時此刻的重要性，並且傾全力掌握致勝關鍵：建立一個可創造、生產、發展綠色能源、能源效率、資源生產力與生態保育的再生能源生態系統；這個系統的成本會比燃燒煤炭、石油和天然氣的真正成本便宜。如果能早一點察覺到這個時間點，並且認真執行各種可能實現這個勝利公式的工作，那麼，我們的確有機會確保自己占據全球的領先地位。

我們需要一個為綠色能源而存在的市場

　　我在前一章所描述的能源互聯網，其實就是這項革命性的創新綠色能源系統的核心。智慧型電網已經是必要的工具，它可以提升能源效率、降低電力需求，同時也減少二氧化碳的排放，只是單單有它其實還不夠。我們還需要充足、潔淨、可靠又便宜的電力，可以輸入智慧型電網，才能創造一個完整的綠色能源系統，讓電力可以從發電廠傳到電力網路，再傳送到你的家、你工作的地方，也傳送到你的交通工具上。

　　不幸的是，就像之前提過的，我們還沒有找到那顆促進能源生產的神奇子彈，因而無法生產出充足、潔淨、可靠又便宜的電力。到目前為止，我們在風能、太陽能、地熱能、太陽熱能、氫氣和纖維素乙醇等領域雖然持續有所斬獲，但仍然沒有任何一項能源科技有突破性的發展。所有穩定增加的進展都是我們需要的，然而指數型成長的突破性創新，才是我們真正渴望的。

　　這就是為什麼綠能革命是我們首要的創新挑戰，而且絕對不只是一般的挑戰而已。微軟的首席研究暨策略長蒙迪（Craig Mundie）說：「這個問題最終還是得靠工程師來解決。」但要怎麼做到呢？已經有這麼多針對綠能的討論和各種大鳴大放的言論，為什麼我們還發展不出呈指數型成長的創新或工程突破？

　　答案可以分成兩個層面來說。首先，真正的能源創新是很困難的，必須跳脫物理、化學、熱力學、奈米科技與生物科技的限制，去開拓這些學科裡尚未開發新領域。

　　更重要的是第二個層面，這也是本章和下一章想講的主

題：我們還沒有真正努力去嘗試。沒錯，我們還沒有真正努力去嘗試。

有一些努力嘗試時該做的基本功課，我們一直還沒做，那就是整合各項政策與法令、獎勵性與處罰性的租稅誘因，以刺激業界投注到能源互聯網，提升目前已有的綠色能源技術，如風能和太陽能，好讓學習曲線降得更快，並且誘發更多人願意在自家車庫或實驗室裡研究發明，讓大家一起來找出新的潔淨電力來源。

就像能源部長朱棣文（Steven Chu）有次跟我說：我們想要遠離「只想維持過去樣貌」、由遊說團體主導的體系，轉變成「可以帶給我們未來樣貌」、由工程師主導的體系。有太多重點我無法一一陳述，但如果你只能從這本書裡學到一件事，那麼請記住：我們沒有辦法利用規範，來避開能源氣候年代裡的問題；我們只能找出創新的方式闖出一條生路，而唯一能做的，就是利用市場機制，來策動更有效率、更富創造力的系統，並且將既有的新產品進一步商品化。因為，唯一比大地之母更重要的，就是利益之父，而我們居然還沒將它拉入這場戰局中。

此刻我們需要的不是一個提倡綠色能源的曼哈坦計畫 *1（Manhattan Project），而是一個為綠色能源而存在的市場，這才是我們現在所缺乏的。

1　譯註：第二次世界大戰末期，由美國理論物理學家歐本海默主持，為率先研發出原子彈而進行的計畫，代號「曼哈坦」。這項計畫集結當時西方國家（納粹德國除外）的頂尖核物理學家、動員超過12萬人，在花費20億美元、耗時3年之後，終於在1945年7月16日於新墨西哥州的沙漠中，成功試爆世界上第一枚原子彈。

為了發展充足、潔淨、可靠又便宜的電力，同時提高能源效率，我們不需要政府偷偷帶領一群科學家，在遙遠的基地發展出單一目標的創新，而是需要上萬名發明家共同合作、彼此依存與激勵，提出各種突破性的創新。我們還必須替既有的綠能科技，如風能和太陽能，創造龐大的需求，而且必須是瘋狂、渴望到破表的需求，才能降低這些科技的成本，讓它們足以與煤、石油和天然氣等傳統化石燃料競爭。

　　只要我們能創造這個市場，讓全世界都產生龐大的需求量，今天就可以讓這些既有的綠能科技變得更便宜，也更有效率。如此一來，就能大幅降低學習曲線。我們能夠在太陽能和風能發展上所做的努力，就如同中國在網球鞋和玩具上的付出一樣。

　　唯一能刺激突破性的科技創新，和既有技術的根本改善的，就只有自由市場而已。只有市場能快速而有效率的生產，並且調度足夠的資金，讓上萬名發明家可以在成千上萬的公司、車庫和實驗室裡促進創新的轉變。也只有市場才能讓這些最好的技術商品化，改善既有的科技來符合我們需要的視野、速度和尺度。

　　然而，自由市場並不只是一片開放的園地，你只需要簡單的澆澆水，然後賴在躺椅上，放任裡頭的東西隨機長出來，並且認定最好的東西肯定會冒出頭來就好。不是這樣的！市場就像是花園，需要聰明的設計和養分供給，必須正確的運用賦稅、法令、獎勵或處罰性的誘因，才能生產出漂亮又健康的作物來帶動繁榮。

　　截至目前為止，我們還沒有打造出足以發展綠色能源的能

源花園。我們其實還差得遠呢！我們目前所擁有的能源花園，就只能用石油、煤和天然氣等便宜的汙染性燃料來生產電力，而我們就坐在這兒，放任國會和私部門裡從中受益的人，拚命用政府資源來挹注這個使用汙染性燃料的花園，毫不關心其他能源的可能性。套句英國經濟學者柯利爾（Paul Collier）的話，在這座能源花園裡只有一個規則，那就是「肥者生存」（survival of the fattest），也就是那些擁有最多遊說資源和資金的人，才是政策制訂者。

唯有聰明設計的系統，才能創造綠色能源新系統

現在的能源花園已經糾結一堆煤炭、石油和天然氣的管線、精煉廠和加油站，幾乎再也容不下任何新事物在這裡尋找生存的空間。毫無疑問的，多數先進國家的能源花園都是為了取得石油、煤和天然氣的利益所打造的，他們讓這些燃料既便宜又多產，而且很難被取代。綜觀全球的能源花園設計，也都是為了符合石油輸出國家的石油企業聯盟和獨裁者的利益。在能源的世界裡，沒有所謂公平競爭的「自由市場」，那完全只是個幻想。

舉例來說，美國政府從同樣是民主同盟的巴西進口甘蔗乙醇，每加侖要54美分的關稅，但是從最多九一一劫機客所在的沙烏地阿拉伯進口原油，每加侖卻只要1.25美分的關稅。這算是哪門子的自由市場？而且，雖然甘蔗乙醇所能生產的能源是玉米乙醇的七、八倍高，但也只有在美國的市場裡玉米遊說團對國會有足夠影響力，才能夠阻止巴西的甘蔗乙醇來跟美國

的玉米乙醇競爭。

　　當然，也只有在美國石油大亨的遊說之下，執意讓運輸燃料持續依賴汽油，才能使其他替代能源無法突破汽油的低價。為了支持石油、煤炭和天然氣產業，美國已經投注數十億美元，同時長期給予租稅減免，然而在過去三十年來，只有每二到三年才給風能和太陽能一點點微不足道的租稅減免額度，使得這兩項替代能源的長期投資變得很不穩定。這又是什麼樣的自由市場？

　　只有在為了化石燃料而打造的市場裡，才有辦法讓化石燃料維持低價，然後凸顯再生能源的昂貴與難以捉摸。這也難怪，當原油的價格已經逼近每桶100美元的時候，我在《紐約時報》的同事摩瓦得（Jad Mouawad）寫到：「即使在今天這樣油價的高點，進口一桶水仍然要180美元，進口一桶牛奶也要150美元，原油的進口價格依然比較便宜。」（2007年11月9日）可想而知，當進口原油的價格依舊比進口水和牛奶便宜時，我們幾乎很難有任何能源創新的機會。

　　如果希望看到潔淨電力、智慧型電網和提升能源效率的創新科技，我們就必須聰明的重新設計這座能源花園。正在興建大型電力系統的貝泰工程公司（Bechtel Corporation）副總裁艾韋登（Amos Avidan）表示：當人們試圖發展下一代的綠色能源時，「我從不相信演化，我只相信聰明的設計。只有經過聰明設計的政策，才能讓我們掌握絕佳機會產生突破性的創新。」

　　人們常問我：「你最喜歡哪一種再生能源？你是喜歡太陽光電的那一派呢？還是喜歡風力那一套？或者是地熱？太陽熱能？」我現在的答案非常簡單：「我最喜歡的再生能源，是一

套能激發能源創新的生態系統，我最贊成的是能夠激發能源創新的生態系統。」

我們真正需要的是一套把政策、法令、獎勵性與處罰性稅制誘因都設計進去的聰明系統，可以確保我們得到更多潔淨電力的來源、提升能源效率，並且讓學習曲線降得更快，也讓每一種產生綠色能源的新概念，可以更快速的超越實驗室研究階段。只有這種激發能源創新的生態系統，才能催生能源互聯網的形成，讓充足、潔淨、可靠又便宜的電力可以輸入智慧型電網。唯有建立一個系統，才能創造另一個系統。

單單一個曼哈坦計畫是無法達成這個目標的，或許應該說，還差得遠呢！矽谷研究團隊的執行長卡爾森，也是《創新：滿足消費者所求的五項守則》（*Innovation: The Five Disciplines for Creating What Customers Want*）的共同作者曾經表示：「我們需要政府介入重塑市場，才能產生突破型創新。只要政府做了合理的事情，其他事情就會自動到位。」世界上很多國家已經察覺到這點，並且開始逐步推動能源和環境的創新與發展。只有美國還沒跟上世界的潮流。

卡爾森說：「我們國家唯一制訂的產業政策，只有針對農業，那還是一個十九世紀的產業。我們目前的確還沒有一套聰明設計、針對能源創新與商業化的國家策略。」卡爾森補充說，我們並不希望政府挑選出最後的勝利者（就像目前已經干涉過深的玉米乙醇），而是希望政府設立一套正確的租稅政策、管理政策和教育政策，並且資助基礎研究，打破材料科學、化學、物理、生物和奈米科技之間的藩籬。唯有準備好所有的培育資源，市場和創業投資者才能選出最可能從計畫階段過渡到

業界的新能源商品。這就是所謂聰明的設計。

短期來看，要出現變革性的突破性創新確實比較難，但卡爾森認為：「從長期來看，只要我們做對事情，綠色能源將是讓我們的生活變得更美好的解決辦法……不過，若是沒有聰明的設計，那是不可能發生的。」不過我們可以先談談價格訊號（price signals），它是這套聰明設計系統的一部分。

毫無創新動力的美國能源產業

在開始說明我們需要什麼樣的價格訊號之前，我想強調一件事，那就是過去五十年來，美國針對刺激綠能創新所做的努力有多麼薄弱。

讓我們先來看看統計數字。美國在2007年由電力公用事業投入的研發經費，只占全部收益的0.15%；通常在競爭激烈的產業界，這個投資數字應該是占收益的8%至10%。如果全部的研發經費只占總收益的0.15%，那也不過只能訂閱幾期《大眾機械》（*Popular Mechanics*）和《科學美國人》（*Scientific American*）雜誌而已。實際上，就連美國寵物食品產業每年投入的研發經費，都比美國公用事業來得多。

我們再換個提問來看：美國最近一次在綠色能源生產方面的突破性創新，發生在什麼時候？答案是1957年，也就是全世界第一座集中式商業核反應爐在美國賓州的西賓堡（Shippingport）啟用的時候。沒錯，就是從那個只有無濾嘴香菸和種族隔離的年代之後，綠色能源就再也沒有更大的突破性創新了。

還想知道更多證據,好確定我們在能源領域多麼沒創意?那就來請教伊梅特(Jeffrey Immelt),他是奇異公司的現任執行長,而奇異公司是全球最早投入動力系統的製造商之一。

伊梅特跟我說了一個故事:他在奇異公司工作長達二十六年,這段期間,他已經在奇異公司的醫療事業部門見證多達八代或九代的醫療科技革新,包括X光機、磁振造影和電腦斷層掃描等設備。由於政府和醫療市場共同創造出好的價格、誘因和競爭力,因而衍生出一連串穩定的創新;這個領域裡的創新是很有利潤的,而且相當容易跨入。至於動力系統的創新呢?伊梅特說,就他所知,就只有那麼一次而已。

伊梅特說:「直到今天,我們在動力系統這一塊,仍然以賣燃煤發電的動力為主,與我剛進公司時幾乎差不多。現在是有比較潔淨一點、更有效率一點,但基本上還是相同的模式。」醫療科技的創新已經歷經九代,動力系統卻只有一次。這告訴你什麼?這告訴你,我們所擁有的能源市場,從來不曾為開發綠色能源而創新、改變過。伊梅特下了一個結論:「若回顧過去三十年,你不能說這個能源市場已經成功運作。」

在電力與天然氣事業幾近獨占的環境下,石油公司也被默許是運輸燃料的獨占戶,這些能源市場裡的關鍵玩家幾乎沒有任何誘因要創新,而新啟動的事業也幾乎沒有空間可以生存。伊梅特說:「從技術標準來看,能源系統的基礎投資實在被低估了。醫療產業每年都還投入總收益的8%到研發部門,但整個能源產業卻只投入2%。」

重塑市場，讓綠色能源挑戰汙染性燃料

顧伯格（Edward Goldberg）是安尼沙（Annisa）集團的總裁、出色的商業顧問，也是紐約市立大學柏魯克分校席克林商學院（Zicklin School of Business）的兼任教授。他曾在《巴爾的摩太陽報》發表一篇短文（2007年2月23日），其中一段提到：

現代美國資本主義是來自於世界對成長的追逐。這種追逐成功的利用人們對於創造與創新的需求，來駕馭人們的好勝心。舉例來說，蘋果電腦因為 iPod 而大放異彩，而微軟公司也必須日日追求更新、更好的軟體版本。一旦失去競爭，市場創新也就沒有必要，這樣一來，我們今天所認為富裕、豐饒的資本主義社會將大受影響。這種現象已經確確實實發生在能源巨人的身上。

原本發展新能源最有效率的方式，應該是透過私人企業，但是這些最主要的能源公司卻沒有來自現代資本主義市場的壓力，所以只是口頭上承諾發展新能源而已。

當美國的資本主義正逐漸發展成更具效率並不斷創新，能源產業似乎還身陷重商主義的泥淖中……如果這種狀況只發生在小型產業裡，沒有多少人會在意。但是當我們生活中最重要的能源產業市場對自身的創新感到自滿，那麼作為國家獨立性守護者的政府，一定要化身為刺激創新的催化角色……

能源產業已經很多年沒有為了爭取顧客而提出創新了。你最近什麼時候在電視上看到石油公司打廣告說，他們的產業或

服務比別的競爭者好？雖然不算是獨占事業，但能源公司實際上就是龐大的私人企業和輸送系統。

在「能源是國家重要根本」的預設前提之下，能源產業勢必得到不同的待遇：與其他產業不同的是，能源公司擁有龐大的美軍支援，保護他們的供應管線和產地；而與現代高科技產業不同的是，能源公司甚至可以輕易的忽略由哈佛商學院教授克里斯汀生（Clayton Christensen）所提出的創新關鍵「突破性科技」（disruptive technologies）。也就是說，新科技之所以能夠取代既有科技，是因為它們更便宜、也更具顧客導向。然而，能源公司大可以不顧這類型的需求，只要將主要投資放在拓展和維護他們的供應系統就好。

既然沒有尋找替代能源的市場壓力，我們從這些公司所能得到的利益就少了許多。如果當福特汽車還在生產運動型休旅車款，豐田汽車即大膽以製造油電複合動力車搶攻福特的市場，縮減了福特的收益，那福特就會因為不創新而受到市場懲罰。但因為能源公司的利潤主要來自原物料，因此不需要以創新競爭來生存。再加上能源公司的利潤很驚人，他們更不需要擔心因缺乏創新而受到市場懲罰。實際上，能源公司終究是受益者，當美國資本主義已經受到市場驅策而改變、往前邁進的同時，能源公司卻可以自由的選擇忽略。

這些能源大公司深知，只要油價終年持續比其他競爭的能源產品便宜，就沒有什麼壓力逼他們去發展新型態的能源。而當油價下跌時……反而強化整體經濟的不景氣。在能源短缺的世界裡，美國已經沒有本錢再讓這些既傳統又毫無創新的資

本主義占據產業系統的核心，也沒有本錢再讓他們扭曲和威脅整個產業系統。

唯一能改變這種情況並啟動能源產業創新的作法，就是重塑市場，讓綠能科技更容易加入市場、參與競爭，並且挑戰既有的汙染性燃料。要重塑市場的唯一辦法，就是用賦稅與各種誘因來刺激對現有綠能科技的需求，如風能與太陽能等，並將學習曲線降到所謂的「中印價格」；再利用賦稅和各種誘因來刺激私人企業和大學投入更多研發經費與人才；利用賦稅和各種誘因來鼓勵更多投資者，將政府、大學或私人實驗室中所能生產的突破性創新，更快速的轉化為商品。

用價格啟動創新

加州大學柏克萊分校的能源創新專家康曼教授（Daniel M. Kammen）表示：「不論你怎麼告訴市場你想要什麼，市場只會對價格訊號做出回應。」因此，「任何想要啟動市場卻不知丟出價格訊號的人，一定是基礎經濟學被當掉了。我們已經啟動市場對能源的興趣，卻沒有進一步利用它。如果你想要有市場來生產，卻沒有設定價格訊號，那就等於沒有市場的存在。你一定要有一個價格訊號。」

若要說，誰曾經表示相對價格是刺激再生能源創新的不二法門，那就非亞瑪尼親王莫屬了，他是近年來最重要的沙烏地阿拉伯石油部長。1970年代，在石油輸出國組織初次發現自己的重要性的同時，亞瑪尼親王就曾警告同仁不要太快將油價

拉高，因為他擔心西方國家與市場對價格的反彈，可能轉而激發風能、太陽能和其他形式再生能源的大幅創新。

亞瑪尼親王對石油輸出國組織的同仁提出的警告，大意是說：「孩子們，你們要記住！石器時代的結束，並不是因為我們把石頭用完了。」石器時代的結束，是因為人們發明用青銅和鐵製作的替代工具。

亞瑪尼親王深知這些石油消費國如果一起行動，大幅投入再生能源的生產，或是在改善能源效率的技術上突飛猛進，那麼即使地底下仍有上百萬桶原油的儲量，石油時代也可能因而結束；就如同石器時代終結的時候，地表上仍然有許多石頭一樣。亞瑪尼親王認為石油和再生能源的價格訊號將主導一切，所以石油輸出國組織必須將原油價格維持在一定的水平，好讓所有石油同盟仍然有最大的收益，卻不會刺激西方國家為了取代石油而投入再生能源的創新。

我們的目標，就是要讓亞瑪尼親王的噩夢成真。

方法就是要創造我們自己的價格訊號來刺激市場，讓上萬名的發明家在自家車庫和實驗室裡，投入綠色能源的研究。市場必然會回應我們想要的，只要我們給市場的訊號是正確的：增加碳稅和燃料稅，制訂再生能源組合標準的相關法令，或是推動溫室氣體總量管制與交易制度，間接對碳排放課稅；或者是這些項目隨意組合都可以。

為什麼對這些汙染性燃料課稅，是誘使人們大量投入綠能研發的重要關鍵？加州理工學院的能源化學家路易斯用一個非常好的比喻來說明：假設我發明了第一代手機，然後找上你，親愛的讀者，「看過來！看過來！我這裡有個好貨！我剛剛發

明了一支你可以放在口袋裡的手機！」

你可能會回應：「哇！一支可以放在我口袋裡的手機！真的嗎？那可能會改變我現在的生活吧，我要買十支分送給我的員工來用。」

我說：「十支沒問題！但我得先警告你，這只是第一代的原型機，一支至少得花1,000美元。」你無疑會回答說：「聽起來很貴沒錯，但它們值這個價錢，因為就像我說的，一支可以放在口袋裡的手機將會改變我的生活。」

所以，我賣了十支手機給你，然後又賣給下一位讀者十支、再賣給下一位讀者十支……六個月之後，猜猜看發生什麼事？我又帶了一支新型手機回到你面前，它更小、更輕，而且一支要價只有850美元。我馬上就降低了學習曲線。

現在我更得心應手了。我再度回到我的創新實驗室，這次我發明了一個太陽能電燈，我又回到你的面前，親愛的讀者，「記得我曾經賣給你的手機嗎？用起來不錯，對吧？嗯，我現在有另一個提議，看到你頭上那盞燈了嗎？我可以利用太陽能來讓它發亮。不過，這是個全新的技術，它並不便宜：用太陽能點亮的燈，每個月得多花你100美元。」

親愛的讀者，你會怎麼回覆我呢？你可能會說：「先生，記得你賣給我的那支手機嗎？它真的改變了我的生活，那是我前所未有的經驗。但你可能沒注意到，我頭上那盞燈已經可以提供我光亮了，而且它好得很。老實說，我才不管它的電是從哪裡來的。抱歉，這次我不買了！」

要改變你的心意，只有一個辦法。就是由政府直接告訴你，親愛的讀者，點亮這盞燈的電力來自火力發電廠，因為生

產電的過程中會排放二氧化碳且製造許多汙染，從現在起，請你要負擔起所有的成本；也就是說，打開這盞燈，你每個月必須多繳125美元。不過你有另一個選擇，使用太陽能發電的燈，每個月只要多花100美元。看起來是個不錯的交易吧？所以你會願意買十盞太陽能電燈，而這本書的所有讀者也都會願意買。六個月之後，猜猜看發生什麼事？我將帶著同樣的太陽能電燈回到你面前，這回你每個月只要多花75美元就可以了。而後，我將再一次降低價格的學習曲線，也會提出新的創新。最終，太陽能發電一定可以比火力發電便宜。於是，我可以將新的創新又帶往另一個境界。

電力就是電力！但我們需要綠色能源帶來的新環境

每個人都說，再生能源基礎建設的興建，就像是我們這個世代登陸月球的創舉一樣可以實現。但這是痴人說夢！

「興建零排放的能源基礎建設，無法跟登陸月球相提並論。」路易斯進一步解釋：

登陸月球，錢並不是問題。大家所有的努力就是為了能站在月球上。但現在不一樣了，我們已經有煤、天然氣和石油這些便宜的能源，因此要大家多付一點錢來改用綠色能源，將變得非常困難。

這就像是當廉價的西南航空已經可以載大家上太空，還提供免費花生的同時，怎麼可能還要大家再捐錢給美國航太總

署，讓他們打造一艘新的太空梭來登陸月球。人們會想：既然我花小錢就可以登上月球了；那不過就是一趟飛行而已。

同樣的，對很多人而言，電力就是電力，根本不用管它是怎麼來的；要人們改用綠色能源，並不是提供給人們一種新奇的玩意，因此你無疑是要他們就一模一樣的東西付多一點錢。就像如果每個人的手機都可以下載音樂，那麼或許當初就不會有那麼多人買iPod了。

請記住非常關鍵的一件事：綠色能源所能給你的是一個新的環境，而不是一個新的功能。路易斯說：「電力就是電力，沒有分藍色或綠色的，它只是讓電燈發亮；它既不會搜尋你的電子郵件，也無法糾正你的拼字。」

因此，我再次重申，如果我們希望在兩個層面：包括潔淨電力生產模式的突破性創新，以及使既有的綠能技術更快降低學習曲線的突破性創新，都能有大幅度的創新，我們就需要政府建立一個公平的競爭環境，增加我們不想增加的稅收（尤其針對來自碳排放源的電力），補助所需的研發經費（尤其針對潔淨電力的創新）。這樣才能創造出我們所需要、足夠規模的市場需求。

如果我們能夠以正確的價格訊號刺激市場，使這些技術的價量學習曲線更快下降，它們可能就會很快降價。請記住：石油、煤炭和天然氣都是會枯竭的資源。我們使用得愈多，它們的價格就會漲得愈高。風力、太陽能、汽車電池、太陽熱能和地熱都是這樣的技術。它們會因為學習曲線受惠。我們使用愈多，它們就會沿著成本數量的學習曲線下降；它們的成本更

低、生產得更多，而且可以用更少的錢提供更多資源。

國際能源總署在2000年發表一篇報告〈能源科技政策的經驗曲線〉（Experience Curves for Energy Technology Policy）中強調，只要政府願意利用價格訊號來增加需求，就可以將既有技術的學習曲線快速降低，也可以更快的用更低的成本來換取大幅研究進展。報告中還提到「若需求量以每年15%的速率成長，太陽光電模組的生產將可望在2025年左右達到損益平衡；若是成長速率加倍，損益平衡的時間點就可以提早十年，可望在2015年達成目標……如果我們想要在成本效率最佳的情況下，讓二氧化碳排放減量的技術，在二十一世紀初期的十幾年間就發展出來，那一定得把它們放入現有的商業市場裡」。

換句話說，我們需要新的東西，我們絕對需要！但是像風能、太陽光電、太陽熱能和地熱這些「舊東西」已經存在了，而且也真的可以運作；只要我們再給市場一些正確的價格訊號，讓學習曲線降得更多，它們的價格就能更快的下跌。一旦市場需求打開了，你只需要靜待太陽光電模組和風力的價格穩定降低；製造商就可以從經濟規模回收利潤，同時也能找到讓太陽光電模組和風機提升轉換效率的技術。

只不過，再生能源終究逃不過要跟煤炭競爭，這就是為什麼我們希望再替這些現有的再生能源拓展市場，這也是為什麼我一再強調市場本身，而不是單一的曼哈坦計畫。

能源物理學家羅姆認為：「類似於阿波羅計畫或曼哈坦計畫的大型政府投資其實是有問題的。這些計畫只是用無上限的預算為一些特定的客戶打造獨一無二、非商品化的產品。砸錢是一個顯而易見的解決策略，但若是要保護一個適居的氣候，

我們必須創造可以大量生產的商品，替許多只有有限預算的不同顧客服務。」羅姆又補充說，只有一個架構完整的市場才能做得到，而且必須「現在馬上開始建立」，我們不能只是繼續祈禱或打賭將有奇蹟出現。

我當然喜歡奇蹟，我們需要一個奇蹟式的創新。閉上你的眼睛，一起祈求奇蹟趕快出現吧！但於此同時，也請打開你的眼睛，探索那些我們不曾注意、但已藉由既有技術所創造出來的潔淨電力。只要我們在市場上創造正確的價格訊號，就能創造規模經濟。

最低價格：讓大型能源公司「梭哈」的關鍵

所謂的價格訊號，不一定是課稅，也可以是最低價格（floor price）。當每桶原油進口只要50美元，美國國會絕對不敢課以每桶50美元的稅金，讓它的價格變成100美元。但現在每桶油價已經超過100美元了，因此開始刺激更多替代能源的投資。

只要政府可以宣布每桶原油進口的最低價格是100美元──當油價高於每桶100美元時，不會有任何稅金，但當油價降到每桶90美元，政府就要課徵10美元的稅金。或者，也可以將汽油的最低價格定在每加侖4.5美元。這樣一來，就可以解決許多能源投資者的疑慮。

當發明者和創業投資者仍舊相信這些新綠色能源的價格，將會受到傳統汙染性能源的低價影響，我們就很難從規模經濟中找出新的創新技術，也沒有辦法有效降低既有技術的學習曲

線了。1970年代，油價一度大漲，刺激不少太陽能和風能的創新發明，但隨後十多年內，石油輸出國組織降低油價，掃除不少再生能源的投資，而政府也不再願意挹注再生能源。

這樣的變化，企業和投資者已經看過太多次，所以即使是在油價攀升到如此高點的今日，他們仍然非常擔心，投資再生能源會是個很大的賭注；也擔心現在的油價（每桶原油超過140美元）到了明年就會降到每桶75美元、或甚至50美元，那麼替代能源的市場就會消失，他們在股東面前將會抬不起頭來。

看看豐田汽車！當我在2007年寫這本書時，美國的汽油飆漲到每加侖4.5美元。當我在居住的馬里蘭州畢士大買一台新的Prius油電複合動力車時，在當地豐田經銷商排隊等車的名單還排得老遠，而且他們已經不再接受訂購了。換句話說，當汽油在每加侖4.5美元時，你無法在馬里蘭州的畢士大買到Prius。

當我在2009年春天寫這本書時，汽油價格在每加侖2.25美元之間徘徊，你可能無法在馬里蘭州的畢士大賣出Prius。當然，這個說法很誇大。你可以賣掉車子，只是在汽油價格每加侖2.25美元的時候，比在4.5美元時更難賣出車子，豐田汽車賣出的汽車數量少得多。2009年3月，Prius的銷售與2008年3月相比減少55％，Prius中型油電複合動力車的銷售量從20,635台減少到8,924台。

請容我重複說一次：談到能源創新，「價格很重要，價格很重要，價格很重要。」如果你想要朝向更節能的汽車、窗戶、建築物、電力系統、照明、暖氣供應的方向發展，最簡單的方法是確保使用任何碳氫燃料（hydrocarbon-based fuels）的真正

成本都反映在消費者付出的價格上：這是真正的氣候成本、真正的環境成本，以及真正的地緣政治成本。「以永續與可預測的方法來為產品訂出真正的價格，這樣的話，資本投入、創新與企業家精神全都會圍繞在生產節能的替代產品上，」喜瑞爾斯材料公司執行長馬克・波拉特（Marc Porat）說道，這是一家為住宅與辦公室製作超級節能窗戶的公司，消費者也可以調整和要求更節能的住宅，更節能的辦公室和學校，以及更節能的車輛。因此，碳排放量會下降。這是簡單的經濟學，並沒有那麼複雜。你在大賣場買到的廉價塑膠垃圾之所以這麼便宜，只是因為製造這些產品的外部性並沒有計入對空氣品質的影響、水的影響、氣候的影響。將這些影響的代價算到每個產品上，其他就可以由市場自行運作。

那麼，為什麼市場無法反映銷售商品的真正成本？一談到能源，至少在美國，原因在於政府無法以誠實的價格來形塑市場。這不是「市場失靈」。市場在沒有必要時並不會計算外部性的代價。這是領導上的失敗。

如果白宮早在九一一事件後就開徵汽油的愛國稅，或是設定石油與天然氣的最低價格，Prius 早就在美國三個州以上的地方設廠生產了。而且，今天荷包滿滿的就會是美國國庫，而不是世界上那些產油國獨裁者。通用汽車副董事長魯茲（Bob Lutz）說，這比我知道的情況還好：一邊是國會和主管機關命令底特律製造更輕、更小，而且更節能的汽車，但是談到課徵汽油稅來塑造市場，這樣消費者就會需要更多這些汽車時，華盛頓卻說：「這是不可能的事。」魯茲說，這就像告訴美國的襯衫製造商只能製造小尺碼的襯衫，卻沒要求美國人節食。你無法銷

售很多小尺碼的襯衫，因為大家只會去二手服飾店找中尺碼和大尺碼的襯衫，汽車和卡車也會發生同樣的情況。

因為油價長期的不穩定，使得那些應該投注所有精力到綠能技術創新的大型能源公司，一直遲遲沒有「梭哈」。你應該看過電視上的撲克牌遊戲，一個從拉斯維加斯來的傢伙，臉上戴著太陽眼鏡，反戴著棒球帽，當他把面前所有的籌碼推出去，喊了聲「全梭了！」旁邊每個人都會驚訝的倒抽一口氣。這就是我們希望這些美國最好的工業創新企業做的事：將他們所有的籌碼，全都投注在潔淨電力的創新和提升能源效率技術的發展上。

沒錯，創業投資者是很重要，但更重要的是這些巨型公司所下的賭注：當他們注意到再生能源是一個既持久又有利可圖的市場，自然就會驅策上千名工程師、科學家和研究人員，利用他們的全球製造和行銷能力，將產品更快、更廣的推銷出去。

奇異公司、杜邦和微軟公司，是美國最先進的工程、化學／生科和軟體公司。當我訪談這三家公司的高階主管，奇異和杜邦都說還沒將所有資源投注在再生能源上，微軟則是還沒將資源投注到提升能源效率軟體的發展上。真是太可惜了！單單微軟這間公司的研發經費就有60億美元，這個金額比2007年所有投入綠能科技的資金還要多，甚至是聯邦政府投入能源效率改善和再生能源研發總經費的三倍高。

這三間公司都已經開始對綠色能源和能源效率創新技術投下賭注，但這只是他們所能投注的九牛一毛而已。當原油價格上漲到每桶140美元時，他們已經開始有點被迷惑住，甚至

被慫恿要再投入資金到再生能源，然而真正會讓他們梭哈的關鍵，其實在於原油或是含碳產品（carbon content）的最低價格，是否可以確切讓他們和他們的投資者感受到，這些化石燃料的價格不會再跌至某個水準以下。

麻省理工學院創新學專家奧伊（Kenneth Oye）曾說：「浮動的價格並不等同於最高價。」即使原油價格已經飆漲到每桶140美元，仍有可能因為產業衰退，或是巴西海岸發現大片新油田，而把原油的高價整個推翻，然後掃除替代能源的所有投資。這也就是為什麼，奇異和杜邦關心的並不是原油的最高價，而是最低價格。

奇異公司執行長伊梅特的說法再清楚不過：「這些大型能源公司不可能把數十億美元和四十年的時間，都賭在一把只持續15分鐘的市場訊息上。因為那根本行不通。」像奇異這樣的大型工業，如果要長期投資在綠色能源上，就需要得到一些明確的價格訊號。然而，那些市場的教條主義者，總認為政府不應該插手去干涉市場裡的最低價格，或不該給一些誘因來帶動綠色能源的發展。伊梅特對此的看法則是：「現實點！不要搞錯方向了！政府早就插手干涉每一種產業。如果真的躲不掉，我寧願那是有建設性的干涉，而不是來搞破壞的。」

市場需求增加，「賭注」才會增加

那些已經想通這件事的國家，早就開始獲利了。目前奇異投入綠色能源的部門，已經進展到第三代風力發電機的創新。伊梅特說：「這都得感謝歐盟！」諸如丹麥、西班牙和德國等

國家已經在全國電力公用事業列入風能的組合標準，要求每年要有一定比例的電力來自風能，同時還提供再生能源產業長期補助。

歐洲自1980年代起，已經為風機製造商創造一個很大的市場，然而美國卻因為油價下跌放棄風能。伊梅特說：「我們的風力事業是在歐洲長大的。」沒錯，根據眾議院能源與貿易委員會（House Energy and Commerce Committee）資深成員、國會議員馬基（Ed Markey）的說法，2008年葡萄牙、西班牙和丹麥的風力發電分別占總發電量9％、12％和21％。美國的發電量大約只有1％。

目前美國已經有超過一半的州政府制訂再生能源組合標準的相關法令，規定每年要有一定比例的電力來自太陽能、風能、水力、地熱或生質燃料，但每一州的標準都不一樣！美國國會曾經試著在2007年通過全國統一的再生能源組合標準，但最後卻沒有過關。

歐巴馬政府和民主黨領導的國會在2009年再次提案。一個重要的再生能源法令會刺激大量的創新出現，因為它會利用現有的科技，像是風能和太陽能，藉著創造龐大的國內市場來讓這些科技的學習曲線快速下降，對這些科技的投資人來說，這肯定是件好事。實際證明這是最好做法的政治人物就是喬治‧布希，那時他還是德州州長。布希在1999年推動並簽署「德州再生能源配額法案」（Texas Renewable Portfolio Mandate）。這個法案規定德州的電力公司必須在2009年利用再生能源多生產20億瓦的電力，大多數是風力發電。結果呢？有十幾家新公司跳進德州的市場，包括一家愛爾蘭的公司，它們建造風機來

符合法令規定，因為有很多公司加入，到了2005年就達到20億瓦的目標。因此德州的立法機關在2015年將規定調高到50億瓦，每個人都知道一定也會達到這個目標。再生能源法案發揮功效。

伊梅特認為：「如果全國各州有了統一的再生能源組合標準，那就代表大家對風能、太陽能或地熱能的需求將會大增，我們就可以大大增加賭注了。」

2000年時，歐洲的能源和環境部長告訴我說，全歐洲將有10%的電力供應由再生能源取代；這就是我們的風力事業可以在歐洲成長的原因。我們的政府必須先建立一套明確的需求，而技術風險這部分就由我們來負責：投入資金、尋找創新技術。但我必須知道，當我找到創新技術時，已經有個200億美元的市場等著我進去了。

醫療和航空業就是知道市場的存在而發展起來的，但能源產業還沒有⋯⋯這也是阻礙核能發展的原因。我們真正害怕的是，在投入這麼多的研發賭注之後，卻不知道是否能接得到訂單。

杜邦執行長賀利得（Chad Holliday）認為，不管政府把原油或汽油的最低價格訂在哪裡，不論是每桶原油80美元或是每加侖汽油4美元，最重要的還是：這是不是一個可靠而穩固的最低價格。

這樣我的投資人才會說：「我知道你沒有浪費我的錢，市場的確是存在的。」一旦市場確認了，我的工作就是確保這些科技確實可以運作。這樣至少解決掉一半以上的問題。

我經常得和投資者討論，而他們總是不斷問我：「如果市場不見了，怎麼辦？」我們需要一些合理的保證……之前杜邦旗下有一家石油公司康諾可（Conoco），但我們認為我們無法同時是一家大型石油公司，又是一家好的科學公司，因此我們決定出售康諾可公司。

我曾經花錢請了全世界最好的三家顧問公司，幫我評估原油價格的走勢。當時他們曾跟我保證，說每桶原油的價格絕對不會超過24美元，至少這個機率是很小的。但如今，就連市場也不確定原油價格的走勢會如何。即便油價現在已經往上飆漲，但仍沒有人能保證它不會跌回來。這也就是為什麼伊梅特和我都不斷的強調：一定要訂出碳排放的成本，不論怎麼訂，一定要有一個簡單的價格訊號。

2007年時，賀利得給了我一個具體的例子：「我們已經有100名科學家正在研發纖維素乙醇。」纖維素乙醇可以從植物的廢材或柳枝稷提煉，而不是從糧食作物。賀利得說：「我想，我們可以將研發人員增加到250人，開始將纖維素乙醇商品化，而且大概不需要花超過1億美元就能大量生產，但我還沒準備好要這麼做。雖然我可以評估我們得花多少成本、銷售的價格又該是如何，但市場真的能夠接受嗎？政策法令又將會怎麼走？乙醇的補助金會減少嗎？石油是否會被課稅，好讓乙

醇保有競爭力呢？」

「如果我知道這些答案，我就有一個價格目標可以追求，但如果這些我都不知道，我就真的不確定市場會在哪裡、我的股東也會不知道該如何衡量我所做的事……從租稅誘因到市場層面，都需要有明確的訊息，因為我們討論的是很多年的投資、數十億美元的金額，那需要很長的時間才能出現成效，而且我們不可能所有投資都每擊必中。」賀利得說。

有些人或許會認為，這不過是企業在發發牢騷，但我可不這麼想。能源創新的確是很龐大、昂貴的投資，而且永遠要跟既有的便宜、但具汙染性的燃料互相競爭。如果美國就原油、天然氣和汽油設定最低價格，或是增加永久性的碳稅來抬高煤炭的價格，你馬上就會看到能源創新的投資金額向上飆升。

伊梅特說：「政府就是醫療產業背後的大推手，他們投入大量的補助，使得癌症在我們有生之年將不再是不治之症。政府為何不來資助再生能源？」事實上，其他國家早已經都想通了。

賀利得說：「我們即將很快的發展出下一代的太陽光電系統，因為香港和新加坡政府都有投資，兩地也都積極的利用各種誘因，要遊說我們在他們的城市建置太陽光電廠。為什麼美國政府不這麼做？有一次我到香港出差，香港的新特首沒有事先告知，就出現在我們開會的地方，只是為了要跟我說：『這真的很重要，你們一定要來香港設電廠，我知道新加坡已經找你們談過了，但你們一定得來這裡！』美國的官僚就是不做這種事。」

從能源科技泡沫中，尋找創新的契機

　　總結來說，美國需要一個能源科技泡沫，就像是當初的資訊科技泡沫一樣。為了達到這個目標，政府必須讓再生能源的投資絕對沒有任何阻礙。的確，我們會浪費一些錢，也可能會有許多人因為這項投資而破產。但我們終將改變經濟體系，同時也將經由這些過程，將我們從其他許多問題中解救出來。

　　現在的美國，以為我們正在「建構」綠色能源的泡沫，但實際上，綠色能源離泡沫化還遠得很。2007年投資在綠色能源的資本額，還不到50億美元；反觀2000年時網路科技投資的高點，資本額約為800億美元。在網路泡沫的時代裡，如果有50億美元掉下桌子，也不會有人費心把它撿起來。

　　在1999年的世界經濟論壇中，我第一次從比爾蓋茲那裡了解到泡沫的價值。我在我的的著作《了解全球化》（*The Lexus and the Olive Tree*）中，曾描述我當時不經意的受到他在會議中講述內容的影響。

　　蓋茲在年度會議中報告微軟的近況和技術創新。當時，網路泡沫正值高峰，所有的媒體記者不斷向他提出各種問題：「蓋茲先生，這些網路科技股票是泡沫，對吧？它們真的是泡沫，它們一定是泡沫吧？」最後，蓋茲有點被激怒的回答說：「它們當然是泡沫，但你們都沒抓到重點。正因為這個泡沫吸引眾多資金進入網路科技產業，才能夠刺激創新科技發展得愈來愈快。」

　　的確，當時正值過度蓬勃的網路科技泡沫。從1990年代末期到二十一世紀初期，數十億美元過度投資到光纖網路產

業，但也因此意外造成全世界的網路連結，抹平了這個世界，最終讓每個人都可以免費使用網際網路。這些硬體建設大部分是由美國和歐洲的投資客買單，許多人最終在網路泡沫破滅時耗盡家產。然而他們所留下的網路世界，卻提供機會給印度、中國、巴西和其他開發中國家；相較於過去，這些國家可以更容易也更廉價的競爭、連結與合作。

1990年代的網路泡沫投資所造就的眾多創新，在短短十年間就引發網際網路商業生態系統的串連，也成就資訊科技的革新。

儘管投資無法回收令人難過，但經濟學家早就知道泡沫可以驅動創新的熱潮，資助世界的連結，並為下一次的繁盛、泡沫化和破滅做好準備。美國《新聞週刊》經濟學作家葛洛斯（Daniel Gross）曾經寫下《啵！泡沫有益經濟的原因》（*Pop!: Why Bubbles Are Great for the Economy*），書中強調泡沫的經濟邏輯，以及泡沫真的是驅動「美國經濟成長和創新的卓越功臣」。葛洛斯也提到，就像早期許多投身鐵路和電信泡沫的投資客，雖然以破產收尾，但他們所遺留的硬體建設卻帶動美國經濟大躍進。

不令人意外的，葛洛斯也聲稱，想要刺激替代能源的真實創新，的確需要啟動一個真實的能源科技泡沫。泡沫帶給資訊科技的成就，同樣也能運用在能源科技上。

沒有訂價格，人們就看不到價值

一個健全的社會要重塑能源市場，之所以需要稅收和法令的支持，除了為帶動科技創新之外，還有一個重要的理由，這

個理由可說是生死存亡的抉擇，已然是個生存議題。簡單來說：如果我們在一個又熱、又平、又擠的世界裡，繼續使用汙染性燃料，將導致塑造能源氣候年代的五大趨勢走向無法控制的極端，包括能源供需失衡、失控的氣候變遷、產油國獨裁、生物多樣性消失和能源匱乏。我們需要一個市場來傳遞不同的訊息。

環境保護界裡一位傳奇性人物布朗（Lester Brown），在他卓越的著作《B計畫3.0版》（Plan B 3.0）中，引述挪威和北海艾克森公司前任副總裁達勒（Oystein Dahle）的觀察：「社會主義的崩毀，是因為沒有讓市場說出經濟的真相。資本主義也可能崩毀，因為沒有讓市場說出生態的真相。」

達勒所指的，正是盛行於十九世紀及二十世紀現代化工業時代中資本主義的基本典範：將汙染、廢棄物和二氧化碳排放，看作是不相關的外部效應，並可以加以忽略。任何一本經濟學教科書都會告訴你，外部效應是商業交易中衍生出的成本或利潤，由那些未直接參與商業交易的第三方來承擔或接收；工廠將汙染及二氧化碳直接排入大氣、將廢棄物直接傾倒在河流裡，都是最典型的例子。

以玩具工廠為例，這些玩具的價格是經由計算勞工和原物料的成本，再加上利潤而後訂價而成，其中商業交易的雙方只有製造商和消費者；然而這裡頭的「外部成本」卻由某個第三方來承擔，也就是由全球社會和地球環境來買帳。這些外部成本有短期和長期的重大健康影響，經由這些還在使用燃煤火力發電與有毒化學物質的玩具工廠，汙染了空氣、毒害了河川，也加劇了全球暖化。

我們一直在自我欺騙，遲遲未將這些外部效應列入成本訂價。如同布朗提到的，我們的社會「就像安隆公司（Enron），是個經營不善的能源巨擘，愚蠢到了極點。」我們每年極盡可能寫出令人驚豔的獲利和國內生產毛額，而且這些文件上的數字看起來真的很漂亮，「因為我們已經將一些成本隱藏了起來」。

然而，大地之母並沒有因此而被愚弄，所以我們現在正遭遇氣候變遷的問題。沒有訂價格，就沒有價值可言。如果我們沒有看見開放的土地、清淨的空氣、乾淨的水源和健康的森林的價值，那麼這個已經又平、又擠的地球，將很快變成是個既炎熱又毫無價值的垃圾掩埋場。當市場為了削價競爭，刻意忽略這些外部成本，那麼削價競爭將對經濟、健康及國家安全等，產生極大的負面影響。因此我們需要政府涉入來重塑市場，矯正這樣的錯誤。

英特飛地毯製造公司（Interface Inc.）創辦人暨董事長安德森（Ray Anderson）問到：「如果市場背後的推手無視於外部成本的存在，那他怎麼能理性的分配資源？」我的看法是，政府過去曾利用租稅及教育的綜合策略，讓數百萬人停止抽菸和酗酒；現在政府也必須重複同樣的策略，運用經濟手段來停止排碳及大量依賴石油的狀況。我們的經濟、環境和地緣政治是否健全，全仰賴這個策略了。

什麼樣的價格訊號才能「多贏」？

如果前面敘述的全是創造價格訊號的理由，那麼每一種價

格訊號的優缺點又是什麼呢？

最常被討論到的價格訊號包括徵收碳稅、燃料稅、費用扣抵（feebates，藉由總量管制與交易制度所徵收的非直接稅收），以及再生能源組合標準的相關法令。不論用哪一種方式，都是我樂見的方向。只要稅率夠高、時間夠長，一定有機會促成行為的改變。

在總量管制與交易制度之下，美國政府可以設定在特定的時間點內，全國各地排放二氧化碳至大氣中的總量，這個總量也限定各州所能排放的二氧化碳最高額度。這個總量必須隨著時間逐漸降低，增加二氧化碳排放者的成本，才能真正減少二氧化碳排放量。

不論是藉由保險或者拍賣，每一所企業被允許的買賣額度，加總起來必須等於或小於其二氧化碳排放的最高限額。那些可以用更便宜、更有效率的方式減少碳排放量的企業，能夠將未使用的額度，賣給不得不付錢來達到排放標準的企業。儘管當時只有少數機構參與，美國政府仍曾以總量管制和交易制度，成功控制了酸雨問題。

皮尤全球氣候變遷中心的主席克勞森（Eileen Claussen）從以下幾個觀點，指出總量管制和交易制度比徵收碳稅來得好：「碳稅的確立會增加排碳成本，總量管制和交易制度則是為了確保環境的品質。」意思是說，當政府依據科學家的研究制訂出固定的碳排放總量，這個總量就是為了保護氣候所限定的排放量。

克勞森認為徵收碳稅的危險在於，有些人就是寧願付錢了事，就像他們現在願意支付較高的汽油價格一樣；而這些人仍

然會持續他們的行為，並且買台悍馬車，排放更多二氧化碳到大氣中。

此外，也如同大家知道的情況，新的賦稅很難通過國會那一關，尤其這種賦稅真的可能影響二氧化碳的排放差異。總量管制和交易制度則提供政府稍微多一點的彈性運作空間：一開始，他們可以調整公用事業及企業重度依賴煤炭的程度，然後就逐漸切中要害，讓這些交易走向低碳經濟。要讓總量管制和交易制度真的可以運作，就必須針對排碳制訂出某種程度的高價，例如每噸二氧化碳排放至少要索價30美元。

擁護徵收碳稅的人則有不同的見解（我傾向支持他們的說法）。他們認為徵收碳稅比總量管制和交易制度來得好，因為徵收碳稅較為簡單、公開、透明、更容易計算、更能廣泛影響整體經濟，也更容易運用減少或免徵所得稅來減輕低收入勞工的負擔。碳稅擁護者認為，全面經濟性的總量管制和交易制度的執行面過於複雜，也會引發各種特殊免稅額的遊說行為。

「對地球的一生來說，總量管制與交易制度就像祭拜厄運的神廟（Temple of Doom），立法者大加敬畏，不敢立法，因為他們害怕面對化石燃料背後的特殊利益團體，」太空總署（NASA）氣候專家漢森（Jim Hansen）說道。他是警告氣候變遷最敢直言的科學家，在「耶魯全球」（YaleGlobal Online）網路雜誌2009年5月14日上的一篇文章上他提到：

需要做的事情是逐步提高石油、天然氣和煤炭的碳排放費用，並將收益完全分配給大眾。這會促使能源使用有效率與無碳能源的創新，同時提供大眾所需的資金，推動整體社會朝向

潔淨能源世界轉型。

總量管制與交易制度計畫藉著設定碳排放的目標，或是藉著發出許可證給碳排放的產業來解決氣候變遷的問題。但是首先，總量管制與交易制度是一個錯誤的說法。總量管制跟徵稅一樣會增加能源價格。試圖掩蓋總量管制是稅收的事實是錯誤而不夠坦蕩的做法。總量管制的方法（另一個特點）是，因為價格波動不確定，會使華爾街和其他交易大廳裡的百萬富翁增加，但提供給大眾的好處卻很少。通常會允許業者對碳排放的損害做出補償，但這樣的補償往往無法被充分證實與驗證，因此創造更多不確定性。歐洲的經驗就是很好的例子：他們花了500億美元在碳排放交易上，但二氧化碳排放實際上卻在增加，而且最大一筆碳排放的補償給了德國一家燃煤的公用事業！總量管制與交易制度充滿特殊利益、政治交換、公眾監督的混淆、會計錯誤和直接詐欺的機會。

跟任何法律一樣，總量管制在2050年可能會改變，而且會多次改變……經濟現況是，除非全面顯著調高所有排碳燃料的價格，讓效率和無碳能源快速增加，不然我們無法跨越化石燃料排放的時代。此外，我也主張，大眾需要要求完全的透明和公平，才能接受碳價逐漸上漲的必要性。

要說這個行星正處於危險之中很容易。不過，即使需要採取行動來符合每個人的長期利益，與大眾討論他們需要什麼卻是另一回事。看來他們根本不會誠實的承認，化石燃料的價格增加對於帶領我們超越化石燃料的世界至關重要……

需要更高的碳價來改變消費者選擇的生活方式，使零碳排能源和能源效率比化石燃料更便宜，並鼓勵企業進行投資、創新，以及相關的經濟活動，並把國家帶向一個超越化石燃料時代、更潔淨的環境。碳價需要更高，而且大眾和企業必須了解碳價在未來會增加。應該要把所有化石燃料（包括石油、天然氣和煤炭）統一從源頭（第一次在礦場或進口港銷售時）就先漲價。

我必須說，我同意漢森寫下的一字一句。關於總量管制和交易制度，除了議題極其複雜之外，最困擾我的一點是，它感覺起來就像是在粉飾太平，是一種自以為已經直搗問題核心的思維。人們必須知道，我們處在一個需要系統性改變的新時代，然而總量管制和交易制度的重點卻是在掩飾這些改變的痛苦，假裝我們不曾強徵稅收。對我而言，這就像是1962年密西西比大學試著廢除種族隔離，讓黑人青年梅瑞迪斯（James Meredith）進到夜校就讀一樣。但這從來不會管用的，我們就應該讓梅瑞迪斯直接走進日校的校門來讀書，也必須讓大家都看到他。

這才能改變一切。碳稅也是如此。關於排碳所需要的價格訊號，不只是從金融計算去改變經濟行為，也必須改變我們的認知，試著去思考一個國家或身為人類的定位是什麼。這些可都不能被掩飾。我們必須從「這是我們能做到最好」的思維，轉向「我們要如何將它做到最好」。

也就是說，不論哪一種系統，如果可以在不被灌水的狀況下，最快通過國會這一關，我都會欣然接受。

有些人認為徵收碳稅將對美國經濟不利，因為這會使出口

價格變貴，降低競爭力。我並不同意這個看法。第一，會影響出口價格的因素有太多，其中最重要的其實是貨幣的強勢與否。第二，諸如丹麥、挪威等歐洲國家，早就開始徵收二氧化碳排放稅，而丹麥如今是風力發電機最主要的出口國，他們的失業率只有2%，一部分原因就是他們對能源徵稅，刺激全新的綠能科技產業。最後一點，只要美國開始徵收碳稅，並假設中國沒有辦法馬上跟進，很快的，國會就會對那些使用汙染性燃料生產的中國出口製品，通過「課徵碳關稅」的決策。

至於汽油的部分也有幾項合理的做法。一個就是我先前提過的最低價格。能源經濟學家維勒格曾經提議，分階段將燃料稅逐步增加至每加侖5甚至10美元，並利用這些歲入來減少所得稅、創立政府基金，將那些超級耗油的車種全買回來，然後壓扁它。許多消費者都說自己被無力負擔的大車給困住了，但又無法換成更省油的小車。維勒格曾說：「九一一事件的最佳紀念碑，就是把那些耗油車壓扁之後，堆成一座山。」

有名的環保人士、落磯山研究中心的共同創辦人羅文斯，曾提出汽車的費用扣抵系統，以課徵燃料稅的方式讓人們審慎考慮是否要買超級耗油的大車，並以各種優惠鼓勵民眾選擇省油的車種。「針對不同等級的車種，一一制訂新買主需要額外負擔的費用或者可以享受的折扣；至於該多付多少錢或享有多少折扣，則是依據車種的省油狀況，那些多付的錢就用來補貼折扣。這種方式能夠鼓勵消費者購買比較省油的車種，不論他或她喜歡的是大車還是小車。買主省了錢，製造商的利潤也增加，國家安全就改善了。」

不過，目前看來，唯一有機會在眾議院和參議院通過的價

格訊號似乎是總量管制與交易制度。不論是總統還是其他重要的政治人物，似乎都沒打算推動碳稅或汽油稅，恰恰因為這些都稱為「稅」。2009年6月26日，眾議院通過「美國潔淨能源與安全法案」（American Clean Energy and Security Act），這是由加州民主黨議員瓦克斯曼（Henry Waxman）和麻州民主黨議員馬基（Edward Markey）推動。這項法案是第一次對導致氣候變暖的碳排放設定美國國內的排放限制，為美國的公用事業建立一個國家再生能源的標準，並設定很多能源效率的法規，特別是針對建築物與家電。

另外還要在未來十五年投資近2,000億美元，要讓美國成為能源科技產業的領導者。不過，這1,300頁的法案核心是創立一個國家級的總量管制與交易制度，來降低溫室氣體排放，以2005年為基準，2020年要將主要排放源的溫室氣體排放量減少17%，到2050年減少83%。這個法案授權政府發行排放許可證（稱為「配額」）來做到這點，每張許可證可以排放一噸或等值的二氧化碳。不過在製造業的施壓下，在眾議院的法案中，第一年有85%的配額免費發放，只有15%的配額用來拍賣。這個構想是，隨著時間經過，會有愈來愈多的配額會拿來拍賣，進而促使消費者、企業和社區使用更潔淨、但更昂貴的能源。

許多環保主義者，包括我在內，都對最後通過的法案深感不滿，感覺這是為了贏得多數議員同意而在許多重要事項上做出的妥協，以至於沒有任何一個一氧化碳的分子會受到這個法案威脅。但如果我們只能得到這樣的結果，那麼我認為還是比沒有好。因為，儘管這是微弱而間接的訊號，但這項法案還是

第一次建立碳排放價格的訊號。這樣做本身可能有長期而重要的涵義。我的猜測是，一旦美國政府為碳排放定價，即使訊號很微弱，也會在消費者、投資人、農夫、創新者與企業家引入新思維，造成快速大幅的改變，就很像第一次警告吸菸會導致肺癌一樣。這個警告發出後第二天早上，就會變得比較少人會想吸菸。

如果這樣的總量管制與交易制度成為法律，今後，每個人在美國做出投資決策，像是房屋怎麼建造、產品怎麼生產、或是怎麼發電，都會找出成本最低的低碳選項。將碳排放納入每個企業決策，會推動潔淨能源的創新，並將潔淨能源的部署達到全新的水準，使得能源效率成為更能讓大家可以負擔。截至2009年秋天，這個法案還在參議院爭論，目前不清楚這個法案會在什麼時間以什麼形式通過。[*1]

我希望這樣的法案可以結合聯邦汽油稅的增加，目前的聯邦汽油稅每加侖還是18.4美分，但在大多數歐洲國家的汽油稅是每加侖4至5美元。很難想像有什麼能比提高汽油稅對潔淨的交通工具有更大幅正向的影響了。汽油稅有助於減少消費、使人們轉向更有效率的汽車、減少我們把錢送給獨占石油的業者、改善空氣品質、增加美元與國際收支的平衡、有助於減輕全球暖化，以及讓市民感覺正在為反恐戰爭做些事情。

約翰霍普金斯大學外交政策專家孟達邦表示：「這不只是一個雙贏策略，而是創造贏、贏、贏、贏、贏的局面。」

最後，在1979年三哩島核變事件發生前的短短二十五年

1　譯註：至2020年3月，這項法案依舊沒有在參議院通過。

之內，美國興建上百座核能發電廠，直到災變發生後，美國才暫緩所有核能發電廠的興建工程。我們必須讓同樣的事情再發生一次，我們要盡快想出辦法，延長這些既有核能發電廠的使用壽命，以避免必須興建新核電廠。

以現在的最新科技來看，核電廠輻射外洩的威脅，已經比氣候變遷的威脅小得多了；然而，興建一座新核電廠的經費至少要70億美元，而且從規劃到興建完成，至少也要耗時八年。許多公司的執行長任期大約也是八年，但幾乎沒有幾個執行長敢將70億美元投入到核能計畫中，因為這筆錢顯然已經超出許多公司最高營業額的一半以上。

過去幾十年來，興建核能發電廠就像是「賭上你的事業」一樣，那些公司最終不是倒閉，就是嚴重虧損，像是長島照明公司（Long Island Lighting Company）和印第安納公共服務公司（Public Service Company of Indiana）都是其中的例子。而且，再加上官司纏訟的種種風險，要重新啟動美國的核能工業，政府可能要提供最低貸款保證。

做對的事情：改變市場，愈快愈好！

要充分形容我們想移轉至綠色能源系統所要面對的所有挑戰，可以試著重讀馬基維利（Machiavelli）的《君王論》，其中我最喜歡的一段話是：

我們應當記得，率先引介新的事物，是最難控制、最不容易執行、也不能確定是否會成功的。因為那些在原有情境下的

既得利益者，就是創新者所面對的敵人。因為創新而可能會過得更好的人，又不一定會熱情支持。這樣的冷漠對待，部分來自於對既得利益者的恐懼，因為他們有法律作後盾，部分則來自於人們的懷疑心，無法準備好相信新的事物，除非他們已經很熟悉這些新事物。

這又是一個我們需要政府來設立價格訊號，以刺激能源創新的好理由。當你要從一個系統轉移到另一個系統，一開始總是比維持現狀來得痛苦且昂貴；然而，在這個又熱、又平、又擠的世界裡，我們每多等一年，這個過程都將更加痛苦而且昂貴。

價格訊號能刺激大眾和市場更快走過這個轉移的過程，而不是延遲，但我們的領導人卻一直害怕帶領大家走向那條路。結果，我們只有在外力的影響下，才稍稍動了一下。猶記得1970年代阿拉伯石油禁運事件，真的讓大家受了不少苦，我們的領導人只有在那時才覺得需要運用政治力來做一些對的事，例如下令美國車的燃油效率要提升兩倍。

誰來告訴大眾該怎麼做呢？是的，我知道專家會說，要求大眾在沒有短期利益的情況下繳稅是不可能的政策任務。但就像過去的女性投票權和公民權益等重大議題，群眾永遠是走在政治家前頭的。即便已經清楚知道什麼才是對的事情、真實的成本是多少，以及替代方案的優點，但政治家常常還是會低估民眾想要做對的事情的意願。

請想像某個競選場合，一位候選人贊成課徵燃料稅，另一位反對。這位反對課稅的候選人可能會說出數十年來他的同路

人一直都在說的話:「你看看我那位自由派的對手!又想要加稅了。所有的稅他都喜歡。現在他又想增加你的燃料稅,或是在二氧化碳排放上課徵一些瘋狂的稅。天佑美國!美國人民被課的稅已經夠多了。謝謝大家!」

不過,針對課稅這件事,還有另一種回應,而且真正的綠色候選人絕對不會說不出口。他或她可能會這樣說:

美國人民被課的稅的確已經夠多了,我完全同意。但是這些稅是被沙烏地阿拉伯、委內瑞拉、俄羅斯和伊朗給拿走的。如果我們還是走在原路上,很快就會被大地之母課稅了。一旦大地之母來課我們的稅,你就再也沒辦法打電話給政治人物來解圍。所以我們直接一點說吧!我的競爭對手和我都支持課稅,但我的觀點其實有點老派,那就是我的稅金必須進到美國國庫,而不是繳給沙烏地阿拉伯、伊朗、委內瑞拉和俄羅斯。這只是我僅有的小小堅持,我希望我繳的稅是貢獻在建設我自己的國家。

想想這樣的情況:2001 年 9 月 11 日的早晨,美國的汽油還是每加侖 1.6 到 1.8 美元;假如美國總統小布希在隔天就宣布對汽油加收每加侖 1 美元的「愛國稅」,也就是使每加侖的汽油價格接近 3 美元,美國政府就有更多收益,人們對汽油的需求量則可能會減少,同時對更省油車種的需求也可能會狂飆。我們其實不難去推斷,即便過去七年來,美國對中國、印度的進口需求增加,但美國今天的油價仍可能爬升到每加侖 3 到 4美元之間。其中的差別就在於我們可能早已渡過這個過渡期,

更多美國人會像歐洲人一樣，開著更省油的車，因而每罐汽油所能跑的里程數就會增加；美國國庫將隨油價上漲而有更多稅收，而不是伊朗國庫。

然而，因為我們沒有拿出勇氣，在2001年9月12日做出這樣的決定，到了今年，也就是2008年9月12日的汽油價格，應該仍會超過每加侖4美元，美國汽車的省油效率還是不夠完備。而且，自九一一事件以來我們的毫無作為，使得我們今日得多付雙倍的油價，而這數十億美元全都進了石油生產業者和看好油價上漲的產油國政府口袋裡。

我們一定要停止欺騙自己要拒絕提高汽油稅，或是拒絕確實可以讓我們公民省錢的過高碳價。這完全是一種幻想，是短視思考的縮影。石油輸出國組織和這個市場正在對我們課稅。在美國，你今天正在繳稅。每次你要讓房屋變暖、要為小企業提供電力、或是要開車，都需要繳稅。身為人類，這是你進行每筆交易要承受的負擔。我想要幫你減稅。仔細聽我說：我想要幫你減稅。

沒錯，我知道你在想什麼。你在想：如果市場還是會推高價格，會不會就像被課稅一樣？為什麼這不會刺激創新？為什麼還要在上面加上我們自己的稅？因為高價和一個固定、長期對碳課徵的稅不同。沒錯。市場會推高煤炭、石油和天然氣的價格，但是正如我們多次看到的情況，市場也會拉低價格。而且，沒有足夠的投資人想要長期投資替代能源，因為他們不確定石油、煤炭和天然氣的最低價格是什麼，而且不確定他們投資的昂貴再生能源什麼時候會比這些骯髒的燃料價格更低。

而且消費者擔心，如果市場讓能源價格下降，就像大蕭條發生的情況，那麼他們為了自己的房屋或汽車節能付出更多錢，錢就會浪費掉了。因此，當你留給市場設定能源價格時，你會得到世界上最糟糕的情況：替代能源出現最高的價格與最少的投資。

所以我的建議是，我們不要再任由石油輸出國組織和市場擺布。讓我們提供一點不同的東西：提供一種永續的生活方式。這意謂著建造舒適感相同、但是能源消耗更少的建築物；這意味著製造速度一樣快、但耗能更少的汽車；這意味著建造能生產更多商品、但是耗能更少的工廠。如果我們能夠做到這點，就等於是超大幅的減稅，不是嗎？沒錯，與競爭對手不同，他們想要讓我們受石油輸出國組織與商品市場的波動所控制。我想要把錢還給必須付出高價能源帳單來維持小商店燈火通明、工廠機器不斷啟動、在小企業努力工作的美國人。而且這是一個永久性的減稅措施，這是一個不斷賜予的禮物。這不是一件好事嗎？我想是的。

那要如何達到這樣的結果？我們必須轉型到一個新能源經濟，這意味著要塑造市場來提供不同的產品和服務。因此，我提議要為碳基化石燃料（carbon-based fossil fuels）的長期價格做出一項持久的修正。一旦我們這樣做，每個房屋建造商、冷氣製造商、煉油商、窗戶製造商，以及汽車製造商都會做出調整，生產更有效率的產品，因為消費者會要求他們這麼做。沒錯，每加侖的汽油或每度電等能源成本在短期會上升。但是長期來看，實際帳單和費用會下降，因為你的汽車、家用電器和隔壁

的工廠都會變得更節能，而且會讓你在更節能的情況下更有生產力、更有行動力，而且更舒適。

我稱這是「削減碳稅」。你不會在第一周或第一個月收到股息，必須要轉型，不過我們一直試圖避免轉型。但一旦我們成功轉型，因為碳價訊號會迫使每個人投資在更有效率的東西，實際上，我們就會產生永久性的減稅：用更少的電力來讓房屋運作，用更少的汽油來讓車子行進，用更少的煤炭或天然氣來讓工廠運轉。所以不要關注我的競爭對手說些什麼。他完全在胡說八道，直到現在，我們已經嘗試三十五年，產生的結果是，對於能源，我們愈來愈依賴世界上最糟糕的政權，而且在再生能源的開發或節能上，沒有看到我們需要的規模。

親愛的選民，如果我們每隔十年來回顧，我們會說：「要是⋯⋯要是我們在十年前做對事情。嗯，要確保我們慢慢變成二流國家，我們要做的事情就是確保我們再延後十年才做正確的事情。在我們嬰兒潮世代成長的時代，當我們必須維持我們的生活方式時，只要利用與剝削我們繼承下來的豐富自然資源。展望未來，如果我們想要維持我們的生活方式，我們就必須透過創新和科技來利用與剝削我們的智慧資源。而且唯一的做法就是以不同的方式來塑造市場。

我深信，如果大多數美國人深信我們有個計劃要為整個國家公平的施加稅負，而且當這個稅負超過每加侖石油或每度電的成本時，我們可能會為能源支付更多費用，但我們整體的能源帳單費用會變得更低。此外，我們會變成一個更強大、更健康、更安全，而且更便利的國家。沒錯，我們必須轉型，有

段時間會付出更多的錢。這無法避免。但是我們轉型愈快，就會愈快享受到減稅的效果。我們等待愈久，受到市場變化的影響更大，就會有更多國家在下一個重大的全球產業上超越我們。」

如果這個論點還是不能說服大眾的話，那我們就真的是前途渺茫了。

政府是能源創新的推手

回顧過往歷史，你會發現：

在意想不到的產業革新背後，

往往有著強硬法規的推動。

這就是在這場綠能革命中，政府必須扮演的角色：

運用公權力來決定價格、制訂各種法令與規範，

讓「綠」不再只是一個選項，而是唯一的標準，

讓那些能源業者面對「不改變，就淘汰」的局面……

時事小測驗：

Q：美國賓州的哪一個城市，對中國大陸、墨西哥及巴西有貿易順差？

A：伊利市（Erie）。

Q：像伊利市這樣一個以勞力為主的老舊工業城市，如何能夠對中國大陸、墨西哥及巴西有貿易上的順差？

A：因為那裡有一家公司，名字叫做奇異運輸（GE Transportation）。

Q：奇異運輸在伊利市生產的熱門出口產品是什麼？

A：大型火車頭。就是那種超大工業尺寸、燒著柴油、拖著長長火車往前跑的大火車頭！

Q：伊利市過去曾是美國工業的核心地帶，但如今已荒廢沒落。奇異運輸又是如何能成為世界上最賺錢的火車頭製造商之一？

A：這是一個偉大的工程組合，結合一家傳統美國公司、一個傳統美國城鎮、一個正在尋找乾淨動力的全球市場，以及一個要求更高排放標準的美國政府。美國政府所要求的高環境標準，推動大型火車引擎製造技術的創新，從而創造出更低汙染、更高燃油效能、更少二氧化碳排放的產品。

如果我們期待推動一場真正的綠色革命，政府監理者、企業家與工程師之間的互動（一種為落實環保規範而持續進行、枯燥又乏味的互動），是刺激環保技術創新的必要條件。

當然，每個人都想成為環保明星。舉例來說，美國前副總統高爾就是其一。環保明星的確是有必要存在的，因為他們會激發大家對於某個議題的注意力與熱情。然而在注意力與熱情退散之後，如果想促成真正的改變，只有官僚體系（revolutionary bureaucrats）與環保明星攜手並進時才有可能發生。

官僚體系是指那些制訂氣體排放量與能源效率標準的機構，他們只要彈彈手中的筆，就能影響5,000萬空調用戶的電費支出，或是一千輛柴油火車引擎一年的廢氣排放量。這才是真正的革命。

談到綠能革命的推動，愈是無聊的工作，促成革命性的影響力反而愈大；如果不夠無聊，那就還稱不上是「綠」。我想以一部老牌諧星尼爾森主演的電影《站在子彈上的男人法則》（The Naked Gun；2½ rule）來稱這種現象。在這部影片中，尼爾森扮演一個愚蠢的警察卓賓探長（Frank Drebbin），卻陰錯陽差揭發一樁企圖破壞美國能源政策的天大陰謀。

電影一開場就是美國前總統老布希在白宮舉辦的盛大宴會，出席者都是美國能源界的重要人物，包括：石油工業領袖協會（Society of Petroleum Industry Leaders，SPILL；意「漏油」）、煤炭能源協會（Society for More Coal Energy，SMOKE；意「抽菸」），及核能團體：人類重要原子福利辦公室（Key Atomic Benefits Office of Mankind，KABOOM；意「大炸彈」）等組織的代表。

劇中總統決定根據一位頂尖的獨立研究者麥罕默博士（Dr.

Albert S. Meinheimer）的建議來制訂美國的能源政策。麥罕默博士主張太陽能是一種有前景且愈來愈重要的能源。因此石油、煤炭、核能等團體綁架了麥罕默博士，並換上一個替身，改而建議美國未來應該多多使用石油、煤炭、核能，就是不要太陽能。當尼爾森發現這個陰謀，還跟石油工業團體領袖嗆聲：「你這種人快絕種了，就像說得出美國50個州州名的人一樣。」最後麥罕默博士被營救，他向老布希提議使用「高效率、低汙染、可再生的能源」。（沒錯，自然資源保護委員會就是這部電影的顧問！）

我最喜歡的場景出現在電影尾聲。那是一場在華府的全國記者俱樂部舉行的記者會，麥罕默博士在台上賣力解釋著複雜難懂的再生能源政策。他舉出一大堆圖表、統計數據來支持他做的分析，結果全場來賓，包括服務生在內，統統都聽到睡著，甚至鼾聲大作。果然，如果不夠無聊，就還稱不上是「綠」……

法規促進創新

法規跟標準很重要，即使它們總是讓你昏昏欲睡。雖然我們絕對需要靠著價格訊號，來發展學習曲線已經下滑的綠能科技，同時用它來刺激市場，為充足、潔淨、可靠又便宜的電力找尋新的方向，以滿足智慧型電網、智慧型住宅、智慧型汽車組成的能源互聯網的需求；但光是靠價格訊號是不夠的。潔淨電力的下一個大突破，大概還要花很多年才能踏得出去。

這也是我們既需要能源效率的大突破，也需要提升自然資

源使用效率的原因，這樣我們才能在投入更少的能源與資源的狀況下，馬上得到更多發展、更多動力、更多熱能、更多光亮、更多能量。因此，就算目前那充足、潔淨、可靠又便宜的電力還沒出現，我們現在卻可以努力降低二氧化碳排放量。也因此，等到這個潔淨電力真的出現時，我們可以消耗得更少。

這也是為什麼正確的能源政策，此刻在小小的地球上變得如此重要：我們必須立刻盡可能發展各種經濟的能源利用方法，因為這樣做永遠比開發新能源來得划算。同時，我們也必須發展最便宜的零汙染電力，以填補能源不足的需求，這樣我們就可以在最可行的環保方式中慢慢求進步。

上一章的焦點，是價格訊號在發展綠色能源系統中所扮演的重要角色，它可以有效的促成各種政策的結合。而這一章的重點則是，我們要如何利用這些標準與法規，來促進潔淨電力的發展與創新，包括改善家庭、工業、大型建築、車輛、照明、加熱與冷卻系統的能源效率，以構築智慧型電網；並且改變電力公司與消費者間的關係，讓電力公司轉變成整個能源互聯網的推動者，而不只是5塊美元電力吃到飽自助餐廳的經營者。

講到法規在促進能源效率改善與創新過程中扮演的角色，最好的例子莫過於奇異運輸。這間公司的總部位於伊利市，還有一間工廠在格羅夫市（Grove city），雇用了5,100名員工，其中大部分是工程師。奇異運輸的總裁兼執行長狄寧（John Dineen）形容他們的火車頭工廠，活像個「科學園區」，因為「我們的工廠外表看上去像是個百年工業古蹟，但在這些老舊建築物裡面工作的，全都是世界級的頂尖工程師，他們手上的工作，正

是我們明日重要的新科技。人們只看到大廠房，往往誤以為我們是傳統製造業，而事實上，推動我們這個企業的關鍵，正是科技」。

奇異運輸的鐘點雇員，時薪是當地平均薪資的將近兩倍，這都拜擁有24萬磅推動力、造價400萬美元的進化系列柴油火車頭（Evolution Series diesel，簡稱EVO）出口所賜。奇異運輸在2009年底前，將賣出三百台EVO給中國大陸以及全球各地的鐵路公司，包括墨西哥、巴西、澳洲以及哈薩克共和國。

你可能會以為，像中國大陸那樣一個以鐵路運輸為主要交通工具的國家，應該會生產自己的火車頭才對，事實上的確如此。中國大陸自己仍生產數千個火車頭，而且造價比奇異的EVO便宜許多，但奇異出產的引擎，終究仍是全世界能源效率最高、二氧化碳、傳統煤灰微粒、氮氧化物的排放量最低，同時擁有最高油耗標準的引擎。

這就是中國大陸會向奇異買火車頭的理由。EVO的引擎只有十二個汽缸，它的前一代產品擁有十六個汽缸，但兩者產生的馬力卻是一樣的。最棒的是，這些引擎非常穩定。「它們絕不會在鐵軌上突然熄火。」狄寧說。

奇異運輸設計出EVO的關鍵因素之一，在於美國國家環境保護局針對火車引擎與其他交通工具制訂的二期排放量標準（Tier II emissions standards），這項2004年制訂的新標準，規定交通工具必須大幅降低氮氧化物與懸浮微粒的排放量。奇異別無選擇，只能跟著法規走，但問題是該怎麼做。

任何一家生產火車頭的公司，都會面臨這種法規與標準的問題，他們可以選擇在不同的面向上做出妥協。比如說，他們

可以把引擎做得更加環保，但就是無法達到最佳燃油效率或是最佳時速，或是必須犧牲穩定度。奇異總公司的執行長伊梅特決定，與其硬是更改奇異原有符合一期排放量標準的火車引擎設計，不如重新發展另一個完全符合二期排放量標準的新產品。

「我們知道必須降低排放量，」狄寧回憶：「如果我們真的想要這樣做，我們也很清楚必須犧牲燃油效率以及穩定度，但是我們決定賭一把，試試看能否重新設計一個引擎，達到三方面全贏的理想結果……當你想把所有面向同時指向正確的方向時，你需要一個全新的開始。我們想要用全新的材料、全新的設計、全新的零件，做出一個更大、更結實、可以承受更大的汽缸推進力的新引擎。我們想要更穩定的引擎、更低的排放量、更佳的油耗表現，而且是一起達成。」

碳排放量與柴油火車引擎的燃油里程數直接相關；燃油里程數一旦增加，排放量就會減少。所以當奇異決定打造新引擎，讓新引擎不只能符合美國國家環境保護局二期排放量標準中對於氮氧化物的限制，也能提升燃油里程數時，也同時降低EVO的二氧化碳排放量。

一個良性的循環

回到2004年，減少二氧化碳排放量似乎只是一個不錯的附加價值，當時甚至不在美國國家環境保護局二期標準的議題當中。但是在過去兩年裡，碳排放量卻成為相當重要的議題，尤其是像中國大陸這樣的國家。中國大陸的國有鐵路公司及許

多其他客戶，突然都很急迫的想要買到燃油效率更佳、氮氧化物與二氧化碳排放量更少的火車引擎。「我們並不確定中國大陸是否真的很關心碳排放量的減少，然而他們確實如此。」狄寧說。

事實上，中國大陸在2008年已經取代美國成為全球碳排放量最大的國家，同時也承接了所有的罵名，因此中國大陸的大型國有企業急著想用最經濟實惠的方式，改善他們現有的碳排放量情形，並不令人驚訝。

不過關鍵在於，在這些國有企業能負擔的範圍內，降低碳排放量幾乎只是一種免費的附加效果而已。只要減少燃料的使用，二氧化碳排放量自然就會降低。狄寧說：「我們看到大家對EVO的接受度非常高，不僅在美國，包括在許多沒有強制執行相關法令的國際市場裡，也是一樣的。」

狄寧補充，減碳議題「來得比我們想像的快得多……我們搶先跑在前面，是因為我們受到法規的驅使。法規讓我們不得不向前走，而我們早到了。當許多人開始對這議題感興趣時，我們已在這個領域裡占盡優勢」。

新EVO的燃油效率比舊型引擎的燃油效率高出5%。5%代表了什麼？火車引擎的使用年限大約二十年，在這二十年間，多出5%的燃油效率能夠省下大約30萬加侖的柴油，以及減少相對應的碳排放量。如果一家鐵路公司同時買下上百具這種火車引擎，將會減少相當可觀的燃料使用與碳排放量。

「我們現在已經開始深入討論三期與四期標準了，」狄寧說：「政府對碳排放量課徵的稅愈多，燃料的價格愈高，我們持續提升燃油效率的動力也就愈大。奇異運輸和美國國家環境

保護局從二期標準中學到許多經驗，也正在技術上尋求改善之道，試圖再減少諸如氮氧化物這種傳統汙染物的產生，同時要能夠持續改善燃油效率與碳排放量。標準愈高，技術發展就必須愈深入，我們也需要愈聰明的工程師。」

確實，奇異運輸對優秀工程師的需求量一直相當大，不過伊利市的公立學校系統，卻連維持基礎數學與科學課程的師資都要費上一番工夫。奇異基金會為此捐出1,500萬美元，用以改進當地學校的數學與科學教育。奇異並不是打算聘請當地高中畢業生來擔任工程師，不過如果想要吸引更傑出的工程師留在奇異，並且在伊利市長住，就有必要協助公立學校維持一定的教學品質。

「這裡是西賓州，」狄寧說：「這裡不是矽谷。我花了很長的時間與當地政府溝通，試著讓這些主事者了解，我們的競爭優勢是高級技術，不是廉價的焊接工作。所以我們一直要求當地政府確保此地的數學與科學教育品質能不斷進步。」

簡單來說，企業都會傾向落腳在有最多、最好的人才，而且人才水準持續提升的地方。因為每個面向都環環相扣：愈嚴格的空氣品質標準與碳排放量標準，對高水準產品的需求就愈高，也愈需要高水準的工程師，而高水準的工程師對於良好的生活環境、優質的學校等要求也愈高；如此循環下去，所有的標準也就愈來愈高。

如果美國想要在能源氣候年代中繼續繁榮，從聯邦政府、州政府到地方政府，都必須讓這個良性循環隨時保持運作才行。

叫律師與遊說客走開，讓工程師來接手

關於環保法規與創新之間的關係，最常被引用的一種理論也許是「波特假說」（Porter Hypothesis），由哈佛商學院教授波特（Michael Porter）在1991年首度提出。他認為，「規劃良好的環保法規將會刺激技術創新，使得成本降低並提升品質。於是本地企業將可以在國際市場中變得更有競爭力，工業生產力也將隨之進步。」

我們也可以換一個角度來看。波特向我解釋，汙染根本就是一種浪費：浪費掉的資源、浪費掉的能源、浪費掉的原料。能夠減少這些浪費的企業，就能將他們的資本、技術與原物料的生產力發揮到最大，創造出最高的價值，因而變得更有競爭力。所以，規劃得宜的環境法規是一舉兩得的，可以同時改善環境以及企業、國家的競爭力。

能源效率的相關法規與標準一旦到位，也就是在傳達一項訊息：「叫律師與說客走開，讓工程師來接手吧。」這個論點，從小布希政府對於空調效率標準所做的驚人之舉可見分曉。

柯林頓政府在第二次任期的後期，將美國的空調能源效率標準由SEER 10提高到SEER 13，這個標準一旦落實，將可以造成能源效率提升約30%：用更少的電力，產生更強的冷卻效果。（SEER代表「季節性能源效率比」（seasonal energy efficiency ratio），以空調全年正常使用期間冷卻總輸出的BTUs數，除以同期間的總能源輸入〔即用電的度數〕）。

不過，筆鋒永遠帶刺的Salon.com科技評論家李奧納德

（Andrew Leonard）在2007年9月17日發表的文章中，曾引用加州大學洛杉磯分校法律教授卡爾森（Ann Carlson）的研究內容表達疑慮。正如李奧納德在文中所述，SEER標準已經變成一場政治角力，因為小布希政府上任沒多久，很快就決定將標準調回SEER 12，能源效率的改善效果因而降到20%。雖然連小布希政府管轄的美國國家環境保護局都持反對意見，但小布希團隊基於一項高估SEER 13標準的製造成本、且低估它的節能效果的分析，仍然堅持這項決策。

當時，自然資源保護委員會聯合十個州政府控告小布希政府，希望逆轉這項決策，最後終於獲得勝訴。2004年，美國第二巡迴上訴法庭勒令能源部重新將空調標準調整回SEER 13。2007年1月1日，在距離柯林頓政府制訂這項標準的六年之後，SEER 13才終於付諸實行。

「提升20%與30%的能源效率有什麼差別？」李奧納德說：「差別只不過相當於十二座生產電4億瓦電力的發電廠產量總和罷了。」

美國能源效率經濟委員會（American Council for an Energy-Efficient Economy，簡稱ACEEE）執行主委納德爾（Steven Nadel）在柯林頓政府時期致力於推動SEER 13標準，上訴法庭做出裁決後，他曾發表聲明說明此決定造成的影響：「這個重要的規定將可節省消費者的金錢、減少停電的風險、減少空氣汙染與溫室氣體的排放量……根據ACEEE的分析顯示，到2030年為止，美國消費者可以因此省下2,500億度的用電量，以及210億美元的電費支出。同一時間內，工業尖峰用電量也將不再高達200億瓦，不但可以省下數十億美元的整體支出，並能降低未來的用

電費率。這些省下來的能源可以減少超過5,000萬公噸的碳排放量——效果相當於一年路上少了3,400萬輛車。」

我非常確定,部分空調業者一定會大力反對提高能源效率標準,然而無論是對國家還是我們的空氣品質來說,提高能源效率標準都會帶來極大益處,尤其是在小布希政府操弄能源價格一路飆漲的此時。

我之所以提起這個事件,是因為想要藉此事強調:法規上一個小小的調整,就算只是一、兩級的變動,都可以在整體經濟層面上,對於能源生產、能源效率以及溫室氣體排放量造成極大的影響。此外,我也想藉此事件凸顯一個在能源爭議中經常出現的詐欺行為:那些反對提升效率標準的人,是如何一再的誇大改變帶來的成本,以及低估改變帶來的利益。

關於這一點,在自然資源保護委員會的黃羅嵐(Roland Hwang)與加州先進運輸技術組織(CALSTART,這個組織致力於潔淨交通的解決之道)的皮克(Matt Peak)於2006年4月發表,針對法規與創新之間的關係所做的研究當中,就有很清楚的紀錄。

觸媒轉化器之戰

黃羅嵐與皮克在他們的研究中提出一個簡單但卻十分重要的問題:在加州政府針對汽車工業實行某些特定的環境法規之前,這些汽車業者對法規發表許多意見,像是要符合這些法規對他們而言有多難云云;但最後呢,這些法規在價格與創新上帶來多少影響?黃氏與皮克發現,這些業者持續的過度高估法規所造成的成本增加,又誇張的低估法規啟發創新的可能性。

1970年代中期，汽車業者強烈反對使用觸媒轉化器來降低引擎排放氣體中的有毒物質。「汽車業高階經理人們宣稱，在技術上無法配合這個法規，而且汽車產業將因而嚴重衰退，」黃羅嵐與皮克指出：

　　舉例來說，在1972年的一場國會聽證會上，通用汽車副總裁史塔克曼（Earnest Starkman）聲稱，如果汽車業者被迫在1975年開始使用觸媒轉化器，「可以想見的是，汽車製造業將會全面停擺，造成企業、股東、員工、供應商與社會的巨大損失。」福特汽車總裁艾科卡（Lee Iacocca）也聲稱：「如果美國國家環境保護局不中止使用觸媒轉化器的規定，將會迫使福特關廠，並且造成下列結果：(1)國民生產毛額將減少170億美元；(2)失業人數增加80萬人；(3)各級政府總稅收減少50億美元，地方政府將會難以為繼。」

　　雖然他們言之鑿鑿，加州政府仍然執行這項規定。1975年開始，所有汽車必須使用第一代的觸媒轉化器，1977年則要開始使用三元觸媒轉化器（3-way catalytic converters）……克萊斯勒汽車表示，為了要配合1975年的聯邦汙染標準法規，每輛汽車要多花1,300美元的製造成本，大約相當於現在的2,770美元。福特汽車則估計，為了這項法規，Pinto車款每輛成本將增加1,000美元（以2004年幣值計算，約為2,130美元）。

　　然而，根據白宮科學辦公室在1972年提出的報告，估計每輛汽車的製造成本大約只會增加755美元（以2004年的幣值計算，約為1,600美元）。不過，這項標準最後延到1981年才正式實

施，實際增加的成本若以2002年的幣值計算，約在875美元到1,350美元之間。

在這段期間，空氣汙染果真大幅減少，而天並沒有垮下來，美國的經濟也沒有像預期中那樣一敗塗地。

黃羅嵐與皮克的研究結果，展現出一個在各種環境法規上反覆出現的模式：產業界、甚至是法規制訂者本身，經常過於高估為了追求高標準而必須付出的經濟成本。就某種程度上來說，這當然是刻意的，但這兩位作者告訴我們，某種程度上，這是因為產業界與法規制訂者都低估「預期之外的創新」所扮演的重要角色。在回顧汽車業相關法規的歷史之後，黃羅嵐與皮克寫下這樣的評論：

我們發現汽車製造業者經常將技術與製造工具，轉用於與原本用法截然不同的新用途，結果使得製造成本出乎意料的低於預期，而同樣的狀況也出現在空氣汙染法規的施行過程當中。強硬的法規往往激發出無比的創新，不僅把不確定性降到最低，同時為汽車製造業者以及他們的供應商提供極有利的競爭誘因，讓他們創造出大幅降低成本的新點子。

制定清楚的價格訊號與法規，永遠能創造出有助於創新的環境。

本田汽車的 CVCC 技術

　　黃羅嵐與皮克指出，在1969年之前，人們普遍認為要降低空氣汙染，唯一的辦法就是使用像觸媒轉化器這種管末處理技術（end-of-pipe technology）。「但是，當加州的排放標準產生正面效應，進而影響到國家政策，讓政府當局於1970年代頒布「聯邦清淨空氣法案」（Federal Clean Air Act），最後造成全國汽車減少90%的排放量，有一家汽車製造業者，本田汽車（Honda），開始採用另一種減少汙染的方法。」兩位作者這樣寫著：

　　本田汽車創始人本田宗一郎指示公司裡的工程師，必須「試著在引擎內就解決掉廢氣，不要依賴觸媒轉化器」。於是，他們以全新的方式整合現有技術，讓引擎燃燒更為乾淨。他們的努力成果就是「複合渦流燃燒引擎」（Compound Vortex Controlled Combustion，CVCC），設計原理就是在汽缸裡多加一個「副燃室」。結果他們發現，藉由副燃室混合汽油與空氣，可以在廢氣進入排氣管之前，預先除去更多雜質。

　　這項技術讓本田汽車不必使用觸媒轉化器，就能輕鬆符合1970年代的空氣清淨法案的標準。這項技術也讓本田汽車賺進一筆意外之財；本來等著要嘲笑本田汽車的其他底特律汽車製造業者，後來紛紛在1973年向本田汽車請求技術授權。

　　本田汽車在1970年代生產的喜美車系（Honda Civic）中，成功應用CVCC技術；喜美車系更被美國國家環境保護局評定為同級車款中燃料效率排名第一，這也等於駁斥底特律其他車

商，之前認為不可能同時符合排放量標準與油耗標準的說法。

　　美國總統小布希與他的行政團隊宣稱，他們不制訂過於嚴格的效率標準，不要求空調要有更高的冷卻效率，也不要求美國汽車有更好的油耗表現，是為了保護美國企業。對於一個自認與企業界友善的政權來說，這是可以理解的本能反應，卻也是很笨的反應。

　　身為一個擁有最強創新能力的國家，我們有最優秀的研究大學、最頂尖的國家級實驗室、最先進的高科技基地，就應該要面對更高的標準，因為在其他國家的企業都無法達到這些標準的時候，只有我們的企業可以。美國空調業者為了降低標準而大力進行遊說，最後卻只是提升了低效率、低成本的中國大陸製的空調在美國市場中的競爭力，所為何來呢？

　　不過，對於高標準的抗拒反應已經深入人心，特別是在產業界的菁英份子當中，許多人已經失去發動更大戰役的視野。法規與創新政治學專家、也是麻省理工學院教授的奧伊這麼說：「很典型的，企業通常都看不透那些能源效率與油耗標準相關的嚴格法規實際上對他們有利，所以他們通常也無法適時的做出調整，讓自己得到優勢……如果絕大部分的石油公司都因為技術或創新科技無法達成規定而早早出局，艾克森美孚便可以從非常高的潔淨燃料標準中得到很大的利益。但是這些公司卻都忙著抵制法規，而不是試著找出擊敗競爭者的方法。這些企業只會從工廠成本增加的觀點來看待這些法規，卻不懂得從成本、技術品質、自己與競爭者的相對關係來審視法規。」

如今，要強調改進能源效率有多重要，要強調能源效率對於減緩氣候變遷、減少我們的能源支出的影響有多大，都為時已晚了。如同Google.org的頂尖能源專家萊徹（Dan Reicher）所說，談到能源效率，「那是一個很容易實現，卻又不斷升高的目標。」他的意思是，當企業終於找到一個方法來符合某一項效率標準，政府馬上又會推出另一項更高的標準。

　　「我們必須比從前更嚴格的看待效率這回事，」太平洋西北國家實驗室的科學家戴維斯補充：「我們需要另一個三十年到五十年，才能解決潔淨電力的供應問題，但是在需求面，這問題已經迫在眉睫。」

省電是最便宜的發電方式

　　提高能源效率始終是最快、最便宜、最有效的潔淨電力生產方式，因為電力的最佳來源是：你降低了需求，所以根本不需要生產電力。當這個抹平了的世界變得愈來愈擁擠，這道理將變得更加真實。為什麼？因為任何我們試著用來發展潔淨電力的發電方式，無論是風力渦輪、太陽能板、地熱能系統、太陽熱能或是核能發電廠，都將隨著時間愈來愈昂貴。

　　從製造風力發電機的鋼鐵、風扇葉片的組合零件、製造太陽能板所需的矽，到核能發電廠或是新傳輸線需要的特製設備等，每一種系統所需的原物料，目前都面臨短缺，因此需要有長期的儲備量。事實上，就算能夠找到這些原物料，那些掌握合約的大公司也都早早把它們都訂走了。

　　既然每樣東西的價格都在上漲，因此如何能把節省下來的

電力使用在其他地方，不需要再耗費動力去生產額外的電力，也就變得愈來愈重要了。麥肯錫顧問公司2009年對能源效率的綜合報告標題是〈釋放美國經濟的能源效率〉，這篇報告得出的結論是，如果美國真的專注在提高能源效率，就可以大幅減少現有的碳排放量，並同時為美國大眾與企業節省大量的資金。舉例來說，麥肯錫全球研究所的能源效率相關研究做出這樣的結論：到2020年以前，如果人們大量使用省電燈泡，再配合高能源效率的冰箱、熱水器、廚房電器用品、窗戶以及房屋隔熱設備，那麼全美境內的住宅大樓電力消耗量將比今日減少超過三分之一。研究中指出，屆時省下來的電力，會相當於110座發電量達6億瓦的新燃煤火力發電廠的產量總和。有些專家認為這個數據過於高估，但就算是高估好了，至少方向是對的。

麥肯錫寫道：「能源效率為美國經濟提供龐大、低成本的能源，但前提是美國能以全面創新的方法來釋放這些能源。必須解決在多個層面上一些明顯而持久的阻礙，才能刺激對能源效率的需求，有效將能源傳送到超過一億棟建築物和大約數十億的設備。如果可以大規模採行，使用全部的方案總共可以節省價值超過1.2兆美元的能源，遠高於2020年以前用來投資節能措施所需要的5,200億美元（不包括計畫成本）。這樣的計畫估計可以讓2020年最終用戶的能源消費減少1,000兆BTU（英式熱能單位），約占預計需求的23％，每年將可以減少多達11億噸的溫室氣體。」

2008年另一項對相同主題的研究中，麥肯錫得出的結論是：一個全面性的能源效率策略可以節省的能源數量，相當

於110個新建6億瓦燃煤電廠的發電量。一些專家認為這些統計數字被誇大了。但即使是這樣,這樣的發展方向並沒有錯。我們可以藉由設定更高的標準來達到更多成果,包括如何讓房屋內部保持溫暖或保持涼爽,以及冷氣和冰箱能夠消耗多少能源。沒錯,在家裡和辦公室,只要不需要燈光,就可以把電燈關掉。

「如果我們真的盡力提升能源效率,省下的錢便足以用來除碳,至於持續供應的電力與燃料,也就能夠讓我們在控制氣候變遷的前提下,持續追求發展。」自然資源保護委員會的市場創新主任杜克（Rick Duke）說。

我們很可能還需要三十年到五十年的時間,來發展再生能源及碳捕捉與封存技術,以便提供足夠的綠色能源及可靠且價格合理的電力,來支持我們的整體經濟運作。要達到這個目標,我們有兩種方式可以選擇:一、我們可以創造「一波效率的高峰,」杜克說,這麼做能夠真正解決接下來二十年所有能源需求的成長,而且不增加任何一個碳分子;二、我們需要繼續依賴汙染性燃料來提供更多能源。

這並不是憑空猜想。在1973年到1974年之間的石油價格大震撼之後,加州就針對建築物與電器用品如冰箱與冷氣等,著手制訂全美國最嚴格的效率標準。結果是,即使加州的經濟快速成長,它的平均每人電力使用量在過去三十年來幾乎沒有增加。根據自然資源保護委員會的研究顯示,同一時期內,其他地區的平均每人電力使用量都增加大約50%。這項研究中指出,如果加州的能源使用量和美國其他地區一樣成長的話,將會增加250億瓦左右的電力消耗;若以發電廠為單位來計算,

大概需要多蓋五十座發電量為5億瓦的大型發電廠。

史丹佛大學學者雷德（Walter Reid）與一群來自巴西聖保羅的環保部門專業人員，受惠利基金會委託研究。他們在2005年發表的報告中指出，由於加州與聖保羅實行聰明的能源效率政策，在過去二十年來，雙雙降低每人平均溫室氣體排放量，同時為消費者帶來幫助。

根據惠利基金會在2005年12月1日提出的摘要：

> 加州的平均每人溫室氣體排放量，比其他美國同胞低了一半以上，很大一部分要歸功於州政府的政策，鼓勵使用天然氣及再生能源取代煤炭，並積極鼓吹能源效率的提升。自1975年以來，當全美國的平均每人排放量始終沒有改變，加州的平均每人排放量已經減少將近三分之一。這項研究指出，單是靠實施建築物與電器用品的效率標準，每一個加州人在1975年到1995年之間，每年都大約省下1,000美元左右（在電費帳單部分）。相較於過去，能源效率的提升也使得他們的經濟額外成長3%，相當於310億美元。能源效率產業帶來的新工作機會，也將在接下來的十二年內，創造出80億美元的薪資所得。

這個研究意謂著，如果想要對環境產生某種影響，首要的事情就是，了解能源效率與排放量的相關法規，以及這些法規是如何制訂的。沒錯，那些化石燃料巨型企業就是這麼做的，他們很清楚，線上聊天室跟議事堂休息室的差別在哪裡。他們不會浪費大把時間在線上聊天室裡進行模擬遊說；他們情願在國會大樓裡、州議會大廳旁及管理當局會議室裡的休息室，跟

議員勾肩搭背搏感情，試著影響這些制訂法規的人。因為只有決定遊戲該如何進行的人，才會是遊戲結束時最大的贏家。

諾亞與自動販賣機

對於「遊說」這件事，我最喜歡的一個故事是自然資源保護委員會主席班耐克（Frances Beinecke）曾說過的，一個關於某位「赫赫有名的行政人員」赫洛維茲（Noah Horowitz）的故事：

自然資源保護委員會裡，有位明星員工赫洛維茲，他在舊金山辦公室工作，是一位永不言倦的工程師。他並不是非常出名，但他的足跡遍布各地，只為四處記錄那些毫不起眼的自動販賣機。

幾年前，赫洛維茲發現自動販賣機的數量愈來愈多，從超級市場、加油站、醫院、學校到遊樂場，到處都有。他發現，全美國大約每一百人就有一台汽水自動販賣機；也就是說，全美國大約有三百萬台這種機器，它們的壓縮機一天二十四小時、一星期七天，不停的在各地嗡嗡運作著。

更誇張的是，這些販賣機的耗電量比家用冰箱的平均耗電量要高出十倍以上，因為販賣機不只要冷藏汽水，還要點亮招牌的燈並且運作自動找零裝置。還有一個最主要的原因，那就是從來沒有人想過要改進販賣機的設計。

赫洛維茲找上飲料製造商，不過那些製造商並不想跟這個留著鬍子的環保人士浪費口舌。而且他們並不是為販賣機用電

付錢的人，付錢的是商店老闆、學校董事會，以及任何販賣機所在位置的擁有人。赫洛維茲只好跑去找這些人，對他們說：「為什麼我們不一起試著努力？」在他們終於都一一被說服之後，赫洛維茲的行動才吸引到飲料製造商的注意。

飲料製造商開始找尋解決辦法，比如說使用更高效率的壓縮機、風扇，以及改良後的照明設備。他們也重新思考一些最簡單的事情，像是在隆冬時期，不要讓戶外的販賣機整夜運作。最後，他們開發出來一種耗電量只有舊型的一半的販賣機。只要可口可樂與百事可樂也都跟進採用，預計一年將可以省下50億度的電力。這些電力足夠供應1,000萬台家用冰箱同時運作。

赫洛維茲也對生產電腦螢幕的廠商做了相同的努力，成功使他們同意開發更高標準的新產品。到2010年時，美國國家環境保護局估計這項協議將可以省下140億美元的電費開銷，減少將近400億磅的二氧化碳排放到天空中。赫洛維茲真是我心目中的英雄！

節能與省錢，重點都在設計

回到多年前的某一天，你的老闆打電話告訴你：「我有個任務要交給你！我們新的晶圓製造廠要拿來最新生產的微處理器，現在要決定該把新廠蓋在哪裡。中國大陸、台灣、新加坡都提供很好的補助與租稅減免，以吸引我們去設廠。但我們還是比較想把廠房蓋在達拉斯附近，因為這樣距離公司的晶片設

計中心，還有其他設備都比較近。不管這個廠最後蓋在哪裡，你，負責建廠小組，要用1.8億美元在2005年以前蓋成一座新廠房，而且不能超過我們在1998年蓋一座新廠房的造價。」

「喔，對，最好是，」你會說：「用1.8億美元蓋一座新廠，造價還要低於七年前設廠的支出。誰辦得到啊？」

聽起來是很瘋狂沒錯，但這確實是德州儀器公司（Texas Instruments）高層在2000年代早期交給建廠小組的真實任務。而且，真正瘋狂的是：建廠小組還真的辦到了！更加瘋狂的是：建廠小組達成目標的方法，是讓廠房盡可能的環保、盡可能的提升能源效率，這就是他們的省錢作戰策略。環保的設計是他們省錢的訣竅，其中隱含著重要的寓意。

除了提升住家與汽車的能源效率，其實從建築設計來改善商業大樓的能源效率，更是值得開發的重要領域，這可由德州儀器在德州理查森市（Richardson）的晶圓廠看得一清二楚。德州儀器的建廠小組能夠實現這個瘋狂目標的關鍵在於，一棟在能源效率上設計得宜的大樓，不只營運成本更低，就連建築過程中的花費也都低於一般的大樓。

在美國，消耗於建築物的能源大約占總能源消耗量的40%，其中電力部分更占總用電量的70%左右。當一般大眾都開始相信環保才是最便宜的建築與運作模式，這場革命才算真正開始。

我在2006年為探索時代頻道（這是探索頻道與《紐約時報》合作的電視頻道）拍攝能源紀錄片時，曾經造訪德州儀器的新晶圓廠。（順道一提，晶圓是什麼東西？根據網路科技字典Webopedia.com所載，晶圓是一個薄薄的、用半導體原料做成的小圓片，這個原料通常是矽，

而晶片就是用晶圓做成的。一開始矽晶體原料會先鑄成圓柱形的矽晶棒，再切成一片一片非常薄的小圓片，在小圓片上植入電晶體之後，再切割成小小的半導體晶片。）

一般晶圓廠通常至少有三層樓，因為廠中需要設置極複雜的冷卻系統與環繞生產線的供給設備。然而，德州儀器的建廠團隊在理查森設廠時，卻蓋了一座樓板面積只有110萬平方英尺的兩層樓建築，既省下了大量土地面積，也省下本來需要的大量能源與建材。此外，德州儀器還同時諮詢落磯山研究中心的綠建築專家及羅文斯，同樣從設計來減少工廠未來的資源消耗，讓這座工廠在達到使用年限之前，省下的資源將超過建築過程的消耗。

另外，德州儀器的工程師與落磯山研究中心的團隊共同設計的大型水管與空調管線，因為沒有太多曲折，因而可以降低摩擦造成的能量損失，也可以讓廠房使用較小的、節能的幫浦。

為了在陽光炙人的德州降低冷卻的成本，工程師還設計出一種塑膠薄膜，可以把照到屋頂上85%的陽光反射出去。此外，工廠行政區域的窗戶也有特殊的隔板設計，能把光線反射到室內每一個角落，降低人工照明的需求。還有，工廠冷卻設備的運作用的是回收水，這些水也可以灌溉戶外的景觀植物，設計師特地保留了當地的原生植物，以將建築物對環境的衝擊降到最低。

這些讓空氣可以自然的循環、冷卻、回溫的設計，大幅降低工廠裡的總熱能，因此，德州儀器不需要像一般工廠使用大型的工業用冷氣，而只要用小一號的空調設備就可以了。

「我們只需要七台冷卻機，不需要用到八台，」監督德州儀器全球廠房的永續設計與發展、並且提供興建團隊相關協助的威斯布魯克（Paul Westbrook）說。他也是邀請德州儀器高層到自己的太陽能住宅參觀，因而使這些高層支持興建綠建築的重要人物。

　　「這些冷卻機每台重約1,600公噸，購買加上安裝，每台都要花費100萬美元左右，」威斯布魯克補充說，綠建築並不表示你一定得用風車或太陽能板來發電給自己用，「而是用一種真正有創意的設計與工程技術來處理消費面的問題，把浪費與能源使用都降到最低，這將會是下一場工業革命。雖然綠建築可能增加某些成本，但總體來說，跟德州儀器在6英里外的上一棟廠房比起來，我們蓋了一座每平方英尺可以省能30%的綠建築。」

　　威斯布魯克解釋，這麼做的重點是要把德州儀器在理查森市的這棟廠房，變成「晶圓廠中的Prius」。怎麼做？「我們並不是拿出舊的設計圖修修這裡、改改那裡，試圖省點小錢。我們從頭開始，檢查每個環節之間的關聯性，然後推出全新的設計，讓這座廠房不只是建造成本更低，營運成本也更低。」

　　威斯布魯克說，這當中最重要的課題在於你必須重新思考每個過程，以及所有過程之間的關聯。舉例來說，如何把一個系統產生的廢熱供給另一個系統使用，而不是多加一台冷氣去冷卻它；或是如同豐田的Prius油電複合動力車的設計原理一樣，在煞車的同時產生電力讓電池充電。事實上，你可以同時朝兩個大家都認為是相反的目標（省錢，並且興建、使用綠建築）努力，並且讓它們一起實現。

系統中的系統

　　然而，這並不是簡單的事。在原創設計中，你必須多花一點心思。你不能把建築物當成只是單純裝了電燈、暖氣、冷氣的牆壁、窗戶和天花板，而必須將這些東西都視為一個系統中的系統，然後反覆思考它們彼此之間如何交互作用。暖氣與冷氣當然從來沒跟窗戶說過話，窗戶與照明設備也都沒有對談，照明設備更從來沒跟走廊聊過天。可想而知，這些東西都經常保持在啟動狀態，但不曾互相溝通，而且也把電力輸送網路或能源市場擺在一邊。

　　但是在智慧型建築裡，每一個房間都會有人體感應器，你可以把它裝在禮堂、教室、辦公室裡，如此一來，只有當有人在其中活動時，冷氣與燈光才會啟動。不過，比這還要更先進的是，智慧型窗戶能夠在又冷又暗的天氣裡，讓較多光線與熱能進入室內，而在陽光充足的大熱天裡，則擋掉多餘的光和熱，同時這些窗戶還能夠知會過度工作的照明與冷暖氣系統。另外，還有裝有太陽能電源牆壁可以用來點亮學校的燈光，或是為校車電池充電。

　　當你不再把建築物當作一堆磚塊，而是當作系統中的系統來看待時，所有的事情都將成為可能。想像一下，當這些高效率的智慧型建築，在智慧的能源互聯網中彼此串聯之後，每一棟建築物的靈活彈性都不再只是為它自身服務，更可以同時滿足互聯網中其他建築物的需求。

　　德州儀器的新廠房雖然已經在 2006 年完工，但由於半導體產業的衰退，延遲了運轉進度。不過，建築物本身已經準備

就緒，所有系統也都已經測試完成；威斯布魯克說，測試結果顯示，當所有系統都正式啟用時，以目前的電價計算，「我們估計，這些設備在第一年省下的錢大約是100萬美元，而且在正式啟用之後，預估每一年的電費可以降到400萬美元左右。」跟前一棟廠房相比，新廠房大約節省20%的電力及35%的用水量，威斯布魯克補充說：「等到開始生產之後，這些數字還會再往上增加，我們省下來的錢，也會愈來愈多。」

德州儀器相當驕傲他們能夠「證明環保、節能、降低成本與提高利潤的目標，是可以同時達成的」。2006年，當這棟新廠房剛剛完工時，德州儀器全球設備副總裁布萊克（Shaunna Black）這樣對我說：「當人們決定要創造一些不可能的事情時，奇蹟就會一個個開始出現。」

讓全美國都有決心化不可能為可能，的確是個挑戰。如果我可以只要揮揮魔杖，就能讓足以加速目標實現的某條法規付諸實行的話，那麼這條法規將是：規定所有設計、工程與建築學系的一年級新生，都要修習「能源與環境設計領導」（Leadership in Energy and Environmental Design，簡稱LEED）的相關建築與系統設計課程。LEED的綠建築評估標準（Green Building Rating System），對於高效能綠建築的設計、結構、運作等環節，提供一套清楚的評估與認證準則，用以鼓勵人們多加採行永續的綠建築。

1990年代中期，生態環保顧問華森是LEED的開路先鋒，而今日的LEED則由美國綠建築委員會（U.S. Green Building Council）來管理。他們以基地的永續發展、水資源利用效率、能源效率、建材選擇、室內環境品質等五大項目來評估建築物，並

視評估結果給予建築物基本級、銀級、金級、白金級等四種認證。德州儀器在理查森市的廠房,獲得LEED的銀級認證。

LEED是一個完美的例子,這表示能源或環境標準不一定得由政府來做,如果民間團體有能力評鑑愈來愈多的工作場所,就是為改變世界出一份力。這項標準的影響力擴散之廣、之快、之有力,就像病毒一樣,如今已有研究顯示,經過LEED認證的建築物,使用率、出租率以及出售價格都比一般建築物來得高。

對美國能源的未來而言,沒有什麼比讓每棟建築物更節能並達到零淨耗能(net-zero,產生的能源與消耗的能源一樣多)更重要了。在美國,有一半的能源用在建築上。40%用在建築物的運作上,像是暖氣、冷氣、照明和動力設備,另外還有12%用在水泥、鋼鐵、玻璃、鋁、石膏和磚塊的製造上。「如果我們能夠讓建築環境達到零淨耗能,」喜瑞爾斯材料公司執行長波拉特說道,「我們在供給面上做的每件事情都會變得更容易。電力回售總是會比消費電力還便宜。節省一瓦特電總是比生產一瓦特電還便宜。」如果沒有盡快將所有新建築物變成零淨耗能,我們根本無法解決當今困擾世界的五大問題。而我們現在的建築科學做到將近三年來,我們無法達成的目標,在設計上有所突破。

「多虧一開始有良好的設計與材料,因此我們現在知道如何確保新建築物的設計和建造能夠節省三分之二的能源,」澤塔社區公司(ZETA Communities)創辦人波拉特(Porat)說道。澤塔社區公司專門建造零淨耗能的房屋,而凱勒達產品公司(CalStar Products)銷售的磚塊在生產時使用的能源與碳排放量比

傳統磚塊減少85％。「當電力需求減少三分之二，就能用太陽能、風力、被動照明（passive lighting）*1與地熱來供應剩下的電力。理想情況是，未來的建築物將多出電力，而且確實會製造比使用還多的電力，多餘的電力就可以用在電動汽車上。」

我們還需要處理現有建築物。波拉特說，目前就有技術可以藉著增加隔熱設備、高效能的門窗、新照明設備（最好是LED），以及新的電器，以合理的成本來降低現有建築物50％的能源需求。這個過程稱為「深度能源改造」（deep energy retrofitting），而且圍繞這個過程已經有整個新產業正在興起。「如果我們一年只改造600萬間房屋（美國有1.26億間房屋），那麼我們就能在二十年內改造所有的美國房屋。」波拉特說，「一間房屋平均的改造成本是20,000美元，那就會創造一個年產值1,200億美元的產業，就業員工超過100萬人。然後我們可以對辦公室、學校和醫院做相同的事情。」到目前為止，大家都太過關注在發明可再生能源的突破作法，卻太少關注如何生產讓房屋更為保暖和更為涼爽的窗戶。我們無法像減少建築環境消耗的骯髒而浪費的能源，盡快生產不貴又乾淨的可再生能源。

但我們不能只靠這種志願精神。長期以來，房東都不在意能源效率的設計、建築結構與設備，因為電費是由房客負擔。當繳電費是房客的責任，房東就不會關心要花多少電費，而只會盡可能縮減眼前立即性的支出。如果電費是由房東負擔，那麼房客也不會在意效率，甚至根本不會注意到能源的消耗。

大部分的時候，就算有很強烈的經濟誘因，人們還是搞不

1　譯註：指只用陽光讓建築物內部明亮的建築設計。

清楚就能源效率而言，哪一種燈泡或是哪一款洗碗機比較好，所以他們也無法做出正確的選擇。這也就是為什麼我們需要政府出面領導市場的原因。

政府其實有很多方法來做這件事，包括宣布某些浪費電的燈泡是非法商品，或是管理汽車、建築物、家電用品的節能標準，這樣大家就不需要考慮其他因素，而將能源效率當作唯一的選擇。

就如同 2007 年 7 月 2 日的 Salon.com 上，艾麗森（Katherine Ellison）專訪史丹佛大學氣候學家史耐德（Stephen Schneider）的文章中提到，史耐德說：「志願精神發揮不了實際作用。我已經講過 8 萬 5,000 遍了。因為志願行為的速度有限，所以效果也有限。沒有警察、沒有法官，天下大亂。沒有規定、沒有罰款，溫室氣體便滿天飛。沒有政策來推動，空氣中的二氧化碳將會累積到三倍、四倍。」

歐盟已經在處理這個問題，美國必須超越歐盟。2009年，歐盟宣布，所有成員國在 2018 年以後建造的新建築物都必須淨零耗能！因此它們不得不使用太陽能板、熱泵（heat pump）和其他科技來生產所有在房屋消耗的能源。歐盟將零耗能建築物定義為，「因為那是非常節能的建築物，所以一整年耗用的能源會等於或小於房屋利用可再生能源所生產的能源量。」

讓電力公司比消費者更注重省電

就如同新法規在刺激技術創新、創造更多高效率電器用品

與建築物所扮演的重要角色一樣，它還有更強大的潛力：針對當今世上最古老、最笨重，但也是最重要的工業：公營電力公司，刺激他們開始在財務上創新。

這是真的，我們負擔不起更換電力公司帶來的沉重負荷，因為他們和太多基礎建設息息相關，但如果繼續讓這些電力公司以過去的電價賣電給我們，就好像5塊美元吃到飽的電力自助餐廳那樣，我們將同樣負擔不起。美國必須改變電力公司、管理者與消費者之間的社會與經濟關係，讓電力公司成為提升電網消費端的能源使用效率，以及驅使電網生產端提供潔淨電力的引擎。

就像我在第十章裡提到的，若以電力公司販賣的電量、新增發電廠的數量來計算電力公司應得的報酬，那麼當愈多消費者記得在離開房間時關燈，或是開始使用高能源效率的電器用品時，電力公司就會因為用電需求降低而減少營收，進而造成以電力公司的利潤為基準的資本投入減緩。

因此，我們這種狼吞虎嚥的用電方式，是可以讓電力公司從中得到好處的。你爸媽說得沒錯，當你離開房間卻忘了關燈時，他們就說：「你是電力公司的股東嗎？」當你忘記關燈，電力公司的確有利可圖。

「少用電，省下電費，是消費者的權益；讓消費者多用電，提高電力公司的年收入，是電力公司與電力公司股東的權益。這兩者間本來就存在著緊張關係。」自然資源保護委員會的電力專家卡瓦納夫說：「那就像當你在開車時，一腳踩著煞車，另一腳卻踩在油門上一樣的有衝突。」但那就是我們正在做的事情，而我們得去改變。

我們不能只是要求電力公司賣有效率的東西，因為在既有的商業模式中，那等於是砍他們的獲利，就像我們沒辦法叫Nike滾出去，鼓動大家不去買它的球鞋一樣。我們應該想辦法讓販賣能源效率的電力公司賺更多錢，而不是愈賺愈少。

我們該怎麼做？引進一種新的規定是不錯的開始，在業界術語上，我們稱這種新規定叫做「脫鉤政策」（decoupling plus）；目前加州、愛達荷州與其他幾州都已經開始對電力公司實施這項新規定。

脫鉤政策的基本概念是打破以往大家對電力公司的單一想法，認為只有多多販賣電力與天然氣，才能增加利潤及回收投資。新觀念就是讓利潤與銷售量「脫鉤」，不再以賣出多少電力或新建多少電廠、新鋪設多少電纜為消費者的付費標準。

脫鉤政策運作的方式大致是：每年年底，管理單位會比較每家電力公司的實際銷售量與預估銷售量，獨立稽核員再以每家電力公司的省電計畫訂出他們應該為消費者省下的電費淨值。如果電力銷售量意外下跌，管理單位將會補償電力公司的損失，而且還會依照他們為消費者省下的電費按比例發給獎金。獎金金額由獨立稽核員裁定，他會根據各家電力公司能源效率改善計畫的執行成果，計算出省下的電費淨值，並交給管理單位。

省電計畫成效不彰的電力公司將被課以罰金，而且如果電力銷售量的增加超乎預期，電力公司還得將額外增加的利潤繳出來，方式是降低他們未來費率攀升的幅度。於是，電力公司的管理方針將從鼓勵消費者多多使用能源，開始轉向改進自身的能源生產力。

舉例來說，某家電力公司可能會協助消費者購買能源效率更高的空調設備，或是補助商業大樓設計師降低新大樓的能源使用量，甚至比國家要求的綠建築標準更高。稽核員會算出這個省電計畫的支出有多少，以及它省下了多少電力。假設一台新的、能源效率更高的空調設備要價比一般空調多出500美元，但在它的使用壽命內，卻能省下1,000美元的電力支出，實際上，你就只是拿眼前區區500美元，取代未來支出的1,000美元。這省下來的500美元，則將由電力公司與消費者分享。

　　2007年，加州電力公司花了將近10億美元，不是用來興建新的發電廠，而是用在提升能源效率。加州電力公司的目標是要從現在開始到2020年以前，可以不必再新建發電廠，而是藉由改善能源效率的方式，滿足預期未來用電成長量的至少一半。

　　「這個方式消除過去電力公司販賣更多電力、抵制電器用品與建築物能源效率標準的誘因，因為過去每一種新的效率突破都可能使他們受到損害，」卡瓦納夫說：「現在他們已經開始探索任何可能提高能源效率的新方法，因為這樣對大家都有好處。如果你能給表現好的電力公司一些鼓勵，他們就會開始斤斤計較消費者到底省下了多少電。這時他們才會走出去，對那些商業大樓的設計師說：『我們每平方英尺會多付你兩美元，只要你可以超越大樓能源效率規範的最低標準30%以上。』」

　　於是，電力公司會開始付錢給家庭用戶，讓他們丟掉老舊又極耗電的冰箱，換一台新的省電冰箱。家庭用戶通常都不知

道他們的冰箱用掉多少電，而且不管知不知道，也都不至於成為他們買新的省電冰箱時的經濟考量。然而電力公司會知道，而且他們還把這樣做的成本與利潤都算得一清二楚。

當電力公司可以用這樣的方式，達成股東與消費者的雙贏局面時，事情才會真正開始改變。電力公司將會開始在每一戶消費者家中，投資裝設更好的智慧型電網、智慧型電表與智慧型電器用品，以記錄能源效率改善所帶來的收益，並持續去做。

創造第五種能源

這也就是為什麼，杜克能源公司的執行長羅傑斯會把能源效率稱為「繼煤炭、天然氣、再生能源與核能之後的第五種燃料」。羅傑斯說：「將來，在2040年到2050年之間，當全世界為了爭奪資源而戰亂不休的時候，我們依然能夠以高能源效率維持我們的基本生活，並且協助我們繼續成長。」

南加州愛迪生電力公司的母公司愛迪生國際公司（Edison International）的董事長兼執行長布雷森（John Bryson）告訴我，他的公司估計透過能源效率的改善，每度電將可省下平均1.7美分的生產成本。目前，生產新電力的每度電成本約在10美分以上，因此，改善能源效率所省下的生產成本是相當可觀的。布雷森說，能源效率是「我們想要進入的事業」。

負責管理高盛集團旗下的康建崔克斯電力公司（Cogentrix Energy）的凱勒曼（Larry Kellerman）是美國頂尖的電力專家。凱勒曼說，他會將未來電力費率的提高，就像是一塊「大起司」一

樣的放在電力公司面前，誘使他們改善能源效率。

理想的狀態是，電力公司會因為促使人們省電而賺到更多的錢；這麼一來，不僅消費者的總支出減少，電力公司的總利潤也會增加，因為節能而省下來的錢，一定比生產更多電力的成本要來得多。如果你的能源生態系統只會生產社會價值（低二氧化碳排放量和高能源效率），卻不生產商業價值（既讓消費者省下大筆支出，又讓電力公司賺進更多利潤），那終究是起不了作用的。所以，這兩種價值一定要同時產生才行。長久以來，已經有太多人在能源產業裡靠著做錯誤的事情而大發利市；如果他們能靠著做正確的事情而發大財，我會非常開心。

我們需要借重起司，很多、很多的起司，來從各方面提升電力公司的能源效率。凱勒曼建議，如果電力公司想要繼續興建傳統的發電廠，像是無二氧化碳封存技術的燃煤火力發電廠，那管理者就要讓他們自行規劃發電廠、讓他們自己去籌錢，而且不能讓他們把興建電廠的成本算進電費中，也就是說，不保證他們能夠回本。但假如電力公司想投資太陽能、風力、水力、地熱能或是核能發電廠，或者是合乎、甚至高於現行的能源效率規範、二氧化碳排放量以及其他許多標準的化石燃料發電廠，管理當局則會保證他們可以得到一塊特大號的起司：非常高的股東權益報酬率。

電力公司並不需要自己建造這些全新的太陽能或風力發電設備，因為已經有許多企業紛紛投入生產綠色能源的事業。我們的重點應該在於讓公營電力公司走出去，與這些民營企業合作，共同建立起智慧型輸電網路，使這些新興的潔淨電力供應者都能連結在一起；或者讓他們簽下合約、停止競爭談判中

的勾心鬥角，如此消費者自然可以得到最低價的潔淨電力。畢竟，民營企業需要電力公司的電網才能接觸到客戶端，而電力公司也需要有民營企業共同提供綠色能源。

凱勒曼也認為，管理者應該得到授權，用更有創意的方式把能源效率帶到老技術中。管理者應該這樣告訴電力公司：「你有各式各樣的發電廠，如燃煤、天然氣、核能、風力。這裡，是你所有電廠的二氧化碳排放量目標值。如果你的排放量一直維持現有水準，我們會讓你得到標準的報酬率；假如你的排放量成功的大幅降低，不管是燃燒煤炭更有效率也好，或是經過蒸汽與渦輪轉換電力時損失更少的能源也好，我們都將會幫你增加額外的報酬率。」

全美國有一半的電力來自煤炭。把這些誘因都放到燃煤火力發電廠面前，電力公司就會試著用更少的煤炭創造更多的電力，而二氧化碳排放量也將隨之減少。

讓電網與交通工具一起變綠

我也想為所有的電力公司再創造一些誘因，讓他們以更多家庭與辦公室為目標，協助消費者在家中、辦公室、屋頂、停車場等，特別是在那些分散式的發電設施更能夠發揮作用的地點，也就是電網容易負載過高或難以架設的地方，安裝太陽能或風力發電裝置，將能夠減輕電網的壓力。

隨著太陽能與風力發電技術的進步，還有再生能源價格的下滑，電力公司再也沒有理由不把提供與連結這些設備，納入他們的服務項目之中。

杜克能源公司的羅傑斯說：「每當我向客戶的屋頂上看去，就好像看到未來電廠的廠址。」羅傑斯曾經建議，電力公司可以幫客戶在屋頂上安裝太陽能板，並且把所有花費都算進電力公司的生產成本當中，如果管理者允許電力公司將這些支出加進電費的費率計算基礎的話。

不過，這需要經過有智慧且審慎的處理。以目前的技術水準而言，對大多數家庭使用者來說，集中式的潔淨電力生產方式，仍然是較有效率的。

「要提供多少資源與誘因給安裝在用戶端的、顧客自有的發電設備，都要根據經濟現實來調整。也就是說，那些分散式的小型發電設施，每生產一度電，跟具有規模經濟的集中式發電廠相比，仍需要更高的成本。」

凱勒曼強調：「那些在比佛利山莊豪宅的屋頂上，發電功率為5,000瓦的太陽光電系統，浩浩蕩蕩軍容壯盛的排列著，然而這些系統的裝置與運作，每生產千瓦電力的成本，都比在死亡谷（Death Valley）中，裝置容量在億瓦以上的太陽熱能發電系統更高。再加上沙漠裡的日照既多又強，而且該地的海拔較高、溼度又低，來自太陽的熱能不易散失，使得死亡谷的太陽熱能發電廠每單位裝置容量的發電量出奇的高。顯而易見的，我們應該把社會資源集中在將科技應用於生產能源最有效率的地方，這樣生產出來的能源也自然是最便宜的。」

另一個法規上的創新，是鼓勵電力公司在州或國家層次，對建築物與電器用品的能源效率法律的設計與施行，做出更多的貢獻。「如果南加州愛迪生電力公司或太平洋氣電公司（Pacific Gas & Electric），都可以展現出他們將對消費者採用更高能

源標準的建築物或電器用品所提供的回饋，並因此讓消費者省下更多能源，這應該（也）是對管理者的一種回饋。」卡瓦納夫說。

但是，要從能源效率的改善得到最大的利益，並且建構完整的能源互聯網與智慧型電網，還需要一個更大塊的拼圖來補足，那就是電氣化交通。我們要讓大量的汽車、卡車、巴士及火車，從現在完全使用燃油的內燃引擎，轉變成使用插電式混合動力的電動車，甚或是成為插電式純電動車。插電式純電動車是使用機載蓄電池中儲存的直流電來發動，而插電式的油電混合動力車則既可以自己發電並充電，也可以插電使用；兩者都極有潛力使能源需求下降、促進再生能源的生產，並且減少二氧化碳的排放量。

事實是，我們的溫室氣體排放量當中，大約有30%來自交通運輸，所以如果能讓汽車盡快斷絕對汽油的依賴、讓潔淨電力取代汽油，將會造成相當大的改變。然而此刻，美國約有一半的電力來自燃煤發電，20%來自核能發電，15%來自燃燒天然氣，3%來自燃燒石油，7%來自水力發電，2%則來自燃燒木材、地熱能、太陽能與風力發電。在法國，則有75%的電力仰賴核能發電。（美國核能發電的產電量，實際上是法國的兩倍，但因為美國的總用電需求比法國大許多，因而比例就變小了。）

此外，一桶原油的容量有42加侖，而美國一天就要用掉超過2,100萬桶，而且其中一半以上是進口的。在這2,100萬桶原油之中，大約有1,400萬桶是用在汽車、卡車、飛機、巴士與火車上，剩下來的700萬桶則用在建築物的空調及塑化工業的製造上。

如同我在先前所提過的，目前的油電混合動力車是使用燃油引擎、蓄電池與發電系統的綜合體，可以將行車與煞車之間浪費掉的能源轉換成電力，並且儲存在電池中，等到電力引擎需要時再釋放出來。因為這些車一部分的運作是使用自己生產並儲存在電池中的電力，另外一部分則是使用來自燃油引擎的動力，所以能夠用較少的汽油行駛較多的里程數，行駛每英里的二氧化碳排放量也會隨之降低。這就是油電混合動力車降低二氧化碳排放量的方法。

　　至於下一個突破性創新，則將會是擁有足夠的蓄電容量、且可以由電網補給全部電力的插電式純電動車電池，完全的取代燃油引擎。這種車將會比今日的油電混合動力車更加潔淨，因為使用電力行駛的二氧化碳排放量，會比使用汽油行駛的排放量減少許多，就算這些電動車使用的電力仍有大部分來自燃煤。沒錯，插電式純電動車更潔淨、也更環保，而且即使它仍使用燃煤發電廠所生產的電力，都還是比燃燒汽油要省錢許多。

　　其中的原因在於，從初始能源到成為行車動力的整個過程當中，如果把汽油生產過程的所有能量消耗都包括在內，從原油的開採、運輸、精煉到配送銷售，再加上燃油引擎超低的能源效率，電力動力系統所損失的能源，可是遠低於燃油動力系統損失的能源。

　　「跟以汽油為動力的車子不一樣的是，只要我們的電網夠潔淨，插電式的純電動車也就夠潔淨，」領導促進插電式混合動力電動車的一所機構：加州汽車倡議組織（California Cars Initiative, calcars.org）的柯雷默（Felix Kramer）強調：「這還只是一開

始。我們真正需要的、以及正在追求的目標是，所有的交通工具都能電氣化。這非常重要，因為這樣做將能夠結合交通運輸與發電兩大工業體系：電力公司可以得到他們從未擁有過的分散式的能源儲存裝置，也就是那些汽車上的電池；同時，也將使這兩大工業體系的成本更低、更有效率，也更加潔淨。」

在共同標準的基礎上，創造能源科技的革命

在夜間，全美國有超過40%的發電裝置是整晚閒置的，或是處於低承載狀態，或者是以低於理想效率的狀態運作，而這時候剛好是絕大多數插電式電動車充電的時間。這表示數千萬輛的插電式電動車每天晚上都可以好好的充電，而不需要我們再為它們增加任何額外的發電容量，所以插電式電動車的使用，實際上還能夠使發電廠的運作更有成本效益。（不過，我們必須記住，許多夜間電力都來自老舊的燃煤火力發電廠，我們愈快將這些發電廠淘汰掉，就能夠愈快享受到交通工具電氣化所帶來的好處。）

一份由太平洋西北國家實驗室所做的研究發現，有73%的汽車、卡車與SUV都可以在不增加新的發電設備及傳輸線路的情況下，由插電式混合動力電動車來取代，因為它們只需要在夜間離峰時間充電。太平洋西北國家實驗室的這份研究同時指出，這種轉變將能夠讓美國的國外原油進口量降低52%，同時也能夠降低27%的城市平均溫室氣體排放量。

太平洋西北國家實驗室的戴維斯估計，如果美國現有的汽車全部都是電動車，車上都搭載足夠行駛30英里蓄電量的電池，而且假設我們擁有可以使用這些電池作為備載電力的智慧

型電網與電力公司的話,這些電池將能夠產生足以維持全國使用六到八個小時的電力。愛迪生國際公司的布雷森向我解釋:「這樣一來,在離峰時段,我們的電價將大約是行駛每英里所需汽油花費的25%到50%。」

為了讓電動車成功,並與智慧型住宅、智慧型電網合而為一,我們還需要法令來將整個系統標準化。也就是說,不管你的奇異牌洗衣機裝的是什麼晶片,都得跟你的惠而浦乾衣機、你的漢威牌溫度調節系統,還有你的電動車上所搭載的電池一樣,使用相同的通訊與傳輸協定。

如此一來,這些用電設備才都能與聰明黑盒子連線,透過家裡的智慧型電網連結到電力公司的超級電腦,接收何時開啟、何時關閉、何時再充電、何時以較低電力運作的指令,並且傳達它們需要充電或是可以將多餘電力回輸到電網中的各種需求。

電力公司也必須投資在更多設備的部署上,例如相量感應器(phasor sensor),這是一種具有極高準確度的儀器,可以用來測量電網傳輸線上不同位置的電壓變化。如此一來,電力公司就可以清楚知道每30秒或每60秒之間,電網中每一英里長的線路,究竟有多少傳輸量。目前,還只有少數電力公司有這種能力。

除了可以讓所有用電設備與電力公司有共同的溝通標準之外,供電動車使用的插座、充電器、電池也需要有標準的規格,這樣當你開著電動車從華盛頓到明尼亞波利斯,就可以到任何一家汽車旅館或路旁的加油站裡充電,而且只要你願意,還可以隨時把汽車電池裡的電力回輸到電網、賣給電力公

司。「光是北美就有超過三千家電力公司與十四個智慧型電網集團，正在試著建立這套標準，」布雷森說：「但那樣是不會有結果的。政府有必要介入，提供明確的方向。」

資訊科技的革命，尤其是個人電腦、網際網路及全球資訊網的應用，都是在有了共同的通訊協定、收發電子郵件與文件傳輸的語言標準確立之後才發生的，因為這樣才能使各種資訊以位元或位元組的形式自由流通。

能源互聯網也需要同樣的東西，好讓電流自在穿梭。只要有了共同的平台，消費者就有更大的權力，可以用他們現在寫應用程式的方式，改寫能源效率的程式，並且分享到全世界各地。「我們需要大量的『協同創新』（collaborative innovation），」IBM頂尖策略專家之一，寇里（Joel Cawley）說：「政府的任務是組織一個大方向，讓所有參與其中的不同團體付出的成本降到最低，投入的資本都能妥善管理，最後都可以保證得到正向且豐富的收穫。」

這也是美國前副總統高爾會特別喜歡引用一句非洲諺語，來形容我們所要面對的綠色能源挑戰：「如果你想走得快，就得一個人上路；如果你想走得遠，就得找同伴。」這句話實在是再契合不過了！

當「綠」這個字不再出現

這些價格訊號與法規制訂的目的，的確都很遠大，但最終目標都是希望能建構起能源互聯網，並且讓電力公司從只賣「5塊美元吃到飽」的笨電力，轉變為可妥善利用全新電網的

每個面向來獲得利益，包括：智慧型電網的建構，以及讓更多潔淨電力以最低價格流入更多家庭、企業、汽車中，然後再回流到電網；還有以更多不同的方式促使能源效率不斷提升。

如何才能知道我們做對了？我的看法是，當我們一覺醒來，環顧四周，發現以下三件新事物時，就會知道，我們已經創造出一個綠色能源系統。

首先，當我們能創造一個新系統，這個新系統無論在電力生產與能源效率兩方面，都有足夠的誘因與足夠的競爭實力，那麼電力公司與大型能源企業將會了解，他們眼前只有兩條路：邁向創新（改變）或是維持現狀（完蛋）。

資訊科技革命在以位元與位元組為基礎之下，創新總是來得又急又快，而企業只有學著掌握資訊科技革命的既有力量，才能利用這份力量驅使自己的公司超越競爭者，否則就會「死在沙灘上」。身處叢林的競爭法則中，你不是獅子，就是羚羊，而牠們的心裡都只知道一件事：獅子知道，如果牠不能追上最慢的那頭羚羊，牠就要挨餓；而羚羊知道，如果牠不能超越那隻獅子，牠就會變成獅子的大餐。所以每當早晨太陽升起，牠們都非常清楚一件事：最好趕緊做好準備。然而傳統的能源業者從來都沒有這種心理準備；因此，只有當政府使用公權力來決定價格、制訂法規與標準，重新整頓能源市場之時，才會強迫電力公司與其他大型能源業者面對「不創新，就得死」的局面。

「殺死你的子彈，絕不會打在你的雙眼之間，」電資系統公司的未來趨勢專家威克說：「子彈總是從太陽穴打進去。你永遠看不到它飛過來，因為你看錯了方向。」傳統能源業者從

來不擔心天外飛來一顆子彈。因此，當你看到有些太陽穴中了彈的業者橫屍街頭時就會知道，我們終於為能源產業創造一個「改變或者完蛋」的環境，只是有些人還是死性不改。

第二，當你月底收到電費帳單，發現每一度電的電費都上漲了，這是因為要負擔智慧型電網的升級工程，也為了鼓勵電力公司生產更潔淨的電力；但是你仔細一看帳單，要繳的電費總額卻沒有增加，甚至還減少了。此時，你就會知道，我們做的是正確的。這將是一個能源效率已經深入家庭與生活，同時系統已經完善到達某種程度的指標。這表示你已經可以過著既節能又省錢的生活。

那種生活會是什麼樣子？或許我們可以看看日本的狀況。先參考一下這篇由法科勒（Martin Fackler）發表在2007年1月6日的《紐約時報》上，來自東京的報導：

在許多國家中，高油價已經對消費能力造成傷害，恐怕也使經濟發展趨緩。但在日本，建築師木村公延（Kiminobu Kimura）說，他並不覺得受到任何影響。事實上，他每個月用於能源的支出比一年前要少了許多……在他那狹窄的家中，到處都是高能源效率的電器用品：他的冰箱只要門沒關好就會嗶嗶叫、洗碗機極為小巧，剛好可以放在廚房角落。

在日本的某些家庭中，房裡的暖氣裝有感應器，可以將暖氣只朝著使用者吹；另外還有「能源領航者」的裝置，可用來記錄家裡的能源使用情形。四十八歲的木村先生說，他的四口之家為了省下能源開銷，用了一點點的小撇步，像是把回收的

熱洗澡水拿來洗衣服，還有騎腳踏車出門購物……

　　根據絕大部分專家的看法，日本是全球能源效率最高的國家。這些專家都認為，面對即將來臨的全球高油價時代，日本所做的準備比美國要充足得太多……日本的人口與經濟規模，大約是美國的40%，但根據位於巴黎的國際能源總署的數據，日本在2004年所消耗的能源，卻比美國當年度總能源消耗量的四分之一還要少。

　　日本對於節能的執著，來自一種敏銳的不安全感。身為天然資源稀少的國家，他們所需要的能源都必須從極不穩定的中東進口。1970年代能源危機造成的震撼，讓日本家庭都了解到節能的必要。而後，日本政府的強力介入扮演了重要角色：藉由將汽油與電力提高到大幅超越全球水準的價格，強迫家庭用戶與企業必須節能；其中包含稅率與價格的控制，使得日本目前每加侖汽油的價格……是美國汽油市場價格的兩倍以上。利用這些稅收，日本政府可以鞏固日本在再生能源發展上的領導地位，例如太陽能發電，以及最近的家用燃料電池等。

　　許多專家認為，高於全球水準的能源價格，為日本創造出強大的節能和各種省電商品的需求，也刺激如省電洗衣機、電視機、高燃油里程數的汽車及混合動力車等創新與發展。

　　此外，日本的工廠也學會如何節省能源的使用，因而站上全球能源效率之冠。還有像是日本三菱重機（Mitsubishi Heavy Industries），如今靠著在海外市場大熱賣的超高效率電動渦輪機、超高效率高爐及其他超高效率的工業用機械，獲得極高的

收益，尤其是在美國市場。根據日本環境省的預測，節能產業的出口產值將在2020年時達到79億美元，大約是2000年時的十倍。

報導中還強調，日本採用「領跑者計畫」*2（Top Runner program）來鼓勵節能電器用品的發展：

「領跑者計畫」為電器用品設定降低能源消耗的目標。符合此目標的產品會得到一張綠色標籤作為獎勵，不符合的產品則會被貼上橘色標籤。日本經濟產業省會提醒消費者要注意商品上的標籤，促使製造商必須提升產品的能源效率。

日本經濟產業省指出，透過「領跑者計畫」的推動，相較於1997年，全日本目前用於空調系統的平均電力已經減少三分之二，而用於冰箱的平均電力則減少23%；而且，可以節省的能源還在持續增加中。根據位於東京的居住環境計畫研究所（Jyukankyo Research Institute）表示，2001年的日本平均家庭用電量約為4,177度；而美國能源部在同一年的統計結果則顯示，美國的平均家庭用電量是10,655度，比日本家庭用電量的兩倍還要多。

2　譯註：此計畫為1998年時，日本政府為提升電器用品與交通工具的能源效率而制訂。方式是以同類型商品中能源效率最高者作為標準值，要求業者生產同類型系列產品的能源效率加權平均須達到此標準值；同時，也依據產品技術的發展而不斷修訂標準值。

最後一個評估綠色能源系統是否成功的徵兆，也是最重要的徵兆是，「綠色」這個詞很愉快的全都消失了。以後再也沒有所謂的綠建築、綠色汽車、綠色家園、綠色電器、綠色窗戶，或甚至是綠色能源之類的東西了。所有的事情都會回歸正常，因為由價格、法規及效能標準所組成的生態系統，早已將「綠」變成基本要求。所以你再也不可能合法的、合乎經濟效益的，去搞一些不「綠」的東西，也就是那些從一開始就不符合能源效率最高標準及綠色能源設計的東西。

屆時，每一輛新車都會是綠色汽車、每一棟新大樓都會是綠建築、每一個新家都會是綠色家庭、每一個新電器都會是綠色電器。「綠色」會成為唯一的標準，它會成為新的常態，沒有別的選擇，也沒有別的可能。

「『綠色』這個詞會變得像『民權』一樣，」制高點投資公司（VantagePoint Venture Partners）的能源專家愛德華茲（David Edwards）說。美國民權運動最終非常成功，所以現在除了少數例外，早已沒有人再把「民權」掛在嘴邊討論了。談到民權運動時，我們都會覺得那是過去的事情，因為如今，人們不可以因為他人的膚色而歧視他人，這已經是社會的規範；我們現在會再談到民權議題的機會，大多出現在一些極端的、公然歧視的個案上。現在，歧視已經變成一則新聞，而不是一種常態。

當能源的利用沒有效率、碳的排放過量及對於汙染性燃料的依賴全都變成新聞，而不再是慣例時，就表示綠色運動已經成功了。到時候，當有人做這些事時，大家都會盯著他看，就像現在如果有人在飛機上抽菸，我們都會盯著他一樣。

所以，當你某天醒來，發現電力公司彼此爭著要讓你享受

更好的能源效率，就像現在的電話公司搶著要做你的長途電話生意一樣；當停車場付錢請你去停車，只因為他們想把屋頂上的太陽能電力賣給你，或是從你賣電給電網的收入中抽佣；當你發現你的電費費率變高，但帳單金額卻減少了；當綠色不再只是一個選項，而成為一項標準時……你會知道，我們正在進行的不是一場綠色派對，而是一場綠色革命。

一百萬個諾亞，
一百萬艘方舟

想像一個沒有森林、沒有珊瑚礁、沒有魚的世界。

想像一個只有在雨季才見得到河流的世界。

這些想像在愈來愈多地方已經成真。

《聖經》裡的諾亞用一艘方舟

就拯救當時世上所有的生物物種。

今日，我們需要一百萬個諾亞、一百萬艘方舟，

遍布地球每個角落，才能拯救這個時代的全部物種。

大自然是一個無限的圓，到處都可以是圓心，但是看不到圓周在哪裡。

———巴斯卡（Blaise Pascal），法國數學家與哲學家

2007年12月，聯合國在峇里島舉行一場大型氣候變遷研討會，我決定參加，一方面觀察對於如何面對全球暖化問題的各方爭論，也能讓我深入了解印尼在環保上所面臨的挑戰，為寫作提供一些參考資料，尤其是有關熱帶雨林砍伐的問題。

我從波斯灣地區出發，在途中經過阿拉伯聯合大公國的首都阿布達比。凌晨兩點半，當我在熱鬧非凡的阿布達比機場等待登機時，看到將近200位身材嬌小的年輕印尼女性正在登機。她們都拎著皮包，身上背著裝滿衣服、鞋子、電器用品的行李，很明顯是在長期居留後準備返鄉，所以才會帶著大包小包的伴手禮和行李。

「這些女孩是做什麼的？」我問鄰座一位衣著光鮮的印度商人。他回答我：「她們都是來這裡當女傭。」後來我們開始聊天。他是一位企管顧問，在波斯灣地區協助當地政府改善生產力。我們談到全球化對當地產生的衝擊，比較印度與印尼，後來話題又繞回到正在登機的印尼外傭上。

印度商人若有所思的說：「印尼出口原始勞力，而不是腦力。」他補充，一個國家應該教育人民，提高他們的素質，這樣就可以有更多人在家鄉找到好工作，而出國販賣原始勞力的人就會愈來愈少。

我們談話的內容，我都牢牢記住，打算作為下一本關於全球化著作的參考資料。但在抵達雅加達後不久，我發現印尼外傭竟然與印尼的樹有許多共同點：從根本上來說，出口原始勞力與出口原始木材，只是同一個問題的不同面向而已。

印尼的熱帶森林正面臨危機

　　讓我了解這一點的，是森林資源豐富的印尼巴布亞省（Papua）省長蘇布（Barnabas Suebu）。我們本來在談印傭問題，但後來話題轉到樹木。蘇布解釋，在他管轄的省境內，許多人收入都很低，教育程度不高，所以只好砍伐熱帶雨林，把木材賣給當地仲介業者，換取微薄的數百美元作為報酬；仲介業者再以多個數百美元的價錢，把木材賣到中國大陸或越南。中國大陸或越南的家具製造商，將木材製成價值數千美元的家具，而位於東京、洛杉磯或倫敦的家具店，則以更高的價格把這些家具賣出去。除非這些砍伐森林的印尼人獲得受教育的機會，得到更多知識，以及高附加價值的工作技能，例如，用一棵樹做出價值 1 萬美元的商品，而不必販賣 100 棵值 100 美元的樹，否則不管政府派出多少人力稽查，印尼的森林仍會持續被非法砍伐。「我們必須確定，我們能從每一棵被砍下來的樹得到更高的價值。」蘇布說。

　　樹木、外傭、教育、政府的管理、經濟發展，這些東西全是互相連結的。這也是本章的重點：我們需要發展綠色能源系統，以獲得更多充足、潔淨、可靠又便宜的電力，同時，我們也需要發展全球性的策略，來保護森林、海洋、河川與備受威脅的生物多樣性熱點，讓地球的自然資源永續發展。保育策略必須涵蓋法律、財政與教育等方面，這不是一蹴可幾的事，特別是在印尼這樣的地方。如果我們希望在這個又熱、又平、又擠的世界中，保持一定的成長，「發展」與「保育」的重要性是一樣的，這兩方面的策略應該齊頭並進。

當中國的汙染問題受到矚目時，我們也該注意印尼的環境破壞問題，這問題不只是跟印尼的人口大量成長有關。印尼是全世界陸地生物多樣性排名第二的國家，僅次於巴西，而在海洋生物多樣性部分，則排名第一。雖然該國陸地面積只占地球陸地表面積的1.3%，它所擁有的森林卻占全球熱帶雨林覆蓋面積的10%，也是全球20%的動植物物種、17%的鳥類物種，以及超過25%的魚類物種的美麗家園。

　　印尼的婆羅洲島只有10公頃大，生長其中的樹木物種量卻比全北美還多，更別提它擁有大量世上其他地方根本沒有的植物、昆蟲與動物。事實上，小小的婆羅洲面積不到地球陸地表面積的1%，然而棲息於其中的鳥類物種、哺乳類動物物種與植物物種，卻占全球總量的6%。整個加勒比海的海中生物物種數量，與位於印度洋、南中國海、太平洋交界處占盡地利的印尼相比，只有印尼的十分之一左右。

　　但是印尼擁有的豐富物種，正受到威脅。在我抵達雅加達後不久，我的好友、在印尼為美國國際發展局主持生物多樣性保育計畫的中妻（Alfred Nakatsuma）告訴我，印尼已經以全球砍伐森林速度最快的紀錄，進入金氏世界紀錄排行榜。印尼的熱帶雨林，目前正以每年一個馬里蘭州面積大小的速度迅速消失中，而伐木與清運木材的過程，所釋放出的碳（絕大多數是違法排放的），已經讓印尼登上全球第三大溫室氣體排放量國家的寶座，名列美國與中國大陸之後。排名第四的巴西，也是因為同樣理由上榜。

　　我們總是把氣候議題當成單純的能源問題來思考，討論該如何減少燃油汽車，以及燃燒煤炭數量，但在印尼，氣候問題

就是森林問題。我們思考氣候問題，是從車子太多的角度出發；但在印尼，思考這個問題，得從樹木太少的角度。印尼所排放出的二氧化碳中，超過70%都來自砍伐與清運木材的過程。根據國際保育協會表示，在印尼，每小時都有相當於300個足球場面積大小的熱帶雨林被砍伐。國有森林的非法砍伐，讓印尼政府每年損失30億美元收入，但即使是合法的伐木業，砍伐量也相當大。這也是可理解的，因為印尼政府正試著藉由出售木材商品，來拉抬經濟成長。

想像一個沒有森林的世界

很不幸的是，這個問題在海域也不能避免。在印尼一共1.7萬多座小島周圍的海域中，有高達全球14%的珊瑚礁，以及超過兩千種的珊瑚礁魚類。「珊瑚也是人啊，」海洋生物學家及國際保育協會駐印尼資深顧問厄德曼開玩笑的說。他補充：「我們經常忘記珊瑚既是植物、也是動物，它們可以提供掩蔽、支撐與根基。就像森林裡的樹一樣，沒有樹，豹與猩猩會跟著消失；沒有珊瑚，也就不會有魚。」但是，過度的發展以及炸魚、毒魚等行為，已經讓印尼海域中的珊瑚礁陷入危機，而這些珊瑚礁卻是周邊魚類及珊瑚礁生物的重要棲息地。一位長期關心生物多樣性的駐雅加達西方外交官，向我轉述一家印尼漁船公司告訴他的資料。該公司2000年在印尼海域的漁獲中只有8%是小魚，到了2004年，小魚的比例卻增加到34%。這位外交官說：「當小魚的數量超過三分之一時，一切就差不多要結束了。」

想像一個沒有森林的世界，沒有珊瑚礁的世界，沒有魚的世界，想像一個只有在雨季才見得到河流的世界。我們真的必須盡快發展出一套系統，來保護地球的生物多樣性與自然資源，這套系統將以有智慧的、全面且有效的方式產出綠色能源。上述一切並非夢想，只要我們立刻行動，不但會在我們有生之年就能讓夢想成真，而且還會在愈來愈多的地方具體實踐。

當然，許多人已經針對如何遏止生物多樣性繼續受到損害，提出一些快速的解決方案，但是在印尼，計畫永遠趕不上變化。

在峇里島參加氣候變遷研討會時，我在2007年12月11日的《雅加達郵報》(*The Jakarta Post*)上讀到一篇文章，談到計畫最後通常都會怎麼變化。作者阿迪威包渥（Andrio Adiwibowo）是在印尼大學（University of Indonesia）教授環境管理的講師，他談到關於保護雅加達沿岸紅樹林的智慧型計畫：

即便在生物學家中，也有很多人仍然將紅樹林視為無用的荒地。但上個月底雅加達漲潮成災的事實提醒我們，如果不尊重這些習慣在海水中生長的植物社群，我們美麗的後花園就會變成廢土。大約十四年前，有一支來自印尼大學數學與自然科學學院生物系生態實驗室的團隊，曾經針對雅加達沿岸地區做過環境評估，並且提出有漲潮成災可能性的警告。他們建議的解決方案是，將紅樹林劃為重點保護區，然後設置緩衝區。根據森林管理條文與環境保護法，緩衝區中的原生紅樹林應該要維持60%的植被率，其他比率則種植可供周邊居民利用的

植物。如果當初這個計畫確實執行，就可以避免近期的洪水災害。不過，這計畫終究未能實現。不但沒有設置緩衝區，就連重點保護區都被發展商入侵，統統鋪滿了水泥。

就是這句話：「不過，這計畫終究未能實現。」在各種物種、珊瑚礁、魚類、紅樹林以及熱帶雨林保護計畫中，都有同樣情形。巴布亞省長蘇布似乎也很清楚這個狀況。他告訴我，他的座右銘是「想得遠大，做得聰明，馬上行動」。但，要怎麼行動？現在我們都很清楚，全世界的生物多樣性正受到嚴重威脅，比世界又熱、又平、又擠的狀況還要嚴重。有什麼全面性策略能真正達到保育效果，而非頭痛醫頭、腳痛醫腳的一次性計畫？

簡短的答案是，我們需要一百萬個諾亞、一百萬艘方舟。

打造諾亞方舟

身為生物物種之一，我們人類有一種奢侈又自大的想法，認為地球上的動植物資源應該取之不盡、用之不竭。但自從1992年在巴西里約熱內盧召開的地球高峰會後，已經形成一種全球共識：氣候變遷、我們消耗資源的方式、製造出的大量汙染，已經威脅到維持所有物種存在的生物多樣性網絡，尤其是，人類自身也身處在這網絡之中。我們真的有必要重新定義我們與自然界的關係。

如同本書之前所談及，能源供需失衡、經濟成長、物種消失、產油國獨裁、全球暖化等，全部都是互相關聯的。劇烈的

經濟成長與人口爆炸，讓世界變得又平、又擠，讓森林與其他許多生態系正以空前的速度毀滅中。而一旦森林及具有豐富生物多樣性環境遭到毀滅，又會回過頭來造成氣候變遷；更多的碳排放到空氣中，讓這個又平、又擠的世界，變得更熱。再者，森林與自然棲息地被破壞，例如珊瑚礁減少，會使我們人類變得脆弱。因為森林中的樹木會吸收乾淨的雨水，並將它們儲存在地表下的根部與含水層中，同時調節進入河川與溪流的水量，而珊瑚礁與沿岸的紅樹林緩衝區則可以抵擋熱帶風暴。換句話說，在能源氣候年代，我們愈需要這些自然棲息地：森林可以涵養水土、保護瀕臨絕種的生物；健康的珊瑚礁可保護海岸周邊土地，不致因海水沖刷而沼澤化，還能餵養魚群，提供人民食物。

生產充足、潔淨、可靠又便宜的電力，對於岌岌可危的生態系確實有幫助，但光是這樣並不夠。我們還需要一個全面性策略，來刺激保育工作擴大規模，以確保更多植物、動物及人類能夠擁有生活所需的各種資源。這個策略必須能夠執行，並永續經營，最重要的是，必須由生活在珍貴自然資源中的人類來執行。這需要一個完善的生態保護系統，包括正確的政策、正確的投資，以及能拯救植物、動物與森林生態系的正確人物。

每一個生態保護系統的型態，都會根據其所在國家與地區不同而有所差異。我把這些生態保護系統，都稱作「方舟」。諾亞只用了一艘方舟，就拯救當時所有的生物物種，而今，我們需要一百萬個諾亞、一百萬艘方舟，才能拯救這個時代的全部物種。每艘方舟都應該具備以下元素：

1.國家政策。我們要制定國家政策以保護生物多樣性熱點，免於被開墾、侵占與發展。同時，在可以開發、追求經濟成長的地區，也應該謹慎管理，以保護瀕危的生物、水質與其他重要生態環節。

2.經濟發展的機會。政府要提供當地社區經濟發展的機會，讓人民在不致危及該地生物多樣性的狀況下安心謀生。

3.民間投資者。像是飯店業者、能源或採礦業者、農產綜合企業業者、觀光發展業者，或是任何有興趣維持當地生物多樣性完整的人、任何能提出完善計畫的人。這個計畫必須既能吸引全球資金投入以創造利益，又尊重大自然，同時還能協助提升當地居民生活水準。

4.有能力、有意願保護保育區的地方政府。他們不會把保育區高價賣給競標者，或者接受伐木、採礦業者的利益賄賂。

5.能進行適當環境評估及土地規劃的在地或國際專家。他們能決定哪些區域應該被保護、哪些則可以在適當的環境監督下進行開發。

6.改善中小學教育。透過教育，幫助下一代年輕人發展知識與技能，讓他們不必再複製上一代以掠奪自然的錯誤方式謀生。

每一艘方舟的各項元素都必須依據當地的情況量身訂做，與方舟息息相關的每個政府、企業、非政府組織與當地居民，都應該了解維持當地生態系的完整，其實也是在保護自己的利益。他們必須投入在保護保育區及當地的生物多樣性，任何一個環節出問題，成功的機率就會大大降低。

但是每艘方舟上，都一定要有一個諾亞，一個能整合眾人

及生態保護系統，讓每個人都能在保育工作中找到自己利益的諾亞。這些諾亞可能是地方政府官員、保育工作者，也可能是企業界或民間組織領袖；他們高矮胖瘦各不相同、脾氣個性也大異其趣，就像每個不同的生態保護系統中，必須整合的環境問題與經濟利益也各有不同。

正因為這世界如此複雜多變，所以，如果人類想要在這個又熱、又平、又擠的世界裡，好好保護自然界，就真的需要一百萬個諾亞、一百萬艘方舟。

今天在聯合國及世界銀行，對於已開發國家可以如何提供開發中國家金錢，讓他們不去砍伐熱帶森林，有許多相關討論。很多人希望這個機制能夠納入後京都議定書時代（post-Kyoto），進一步管制氣候變遷。這樣一個全球性的提議，立意固然很好，但在我看來，如果少了當地諾亞的合作，根本行不通。任何認為這麼做行得通的人，就是完全不了解生物多樣性保育工作的複雜程度。如果我在寫這本書的過程中學到任何跟生態有關的事，那就是：保育是在地性的工作。

也就是說，全球的協定、金援的機制都是必要的，但它們根本無法從核心解決問題。要保護原始地域或森林，必須經由現實中的利益網絡，把所有人結合在一起。我們在幫助開發中國家保護生態系所花的時間與心血，應該和用在斡旋議定書條文應該怎麼寫的時間與心血一樣多。每一元全球資金能夠發揮多大的價值，能夠在保護生物多樣性上有多大用處，完全都要看諾亞這個人的本事，以及他在方舟上有多大的力量。

有人說，解決能源問題的關鍵只需要出現如愛迪生（Thomas Edison）般真正聰明的人，那個人是能夠提出驚奇突破

來生產豐富、潔淨、可靠並廉價電力的發明家。這樣說或許沒錯。但是要解決生物多樣性問題的關鍵，就是需要一百萬個諾亞與一百萬個方舟。

將紅毛猩猩的存亡，與當地居民的利益相連

方舟到底長什麼樣子？2008年3月，我實地走訪了一「艘」。這艘方舟看起來像個會議，它舉行的地點是在印尼北蘇門答臘一個小村落的殘破木造校舍裡。小村落名叫伊克納巴拉（Aek Nabara），緊鄰巴東圖魯（Batang Toru）熱帶雨林。巴東圖魯熱帶雨林占地37萬5,000英畝，但絕大部分面積的伐木許可權，都已經被雅加達政府以最高價賣給投標商。對當地村民而言，從有記憶以來，這座森林一直是他們精神上的寄託，也是糧食的寶庫，現在森林前途未卜，他們都非常擔心。這些村民沒有讀過大學，但很清楚自己的利益何在，雖然他們並不懂得如何捍衛。

我到訪的那天，國際保育協會以及美國駐印尼大使修姆（Cameron R. Hume）也一起同行。整個村子裡的人都來訴說他們的故事，男人、男孩，穿著傳統服飾、背著孩子的年輕媽媽，不分男女老幼，全都集合在廣場，參加這場臨時的重要集會。不過事實上，只有男人才獲准進入教室，參加由村中四位領袖主持的會談。四位領袖中，其中三位長者戴著傳統印尼男士帽的，就是前印尼總理蘇哈托（Suharto）常戴而廣為人知的那一種。

坐在三位長老旁，有一位留著鬍子、戴著一頂綠色澳洲寬

邊呢帽的年輕男士。但讓我印象深刻的並不是那頂帽子，而是他的肩上，有一隻約八個月大、一身鐵鏽橘色毛的紅毛小猩猩。戴著呢帽的男人手中拿著奶瓶，正一口一口餵著牠。在一般的會議裡，通常很難見到這種畫面。我很快就知道，這隻紅毛小猩猩其實是個孤兒，幾個星期前，牠在村落旁的森林被發現，而紅毛猩猩也是整個故事的關鍵所在。

這一切，都因巴東圖魯的諾亞 —— 蘇普利特納博士（Jatna Supriatna）而起。蘇普利特納博士五十五歲，戴著眼鏡，是印尼大學的人類生物學教授，同時也是國際保育協會印尼計畫的主持人。蘇普利特納的研究專長之一，就是這些瀕臨絕種的紅毛猩猩。紅毛猩猩屬於大猩猩的一種，目前只有在印尼蘇門答臘與婆羅洲的熱帶雨林中曾發現其蹤跡。牠們最大的特徵就是高智力、火紅的毛髮，以及善於懸盪的長手臂。身為世界上最大樹居哺乳類動物，紅毛猩猩的長手長腳十分方便好用，牠們就像森林裡的泰山一樣，在樹叢間來去自如。紅毛猩猩（orangutan）這個字，是從印尼與馬來文中的「人」（orang），以及「森林」（hutan）所衍生出來的。一個世紀前，在印尼與馬來西亞的山林裡，約有超過30萬隻的紅毛猩猩棲息。但從那之後，紅毛猩猩的數量已經減少90%以上，其中大部分是在過去十五年中消失的。

2004年，蘇普利特納說服他的一位研究生，以北蘇門答臘省南端是否仍有紅毛猩猩棲息為題，撰寫碩士論文。因為一直有傳聞，在伊克納巴拉附近的巴東圖魯熱帶雨林中，還有紅毛猩猩出沒。但這座森林同時也是蘇門答臘虎與巨蟒的美麗家園，所以即使有紅毛猩猩，牠們也幾乎不會在森林地表上行

走，這也加深了研究工作的難度。

蘇普利特納表示，「我的學生在巴東圖魯花了半年時間，發現當地的熱帶雨林中，仍有12隻紅毛猩猩。於是我開始思考，該怎麼拯救牠們。現在，全世界只剩下4,000到5,000隻的蘇門答臘紅毛猩猩。」要維持森林的健康生態，紅毛猩猩扮演重要的角色。牠們食量很大，喜歡吃白蟻和水果，尤其是糖棕櫚。牠們吃完後散布在森林裡的種子，能使森林日益茂盛。剛好這時候，佛蒙特州參議員李錫（Patrick Leahy）推動一項方案，希望藉著增加美國國際發展局的預算，幫助印尼瀕臨絕種的紅毛猩猩。所以美國國際發展局給了國際保育協會100萬美元，讓他們聘請科學家，針對巴東圖魯紅毛猩猩的確實數量進行全面調查，並且規劃保育計畫。這項調查，從2005年開始執行。

「我們最後得到的答案是，大約350到400隻左右。單就巴東圖魯而言，已經是很多的數目了。」蘇普利特納說，「我們也使用部分資金，和森林邊緣的居民進行溝通。我們帶居民進入森林，告訴他們，紅毛猩猩就住在隔壁。他們說：『老天，我們根本不知道牠們就躲在這兒呢。』他們都曾聽家中長輩提起過紅毛猩猩，但連一隻都沒見過。」

接下來，蘇普利特納開始研究村民能如何自制的利用森林，在保持森林完整的前提下，賺進更多錢。比如在森林邊緣或森林裡，種植與販賣可可、丁香、肉桂與橡膠，或是出售能帶來最多利益的地熱能源。森林坡地上那些村民有權出售的滾燙冒泡泥漿，都是當年火山形成時所留下的。

蘇普利特納說：「我們認為，如果要讓紅毛猩猩生存，就必須先讓熱帶森林生存。」而實現這個目標的唯一辦法，就是

讓村民了解，森林可以為他們帶來多大的利益。

　　讓我簡單介紹一下保護著我們的熱帶森林：它們沿著赤道，向南北地表延伸，有如地球的一條寬腰帶。熱帶森林又分好幾種，有終年多雨的熱帶雨林，還有僅在雨季才有大量降雨的季節性潮溼林，以及較乾燥的森林帶。「雖然熱帶森林只占地球陸地表面積7%，卻孕育出地球上超過一半的生物物種。」美國航太總署的林賽（Rebecca Lindsey）在「地球觀測」（Earth Observatory）網站的報告中（2007年3月30日），針對熱帶雨林的砍伐問題提到以上數據。「熱帶森林也是數百萬原住民的可愛家園，他們靠著基本的農業、漁獵、採集維生，或是採收對森林衝擊較小的產物，例如橡膠或堅果。」

　　海洋仍然是地球主要的「肺」，儲存並蒸發二氧化碳，不過熱帶森林也在碳循環及調節全球暖化的過程中扮演關鍵角色。大氣中到處都充滿碳分子，大部分是以二氧化碳的形式存在，雖然在空氣中占比極小，對植物、動物與人類的生活來說，卻相當重要。植物接受日照，產生光合作用，將二氧化碳轉換成碳水化合物，在過程中釋出氧氣，以此成長茁壯、欣欣向榮。

　　在樹木仍處於迅速成長階段的年輕森林裡，這個過程更是劇烈。樹木與其他植物共同吸收碳原子，然後轉換為醣類或成長所需的其他分子。安全氣候網（Safeclimate.net）指出：「植物使用這些醣類的一部分，藉由呼吸作用產生能量，這個過程中，碳原子會以二氧化碳的形式，被還原回大氣中。」因此，未受傷害的熱帶森林會同時吸收與排出二氧化碳。然而，大部分被吸收的二氧化碳，都會儲存在植物體內，直到腐壞、被砍伐或

是焚燒時，才會再度釋放回大氣裡。特別是已經發展成熟的森林，在不斷吸收二氧化碳的同時，也儲存大量的碳，這也是為什麼保護這些森林對於抵抗氣候變遷如此重要。根據美國航太總署的研究，科學家估計，光是亞馬遜雨林所保存的碳總量，就相當於十年中交通工具與製造業所產生的溫室氣體。研究提到：

> 人們在清理森林時，多半是以火焚燒。這麼一來，保存在樹木中的碳就會被釋放到大氣中，使溫室效應與全球暖化的現象更嚴重……在印尼的沼澤低地叢林區的泥土，因為腐化物與有機作用的關係，顯得特別肥沃，也就是一般所說的泥炭。在長期乾旱下……叢林與泥炭變得非常易燃，尤其是當它們曾被砍伐或焚燒過。當它們燃燒時，也同時釋放出大量二氧化碳及其他溫室氣體。

為了當地的生物多樣性，也為了村民、紅毛猩猩，以及氣候，蘇普利特納想要保護巴東圖魯雨林，他決定整合與這片雨林有關的人。他與這些人一一會面，包括當地的採礦公司、村民、擁有叢林伐木許可權的業者，還有想把當地地熱資源放進自己口袋的大型能源投資客。

為保育盡力，就是在捍衛利潤

蘇普利特納所會面的大型能源投資客，正是印尼首富之一班尼可羅（Arifin Panigoro），他也是印尼本土大型石油與瓦斯探

鑽公司「麥德克能源國際」（Medco Energi Internasional）的創辦人，光從這點來看，就感覺他不是很「綠」。2006年時，他取得巴東圖魯雨林中央的地熱探鑽許可權。

班尼可羅告訴我，蘇普利特納去見他時，顯得非常謹慎。「我從來沒聽過什麼國際保育協會，我以為他們跟綠色和平組織一樣。我對自己說：『這傢伙是誰啊？』」他們花了一番時間溝通，不過最後蘇普利特納還是成功說服班尼可羅，讓他明白，如果不為保護森林多做一些事，他就討不到任何好處。班尼可羅需要這座森林作為維持地下水位的分水嶺，這樣在抽取地熱過程中，維持地熱井運作的地下水位才不會過低，導致發燙的石頭無法產生蒸氣。班尼可羅也許不是環保專家，卻是個明理的商人，他愛他的國家，也明白印尼的自然資源正在迅速耗竭中。班尼可羅說：「二十年前，我們哪來這些問題，那時我們擁有廣大的熱帶森林，而人們持續砍伐樹木。他們以為森林永遠砍不完，但事實並非如此。」

班尼可羅最後同意加入國際保育協會印尼計畫的顧問委員會，並運用他的資源，試圖從伐木業者手中買下巴東圖魯雨林的砍伐許可權，然後使這片雨林被劃為保護區，除了有限度的森林農業，以及他的地熱工程外，禁止一切開發工程。

我在寫這本書的同時，他仍然在進行協商。要買下砍伐許可權，需要200萬美元，而印尼伐木業者似乎挺樂意成交，因為巴東圖魯雨林大部分位於陡峭的山坡地上，要砍伐或運輸，難度都相當高。等班尼可羅拿到砍伐許可權，他就打算開始進行預計將生產3.3億瓦電力的地熱能源計畫，並且尋求各種可能性，例如透過有限度的森林農業，以及生態觀光等方式，將

當地居民納入發展。地熱所產生的電力，則提供給附近的蘇門答臘城鎮。蘇普利特納的國際保育協會團隊，會協助他們與當地居民達成協議，等到地熱電廠完工並開始運作後，當地居民就會得到一筆用來發展學校與基礎建設的權利金。

同時，中國最大的輪胎製造商，上海的佳通輪胎（GITI Tire）也自願降低它的碳排放量。佳通輪胎董事、也是國際保育協會委員會成員之一的譚氏（Enki Tan）表示，他們已經同意在雨林周圍種植橡膠樹，建立起一圈森林農業的緩衝區，如此既可保護雨林，生產的橡膠又可以製造輪胎，同時還能為當地居民提供額外收入。佳通輪胎並且打算把這種「對生態友善的橡膠」，當成是他們未來輪胎廣告的主打重點。

蘇普利特納的團隊也和當地居民合作，復興他們傳統的口傳律法「Adat」。Adat 將保護森林、河川與整體自然環境，當作最高標準，讓這些小型社區能世世代代延續。「他們將再度發揚祖父輩傳下來的價值。現在的年輕人看了太多電視，就算他們就住在森林旁，也是什麼都不知道。」

蘇普利特納已經訓練起一支二十五人的隊伍，取名為「紅毛猩猩巡守隊」，每個月付給隊員一點津貼，請他們去看護動物，也同時嚇阻任何有意入侵的不速之客。那個頭戴寬邊呢帽、正用奶瓶餵紅毛小猩猩的男人，身上就穿著巡守隊的制服。

在對美國大使簡報時，村民們似乎都非常審慎樂觀，認為他們的「方舟」一定可以成功。他們很驕傲的展示產自雨林的作物：一罐又一罐的肉桂、丁香及糖棕櫚。一位村中長老在簡報中提到：「我們從國際保育協會學到一件事。那就是，如何

分辨哪裡是適合森林農業的地方，哪裡不是。過去我們根本不懂如何創造更好的生活，現在等於是從頭來過。」

蘇普利特納不只是無關痛癢的告訴村民，他們為什麼要保護紅毛猩猩，又該如何進行？這些村民都非常貧窮，連養活自己都有問題，哪還管得了這麼多。他決定和村民一起動手，把這裡變成更適合居住的好地方，也讓村民了解，他們和周邊的森林有共同的利益。至於保護紅毛猩猩，只是這個過程中的副產品而已。

蘇普利特納說：「我們總是從觀察當地權力結構開始，了解當地社群、文化、他們對於社會和經濟的觀點，以及商業的影響力，並找出不只對紅毛猩猩有利，對當地居民也有好處的東西。如果只有紅毛猩猩受惠，而當地社群得不到好處，就喪失我們想要保護所有人的原意。」

以不同訴求，吸引不同對象協助保育

最近蘇普利特納學校裡的同事都問他：「你是打算從政了嗎？」他說：「他們都很擔心我就此遠離嚴肅的生物學研究。但我相信，如果要保護老虎，絕對不是在旁邊觀察牠們怎麼捕捉獵物、怎麼面對其他掠奪者而已。保育工作也是在處理人的問題，因為人類才是擾亂自然界的禍源。你當然必須要懂生物學，但不能在懂了之後，就假設一切都沒問題。」

許多政府官員只是看著地圖，在完全不了解當地真實生活的狀況下，隨手拿筆一圈，就決定保護區的範圍，以為生態保育可以像種菜一樣，撒下種子就等著收穫。這是不可能的。蘇

普利特納說，沒有眾人的參與，保育工作也就不存在。

2003年，蘇普利特納用一個類似的方法，在巴東嘎地斯（Batang Gadis）熱帶森林建立起另一「艘」完全不一樣的方舟。2004年他與團隊成功的讓該地27萬英畝的土地，被當時的印尼總理梅嘉娃蒂（Megawati Sukarnoputri）劃為國家公園園區。

蘇普利特納的策略是，先影響當地一所擁有7,500名學生的伊斯蘭教學校。他先接近學校中的以瑪目（imam），也就是校內最高精神領袖，並向以瑪目解釋：流經校區內的河川，其上游位於巴東嘎地斯森林，如果那裡的採礦計畫如期進行，河川就會被煤渣汙染；要是伐木也得到批准，河道還會被淤泥堵塞。這項得到授權的採礦計畫地點正好在集水區內，蘇普利特納和他的團隊想盡辦法希望讓計畫無法進行，但他們需要來自當地的後援。所以他向以瑪目解釋，學生每天在進行固定的五次祈禱前，都要使用河水淨身，要是河川被汙染，大家都會變得很髒。

蘇普利特納說：「跟他們說森林有多重要是不夠的，我告訴以瑪目，他們不能在被汙染的河裡，進行這麼重要的淨身儀式。」一開始，以瑪目有點懷疑。蘇普利特納回想當時的情況：「以瑪目說，『那也只是你的推測而已……那條河才不會被汙染，我們都在這裡住五十年了。』我回他，『你知道上游要開礦了吧？』他說，『那個地方離這裡很遠。』於是我說，『跟我來吧，我帶你去看看打算要開礦的地方。』我和我的夥伴帶他去看預定的礦區，讓他親眼見到開礦會造成多大的衝擊。以瑪目回來後的第一件事，就是直接去找地區首長，要求保護那座森林。」蘇普利特納補充道：「如果你影響以瑪目，

他會去影響學校裡所有的小朋友，而這些孩子回到家後會告訴他們的父母。」

以瑪目去找的地區首長名叫杜雷（Amru Daulay），這是杜雷第一次面對來自基層的環保運動。蘇普利特納繼續在杜雷身上下功夫，希望達成另一個更大的目標：讓巴東嘎地斯成為閒人勿進的國家公園。「杜雷問我：『把巴東嘎地斯變成國家公園後，我們要怎麼承擔這麼做所造成的損失？又要怎麼補償那些靠伐木與採礦賺錢的人？』」蘇普利特納卻只把重點放在那條河川上，他強調，有10萬英畝稻田都靠它灌溉，假如河川因為伐木或採礦而受到汙染，廣大的稻田也會跟著全毀。

巧合的是，當時印尼政府正從中央集權轉型為地方分權，漸漸將權力由雅加達的中央政府下放到各級地方政府。而蘇普利特納希望影響的杜雷，正是被中央政府指派到馬迪那（Madina）區當地區首長，馬上就要面對首次選戰的考驗。蘇普利特納說：「我告訴杜雷，他可以成為英雄。」杜雷經過沙盤推演之後了解到，如果他上書森林部，要求把巴東嘎地斯劃為國家公園，對他的初次參選將有很大的幫助，他也真的這樣做了。

當然，在政府決定把巴東嘎地斯劃為國家公園之前，許多其他環保團體，像是國際保育協會、當地的伊斯蘭教領導組織，還有許多印尼的環境專家也花了極大心力去四處遊說、協商。這件事並不是地區首長一封信就可以達成的，但最後卻好像變成這樣。杜雷毫不客氣的以這件事來當作選戰主軸，宣傳自己成功保護森林，阻擋採礦公司的進入。順道一提，他最後果然打贏選戰。

可惜的是，事情不是都以同樣的模式發展。在印尼，民主化與地方分權的過程，對環保造成了相當複雜的影響。在某些地方，省政府甚至區政府，對保育工作不遺餘力，就像巴布亞省的蘇布省長一樣。但是有些新掌權的地方政府，一旦脫離中央政府的管轄，為了賺取短期暴利，就開始榨取當地的自然資源，協助非法業者就地合法。

蘇普利特納告訴我，他在巴東圖魯與巴東嘎地斯所建立起的合作模式，讓他想起「夾了很多料的三明治，那些起司、番茄、肉片、馬鈴薯，就像政府、當地社群、科學家以及私部門。合作模式必須視問題而調整……面對政府首長時，要談經濟；面對當地社群時，要談生活福祉；面對商人時，要讓他們看到利益；面對其他非政府組織時，要談環境。」不同的地區、人群，自然就需要不同的諾亞、不同的方舟。想要成功，別無他法。

但是，如果少了受過良好教育的人民，任何一個想保護森林的生態保護系統，都不可能長久。這兩者密不可分。出席會議的伊克納巴拉村長老自誇的告訴我們，他們終於有了一座圖書館。我特地繞過去看，結果只看到一落落堆在桌上的書、雜誌，書堆上積滿灰塵，看了真讓人難過。說到底，拯救雨林的各種方式中，最能夠長久繼續的，就是創造知識性的工作。如果想拯救森林，必須先拯救人們，而在今日世界中，唯一能夠達到這個目的的方式，就是經由教育，讓人們學會各種服務業或製造業技能，不必去掠奪森林。最起碼，這樣能夠讓人們不再打擾熱帶森林，而最好的狀況下，則能讓他們開始積極的保護森林，不論目的是要發展觀光、醫藥，或永續農業。

很不幸的是，印尼，這個我最喜歡的國家之一，雖然有不可多得的可愛人民，以及令人屏息的壯觀美景，卻從來沒有教育過人民，什麼才是國家最重要的需求。或許是因為，這個國家有太多自然資源可以任意取用。

雖然目前印尼總人口多達2.6億，其中卻只有6,000人擁有博士學位，這是一個非常低的比例。印尼在補貼民眾汽油與食用油產品費用上，花了大把鈔票（占國家總預算的30%），甚至高過教育預算（占國家總預算的6%）。這麼做並不划算。所以，往後十年內，如果你又看到大批印尼年輕女子前仆後繼出國當女傭，那麼就可以肯定，印尼的樹木也將會繼續消失。

保育是在地問題，也是全球問題

每艘方舟都必須建立在地方的基礎上，需要在地的投資、在地的參與者與在地的利益，但全球資金也扮演關鍵角色。今日全球經濟的力量驚人，投入栽培油棕樹、大豆以及原始木料砍伐的資金都非常龐大，在很多地方，砍伐樹木的利潤，比保護樹木顯然要高出許多（以短期而言）。假如你知道村民或伐木公司每砍一棵樹能賺多少錢，再與保護樹木所能賺到的金額相比，很快就能了解為什麼森林會逐漸滅亡。你也可以想像一下，大型伐木公司砍伐一大片森林能賺取多驚人的暴利。

因此，這些方舟絕對無法孤立生存，我們也不能任由方舟上的諾亞自生自滅；這些地方通常沒有足夠的自然資源可讓居民賺取其他收入，更不用提開發森林之外的其他投資。

國際保育組織專家托騰指出，今天世界上大約有九成左右

的人生活極度貧窮，這些人大多依靠森林生存。他們從森林中獲取食物、燃料、住所、新鮮水源，以及各種纖維。這些人多數也是原住民，假如森林消失，這些原住民的文化也將無法存在。同時，無論當地建立起怎樣的方舟，都必須要有提供支持的國際組織為後盾，不論是傳統的國外援助計畫，像是美國國際發展局，或者是在推動方舟運作上，能夠有效提供各種資源、專業技術與政治壓力的其他任何機制。

打造方舟不只是慈善事業，也是國家安全議題。美國國際發展局的中妻指出：

對生活在自然生態系中的居民來說，當賴以維生的自然資源被破壞時，許多衝突也因此產生。美國國際發展局一項近期研究顯示，在印尼，一個半徑6公里大的砍伐區域，就有40%的社群因自然資源發生衝突。而因用水引起的衝突更是愈來愈普遍。通常都是因為地下水層管理不當、上游林區保護不良，或是當地工業的汙染問題。所以，制定良好的環保措施，也能夠同時減少國內與國際之間的衝突與安全問題。

這就是為何類似像REDD這種提案是相當重要的，它試著為熱帶森林所提供的環境服務訂價，以跟熱帶森林在商品市場上的價格競爭。REDD的概念是「減少開發中國家因森林砍伐及森林劣化而導致的碳排放量」（Reduce Emissions from Deforestation and Forest Degradation），環境專家希望在〈京都議定書〉之後，聯合國接下來所制訂的協定能夠納入這個概念。在REDD方案中，富有的已開發國家將付錢給貧窮的開發中國家，讓他們的

森林得以保持完整，然後因此獲得二氧化碳減排額度，以符合任何新氣候協定的限制。要計算這些減排額度非常不容易，但是要確保最後森林真的不會被砍伐，不會只有金錢在各國中央銀行之間轉來轉去，更是難上加難。從最上游的捐贈者到最下游的諾亞手上，每一分資金的流向都必須能夠清楚追蹤，這些錢不能只進政府的口袋，還必須確實花在運作良好、有聲譽的方舟上，或甚至建立起新的方舟。否則最後的結果，會是一堆滿是坑洞的方舟，而森林依舊被砍伐，二氧化碳排放量依舊持續攀升。

所有的保育工作都是地方性的，但世上所有的「地方」，彼此之間的關聯性卻愈來愈高。今天送進口中的炸薯條，是用印尼的棕櫚油炸出來的，為了生產這個棕櫚油，熱帶雨林遭到砍伐；熱帶雨林沒了，氣候變遷加速，你家後院的旱災也就愈來愈嚴重。所以，砍伐雨林是跟每個人息息相關的問題，而為了每個人潛在的利益，它值得我們投注關心與付出。

國際保育協會的普里克特說：「這個世界的長期健康，建築在健康的生態系上。如果我們只是尋找潔淨電力及擺脫碳分子，未來其實是不保險的。我們真正需要的是健康的森林、乾淨的河川、肥沃的土壤。我們必須保護它們的權益，並直接投資在它們身上。」

在汙染性燃料系統中，人們認為，在健康的生態系與健全的經濟這兩方面取得折衷、發展經濟理所當然，而像紅毛猩猩等動物瀕臨絕種，則是必然且必要的副產品，用經濟學的語彙來說，是一種「外部效應」。而在綠色能源系統中，我們會明白，健康的生態系與健康的經濟成長必須攜手並進，否則經濟

成長將會因為自然資源品質不佳或數量不足，而受到極大的負面影響。普里克特說：「紅毛猩猩的生存，不僅是一樣美好的副產品，也是這種模式成功的象徵。」

培養孩子的綠色價值觀

但在某種程度上，我們也需要跳開這些經濟、甚至實務上的爭論，回到最基本的事實：綠色節能，本身就是值得被維護的價值，不只是因為它可以讓你銀行戶頭裡的錢愈變愈多，還因為它能讓你的生活持續更加豐富。總而言之，就是所謂的「保育倫理」。「保育倫理」的精神是：由於大自然給予我們如此純粹的美好、歡樂、喜悅與神奇，因此，維護自然界便是一種無法被量化、並且不容被忽視的價值。

綠色能源是必要的，在使用能源的效率上快速進步也是必要的。但是我們不能只由經濟層面拿自然保育工作與前兩者相提並論（雖然當你把自然界所提供、尚未以市場價格來計算的所有服務都加總起來時，的確可以）。大自然應該被視為一種不同且凌駕於一切經濟、現實事物的價值，受人感激、尊敬與保護。隨著經濟發展愈來愈乾淨，孩子們未來所能享受的能源效率也就愈來愈高；如果我們不培養孩子的綠色價值觀，愈來愈好的經濟效率，加上愈來愈高的能源效率，將會聯手強暴我們的自然界。到那時候，再也沒有人可以阻擋這一切。人們不會保護大自然，因為他們不尊重、也不敬畏大自然。

所以我非常贊成類似「小朋友趴趴走」（No Child Left Indoors）的這種計畫。這個計畫是由美國生態學家組成的頂尖組織「美

國生態學會」（Ecological Society of America）所贊助。在一年一度的「地球週」活動中，有個「小朋友趴趴走週」，這活動的概念是要讓孩童與他們的家人，對自然界網路能有更深切的體認，學著在這個「地球家園」裡，當個更稱職的管家。

美國生態學會的網站（esa.org）上指出，「統計數字顯示，過去十年內，造訪國家公園與州立公園的人數已經減少25%之多。」因為孩子們整天都窩在家裡看電視、打電動。網站上提到：「一項最近的科學研究發現，認識電玩遊戲主角神奇寶貝的小孩，比能夠認出橡樹或水獺的小孩多得多。美國的科學教育，特別是生態學與地球科學，已經落後其他國家。生物、健康與經濟數據都表示，跟大自然接觸愈多的小孩，在學校裡的表現愈好，SAT的測驗分數也比較高，叛逆行為也較少，更不太容易產生注意力不足的失調問題。」

只要看著孩子在花園或河床上探險，你就會清楚知道，我們天生就是喜愛並且尊敬大自然，但是在現代化社會，這種本能卻隨著年齡不斷增長而日漸枯萎。正如甘地曾說：「忘記怎麼玩泥巴、在泥土裡打滾，就是忘記我們自己。」如果我們想要並期許人們，用他們的金錢、聲音、選票，來保護自然界，這正是必須喚醒的精神。

就像我的探險旅行夥伴普里克特所說的：「你必須看到它，才能拯救它。」如果你曾親眼見過蘇門答臘那一片熱帶雨林的美景，就會打從心底想拯救它，讓它重新恢復往日模樣：雨林四周環繞著翠綠稻田，大型灌木枝枒上掛滿粉紅色喇叭花，有如鑲上一圈花邊。如果你曾在肯亞最富盛名的馬賽馬拉野生動物區迎接日出；黎明時分，當你正在刮鬍子時，看著成

群結隊的長頸鹿從營帳旁經過，你就會真心想拯救牠們。如果你曾經在祕魯亞馬遜河流域的熱帶雨林中流浪，閃躲野生大蟒蛇，然後坐在早餐桌邊，餵食停在你肩上的金剛鸚鵡，你會真心希望拯救牠們。

有一次我參加一個研討會，一位聽眾問了環保先鋒羅文斯一個問題：「今日的環保工作者，所能做的最重要的事是什麼？」羅文斯只說了兩個字：「留心。」因為當你真正留心注意到了，就會想要拯救它。

2006年，我們全家人到祕魯的熱帶雨林中旅行，有一位非常了不起的原住民嚮導引導我們，他叫做吉伯特。吉伯特總是一馬當先，他不帶手機，沒有望遠鏡、iPod、收音機。在他身上，看不到現代人才有的文明病「一心多用」，相反的，他總是只專注於正在身邊發生的事。他可以聽見雨林中各種聲音：鳥叫聲、風吹聲、動物嗥叫聲、碎裂聲等等；他會隨時停下腳步，立刻指出眼前出現的是什麼鳥、什麼昆蟲、什麼動物。他也有絕佳的視力，絕不會錯過任何一張蜘蛛網、任何一隻蝴蝶、任何一隻大嘴鳥，或是任何一群正在行軍的白蟻。他與網際網路完全連不上關係，但是卻與他身邊美妙無比的生命網絡緊緊相連。

我總是覺得，可以從這趟旅行裡學到些什麼。說到底，如果我們不對自然界所提供的免費禮物多留心，像是潔淨的空氣、清澈的水、令人屏息的景致、可以滑雪的山脈、魚兒優游的河流、自在徜徉的大海、詩意的夕陽、如畫的美景等，那麼再多的投資、再多的綠色能源、能源效率，也都無法挽救它們。如果白天看不到一點綠意，那麼夜裡用風力發電照得燈火

通明，又有什麼意義？大自然沒有股份可以出售，並不代表它沒有價值。

沒有保育倫理，我們將會失去最珍貴、無法計算的寶藏。

16

唯綠者生存，不綠則亡

在又熱、又平、又擠的世界，

靠更多開採、更多消費及更多對資源的再利用，

已經無法再取得長久的競爭優勢了。

當社會、市場及大自然要求我們

對使用能源及天然資源付出成本時，

唯有比別人更綠一籌，

才能造成釜底抽薪的改變，取得致勝先機。

我們離開伊拉克時，會發生史上最龐大的冷氣機移交
行動。

——諾蘭（Dan Nolan），美國陸軍能源顧問

聽過「節能之鷹」（green hawk）這個詞嗎？它指的是一群意志堅強的美國陸軍或海軍陸戰隊軍官，他們對太陽能的提倡，不亞於任何一位穿涼鞋、騎腳踏車、吃優格的柏克萊嬉皮。節能之鷹僅是這個能源氣候年代的一股新興勢力，許多團體都開始了解，綠色不僅是生產潔淨能源、增進能源效率與生態保育的策略，更是許多不同領域共同的致勝策略。未來，人們將發現「更綠一籌」（outgreen）可以讓他們在市場、戰場、設計領域，甚至是在對抗貧窮上贏得勝利。或許不久後，「更綠一籌」這個詞會出現在字典裡，列在「包抄」（outflank）與「以計謀勝過」（outmaneuver）這兩個詞語之間。

　　我正是因為「節能之鷹」的行動，首次理解到「更綠一籌」可以成為軍事策略。「節能之鷹」於2006年成立，是由一群有志一同的伊拉克軍人所組成。當時駐紮在伊拉克安巴（Anbar）的美國海軍陸戰隊將領齊莫（Richard C. Zilmer）向美國國防部反應，需要一些可以替代柴油的能源，為他在敘利亞邊境的前哨陣地提供電力。因為陸戰隊在當地最危險的任務之一，就是開著運載10加侖柴油的卡車到偏僻的觀測所，為提供能源的發電機加油，以維持空調、無線電及其他設備的運作。那些偏遠地區不是沒有供電系統，就是發電機根本無法使用。不過運送燃料的車隊就成為伊拉克武裝份子攻擊的大好目標。當時美國國防部為了解決這個問題，其實已經和落磯山研究中心的羅文斯一同研究，試圖找出更具效率的能源方案。而戰場上的需求，讓美國軍方更迫切的想找出再生能源及分散式能源，好縮短能源補給線。

　　當齊莫將軍的要求往上反映時，諾蘭剛好是美國陸軍快速

裝備部隊的電力小組負責人，該單位負責處理能源後勤業務。「我們研究他的報告，發現士兵的確在運送燃料和水的途中遭受攻擊。」理想的解決之道，是使用再生能源及可當場產生的能源，以滿足偏遠前哨陣地的能源需求，而不是靠卡車從大老遠的地方運來柴油。

於是他們就開始藉由不斷的嘗試，試著找出節省能源的方案，比蓋達組織更綠一籌，化解對方的優勢。畢竟，蓋達組織是一個分散的、只需少量能源就能行動的游擊部隊；相反的，美國陸軍則是一支集中的、需要大量能源的傳統部隊。

對抗恐怖行動的最佳策略，是節能

要讓你成為分散式太陽能的擁護者，最快的方法莫過於讓你親自負責運送燃料穿越伊拉克境內。我在伊拉克巴拉德的美軍基地，就見到兩名擁有深刻體悟的軍人。當地位於巴格達以北50英里，這兩名軍人所屬的單位是負責供應DF2柴油給伊拉克北部戰區規模較小的前哨站，好讓那些單位的發電機能維持運作。

我抵達的那天是2007年8月25日，當地氣溫高達攝氏49.4度。可想而知，在這樣的高溫下，要耗費許多能源才能為一頂帳棚提供空調。這是為什麼當時，美國中央指揮部約70%的能源預算都用在運送燃料上。即使在戰事穩定和天氣溫和時，戰爭都會消耗大量能源，更何況軍事裝備在設計時很少考慮到節能，至少過去是如此。

在來到伊拉克之前，魏渥道（Mike Wevodau）及大衛斯（Stacey

Davis）這兩名士官長和「綠色」的唯一連結，是身上的綠制服。但幾個月下來，經歷管理燃料與食物車隊，還有掃除路上土製炸彈以免炸到經過車隊的「路線清除」任務，他們現在支持任何形式的分散式能源，這樣才能減少需要護衛的油料車，以及因為不得不通行而需要清除道路上炸彈的任務。

伊拉克的電力系統非常老舊、脆弱，大衛斯說：「我們完全不依賴伊拉克的電力網路，所有東西都靠發電機。在這裡每走一百步就會看見一具發電機，它們不分日夜運作，直到沒有油為止。」魏渥道也表示，如果陸軍有分散式的太陽能或風力發電設備，「派遣士兵上路的次數將會減少，那是我們最危險的工作。讓士兵遠離道路是最重要的事……為什麼這裡不能有太陽能及風力發電設備？在賓州的高速公路上看得到，為什麼這裡看不到？」

在齊莫將軍提出這個議題後許久，美國國防部才了解，對抗土製炸彈的最佳方式，不是增加油料車的裝甲厚度，而是為部隊進行節能。美國國防部的能源顧問威爾斯（Linton Wells II）表示：「如果兩枚埋在路面下的155公釐迫擊砲可以炸飛一輛坦克，增加裝甲厚度的確比較安全，但這還不夠，我們想要一場零傷亡的戰爭。但是如果因此而製造出60噸重的車輛，根本無法利用空運輸送。唯一的選擇是更為分散的能源。」對抗土製炸彈的最佳辦法，他的結論是：「爆炸發生時不要在現場。」

能源自主，是國家安全議題

　　採用分散式能源不僅能減少士兵置身於危險，這種能源需要的設備也比柴油機來得少，還能為軍方省下能源費用，來購買其他更有用的軍事裝備，更能減少我們在蓋達組織網站上看到美軍車輛被戲劇化炸開的畫面。「能源自主不是經濟議題，也不是資源議題，而是國家安全議題，這是我們該做的事，」諾蘭說。他是一位退休陸軍上校，正率領一個團隊為伊拉克戰場提供節能方案。

　　諾蘭表示：「當情況複雜到像占領其他國家，如美國在伊拉克的情形時，我們更不想給當地人民錯誤的印象。所以我們搭起臨時建築，這樣人們就不會認為那是永久的占領。」這也表示，美軍需要許多帳棚。「帳棚是我們的標準臨時建築，為了確保士兵可以好好睡覺、裡面的電器用品可以正常運作，這些臨時建築必須要有空調。在某些地方，我們可以連上伊拉克的電力網路，但我們必須自問，這麼做是在取走當地的能源嗎？」此外，這也會暴露弱點，一旦有人切斷線路，整個陸軍基地就會漆黑一片。所以美軍總是使用自己帶來的發電機，可是這些裝備又必須使用從科威特、土耳其和約旦等地運來的柴油。

　　為了解決這個問題，諾蘭的團隊先拜訪美軍在伊拉克境內的前進行動基地。「我們的調查發現，僅僅一個小型的前進行動基地，每天都要運進10,000加侖的柴油，其中9,000加侖供發電機使用，其他則作為運輸之用。而95%的發電機電力是用在帳棚空調上。」

在分析過所有戰地資料後，諾蘭和團隊自問：我們如何能在不損及戰力的情況下，發揮最大的影響力？諾蘭說：「你必須有整體觀，從能源系統的角度來思考。如果我告訴一位指揮官，要給他太陽能反射鏡和風車，他不會有太積極的反應。可是如果告訴他，我有一套可用再生能源來補充傳統能源的系統，能大為提升軍隊的戰術機動力，他就會對這個主意感到興趣。」

不只解決問題，還能贏得競爭

諾蘭和團隊推動的計畫，恰巧與美國國防部進行的研究報告吻合，該研究是根據 2008 年 2 月國防科學會（Defense Science Board）一份名為〈更多戰鬥，更少油耗〉（More Fight-Less Fuel）的報告。報告中提到，將大量燃料運送到前線部隊會產生很大的後勤負擔，不但容易遭到攻擊、很難防備，成本當然也比去加油站加油貴上許多。

國防科學會在 2001 年首次正視這個議題，並提出「燃料的完全負擔成本」（the fully burdened cost of fuel）這個概念。正如同退役空軍軍官、同時也是「節能之鷹」成員的摩豪斯（Tom Morehouse）向我解釋的，美國軍方並沒有根據燃料的完全負擔成本來考量武器系統。這些成本包括燃料價格、運送到終端使用者的成本、燃料合約商和運送卡車的成本、沿途保衛燃料的成本，再加上照護因運送燃料而受傷人員的成本。當陸軍開始整體考量問題時才驚訝的發現，在伊拉克戰區運送 1 加侖的燃料，「燃料的完全負擔成本至少是 20 美元，而許多陸軍作戰任

務甚至得負擔每加侖數百美元的成本。」而由空軍運油機運送的燃料，成本則是每加侖42美元。這些數據引起了注意。

諾蘭和他的團隊首先把重點放在改善能源的使用效率上，和廠商合作發展出一套可用於帳棚的技術。「我們在帳棚外部噴灑市售的泡沫以隔絕空氣，這樣可以減少40%到75%的空調需求。」諾蘭解釋說：「我們必須在前端盡量節省能源，才能減少後端必須產生的再生能源，不至於能源短缺。如果一個基地每天需要200萬瓦電力，光用太陽能、風力或其他替代能源供應是不夠的。但是如果能將能源需求降到每天50萬瓦，那麼替代能源就足夠發揮作用。」

美國陸軍喜歡這個方法，因此購買足夠的泡沫來為伊拉克境內數千個帳棚及貨櫃屋進行隔熱，所達成的成本效益很高，頓時降低40%到75%的空調需求，也大幅減少燃料成本，諾蘭和他的團隊因此被鼓勵開發更先進的技術。在同樣的模式下，一座大型圓頂臨時建築被搭建起來，外部塗上泡沫，內部又覆著一層很薄的混凝土。這座圓頂帳棚可以睡40名士兵，是一般帳棚的四倍，而由於使用混凝土，也提升軍隊的防彈能力。帳棚還配備兩座移動式風力發電機，及兩塊可追蹤太陽的太陽能板，還有一具備用的丙烷發電機。這些設備所產生的能源足以為帳棚提供空調和電力，還有剩餘電力可以給鄰近村莊！美國陸軍現在正試圖將這套系統改到盡善盡美，準備擴大規模部署在伊拉克或阿富汗。

這就是一個絕佳的「更綠一籌」例子。當你試圖用「更綠一籌」解決問題、贏得競爭，結果會是買一送四；當美國軍方下定決心這麼做，就不必付出因運載燃料而造成人員的傷亡，

還能節省成本，也許還有剩餘電力可提供給當地清真寺。這麼一來，當地人也許有一天會向美軍丟花，而不是扔手榴彈。

諾蘭認為，這麼做還有一個優點：在伊拉克的美國士兵回到美國，便會複製這樣的模式，為他們的社區或向他們的工廠爭取同樣的解決方案。就如同美軍廢除種族隔離政策後，整個國家的種族隔離才真正消失，如果美軍可以進行綠化節能，整個國家就真的可以。諾蘭說：「這樣的做法會開始改變整個文化。回國之後的士兵們會說：如果我們在伊拉克能這麼做，為什麼在自己的家鄉不行？」

諾蘭是個身材魁武的退伍軍人，看起來像是巴頓將軍那類的人，而不像是個會擁抱綠能的人。可是他對我說：「我們不能再用過去的思考方式看待綠化節能，必須改變現有觀點，這與我們未來採用哪一種戰術有很大的關係。」我忍不住問他：「軍隊裡有沒有人說，『天哪，可憐的諾蘭開始實行綠化節能，他現在是要我們變成一群婆婆媽媽的男人嗎？』」諾蘭大笑著回答：「這我不在乎。」

時代改變了，競爭策略也要改變

我也不在乎，因為我相信我們是走在一個新時代的前端，「更綠一籌」可以成為各個領域裡取得競爭優勢的策略。

「更綠一籌」這個詞，是我的朋友賽德曼夫婦（Maria and Dov Seidman）某天早餐時想出來的。賽德曼是 LRN 公司的創辦人暨執行長，他的公司主要是幫助其他公司建立企業倫理文化。他曾寫過一本書，書名為《HOW 時代 —— 方式決定一切》（*How:*

Why How We Do Anything Means Everything...in Business and in Life）。這本書主要在談現今完全網路化的世界裡，人們是因為自己「如何」一舉一動，而顯現出彼此的差異。

在這個網路時代裡，人際交往關係比以前更透明、也更緊密，透過網路，你經過深思熟慮過後的一言一行與所作所為，都可能會在沒有經過任何剪接與過濾之下傳播給更多人。因此，你如何生活、如何做生意以及如何說抱歉（或不說），都比以前顯得更加重要。

有些東西短期看起來可能是負債，但長期看起來卻可能是資產。對個人或企業而言，今天不管你製造什麼產品、提供什麼服務，都可能很快被人抄襲。可是，你「如何」做生意、「如何」保持承諾，以及「如何」與顧客、同事、供應商及社區建立關係，卻很難被抄襲，前提是，你得要做得夠好。因此，創新提供一種機會，讓你能與競爭者有所區隔。賽德門提到：「人類的行為千變萬化，當人類的行為光譜範圍這麼大時，其中自然存在著各式各樣的機會。」人類行為的脈絡是如此多樣、豐富及具全球差異性，光是這點就呈現出一個罕見的機會：用「更加檢點」為原則來贏得競爭。賽德門指出，在美國密西根州一家醫院，教導醫師在犯錯時要道歉，因而戲劇化的減少醫療不當的賠償，就是一個好例子。

現在有一個絕佳的機會擺在眼前，你可以用「更綠一籌」來贏得競爭、擊敗敵人。過去，當這個看似無窮豐富的世界還不是又熱、又平、又擠時，贏得競爭的策略當然是增加更多生產或消費。所以，擁有許多農地的國家，可以增加種植；擁有許多森林的國家，可以砍伐更多；擁有許多礦藏或石油的國

家，可以增加開採；擁有許多原物料的國家，可以用更多的銷售來贏得競爭。賽德門說：「這是為什麼字典裡充滿了『以消費取勝』或『以生產致勝』之類的字眼，這些都是深植人心的思考習慣和行為模式。但這樣的思考和行為模式是建立在當時地球資源還很豐富，而你又擁有競爭對手所沒有的資本或資源的時候。」

賽德門描述的這種心態，讓我想起電影《黑金企業》（*There Will Be Blood*）裡那個貪婪的石油大亨，他對天真的傳教士說，他不需要和傳教士簽訂石油開採租約，只要從自己的土地斜斜的往旁邊開採過去，就可以鑽到傳教士的土地下，吸光所有石油。

石油大亨：那塊土地已經利用殆盡，你無計可施，你輸了。

傳教士：你如果接受這份租約……

石油大亨：抽乾了，已經抽乾了！我很抱歉。如果你有一杯奶昔，而我也有一杯奶昔和一根吸管。就在那裡，一根吸管，你看到了嗎？我的吸管穿過這個房間，然後開始喝你的奶昔，就這麼喝著，把它全喝掉了。

開採更多、消費更多、製造更多的後果

在今天這個資源愈來愈有限的世界，要喝別人的奶昔已經沒那麼容易，這也是為什麼更綠一籌更顯重要。如同之前所說的，在一個又熱、又平、又擠的世界裡，不管你做什麼及如何

去做，市場、社會、全球或是大自然，都會要你我付出真正的「完全負擔成本」。靠著鑽採、製造、消費更多的資源，已經無法再取得長久的競爭優勢。

透過徵收碳稅及石油稅、法令規定、輿論意見，或多變不安的氣候，社會、市場及大自然會要求我們為使用能源及天然資源付出代價。此時最綠化節能、最潔淨及最有效率的製造商、組織、產品、國家、學校、團體及家庭，才能生存下來，並且活得最久。

「更綠一籌」需要完全不同的心態，不再是更多的鑽採與製造，不再是挖入更深的地底，而是挖掘自己、公司或社區。「更綠一籌」重視的是對環境不再予取予求，而是創造一種彼此合作的環境，能讓你個人、你的公司和社區不斷思考：如何創造更多的成長、機動性、庇護、舒適與安全；如何使用更多綠色能源和最不耗費資源的創新包裝。

當你開始往內挖掘個人、公司或社區，找尋更持久的方法為未來提供動力，所有的好事就會發生，就如同美國陸軍所發現的。你的能源開銷會降低，創新能力會增加，因為一個產品如果沒有變得更聰明，無論是原料、設計或軟體都要更聰明，否則就無法更綠化節能。在這個前提下所開發出的產品，將可以符合全球需求，也能更有效的控制成本，並享受到更潔淨的空氣和水。

現在，太陽能與風力發電的裝置費用雖然比較高，可是它們使用的「燃料」，也就是陽光與風力，卻永遠免費。化石燃料系統現在的裝置費用也許比較便宜，但是這些燃料，像是煤、石油和天然氣的價格卻經常在變動。此外，未來使用這些

燃料還得支付各種形式的碳稅；全球的需求也仍不斷上升。因此這些燃料的價格都在往上漲。

要最便宜，就要最綠化節能

「不確定會耗費金錢。」美國著名風險投資公司「制高點」的愛德華茲這麼說。現在，化石燃料的價格愈來愈不確定，趨勢是往上攀升；而再生能源的價格愈來愈確定，趨勢是往下降。

關於這個現象，愛德華茲說：「許多年來，已開發國家取得繁榮進步的方式，都是將看似免費的資源，像是化石燃料、基本農產品、土地和水做最大的運用。現在，由於開發中國家不斷擴展經濟，我們發現，長久以來賴以建設的資源不是有限就是無法再免費供應。」

所以，隨著對化石燃料的需求及其成本的增加，幾乎可以確定的是，你如果身處一個依賴化石燃料的經濟體，你所負擔的能源成本將會一直增加。現在不是1970年代，當時石油短缺是因為地緣政治，現在的短缺是因為地質和人口因素。相反的，愛德華茲指出，如果你身處一個依賴綠能科技的經濟體，長期的經濟狀況會非常不同。

愛德華茲說：「如果現在建置風力發電機、太陽能板或地熱廠，你會知道，接下來的十到二十年間，生產能源的成本會是多少。眾所周知，支撐再生能源的科技，也讓安裝太陽能板或風力發電機的成本逐年下降。因此，擁有最高比率綠色能源的經濟體，將會比完全依賴化石燃料的經濟體更能掌握未來的

能源成本。」

這正是為什麼「更綠一籌」可以成為一種競爭優勢，也是為什麼我們該投入綠色能源基礎建設的全球競爭中。愛德華茲表示：「如果我說的沒錯，綠色能源會是最便宜的能源，我們應該加緊腳步，比其他國家更快製造出最便宜的綠色能源。如果贏得這場競賽，和其他為高價化石燃料所苦的國家相比，就有很大的優勢。」不但在能源密集的製造產業擁有極大優勢，還會因為能源基礎建設，成為國際投資的標的。

再者，如果一間公司被認為是以更綠一籌來贏得競爭，就會有更多人想要為它工作。因為綠化節能這個價值，會讓每個人（尤其是年輕人）愈來愈想要和它連結在一起。因此最綠化節能的公司、國家、學校和城市，就會吸引最多的人才。賽德門說：「當你調整思維，希望更綠一籌，就不會再想著要比其他人累積更多，而是開始想要創新。」

超越碳中和，創造碳優勢

這也是為什麼，每次我一聽到有公司或機構提到「碳中和」（carbon neutral）*1，總會想抓狂。在一個又熱、又平、又擠的世界裡，為什麼有人只想要碳中和，而沒想到可以從「碳優勢」（carbon advantage）獲得更多？你的公司想要「資訊中和」嗎？你的員工是一半使用電腦，一半使用紙、鉛筆和算盤嗎？

1　譯註：「碳中和」指的是盡量減少二氧化碳排放量，並透過植樹等方式吸收這些二氧化碳，以抵消排放量。

這個觀念，我是從昇陽電腦的生態責任（eco-responsibility）副總裁道格拉斯那裡學到的。他在2008年1月2日《商業周刊》網站（BusinessWeek.com）上發表的文章提到：「碳中和模糊了焦點。為什麼要付錢給其他人種樹，來抵消你產生的二氧化碳？企業投資其他人的善行是件好事，可是現在重要的是，企業必須投資自己，以期永續經營。」在環保政策上致力於碳中和的企業，通常是這裡做一些效率計畫，那裡買一些綠色能源，抵消他們所做的其他事。

　　「這麼做不好嗎？」道格拉斯問道，「當然不是，這麼做可以幫助企業本身和大氣層。企業購買綠色能源，有助於投資產生更多綠色能源。而且他們如果買到品質好的能源，可以減少溫室氣體的排放，這些都是好事，我們也在做。可是我不相信，這些事情可以讓我們達到想要的目標。我們需要企業將氣候變遷視為機會，而非威脅，並以面對大好機會才有的熱忱投入。我們期待企業超越碳中和，創造碳優勢。」

　　追求碳優勢，就是「更綠一籌」的策略。

　　道格拉斯解釋：「有兩種方式可以為公司創造碳優勢。首先，更有效率的使用資源，能為公司的運作及產品創造成本優勢。其次，你可以創新，用綠色產品或服務，為顧客提供競爭優勢，讓你的產品、服務與其他競爭者不同……創造出更多環保產品的公司，譬如豐田汽車和地毯業者英特飛，市占率都持續增加，營運表現也不斷改善。更重要的是，許多證據顯示，我們正面臨一個新的、有道德的商業循環。追求永續經營的公司，都在尋找可長久不墜的產品和服務，創造更多機會。因此，能夠幫助顧客長久發展的產品和服務，需求會愈來愈

大，並且有機會增加市占率，也減少對環境的衝擊。」

「如果豐田汽車在環保上的努力，全是用在碳中和上，就不會製造出 Prius 油電複合動力車。」道格拉斯補充，「如果他們只在乎碳中和，就不會往內挖掘自己，思考如何在效率上達到另一個層次，以獲得競爭優勢。」

紐約靠環保計程車創造競爭力

人們嘗試「更綠一籌」的各種方式，讓我印象非常深刻，以下舉出幾個實例，首先是紐約。

在全球化時代，城市之間的競爭更為激烈，它們爭相吸引人才進駐、開設公司，產生收入與稅收。它們也爭奪觀光客、企業總部的設立及資本的投資，並爭著不讓年輕人逃到鄉間或其他地方。2005 年時，紐約市議員亞斯基（David Yassky）與科技企業家海德瑞一起腦力激盪，討論紐約該如何變成一個更適合居住的地方，並在綠化節能上贏過其他城市。他們想出的方法，是讓紐約的計程車變得比較沒有毒性。

亞斯基和海德瑞首先向計程車與轎車協會查詢，了解該怎麼做才能汰換使用福特 Crown Victoria 車款的計程車，好讓這種每加侖只走約 10 英里的車子，換成可以跑更多里程、廢氣排放量又比較少的混合動力車。這個主意不錯，但居然不合法，原因是一些老舊的法令硬性規定計程車車身的大小，而這些規定都明顯偏向 Crown Victoria 車款和製造商福特。

為了符合規定，海德瑞組成一個名為「聰明運輸組織」（SmartTransportation.org）的非營利團體，幫助亞斯基說服市議會其

他成員，修法准許使用混合動力車作為計程車。為了擴大支持基礎，他們超越了汙染議題，進而提出髒空氣會對紐約市孩童造成危害的健康議題。為此，紐約市美國肺臟協會的執行長維特（Louise Vetter）也提供許多協助。

維特特別向我解釋：「紐約是全美空氣最髒的都市之一，紐約客所呼吸的空氣非常不健康，而大部分是車輛排放的廢氣。紐約的氣喘比例在美國名列前茅，尤其對長時間在外的兒童而言，高臭氧濃度是非常嚴重的威脅。將計程車從黃色變成『綠色』，會是給紐約市兒童的一份大禮。」

計程車協會會長道斯（Matt Daus），一開始抱持懷疑的態度。他和許多人一樣，對綠化節能並不具敵意，只是還沒真正意識到它將帶來哪些好處。一旦他了解混合動力車對健康及其他方面的好處，便加入亞斯基與海德瑞的陣營。2005年6月30日，市議會以50票對0票通過這項提案。今天，紐約市13,000輛的計程車裡，有超過1,000輛的混合動力車，大部分是福特Escape車款，也有豐田Highlander、Prius及其他廠牌的車子。

2007年5月22日，美國最有環保意識的市長之一，紐約市長彭博（Michael Bloomberg）進一步推出新法案，這個法案不只允許混合動力車作為計程車，還取得計程車協會的同意，要求所有計程車必須在五年內改成混合動力車，或是每加侖最少行駛30英里、廢氣排放量較低的其他車款。

彭博表示：「關於健康、安全及環保議題，政府應該設定標準，而我們需要的是願意推動符合社會長期利益標準的領導者。當市民看到城市進步時，他們也會開始發揮自己的影響力。」這會鼓勵領導者追求更高的標準。

節能可以吸引人才

2007年夏天，我問傅利曼（Evgeny Friedman）對於混合動力車的看法。他是紐約某個頂尖車隊的負責人。「非常棒！我們車隊一開始有18輛，現在則超過200輛……目前在外面跑的只有混合動力車。司機想要這些車，社會大眾也是。這種車很省油，以現有的汽油價格來計算（當時1加侖約3美元），司機每班車跑下來可省30美元。」他表示，以前車隊使用的Crown Victoria車款，每加侖可跑7到10英里，現在的混合動力車每加侖可跑25到30英里。而且，從原來的車子轉換到混合動力車，所花費的成本並不高。

在開始綠化計程車隊後，海德瑞、彭博和他的永續發展首席顧問阿加瓦拉（Rohit Aggarwala），將注意力轉到另一個更嚴重的問題。在紐約，1.2萬輛左右的林肯Town Car及其他廠牌的黑頭車也是很大的汙染源，尤其是當它們怠速停在市區一些法律事務所及投資銀行前等候客戶時。這是個更難解決的問題，因為這些黑頭車不像計程車，還有過時的法律可調整。這些大黑船想擺在路上多久就多久。不過，海德瑞開始行動，首先，他拍下這些黑頭車的照片。

「我用聯邦快遞寄信給這些公司的執行長，並附上照片，指出這些怠速停在他們辦公室前的黑頭車是很大的問題。一部怠速的車所產生的汙染，是一部一小時跑30英里車子的二十倍，因為車子是用來移動，而不是怠速運轉的。」這種車子在怠速運轉時，都會將暖氣或冷氣開到最大，好讓客戶上車時，能進入最舒適的環境。海德瑞說，這些車子所造成的大量汙

染，這些大型企業和法律事務所，得負直接責任。

令他驚訝的是，這些公司的高層很快就有所回應。「他們不但有正面意願去做些事，還提出了首要任務：如何留住人才。」

這是什麼意思？

「他們將節能視為吸引和留住年輕人才的方法，」海德瑞解釋。當紅的年輕律師與銀行家，寧願搭著混合動力車，而不是黑頭車在城裡跑來跑去。「這些律師事務所和銀行用來吸引人才的武器不多，只有提供更好的薪水，或是在自助餐廳提供更好的食物。所以，他們很快就把綠化節能視為可以創造差異的重點。」我的法律事務所比你的還綠化節能！

大多數銀行和法律事務所，很快就打電話給配合的轎車租賃公司，問他們何時引進混合動力車。轎車租賃公司也看出這股趨勢，要求市長通過一項新規定，好營造出標準一致的競技場，讓業者不得不投資在更潔淨的汽車上。彭博很快就這麼做了。2008年2月28日，彭博宣布自2009年開始，所有「黑頭車」都得變綠，每加侖至少要跑25英里，到2010年，則要達到每加侖30英里。關於排放廢氣和油耗標準的設定，是針對大小與林肯Town Car相同的混合動力車。

正如《基督教科學箴言報》（*The Christian Science Monitor*）翌日的標題所言：「再會了，Town Car（每加侖15英里）！嗨，豐田的混合動力車（每加侖34英里）！」雖然混合動力車要比典型的Town Car貴上7,000到1萬美元，可是海德瑞說，車主預期每年可以省下5,000美元的燃料費，相當於他們現在花費的一半，而這是在油價到達每加侖4美元之前的狀況。

德意志銀行美國分公司（Deutsche Bank Americas）、美林集團（Merrill Lynch）及雷曼兄弟（Lehman Brothers）都以融資機制協助黑頭車的司機（大多數是個體戶）購買新車。這整個過程也激發出技術創新。2008年2月20日，紐約市宣布他們正與汽車設計公司合作，為「未來計程車」設定新的性能標準。

海德瑞說：「不要以為操著外國口音的黑頭車或計程車司機不想為他們的孩子尋求比較健康的永續生活型態。他們當初為什麼來這裡？就是希望家人有比較好的生活品質。隨便問紐約任何一位計程車司機，他都會說自己迫不及待想擁有一部混合動力車。」

當大蘋果變成綠蘋果，當紐約藉由綠化計程車，比芝加哥、底特律或北京「更綠一籌」時，只有好事會發生。首先是每年過境紐約的4,500萬旅客，他們至少會搭一趟混合動力車，回到自己的城市後，他們會問：「我們為何沒有混合動力車的計程車？」

這是很划算的買一送四：使用更環保的計程車和轎車，就能讓駕駛更快樂、城市的形象更好、路上的汽車更小，並因為混合動力車的開發產生更多創新。

擁抱樹木的同時，也是在為生存奮鬥

身為昇陽電腦的生態責任副總裁，道格拉斯以「更綠一籌」為生。他表示，最好的節能點子來自基層，也就是最接近行動的人。「有一天，我接到檔案部門一位同仁的電子郵件，她建議我如何減少隨著產品寄給客戶的紙量。我們以前的做法

是，每賣出一套伺服器，就送出一整套使用手冊。如果某家公司訂了十套伺服器，它就得到十套手冊，而訂購數百套伺服器的大客戶，就得到數百套手冊。新的做法是，我們讓手冊變成顧客可以選擇的項目。結果是，我們減少60%的用紙，省下數十萬美元，因為多數公司的資料中心只需要兩套手冊……最近也有個類似狀況，我們決定不印製年度股東會報表，只在網站上公開，這麼做省下了9,900萬張紙。這些最終會被丟掉的紙，印製卻要耗費大約1萬2,000棵樹，900萬加侖清水，以及60萬美元。」

令人驚奇的是，當我們開始關心能源和資源生產力，行為就會產生改變。昇陽電腦的企業社會責任計畫經理林恩（Marcy Lynn）告訴我一個故事。

「我們團隊當時正在進行一項領航計畫，我們想知道，現在許多人會在家工作的狀況下，人們在工作時會使用多少能源。我在一間辦公室裡做全職工作，實驗這個計畫。我們拿到一條延長線，線的一端有著名為『減少一瓦』（Kill A Watt）的裝置，可以監測你用了多少電。我將辦公室裡的每樣電器用品都插入這個裝置，除了燈光外。每天，我都會收到電子郵件提醒我們，得到報告『減少一瓦』的數字，這很有意思。我們使用的電腦是昇陽的 Sun Ray 系列，令人驚訝的是，它們只用了一點點電。」

林恩繼續說：「不過，我遇到一個問題。我的辦公室很冷，因為它靠近一間伺服器室，而伺服器室必須一直開著空調。有一天，我打開辦公室的暖氣，結果暖氣所耗費的電力讓我震驚不已，但我又得報告這數字。這數字讓我很難堪，因

此不得不改變行為，除非冷到指甲顏色變青，否則我就不開暖氣，畢竟我是環保小組的一員，可不想讓『減少一瓦』測出我用了那麼多電。所以，現在我會在辦公室準備一條毛毯。」

林恩拿了條毯子保暖，因為那是她唯一的選項。但後來，昇陽電腦推出一套新系統，因為發生在林恩身上的事，也發生在客戶身上，而且規模更大。為伺服器提供空調的費用愈來愈貴，昇陽公司發現，必須要節省能源才能拯救事業，總不能老是在發毯子。「更綠一籌」變成一種生存策略。如果昇陽公司不這麼做，用更少的電力讓電腦做更多的事，它的事業就真的岌岌可危。

這裡提供一點網路背景常識：網際網路與全球資訊網也許看不到，卻存在於乙太網路（ether）的某處，事實上它們存在於一個互聯的資訊中心網路，就是所謂的伺服器農場（server farm）。這些資料中心通常有著數以千計的電腦伺服器，統統擠在架子上，一個堆著一個，它們儲存並傳輸網路上可以擷取的資料和網頁。昇陽公司的主要事業就是製造這些伺服器及其他產品。這些資料中心的所有伺服器統稱為「網路雲」。現在，當你使用電腦時，有愈來愈多的事情不是在你桌下的小硬碟機裡發生，而是在外面的網路雲。

你打行動電話或發簡訊，都是經由伺服器處理，帳單資訊也是由伺服器來儲存並發送。你如果在網路上付電話費，也是由伺服器來處理。每次你上 Google 搜尋或經由雅虎發送電子郵件、在線上使用微軟的「live」軟體、在美國線上（AOL）儲存檔案、在亞馬遜網路書店買書、增加照片到 Facebook、上傳影像檔案到 YouTube、編寫維基百科，或使用 Linux 作業系統在網

路上閒晃，其實都不是在自己的電腦或PDA上作業，而是經由它們到達組成網路雲的資料中心。

誠如美國科技執行長委員會（American Technology CEO Council）於2008年2月發表的文章〈更聰明的一種綠〉（A Smarter Shade of Green）所言，「今天，為伺服器提供電力和空調所付出的費用，要大於購買的費用。資訊科技設施正在耗費冷卻的能量和電力。」今天美國所有的伺服器，如果要二十四小時運作，所花費的電力大約等於六到七個10億瓦的核電廠，而這個數字每年都在上升。

這是昇陽公司和整個電腦業所面臨的新一波問題。道格拉斯說，從2006年開始，紐約及倫敦商業區的客戶都表示，「我們沒有多餘的電力來冷卻資料中心，所以不能跟你們買任何新產品，除非把某些設備關掉。」在東京，噩夢成真，一部伺服器在三年的使用期限裡所耗費的電力及空調費用，開始超過一部標準工業用伺服器的售價，大約是5,000美元。

道格拉斯說：「除非我們能製造出更節能的伺服器，否則就無法賣出更多伺服器。」由於客戶需要愈來愈強大的電腦運算能力來運作新的應用軟體，也有愈來愈多人開始在網路雲上工作，昇陽得出結論：它需要一個解決方案，好用更少的電力，提供更大的腦力。

政府與企業的執行長，也必須是能源長

在一個碳與能源都必須有所限制的世界裡，昇陽公司對內、對外，都必須以「更綠一籌」贏得競爭。道格拉斯表示，

昇陽很快就了解到：「如果無法成為最節能的公司，就無法留在業界。但如果比競爭者製造出更節能的伺服器，就可以拿下市場。」

所以，昇陽從2002年起開始開發一種新的處理晶片，名為尼加拉（Niagara）。昇陽在設計尼加拉時的考量是，對今天許多應用軟體來說，最重要的是可以同時處理許多事，而不是以保時捷般的飛快速度完成其中一件。這與業界注重最高傳輸速度（peak speed）的傳統大不相同，如果強調速度，應該是讓晶片可以在同一時間很快的處理一、兩件工作。但是，昇陽意識到，雖然時速高達260英里的保時捷聽起來很酷，可是如果目的是要把60個人從一個地方移到另一個地方，那麼巴士可以用更快的速度和更有效的能源使用方式來完成。在這樣的思維下所開發的尼加拉處理晶片，可以讓昇陽在每個伺服器上同時處理多批eBay交易。道格拉斯說：「這可以讓我們以更少的能源完成更多工作，效率比純粹注重速度來得大。」

今天，使用尼加拉晶片的伺服器生產線，是昇陽成長速度最快的事業之一，短短兩年間，營收就從零增加到10億美元。昇陽也將相同的原則運用到所有的電腦零組件（在其他部門表現不佳時，尼加拉晶片的確幫助昇陽維持收支平衡）。昇陽評估，如果有一天政府開徵碳稅，顧客會轉而選擇這種晶片，所以它想在轉變發生前就採取行動。昇陽不只在技術上幫助客戶，客戶也因為致力於綠化節能的形象，而受到廣大顧客的加分，這一切是昇陽給了他們立足的基礎。

道格拉斯說：「大部分的企業責任是防衛性的，像是『不要被抓到在緬甸雇用未成年勞工』。很多人從來沒想過，承擔

更多企業責任可以賺更多錢。」然而狀況已經不同，現在，整個能源前線也許會變成競爭優勢的來源。「昇陽開發節能產品後，不僅降低成本，也銷售出更多節能產品。我們也在公司內部安裝節能產品，這些行動表示我們在承擔企業社會責任上是採取主動的角色。」

如果一間公司或一個國家的執行長，同時也兼任能源長，就可以整體考量所有成本與利益，帶領公司或國家以「更綠一籌」贏得競爭。然而，世界上大多數公司的行事方式都和美國軍方一樣，從來不在做能源決策時正視所有成本。一般常見的狀況是，公司裡設計產品的人、購買產品的人、使用產品的人，以及為產品負擔電費或燃料費的人，都各自不同。所以設備部門的主管會購買成本最低的機器，好讓他的採購預算看起來不錯。可是，負責支付電費帳單的會計部門主管，整天都在他後面盯著，因為那部低成本的機器最耗電。當電費破表時，這部便宜機器在使用期限內所產生的費用，要比超節能的昂貴機種還要多很多。由於沒有人針對能源決策的成本與利益做通盤考量，金錢與資源就這麼持續被浪費掉。

「如果你只是從所處的一方小井來看節能，只會看到增加的成本。」美國電資系統公司的未來趨勢專家威克解釋。「你看不到綠化節能換來的好處，看不到某些成本正在減少，因為那不是在你的井裡發生的。」所以每個公司都需要一個能通盤考量的執行長，他會說：讓我們採用比較貴，但低散熱、低耗能的照明系統，這樣就不必設計、安裝與運作那麼多空調設備。威克說：「只有經過系統化的檢視後，你才能經由整體衡量而省下的成本。一旦開始衡量，就能了解這整個系統所帶來

的長遠好處。」

這也是為何我認為在這個能源氣候年代，如果不能像一位能源長一樣治理公司或國家，就不會是一個很稱職的執行長，也不會妥善運用所有資產。如果你的思考還是局限在你的井裡，你會買一而得不到一。如果你採取系統性思考，就能買一送四或五。這就是如何取得競爭優勢。

關於綠化節能，聽聽道格拉斯怎麼說：「我不記得是誰說過這句話，但這句話說得很對：『節能就像地板上滿是錢，而我們終於決定讓員工蹲下去把錢撿起來。』」

同時擊敗汙染與貧窮

對我來說，「綠色行動」從來就不是一筆生意或地緣政治策略，儘管這些策略本身也是重要的。本書有更大的訴求，那就是透過關注綠化節能議題，重振國家的活力、自信及道德權威，推動整個人類社會往正確的方向邁進。「更綠一籌」這項策略不僅要打敗對手的公司、敵人的軍隊或相互競爭的城市，還要致力於消除社會中的貧窮。「綠色行動」必須證明，它不只能提供某些東西給社會中上階層，處在經濟最底層的那群人也能獲得利益。然而如果我們無法將綠化節能視為改善自身生活的策略，就無法產生獲得成功所需的動力和規模。

聽起來有點困難，其實不然。問問瓊斯（Van Jones）吧，他善於接受挑戰。我在參加大連的一場會議時遇到他，當時他主動向我自我介紹。瓊斯是個異類，他是奧克蘭當地的黑人社會運動分子，也是推動環保運動的人。當他談到同時身兼黑人和

環保人士的身分時，變得很慷慨激昂，也很有趣。

他對我說：「試試看這個實驗，到西奧克蘭、瓦次（Watts）或紐瓦克（Newark）等地去敲某戶人家的門，然後說『我們有個大麻煩。』他們會反問『是嗎？』『是的，我們真的有個大麻煩！』『是嗎？』『對，我們必須拯救北極熊！你也許無法活著離開這個社區，但我們必須拯救北極熊！』」

瓊斯搖搖頭。如果你用這個方式，試圖讓一些連工作都沒有的人了解保育的重要，是沒有用的。這些人在所住的社區被流彈打死的機會，遠大過死於融冰的機會。但是，如果無法讓下層社會一同加入綠色運動，那麼這場運動的強大潛力就無法被實現。因此瓊斯表示，得用不同方法面對比較弱勢的社區。「那些氣候變遷運動的領導人走進一扇門後，就要所有人也從那扇門擠進去，這個方式不會有用。如果想要進行一場更具廣大影響力的環保運動，就得打開更多不同的門。」

什麼是最重要的問題？瓊斯在一場專訪中告訴我：「如何透過綠色經濟，將工作、財富與健康帶給缺乏這些東西的社區？如何協助最需要工作的人找到理想的工作？如果我們做得對，就可以同時擊敗汙染與貧窮。」

我們真的能用「更綠一籌」同時擊退貧窮與汙染嗎？瓊斯態度堅定，充滿信心，並且正試圖在美國某些最貧窮的社區證明這一點。這位三十九歲的耶魯大學法學院畢業生所散發的強大熱情，足以點亮好幾棟建築。他在奧克蘭創立艾拉貝克人權中心（Ella Baker Center for Human Rights），幫助青少年脫離監獄、找到工作。2008年，他投入「為一切而綠」（Green for All）這個新成立的全國性組織，致力於建立具包容性的綠色經濟，其中一

個重點，是為貧窮年輕人創造「綠領」工作。

世界又熱、又平、又擠，而當這些趨勢愈來愈嚴重時，地方政府就會要求建築物更節能，這也會衍生出更多的房屋改裝工作，像是增加太陽能板、隔熱材料及其他對抗氣候變遷的材料，而這些工作無法外包。

瓊斯說：「你不能把一棟想改造的建築物用船運到中國，做完後再送回來。所以我們需要國內勞力來做這些工作：加強數百萬棟房子對抗氣候變遷的能力，加裝太陽能板，建立風力發電廠。這些綠領工作可以讓沒上過大學的人脫離貧窮。我們可以告訴那些不滿的年輕人，你能賺更多錢，只要你放下手槍，拿起矽膠槍。」瓊斯補充說明：「要記得，美國有很大比例的黑人社區，在經濟上是困頓的。可以讓人往上爬的藍領製造業工作愈來愈少，出現的替代性工作全都要求更高的技術。所以這一整個世代的年輕黑人，在經濟上是處於自由落體狀態。」因此一旦這些綠領工作被創造出來，對某些人會很有幫助。

為了這個目的，瓊斯協助一個名為「奧克蘭阿波羅聯盟」（Oakland Apollo Alliance）的組織成立，這個組織結合起勞工聯盟、環保組織及社區團體。2007年，它協助從市政府募得25萬美元，創立「奧克蘭綠色工作團」（Oakland Green Jobs Corps）。這個由工會支持的訓練計畫，旨在教導奧克蘭年輕人如何裝設太陽能板，並為建築加上對抗氣候變遷的功能。這是「為一切而綠」（greenforall.org）的開端，在包括「永續南布朗斯區」（Sustainable South Bronx）的卡特（Majora Carter）等環保人士的支持下，瓊斯用這個計畫說服美國國會在2007年通過綠色工作法

案（Green Jobs Act），該法案授權聯邦政府每年撥出1.25億美元，成立能源效率及再生能源工作者訓練計畫，讓這些工作者可以為投入各種節能產業的工作做準備（不過，美國國會至今還沒撥出這筆錢）。

瓊斯說：「職業訓練最大的問題是，只是發證照給受訓者，而不管他們有沒有工作。所以受訓者時常發生從某個學校或機構拿到證照卻找不到工作的情況。」綠色工作計畫的優點是，當建築法令改變，環保科技也讓改裝房子變得很簡單時，毫無疑問的，綠領工作會在那裡等著任何受過相關訓練的人。這項計畫如果可以施行，便能像其他形式的「更綠一籌」策略，讓你買一送四。

如果有愈來愈多的租稅誘因鼓勵人們改裝房子，讓住宅在能源使用上更有效率，並善用太陽能科技，貧困者就更願意待在房子裡，他們的社區也會變得更安全。

瓊斯提到：「有一群經濟困頓的人，他們雖然有自己的房子，但大多年紀老邁，靠固定收入維生。能源價格不斷攀升對他們的影響很大。」他補充，如果政府實施一個計畫，派專人檢查這些房子消耗能源的狀況，然後為房子安裝隔熱及耐候的材料，還有太陽能板等，就可以為弱勢年輕人創造工作機會，減輕低收入家庭的能源負擔，為經濟上最脆弱的一群家庭增加價值。對許多弱勢者來說，在燃料價格不斷上升時為房子進行綠化節能，也許是可以保住房子的唯一方法。而這些擁有房屋的人，在任何社區都是最安定的支柱。

「讓他們不用擔心房子使用的能源，孩子也有工作，這樣社區就能安定，還會有更乾淨的空氣。」瓊斯說：「這個方

法，能在同一時間內將社會與生態問題一併解決，讓老祖母和北極熊都待在家裡。」

這是一個即將起飛的產業，瓊斯強調：「如果我們現在把這些年輕人帶進太陽能產業的第一線，他們一開始是工人，五年內會成為經理，十年內成為老闆，接著成為發明者。這行的入門門檻很低，升遷的機會卻很高。如果你先綠化貧民區，花個7,000美元訓練小混混，教他生活技能，總比花50萬美元將他關到監獄裡來得好。省一瓦、救一命，這兩者道理相通。因為，在綠色經濟中，你不必算花了多少，只要算省了多少。」

瓊斯提到，這個計畫是受了某件事的刺激。2006年，一些大型石油公司為了對抗「第87號提案」（Proposition 87），在黑人經營的加州報紙上買下廣告，以不斷升高的汽油價格來嚇唬黑人，以換取他們的選票。第87號提案的內容是，對在加州鑽油的石油公司課稅，以稅收來發展替代能源。瓊斯說：「製造汙染的人可以嚇唬貧窮者加入他們的陣營，而我不想看到任何一位全國有色人種民權促進協會（NAACP）的領導者，在環保議題上站錯邊。」很多製造嚴重汙染的工廠、發電廠及有毒物質廢棄場都位於貧窮地區。這並不讓人意外，因為這些地區的人民欠缺足夠能力，來捍衛自己免於受到汙然的權利。

我在瓊斯的論點中，發現一個與本書核心相關的重點。過去的想法是，當你愈綠，你就愈偏離一般美國人的生活方式。因為人們經常將綠色和瑜珈墊、勃肯涼鞋、豆腐及個人生活風格的選擇相提並論。但是，當你用瓊斯的方式重新定義綠色，就會更接近一般美國人生活中所關心的事物。

瓊斯說：「在真正的綠色經濟裡，不會有可丟棄的資源，

也沒有可丟棄的物種、可丟棄的社區及可丟棄的孩子……我還沒遇過一個不支持這個方法的白人，只要他們認為可行。綠色更將再次連結起各色人種，因為對於未來滿懷的希望，鼓舞著每一個人。」

美國上一次有人說「我有個夢想」，那是一個與所有人息息相關的夢想。瓊斯說：「現在這也是一個關於所有人和我們所居住星球的夢想，我們必須把這兩者連結在一起，伴隨而來的道德力量將會讓我們夢想成真。」

所以無論如何，即使「更綠一籌」尚未成為一個通用名詞，我還是希望它很快就出現在每一種語言裡。這不是一場零和競賽，我可以在某個領域用「更綠一籌」勝過你的公司、國家或社區，而你卻在另一個領域比我更綠一籌。我今天比你更綠一籌，明天你能扳回一城，而且，我們都會比以前更好。不管是誰更綠一籌並持續保持，都會過得更好、更長久，因為最好的員工會說：「那是我想工作的公司。」最好的學生會說：「那是我想就讀的學校。」最全球化的人會說：「那是我想要追隨的國家。」

印度和中國也許可以用比較廉價的勞力搶走美國人一些工作，但那只是暫時性優勢；然而，如果它們能比美國「更綠一籌」，那麼將會取得長期性優勢。在這個能源氣候年代裡，如果一個國家不能在綠色能源的概念、設計、製造、應用乃至政策激勵等面向上位居領導地位，那麼就無法成為世界的領導者。

第四部

綠色新未來

17

紅色中國能否
成為綠色中國？

中國有全球五分之一人口，是世界最大的碳排放國，

也是僅次於美國的世界第二大石油進口國。

如果中國不能變成綠色中國，

它所排放的汙染將抵消其他人為拯救地球所做的事。

中國好，地球就會好。

如此，才能拯救中國，也才能拯救全世界。

我從1990年起就定期訪問中國，多年來，讓我印象最深刻的是：中國人說起話來好像愈來愈自在，呼吸卻愈來愈困難。

是的，現在你可以和中國的官員、記者進行意想不到的坦率交談。不過，2006年11月我訪問上海時，有天走出飯店準備採訪，卻發現天空灰濛濛一片，好像農作收成後的焚田所造成的景象。一時間，我還以為飯店著火了。

三十年來，中國的經濟每年以約10%的幅度成長，這樣的成長率是建立在廉價勞工以及對河流和空氣汙染的忽視。多年來，每當被問到汙染問題，中國的官員和企業領袖都會說，只要中國變得富有，有能力處理時自然會處理。我卻認為，在這個能源氣候年代，唯有先清理汙染，中國才會變得富有。除非紅色中國變成綠色中國，否則共產黨領導者便無法按照承諾，帶給中國人民較高的生活水準。

中國沒有本錢走西方走過的路：先成長，後清理。我知道許多中國人認為不公平，因此有人認定，全球暖化是西方搞出來的「陰謀」，目的是減緩中國的發展。確實不公平，想想看，早在中國工業巨龍開始吞雲吐霧前，西方工業化國家就已隨意排放出多少二氧化碳，並將最髒的製造業輸出到中國。但大地之母才不管公不公平，她只知道科學和數學定理：如果中國現在想要先成長、後清理，以這種前所未有的發展速度和規模，將會帶來一場環境大災難。

為什麼是災難？答案就在數字裡：中國有全球五分之一的人口，是世界最大的碳排放國，還是僅次於美國的第二大石油進口國；而且根據《泰唔士報》的報導（2008年1月28日），它

已是世界最大的鎳、銅、鋁、鋼、煤和鐵礦石進口國。木材的進口量當然也在上升。

「中國好，地球就會好」，這麼說並不誇張。如果中國能平穩順利的過渡到使用綠色能源，以及一個有效運用能源、資源的經濟模式，我們這個星球就有機會大幅改善氣候變遷、能源匱乏、產油國獨裁及生物多樣性消失等現象。如果中國做不到，它所排放的汙染和持續升高的物欲，將抵消其他人為拯救地球所做的努力，能源氣候年代的走向也將無法控制。因此對我來說，這本書真正攸關大局的問題有兩個：第一、美國真的可以領導一場真正的綠色革命嗎？第二、中國真的會跟進嗎？至於其他的，只是注腳⋯⋯

綠色GDP與每個中國人的命運息息相關

鄧小平在談到中國經濟時，曾說過這樣的名言：「不管是黑貓、白貓，只要會抓老鼠的，都是好貓。」換句話說，就是得忘掉共產主義的意識型態，把重點放在中國的成長上。不過，情況已經不同。現在，如果那隻貓不是綠的，不論是牠或老鼠，還是我們任何一個人，都無法成功。

中國的表現如何？我聽過的最佳答案來自資深的亞洲觀察家昌達（Nayan Chanda），他曾任《遠東經濟評論》（*Far Eastern Economic Review*）總編輯，現為「耶魯全球」（YaleGlobal Online）網路雜誌主編。當我問他中國在能源及環境上的表現時，他不假思索的說：「去租一部《捍衛戰警》（*Speed*）來看就知道了。」

《捍衛戰警》是1994年的驚悚片，由基努李維、丹尼斯霍

柏及珊卓布拉克主演。李維飾演洛杉磯警局霹靂小組的警員傑克，試圖解除勒索者安裝在公車上的炸彈。這個任務非常艱難，因為只要公車行駛的速度低於每小時50英里就會引爆炸彈。因此傑克和布拉克飾演的乘客安妮，必須讓公車在市區裡橫衝直撞，好維持每小時50英里以上的速度，以免公車爆炸。昌達說：「中國就是那輛橫衝直撞的公車。」

「中國必須有8%的年成長率，否則就會爆炸，」他補充說明，「因為有許多的失業、不滿和人口爆炸。」中國共產黨對中國人民有一個隱而未宣的統治約定，從毛澤東時代結束後就很清楚。這個政治約定就像是說：「我們正用國內生產毛額（GDP）主義替代共產主義。我們負責管理，你們享受繁榮；只要你們接受統治，我們保證生活愈來愈好。」所以，如果沒有持續成長的GDP，沒有那部每小時跑50英里的中國公車，統治約定就會被打破。

但我從這二十年來經常拜訪中國的經驗得知，即使這個統治約定還在，機靈的中國領導人也已經理解到，若是世界又熱、又平、又擠，中國將無法繼續維持這個統治約定太久，除非在旁邊加上一條注解：「這個統治約定受到中國將施加給自己的限制。中國的經濟成長以煤為主要動力，如果不加節制，它對環境、能源及生物多樣性的影響，將會害死中國，造成無可彌補的環境汙染，削弱中國的經濟，並與世界其他國家漸行漸遠。如果其他國家，特別是美國，在接下來幾年實施某種形式的碳稅，或者大自然對人類進行更嚴厲的懲罰，中國就必須擺脫便宜的汙染性燃料，否則它出口的貨物將受抵制。因此，中國已先預留一個說法：為了讓經濟變得更環保，他們有減緩

發展速度的權利。」

中國領導人也許沒有用這麼多話，來對他們自己或人民詳細說明這條注解，但就是這個邏輯，將帶他們前往想去的、且已經出發前往的地方。當你統整所有狀況後，就無法不做出以下結論，那就是中國領導人正在進行一項全世界沒人嘗試過、最大膽的政治冒險。如昌達所言：「中國領導人試圖將那部公車裡的引擎，從耗油的汙染型換成能源效率超高的混合動力型，而且換引擎的同時，公車仍要以每小時50英里的速度前進。」

這可能會是地球上最盛大的一場演出。

在中國展開的戲劇化轉變，如此動人，因為三十年前用GDP主義來代替共產主義的同一個共產黨，現在正試圖用「綠色GDP主義」代替原來的GDP主義。而且這場演出最吸引人的地方是，中國領導人在反覆嘗試錯誤後，還決定如何著手進行。公車司機已經掉頭，並告訴乘客，車子需要更換引擎，但沒有確切說明將怎麼做，就開始讓某些乘客跳進引擎洞裡幫忙修補。因為中國領導人已經了解，更換引擎的工作不能只有他們在做。

最初，當大量增加的汙染在1990年代成為一個議題時，中國領導人試著用文化大革命和大躍進時期的模式來推動綠色GDP主義：從上而下發號施令。但沒有用。以「不計代價成長」為核心的GDP主義，動力太大了。所以，現在他們嘗試一個既是由上而下、又是由下往上的方法，包括允許中國媒體報導製造汙染的違法者、通過進步的能源效率法、鼓勵對綠色能源及科技的研究投資，並賦與中國公民社會部分法律工具，

好將違法者移送法辦。

我還不會稱它是一套系統，因為實際狀況，經常是進一步、退兩步。有時候，同一個地方的領導人或商人，早上表現得像個純粹的GDP主義者，下午就變成綠色GDP主義者。在真實生活中，特別是在過渡的社會裡，人們經常有多重身分。不過改變還是在發生，看起來像是中國的一種策略：從汙染的資本主義轉換到相對環保的資本主義，而且公車不需減速太多。

「我們傾向用宏觀的系統模式來思考，但實際上，中國從共產主義的中央計畫制度，轉移到資本家市場的社會，這個過程並沒有任何宏觀的計畫。」麻省理工學院的中國專家史坦非爾德（Edward S. Steinfeld）說，他是《在中國鍛造改革：國有企業的命運》（*Forging Reform in China: The Fate of State-Owned Industry*）一書作者，「這個過程是用漸進的、非系統的方式完成，相同的狀況似乎也發生在環保上。某些領導階層意識到經濟發展所付出的可怕成本，但他們沒有伸手關掉開關，而是將權力賦與社會中某些勢力和媒體，讓他們做些事情。如此一來，相互競爭的主張和動力便形成方向一致的漩渦。」

中國的這個策略引發幾個基本問題，也是本章焦點所在：是什麼原因，讓中國領導人從GDP主義轉移到綠色GDP主義？他們的速度夠快嗎？美國能在支援中國的「綠色大躍進」過程中扮演什麼角色？也許最重要的問題是，藉著給中國百姓更多權力保護他們的呼吸自由，中國領導人能釋放出讓人民擁有更大言論自由的政治力量嗎？這個環保行動，會成為中國第一個大型民主運動嗎？

亞洲觀察家昌達拋出問題：「一場賦與人民權利呼吸、飲用乾淨水，及夜晚能望見星空的運動，最後是否會變成追求言論權利的運動？因為這兩者，少了另一方都無法成立？」他又追問：「是否一場為吸氣權而發起的戰爭，最後會變成爭取更多的吐氣權？」

關於這個問題，大多數中國專家會說，答案是否定的。但當我們看到中國為了徹底處理汙染問題所必須採取的行動範圍和規模，就可以深刻理解到，中國最終會做出比現在任何人所能意識到更大的政治變革。

中國必須面對的真相

什麼原因讓中國領導人轉向綠色GDP主義？也許，只要往窗外看就夠了。他們不太可能沒發現問題，即使是坐在一輛有深色玻璃的車子裡。

一位住在北京的美國朋友告訴我，他每天早上起床都會做空氣品質檢測，就像許多北京人所做的：他從位於二十四樓的房子往外看，試試能看多遠。在空氣難得純淨、當風已將北京吹乾淨時，他能看見西北方的香山。在一個汙染狀況算是「好的」日子裡，他能看見四個街區外的中國國際貿易中心。而當空氣惡劣時，他連隔壁的大樓都看不見。在這種日子裡，北京是被一層汙染物包圍，汙染源則是每天以1,000輛速度增加的新車和原有的300萬輛汽車，以及從燃煤電廠和工廠，還有建築工地、沙漠和全速運轉水泥廠飛過來的灰塵。雖然這麼要求可能太過分，但中國本應從美國的錯誤中吸取教訓，完全略

過汽車，直接採用世界最好的大眾運輸系統。因為正在增加的中國中產階級所需的汽車燃料，將會是個經濟無底洞和環保噩夢。

中國的汙染問題在近幾年達到關鍵程度，不僅無法逃避，中國領導人也知道，如果不採取任何行動，未來發展趨勢令人擔憂。中國環境保護部副部長潘岳接受德國《明鏡週刊》（*Der Spiegel*）訪問時（2005年3月7日），有一席廣為人知的坦率談話：

> 許多因素全匯集在一起：我們的原物料不足，也沒有足夠的土地，人口還一直在成長。目前，中國有13億人口，是五十年前的兩倍；預計到2020年，將成長到15億。城市在成長，但沙漠地區同時也在擴大，可居住和可用的土地在過去五十年間減半……環境再也跟不上。有三分之一的土地降過酸雨；七大河流中有一半汙染嚴重，無法使用；四分之一的人民無法取得乾淨的飲用水。有三分之一的城市居民呼吸汙染的空氣，經過永續環保處理的城市垃圾不到20%。全球汙染最嚴重的十大都市，就有五個在中國……因為空氣和水質受到汙染，我們損失了8%到15%的GDP，人民所付出的健康代價更是無法估算。以北京來說，就有70%到80%的致命癌症與環境有關。肺癌已成為第一死因。

中國的環境問題，沒有任何其他國家政府可以忽略。以美國來說，根據美國環保署的報告，在某些日子裡，洛杉磯上空的汙染物質有25%源自中國。

中國最著名的照片之一，是毛澤東在長江游泳的畫面。但

誠如羅倫茨（Andreas Lorenz）在《明鏡週刊》（2005年11月28日），針對中國許多河流和湖泊已受汙染的狀況所言：「毛澤東1966年在長江的傳奇性游泳，現在將不再被視為力量的象徵，而是有自殺的意圖。」

除了環境品質惡化的趨勢外，中國領導人也警覺到近年來能源使用的暴增。正如勞倫斯柏克萊國家實驗室的專家團隊所說的，在1980到2000年間，中國的GDP增加了四倍，但整體能源消耗卻只增加兩倍，這反映出良好的能源和資源使用效率，還有政府的嚴格管控。

然而自從2001年後，北京的新領導階層放鬆貨幣政策，中國加入世界貿易組織，更戲劇化的增加外國對中國的投資，特別是在製造業上。在這個過程中，中國在能源效率上跌了一跤，讓領導人感到驚恐。2001到2005年間，中國在能源使用上的成長速度，超過它的GDP成長，2005年更是增加40%，因為中國人同時間投入大規模、能源密集式的基礎建設，還接收西方正在淘汰、會造成汙染的工業，並開始過著更舒適，有空調、電視、電腦和更大空間的公寓生活。

然後，中國領導人終於意識到氣候變遷問題的嚴峻。在過去兩年間，中國領導人像世界其他地方的領導人一樣，開始意識到，氣候變遷不僅是真的，還比任何人的預期都快，以潛藏災難的方式在改變中國的氣候。《北京周報》的報導中提到：「2007年，中國全年的平均氣溫是攝氏10.3度，這是1951年有氣象觀測紀錄以來最暖和的一年。這個創紀錄的高溫，也是第十一年延續該年平均氣溫高於正常年度氣溫的紀錄。同時，它也比2006年所創下的第二高溫（攝氏9.9度），還高出許多。」

（2008年1月4日）

2006年12月，中國政府發布第一個關於氣候變遷的官方報告，報告指出，國家西北部的冰河從1950年代起已減少21%，且國內所有主要河流的流域都在過去五十年間縮小。科技部指出：「全球氣候變遷，影響到國家更進一步發展的能力。」它是參與這份報告的十二個政府部門之一。

科技部全球環境辦公室副主任呂學都向新華社表示（2007年10月4日）：「氣候變化近年來已經在中國造成一些不良影響，我們應當立即採取行動減緩氣候變化，不能持等待觀望的態度。」中國政府在2007年6月4日公布的「中國應對氣候變化國家方案」裡，保證改變經濟的結構、提倡綠色能源科技，並改善能源效率。中國是世界上最大的煤生產者和消費者，龐大的能源需求中有80%由燃煤火力發電廠提供；每兩週，它大約增加約10億瓦的燃煤發電量。

呂學都還告訴新華社，如果氣候變遷仍未受到控制，中國主要的農作物產量包括小麥、米和玉米，會在本世紀後半減少37%。「全球暖化將降低河流水位，並導致更多的乾旱和洪水。中國西部的給水將在2010到2030年間短缺達200億立方公尺。」氣候變遷也對像青康藏高原這樣的生態脆弱地區構成嚴重威脅，如同新華社在報導中提到的，「那裡可是中國的水塔。」水量減少不僅不利農業，也將顯著減少水力發電量，使中國更為倚賴煤。

在「綠化」的路上，幾股趨勢正在相互拉鋸

認識問題所在及其急迫性，對中國領導人來說，只是這場戰爭的前半段。要帶動整個系統做出回應：從城市、各省到中央政府，從國營企業到民營企業，又是另一回事。

2007年9月我訪問北京。每次進入中國官員的辦公室，我都必須鬆開領帶大喊：「這裡是稍微熱了點，還是只有我覺得？」結果，他們告訴我，不是只有我這麼覺得。原來，2007年6月中國國務院下令，所有的政府機關、公司和公共大樓，不得將空調系統的溫度設定在攝氏26度以下。因為光是空調，就占中國夏季用電的三分之一。只要進入公家機關的辦公室，確實可以感受到這個政策造成的差異。

幾天後，我讀到《上海日報》的一則報導，報導中提到市政府派員查訪政策的實施成效，結果發現「有超過一半的公共建築沒有遵守節能的規定，也就是將空調溫度設定在攝氏26度」。這則報導概括中國現在的好消息、壞消息和有趣的消息。好消息是，中國政府已經決定介入並接管公共大樓的空調，那表示他們的態度變得嚴肅。壞消息是，北京以外的省和市，甚至在北京，很多地方官員不怕違背國務院的環保命令。誠如中國的一句諺語所說：「天高皇帝遠」。

有趣的消息是，有人下令要國營的《上海日報》揭露是哪些公共大樓和官員忽視這項命令。我不確信這種事情在五年前是否可能發生。而且，真正有趣的是，也許根本沒人命令《上海日報》寫這則報導。反之，可能是一群具冒險精神的記者嗅出，他們可以在政治的掩護下，透過新聞報導造成社會改變，

於是便這麼做了。這就是新中國。

在許多方面，中國現在有三種趨勢在相互對抗：一是了解問題所在、並採取嚴肅措施的領導群；二是一個又大又分散的系統，它成長的動力太大，以致於要減速極其困難（就算對獨裁政權而言也是如此）；三是為了獲得公民社會及媒體支持，與環保站在同一陣線，而踏出的試驗性第一步。哪一股趨勢將勝出，目前看來還不明朗。

的確，原先中國由上而下為了「綠化」GDP所做的努力，在1970年代初期因資本主義制度的力量被釋放，而遭到巨大抵抗。受益於美國資本主義的地方政府和企業高層聯合起來，無視於北京政府的命令，有時還和高官一起共謀。

中國是一部「擋不住的成長機器」。中國專家易明和李侃如（Kenneth Lieberthal）在《哈佛商業評論》2007年6月號，發表一篇探討中國環境問題的文章，篇名為〈染黑的中國熱〉（Scorched Earth: Will Environmental Risks in China Overwhelm the Opportunities?）。他們指出，中國共產黨的合法性取決於經濟的持續增長，這表示，任何環保規章只要阻礙發展，就會傾向被忽視或沖淡。

中國的政治制度由五個層級組成：中央、省、市、縣、鎮。按照易明和李侃如的解釋，中國共產黨的層級更在這五層之上。對試圖循著體制而上的官員來說，「成功可以獲得兩種獎賞。正式的獎賞是，每年的工作表現評比，是根據轄區的GDP成長。非正式的報酬是，從GDP成長中獲取財務利益，像是可以投資主要公司、在裡頭占個職位、指派親戚擔任管理階層，或乾脆貪汙等。」這個系統已經釋放出許多官方企業

家。易、李兩人表示，如果中國共產黨要「黨如其名」，就該叫做「中國官僚資本主義黨」（China Bureaucratic Capitalist Party）。他們說：「中國共產黨各階層的領導人，都是具有企業家精神的猛虎，為了促進自己轄區的GDP成長，會不顧一切直接使用政治力量，並與當地政府及私人企業結盟。」

「這整個系統讓地方官員能夠縱容他們轄區的企業，不受環保法規約束。」易、李兩人補充說明。「官員的確經常要求轄區內的企業漠視這類法規，以便追求GDP持續成長。而為了抵消企業違反環保法規的罰款，官員會在往上呈的報告中掩蓋發生的問題，干涉當地司法，阻止法院做出不利的判決，還提供租稅減免、銀行貸款及其他財務援助。」

北京在2005和2006年推動一項綠色GDP計畫，將環保表現納入評斷官員的標準，並將環境損害納入GDP淨成長率的計算。但由於上述原因，這個計畫未產生任何影響。此外，也因為很難達成一致的計算與衡量標準，而且地方官員有所抗拒，這個計畫只能提早夭折，一些早期的目標也是同樣下場。中國從2001年開始的「十五計畫」，原先希望減少空氣中10%的二氧化硫量，但當計畫在2005年結束時，卻增加了27%。

北京政府在節能政策上的積極行為

「十五計畫」是中國領導人跨入綠色政策的第一個嚴肅嘗試，他們顯然從中學到，把中國從共產主義帶向資本主義，實際上比從汙染的資本主義進入潔淨的資本主義還容易。從共產主義步入由國家領導的資本主義，絕不容易，因為事關解放

一群人，而這群人渴望成為開創企業、無所拘束的資本家。此外，也必須釋放出中國文化長久被壓抑的部分。結果是，釋放出的能量隨處可見。

但是，要從汙染的GDP主義轉移到綠色GDP主義，事關限制及改變能源的使用方向。要有效達成目標，需要一個某種程度司法獨立的系統，這樣法院才能懲處國有的工廠和電廠。此外，也需要更自由的媒體，能不受限制的報導製造汙染的來源，即使是國有企業也不放過。還需要更透明的法規，這樣從事公民運動的人才知道他們的權利，並能自在的面對製造汙染的違法者，不論對方有多強大。更重要的是，它需要的成長是建立在永續能源的生產力上，而非汙染性能源。

雖然中國領導人低估了要把巴士上那顆全速運轉的骯髒引擎換成混合動力引擎的難度，但有趣的是，他們沒有放棄。2007和2008年有許多跡象顯示，他們實際上已經決定將投入綠化節能的賭注加倍，那將使二十一世紀初期的中國政治非常有趣。

中國領導人了解，如果不處理環境能源氣候問題，汙染的空氣和趨緩的經濟發展將破壞政權的穩定和合法性。因此，尋找一條綠化節能的路，成為一種必須履行的責任，而非一種選項。或者可以說，它是個生存策略。由此看來，在這能源氣候年代，中國領導人已和許多其他國家領導人一樣，將其權力的合法性基礎，從保衛已是既定事實的國境，轉移到提供人民更高生活水準的能力，並讓國家免於遭受環境品質惡化和氣候變遷的破壞。

因此，我們可以從中國的「十一五計畫」（2006至2010年）

看到，北京政府一方面由上而下推動更廣泛的環保法律，另一方面則更加開放，好讓下層可以促成更多變化，像是不定期給予人民和報社更多權力來揭露環保犯罪，並對想繼續利用便宜煤炭運作老舊系統的地方官員和工廠施加壓力。再者，中國領導人還促使官僚體系和私部門追求綠色能源及能源效率所潛藏的巨大經濟機會，告訴他們：「綠色是光榮的。」

　　中國的「十一五計畫」將降低能源密集度（每單位GDP的能源消耗量）訂為目標，預定在2010年降到比2005年低20%的水準。如此一來，估計將減少約15億公噸的二氧化碳，是歐洲國家根據〈京都議定書〉所承諾的五倍。負責監督能源計畫的中國國家發展改革委員會，已經將預定達成的目標分配給各省及產業部門。這次，領導階層更明白表示，能否達成目標將成為考核政府官員的標準之一。這讓計畫的施行更具威力，因為個人也必須負責達成目標。儘管如此，在2006和2007年，中國並未達成減少4%的年度目標。在看到任何一位主要的政府官員或產業經理，因為雖然實現GDP目標、卻未達成節能目標而被革職前，我都會對這個計畫採取保留態度。不過，至少就紙上作業而言，這是中國從未有過的嚴肅措施。

　　不幸的是，中國領導人今天面臨的挑戰也更嚴峻。光是城市化的規模和範圍就令人咋舌：到2020年，城市人口增加的幅度預計多42%到60%，相當於增加數千萬新居民和數百座衛星城市。這個數據來自中國能源研究組織「中國可持續能源項目」副主任林江2008年5月的一份報告：「伴隨著都市人口成長，對能源密集材料的需求也將大增，新大樓、道路、電廠和工廠，都要用這些材料來建造。」他並提到，這是「人類史上

最大的遷移」。

以不同的電費計算方式，刺激企業節能

為了賦與政府部門更多力量，2008年3月，中國政治局也將過去給人無牙老虎印象的國家環保總局，升級為牙齒銳利、功能更完整的「國家環保部」，並提供他們更多的人員和預算。

「中國在過去僅僅兩年就實行幾個世界級的政策，現在還在籌畫更多。在某些領域，他們實際上還領先美國。」莫斯柯維茲（David Moskovitz）說。他是美國非營利研究團體管理協助計畫（Regulatory Assistance Project）的主任暨合夥創始人，該組織在許多國家推動環保議題，包括中國。

2006年1月1日，中國制訂一個全國性的再生能源命令，要求各省開發並使用再生能源。它的內容相當於2007年美國國會所拒絕的法案。中國的目標是讓再生能源，特別是風力、水力發電和生質能，在2020年達到總能源生產量的16%，目前是7%。中國也對國內汽車採行世界級的油耗標準。

莫斯柯維茲指出，2007年10月，中國也對發電廠實行新規定，要求發電廠不能先使用煤之類的最便宜燃料，而是要使用最環保的燃料，如天然氣、太陽能或風力等，只要這些能源是可獲得的。莫斯柯維茲說：「這推動綠色能源的需求，並對發電廠的排放物有立即的影響。如果美國也採用這套方法，將會產生巨大影響。」為了淘汰汙染和能源密集的產業，中國也設立一套差價制度。國營電力公司據此，對能源使用效率最

差的業者收取較高的電費，對有效率的業者則降低費用作為獎勵，並強迫最沒效率的業者改變或關門。

「所以，最有效率的鋼鐵廠將以兩種方式勝出：既降低使用能源，又降低能源價格。最沒有效率的鋼鐵廠則以兩種原因落敗：使用較多的能源，並因能源較貴，負擔較高的成本。」莫斯柯維茲說。「反觀美國，連要電力公司考慮看看這麼做的可能性，都沒辦法。」中國預計在2010年前關掉效率最差的小電廠，這些發電廠的發電量約500億瓦（或占中國總發電量的8%），目前已開始進行。當美國的能源法案還是遊說的總和，極少有長期的戰略思考時，中國已經從2006年開始草擬一項涵蓋範圍廣泛的國家能源法，為國家提供長期的策略。領導人並尋求專家意見，以求正確無誤，而非從上頒布施行。

在綠化節能上，中國仍然有漫長的路要走，就算只是想接近美國的狀況，也還有一段距離。因為它的能源消耗正以每年約15%的比率增長，而美國的能源消耗成長率，卻只有1%到2%。莫斯柯維茲說：「沒有效率的中國正迅速變得更有效率。隨著經濟發展，許多新工廠成立，平均效率水準正在改進。」

讓人民成為節能的監督者

中國領導人愈是致力於推動綠色發展，就愈會把他們的信用賭在這個目標上。因此我們想知道，中國領導人能否在不給予公民社會權力，讓它成為節能的監督者，並支撐這些由上而下頒發的規定，使目標得以實現。中國領導者要對抗官僚體系

及私部門裡的GDP主義者，人民是唯一的盟友。我正在密切追蹤這股動力。

歷史上，環保運動在民主社會裡是從由下而上的草根運動起家，通常需要社會已經達到某種程度的經濟成長，並發展出一群關心這些議題的龐大安定中產階級。許多國家（包括中國和美國）都有很好的環境法規，但如果沒有公民社會來監控法律被遵守的狀況，並對試圖規避或不遵守的地方政府或公司提起訴訟，環保法規終究只是中看不中用。

2007年9月我從中國返回美國後，在舊金山山巒協會的年度會議上，得到這方面的啟發。我是去領取一項新聞獎，當晚獲獎的有24個人。隨著頒獎過程的進行，我一直想到中國的狀況。山巒協會當晚頒發的獎項，幾乎都是給地方公民、山巒協會分會或民意代表，他們都憑一己之力，透過美國的法院或管理機構，揭發及阻止傷害環境的破壞行為。讓我吃驚的是，這些領取獎狀的人只是非常關心環境的平凡小市民，卻靠自由言論、集會和訴願等權利槓上大公司或地方政府，最後還贏得勝利！代表加州第一國會選區的國會議員湯普森（Mike Thompson）贏得山巒協會的韋伯恩獎（Edgar Wayburn Award），因為他在2006年協助立法，讓北加州一塊431平方英里的原野受到保護。特別成就獎則頒給山巒協會伊利諾州分會，以表揚他們領導一場全國性活動，促使規範汞汙染的規定得以通過。史塔爾獎（Walter A. Starr Award）頒給南卡羅來納州瓦哈拉（Walhalla）的史奈德（Ted Snyder），因為他花了35年以上的時間對抗一項公路興建計畫。這條37英里長的公路，預定穿越大煙山國家公園（Smoky Mountains National Park），將公園東邊一塊最大的無道路

山地切成兩半。道格拉斯獎（William O. Douglas Award）則頒給明尼亞波利斯的鄧肯（Richard Duncan），因為他幫山巒協會處理為了保護邊界水域（Boundary Waters）而提起的訴訟。

我確信中國領導人正慢慢了解，既然已經將自己的名譽賭在更節能的經濟上，也必須建立類似的模式，讓人民來監督。他們或許不會這麼做，但我不認為他們能做到綠色節能，除非逐漸引進一點2004年烏克蘭橘色革命的橘色，放寬對公民社會的壓制。

國際特殊奧會主席施萊佛（Tim Shriver）曾告訴我，由中國對待殘障人士的方式，就可以推想它會如何對待自然環境。他說：「我想問的是，中國是否理解到一個現象，那就是許多人都認為『參與的公民』，是美國對社會和政治生活最獨特、也最重大的貢獻。那是美國最少被注意到、卻最有價值的輸出。參與的公民互相幫助，因為共同相信的議題而組織起來，並要求官員為行動負責。他們可說是自由媒體的經濟引擎……因此，全球化所引發的問題，及中國逐漸增加的政、經整合，不僅事關領導高層允許多大程度的政治異議、能打擊國內貪腐到什麼程度，以及操控人民幣的程度，也關係到他們能否理解並允許一個關鍵前提，那就是：能夠自我組織的公民，因為最好的政策執行者是參與的公民。一項改變社會的法律最後得到落實的唯一理由，是公民直接參與並造成改變，單靠政府是不行的。而這些社會改造運動能否成功，必須建立在一個共同的基礎，那就是公民要真的在乎，否則政府通過法律後就會束之高閣，大家也都回家就算了。」

中國媒體上確實有跡象顯示，一般公民不但想在環保前線

上被授與權利，事實上他們也這麼要求，但國家卻遲而未決。但當更多中國公民獲得讓世界變平的工具，像是行動電話、網際網路及PDA等，他們的聲音就更能被世界聽見。以下這則故事，只是我在寫作本書的數月間所接觸到的中國環保故事之一，從其中可以看出那裡正在發生的事：

居民週末走上省會街頭，抗議由中國主要國有石油公司所支持、耗資數十億美元興建的石油化工廠案。這場抗議，是中國主要城市的人民對環境威脅表現出大規模不滿的最新實例。他們抗議的對象，是中國石油預計在四川省會成都興建的一間耗資55億美元的乙烯廠，這反映出中國都市中產階級高漲的環境意識，他們決心捍衛自己的健康和財產。去年的一場類似抗議，是針對一間台灣人在廈門投資的石化廠，結果讓該項工程懸而未決。在成都發生的這場抗議很平和，是透過網站、部落格和手機簡訊組織起來的，這顯示一些中國人開始用數位科技從事平常會被警察禁止的公民運動。活動組織者也利用簡訊，向全國宣傳訴求。抗議者在星期天下午平靜的走過成都的商業區，歷時幾個小時，部分抗議者戴上白色面罩喚起汙染的危險。現場目擊者說，約有400到500名民眾參與這場遊行。因為集會抗議需要先申請法律許可，所以遊行組織者表示，他們只是在散步。」（《紐約時報》，2008年5月6日）

國營媒體星期一的報導指出，中國兩條主要河流沿線的汙染者，不顧過去十年來整治清理河流的努力，讓大部分的水變得不宜接觸，更遑論是飲用，更讓六分之一的人口受到威脅。

人大代表被告知，設於流經華中和華東的淮河及其支流的檢查站，有一半顯示出「五級」或更糟的汙染程度，達到毒素量表上的最高級，這表示水質不適合人類接觸，甚至無法用來灌溉。多年來的取締和廢水處理投資，已經控制住一些對淮河和遼河的最嚴重損害，但工業汙染還是太嚴重。《中國日報》報導，全國人大環境與資源保護委員會主任委員毛如柏，在星期日發表的一份報告上說，這些河流「對國家13億人口中的六分之一，造成用水上的威脅」。（路透社，2007年8月27日）

中國已經下令各省要在今年內，以獲得大量補助的節能燈泡替代5,000萬個傳統白熾燈泡。這是財政部與國家發展改革委員會在一月啟動的某個活動的一部分，目標是在接下來五年裡，將節能燈泡的數目增加到1.5億只。有數個省份被指定要達到200或300萬只燈泡的目標，北京的配額是200萬只。目前，中國生產全球至少80%的節能燈泡，2006年的產量是24億只，1997年時才不過2億只。如果中國全部的白熾燈泡都換成較省電的小型螢光燈泡，每年將節省600億度電，相當於省下2,200萬公噸的煤，而二氧化碳的排放量也能減少6,000萬公噸。（新華社，2008年5月14日）

在過去十五年間，有超過8萬名的記者參加過「中華環保世紀行」這個中國最大型的全國環保運動。而從1993年迄今，有超過20萬則新聞報導是在喚起對能源和環境的公共意識。這些報導曾協助檢視產生汙染的採礦業，並推動調查來保護黃河和長江。活動主題每年都在改變，2007年的重點是在降低能源消耗和汙染物的排放。「一份北京的民調發現，

60.7%的受訪者關心食品安全。另外，66.9%的受訪者覺得中國的環保問題相當嚴重。不過，儘管對汙染問題的關心有所增加，49.7%的人相信就算他們參與環保運動，也不會有什麼差別。」（新華社，2008年1月8日）

「我相信，中國正在發生獨特的社會政治變化，而這個變化是由永續發展議題所引起的。」麻省理工學院的史坦非爾德說。「我們許多人，包括我在內，傾向以完全對立的關係來看待這些變化，即公民之於國家，但它們顯然更複雜，因為牽涉到公民團體的興起、國家與公民角色間的界線變得模糊、公民的政治意識漸增，及國內政治企業家對政策參與程度的加深。著書討論中國農村抗稅抗議的歐布萊恩（Kevin O'Brien）和李良江（Liangjiang Li），在他們《中國農村的合法抵抗》（*Rightful Resistance in Rural China*）一書中，探討到這類政治變化。在書中，他們確實掌握到政府中政策企業家（policy entrepreneur）所產生的動力。這些政策企業家釋放許多以公民為重心的武器，包括法律措施、國營媒體對課稅或汙染等議題的報導等。公民有了武器後，就能以合法的中央政策和法律為名，抗議頑強的地方官員，而地方官員會再反擊。再者，優秀的行動主義者也會參與其中，包括中央階層較年輕的技術官僚、主要的學者及記者，他們都和國家與黨，也就是整個體制綁在一起，經常藉著推動進步法律的立法或直接鼓勵地方的抗議活動來介入。」

人民目睹這一切，看著新法律通過、從體制內的媒體管道獲得訊息，並經常得到體制內行動主義者的直接鼓勵，然後，他們就開始身體力行，例如，對想建造化工廠的地方政府提

起訴訟。史坦非爾德補充：「公民有時獲勝，有時則不。更可悲的是，他們有時候會被當地的暴徒痛打或被關入監獄。重點不在這套系統是公正的，而是合法或正當抗議的動力已被釋放出來……有很多原因讓人不喜歡中國發生的事情，不過，不要認為中國被困在過去、不能變化，或只願意照自己的方式改變。事實上，我對中國的變化抱持樂觀的看法。」

大連在環保節能上的成功經驗

現在，又有一個新的因素能產生作用：綠能科技產業在中國興起，而業者對推動更節能環保的法規有濃厚興趣，因為這樣，才能在中國賣出更多產品、建立力量，及運用龐大的國內市場降低成本，最後才能促成產品在全球大量銷售。中國領導人正積極推動綠能科技，因為那是可以讓GDP與綠色GDP相容的一種方法。中國在為汙染問題尋求科技上的解決之道時，也想要創造另一個外銷產業。

想要理解中國有多麼積極投入環保科技的發展，只要坐下來與大連市長夏德仁談談。夏德仁長期擔任大連市市長，很多人認識他，是因為他努力保存並擴展這個擁有六百萬人口的濱海城市的公園。大連是我最喜歡的中國城市，身為中國的軟體中心，它必須吸引知識工作者，因為這類工作者具有很高的移動性，並偏愛健康的城市。

當我在2007年9月訪問夏市長時，他告訴我的第一件事是：「我們最大的挑戰是，怎麼樣讓經濟成長、能源需求及環境達到平衡……我們愈來愈意識到，中國及世界的資源都是

有限的。例如，大連缺乏淡水，因此必須發展省水工業。其次，大連缺煤，這表示我們必須發展許多節能工業……如果想要在環境、能源及經濟發展間取得平衡，就必須發展節能和環保的產業，像是軟體業……目前中國有個循環經濟（recycling economy）的概念，也就是重複使用所有東西。但我們知道，要在短時間內落實這概念有困難，必須循序漸進。但無論如何，我們必須向前走並立即開始。我們對環保和能源消耗有嚴格的政策，例如，大連沒有煉鋼廠，因為它們帶來空氣汙染又相當耗能。我們也已經把超過一百個工廠遷到工業區內，那裡能集中處理汙染。去年，我們關閉了三十一家製造汙染的大型水泥廠。今年，我們計畫關閉十九座小型水泥廠……我們經常關注的是每單位 GDP 的能源消耗百分比，其次是降低汙染和廢棄物。」

他接著提到，大連一座新的大型會議中心使用尖端的熱幫浦環保科技，從海水回收熱能，然後用一種完全再生的方式為大樓進行冷卻和加溫。夏市長自豪的說：「我們可以省下 30% 的能源花費。」

當我問市長如何管理時間時，他說：「我在經濟上的工作，約四分之一到三分之一的時間是用在減少汙染物排放量及能源的使用。我認為自己是在發展一座有能源效率的城市……我們將環保標準設定成和已開發國家一樣，汽車排放標準也和歐洲相同，我們的空氣品質能達到歐洲國家的水準。」他補充說，大連剛剛贏得國內競爭，取得設立中國最高能源研究實驗室的資格。

我從 2000 年起就訪問過夏市長好幾次，可是之前從未和

他有過這樣的談話。我在2006年和施正榮的訪談，也是一次嶄新的經驗。當時他名列《富比士》（Forbes）雜誌的中國第七大富豪，財產總額為22億美元。猜猜他從事什麼產業。房地產？不。銀行業？不。為沃爾瑪生產？不。營造？不。他是中國太陽能電池的主要製造者，將太陽能轉變成電力。

綠色能源在中國的發展

是的，今天中國的首富之一是位綠色企業家！這樣的事應該只會在美國發生。施正榮認為潔淨電力將會是二十一世紀的成長產業，他想要確保中國和他的尚德太陽能電力公司，都會是這個產業的龍頭。年僅四十五歲、充滿活力的他告訴我，他想為太陽能做的，就像中國之前為網球鞋所做的：降低成本，好讓本來買不起的數百萬人都買得起。我到他上海辦公室訪問他時，我們都覺得有點好笑，因為雖然身處摩天大樓，但視線不良，而我們卻要談論太陽能。

施正榮1992年在澳洲取得工程博士學位後，在無錫創立尚德太陽能。如同《華爾街日報》的介紹：尚德結合「第一世界的科技和開發中國家的價格」，成效之好，讓它與日本的夏普（Sharp）、京瓷（Kyocera）及英國的BP並列世界四大太陽能電池製造商。施正榮說，他事業的關鍵在於：使用廉價的中國勞工而不是高科技機器，來製造太陽能模組並處理脆弱的矽晶片。他還得到不同省份所提供的補貼，因為地方官員都希望施正榮在他們的轄區設立工廠。施正榮表示，雖然目前他的市場約有90%是在國外，但當太陽能電池的價格降低後，也將

開啟中國市場。他期望用價格和市場規模來獲得更大的商業規模，並進一步降低電池價格，這樣他就會有真正的成本優勢，能擊敗全球競爭者。

「如果我們在中國有市場，就確信可以成為成本領導者。」施正榮說。他又表示，由於尚德的成功，「現在有一窩蜂的中國商人進入這個產業，即使這裡還沒有市場。不過，許多政府官員現在都說：這可是個產業！」

太陽能電池並不是中國唯一正在發展的再生能源，風力發電產業也正經歷戲劇性的發展。原有的風力發電設備所產生的發電量，在2005年到2007年間成長將近100%。中國也在2007年底提前達成預定2010年達到的50億瓦風力發電目標。照這個速度看來，五年內，中國將成為世界主要的風力發電生產國和製造國。

中國人絕不可能用一具乾淨的插電式混合動力引擎，來替換他們公車裡那具骯髒的柴油引擎，更別說過程中公車速度還要維持每小時50英里。就在你這麼想的時候，很可能會收到一封像美國聯邦能源管理委員會委員威寧霍夫（Jon Wellinghoff）曾寄給我的電子郵件。我收到郵件的時間是2008年4月。那時他剛從中國旅行回來，他在信中提到：「整趟旅行最有趣的事情是，我發現不到十年，他們已經把全部的二行程小型機車和摩托單車改成電動車。中國現在有4,000萬輛電動小型機車和單車，這讓我很震撼。他們晚上將電池帶上樓充電，隔天早上再帶下來裝上機車。可見運輸電氣化在中國是可能的，並已經在進行中。即使以燃煤為動力來源的電動化，也能降低二氧化碳，並大量降低城市污染。我在北京的兩天裡，實際上是有藍

天的。」

　　能源顧問華森說：「就綠色能源科技而言，中國才開始要從複製階段進步到創造階段。他們上次處於完全的創造模式時，就發明了紙、指南針和火藥。」

綠能是美國與中國的新競技場

　　綠色中國的故事的確正在成形中。但由於有太多的趨勢和反趨勢、充滿希望的跡象及猶如環境啟示錄的跡象，我當然無法預言最後的結果。在我將仔細觀察的所有指標中，我相信其中一項將決定紅色中國能否成為綠色中國，那就是中國人如何面對打造新建築的挑戰。

　　如我之前所說的，中國預計在今後二十年建造數百座新城市和較小的鄉鎮。它必須為將從農村遷移到城市的3億以上人口建造新家和辦公室，並為想要留在農村、並不打算移居到城市裡的另外2.5億人建造房子。世界從未有過這麼大規模的興建工程，而它如何進行，嚴重關係到中國的未來。如果中國領導人採用「美國模式」，興建耗能的龐大建築，最後將製造出一隻大豬，在未來幾十年間吃掉中國的煤炭、石油和天然氣。要記得，建築一般占國家能源總消耗量約40%，而且一旦開始消耗能源和水，接下來的三十到四十年間將不會停止。如果中國決定大步超越美國過時的做法，直接朝「零耗能」建築邁進，就有機會避開災難。零耗能建築有被動照明、太陽能裝置或風力發電機，白天能自行產生電能，夜晚則使用本身蓄積的電力供電，因此不會消耗任何能源。

「美國今天有3,000億平方英尺的房地產（包括商用建築和私人住宅），到了2030年會有4,000億平方英尺。」喜瑞爾斯材料公司執行長馬克‧波拉特說。「在未來二十年，中國會建造5,500億平方英尺的房地產。如此一來，中國的房地產總計就高達6,000億坪，你可以說中國在未來二十年會建立兩個美國。如果他們用我們的做法，那就會碰壁。因為煤炭價格衝高，中國正面臨能源驅動的衰退。他們會耗盡能源。這意味著他們不得不努力維持「能源驅動衰退中的和諧社會」。對中國來說，在這點上唯一的解決方法是採用零淨耗能建築物與一胎化政策，而且他們可以這麼做。中國的領導人在國家和省市層級上更像一張白紙，如果他們願意，他們可以透過整個國家系統來推動淨零耗能的概念。

今天中國領導人需要重視這件事，就像之前他們對一胎化政策的重視一般。一胎化政策或許讓中國免於一場人口災難，同樣的，零耗能建築也許能拯救中國和我們其他人，免於遭受一場能源與環境災難。

將這件事做對，對中國領導人來說是一項真正的挑戰，同樣困難的是，要釋放出多少權利給公民社會，來協助揭露、降低、監控汙染的發生；再者，要決定受到汙染的地區要在多快的時間內減緩發展，減緩幅度是多少，於此同時，也要刺激未受汙染地區的經濟成長；更要決定如何將這些事做好，才能兼顧社會穩定及縮小貧富差距。同時做這些事確實很困難，賭注也非常高，中國領導人可能會傾向用試探的方式，不是採取觀望的態度、降低標準，就是在數據上動手腳。但中國沒有本錢這麼做，全世界也負擔不起。

簡而言之，中國企圖改變，而我們必須竭盡全力，確保未來的新中國將會有張綠色的臉。美國必須扮演決定性角色，幫中國邁向正確的方向，但前提是要起帶頭作用，而領導統御的精神不是「你先請」，而是「隨我來」。美國是排放大量二氧化碳、造成地球暖化的元凶之一，但所擁有的資源，也足以在綠色能源系統的發明上取得領導地位。美國今天能為自己、中國和全世界做的最重要的事，是成為一個模範國家，一個因為最節能、能源效率最佳，以及能源生產力最高，而繁榮、安全、創新並受到尊重的國家。

　　我還可以更進一步指出，美國今天為自己、中國和全世界做的最重要的事情，是公開說明「比中國更綠一籌」的意圖，每天都要用各種方式讓中國人了解，美國將在下一個全球化的重要產業裡好好修理他們。這個重要產業，就是綠色能源。

　　正如美國和前蘇聯曾有過太空競賽一樣，當時是比賽誰先把人送上月球，那場競賽大幅強化美國社會，影響範圍從教育到基礎建設。現在，美國、歐盟和中國人之間需要一場類似的競賽：不是比賽誰先把人送上月球，而是為了保護地球人類的一場比賽。冷戰時，有贏家也有輸家，但在為了保衛地球的競賽中，我們不是全贏就是全輸。因為如果中國這輛疾駛的公車爆炸，不管在經濟或環境上，都是每個人的大災難。

　　如果美國決定開發一個綠色能源系統，以及驅動這個系統的科技，中國就沒有其他選擇，只能朝著相同方向走。因為持續汙染下去，不只表示中國人民將繼續吸入髒空氣，還代表中國將在下一個全球大產業落後。不過，美國在還沒有以身作則前，總不能建議中國人先做節能這個辛苦的工作。實際上，讓

中國人感到惱怒的是，美國先掠奪大自然的資源，而當中國想要拿取剩餘的資源時，美國卻指責他們貪心。莫斯柯維茲說：「每次我們在中國提出一項政策方向時，最常碰到、也是最難回答的問題是：『如果這麼好，你們為什麼不做？』這不好回答，而且令人有點困窘。因此我們指出一些正面例子，說明美國部分的州、城市或公司正在施行的措施，但不包括聯邦政府。我們沒辦法以美國政府為例。」

「中國社會的集體存在意義，與如何將中國納入全球系統並和全球接軌，有緊密的連結，」麻省理工學院的史坦非爾德說。「如果先進工業社會推動綠化節能，中國並不會趁此機會打破規矩，並試圖以低價勝出。相反的，中國也會在社會和政治上感到強烈的壓力，並起而效法。中國的政治合法性和國家認同，與中國現代化這個使命息息相關。而現代性，不管會變好或是更糟，都是由美國作為代表。這可以部分解釋為什麼即使付出極高成本，中國仍希望進入 WTO，也可以解釋為什麼中國政府有興趣推動某些象徵現代民主的制度，像是法治、公民社會、負責及受到限制的選舉，儘管它仍在抗拒任何多黨體制的可能性……只要美國開始了，他們會跟進，正如過去二十年來，在每次的全球性體制變革中，他們持續在做的，即使可能是斷斷續續、而且難以預料。」

對許多中國人來說，即使他們有時候討厭美國人的所作所為，美國仍像是山丘上一座令人嚮往的城市：如果美國人生活在汙染裡，他們就有理由生活在汙染裡；如果美國人住得奢華，他們也想住得奢華，像是擁有大房子、摩天大廈、大車等。史坦非爾德說：「所以，如果美國活出一個永續生存的故

事，那在中國會被解讀為現代性的基準、世界級的意義。」

如果美國承擔在綠色能源議題上的領導地位，且中國被迫跟進，這只會鼓勵中國領導人賦與權力給更多的公民和媒體，好讓他們針對環境問題暢所欲言，並擔任監督地方政府和企業的角色。因此，美國如果能更多並更快的鼓舞、激發及引導中國走向一條更綠色的道路，不但可以更快使世界更乾淨，還能協助強化中國的法治和公民社會團體。它不會是一夕發生，我也不是在暗示這樣就能將中國引向一個多黨的民主國家。我要說的是，中國共產黨如果要履行向人民所承諾的呼吸自由，必須以漸進的方式，開始准許他們擁有更多的言論自由。

發展綠能，因為我們已經別無選擇

在本書首次出版的一年後，我開始懷疑：哪個國家會勝出？哪個國家會更環保？還有哪個國家會感覺羞愧？究竟中國能否在全球競賽中超越美國，稱霸能源科技產業？

為什麼我會這麼問？因為對美國而言，在某種程度上，朝綠能發展依然只是一個選項，而且美國國會和政府尚未表明他們真的準備好設置價格訊號，以及花大錢投資在我們必須在美國開發的綠色能源系統。

好吧，如果到了這個時候還在遲疑，那真是咎由自取！我相信無論美國採取什麼行動，中國也許只有五年的時間決定是否必須發展綠能，因為有太多人似乎都呼吸不到新鮮空氣，有太多河流都受到汙染而無法提供飲用水，有太多湖泊都遭汙染到人們無法釣魚或游泳，許多森林更被大量砍伐；因為氣候變

遷已經影響中國，造成長期乾旱，這使得沙塵暴更加頻繁。

　　我相信中國也許很快就會朝綠能發展，這並不是因為有很多中國人看了高爾的紀錄片而被說服，而是因為日常生活的嚴峻現實說服中國領導人已經別無選擇。他們會意識到，中國必須朝綠能發展。而且對於這樣的必要性我們還知道一件事：這是發明之母。綠色中國會以很高的代價發明風能、太陽能、核能、碳捕捉與封存的電力系統，並先在中國擴展開來。一旦中國完美發展這些潔淨能源系統，它就會把這些系統賣給我們。因此，你不只會向中國買玩具、塑膠製的沙拉調理機，你還會向中國買新車、太陽能板、風機、冰箱、微波爐，以及家庭暖氣和冷氣系統。而且他們會在能源科技這新一代重要的全球產業中勝出。

　　你認為我說得很誇張嗎？再想一下。2009年5月4日，中國新聞網站《財經網》翻譯一篇《上海證券報》的報導，引述中國國務院顧問、也是中國可再生能源學會理事長石定環的話提到：「中國中央政府即將公布一項支持國家可再生能源產業的計畫，這是推動中國新能源產業發展的藍圖。」報導提到，石定環是在上海杜邦公司（El DuPont de Nemours & Co.）的太陽光電科技研發中心成立時發表上述看法。報導還引述中國科學院王孟杰的話說，國家發展和改革委員會四月在部長們的討論後完成計畫草案，新計畫將現有可再生能源的發展目標拉得更高。根據2007年公布的長期產業計畫，中國政府誓言要加快興建可再生能源電廠；到2020年，水力發電的裝機容量要達到3,000億瓦，風機的裝機容量達到300億瓦，生質能的裝機容量達到300億瓦，還有太陽能要達到18億瓦。《上海證券報》還

引述風力發電專家施鵬飛的話：「最新的產業計畫要提高一些目標，例如風力發電的目標要從300億瓦提高到1,000或1,500億瓦，因為原先的目標很有可能2011年就會達成。」

幾周之後（2009年5月27日），紐約時報香港分社主任柏凱斯（Keith Bradsher）突然報導下面這則新聞：「了解詳細計畫的中國專家在週三提到，中國官員由於擔心太過仰賴進口石油，因此起草比歐巴馬上週概述更加嚴格的汽車燃油效率標準。主要規劃中國現行燃料效率法規、目前是北京非營利組織能源與交通創新中心執行主任安鋒表示，新計畫要求中國汽車製造商到2015年將燃油效率提高18％。他說，這項計畫正在取得各部門的批准，並徵求汽車製造商的意見，而且預計在明年年初公布……安鋒估計，根據美國對汽車耗油量的估計，中國今年平均每輛汽車、小型廂式休旅車或多功能休旅車的能源消耗量是每加侖汽油行駛35.8英里，到2015年必須達到每加侖汽油行駛42.2英里。相較之下，美國總統歐巴馬上周宣布，要求每個汽車製造商到2016年需要讓汽車達到每加侖汽油行駛35.5英里。」

再看最後一個數據：2008年8月我在哥本哈根採訪丹麥最大（也是全球最大）的風機公司維斯塔斯（Vestas）董事長恩格爾（Ditlev Engel）。他告訴我，他不了解為何美國不做更多事情來刺激能源科技產業發展，尤其在過去18個月裡，「已出現三十五家新的中國競爭公司……但沒有任何一家來自美國。」美國能夠成為產業領導者，也可以成為產業追隨者。不要只想著我們還是會領先，或許中國隨時會超前。

18

有遠見的政策
＋
有效的執行力

能源業現在缺的就是上帝之手，

只要總統站在制高點大聲呼籲：

到 2025 年，我們需要生產多少數量的

煤、天然氣、風能、太陽能、核能，

所有能源業的人都會站起來說：

「謝謝總統，我們開始做吧！」

一套由上而下、明確的能源政策，

會使市場商機清楚浮現，投資者才會願意大膽下注。

整個綠色能源的生態系統就會隨之起飛。

總統候選人小布希今天表示，如果他當選總統，將充分發揮人格力量，向產油國表達政治善意，使他們增加原油供應，從而降低汽油價格。他說：「我會與美國在石油輸出國組織的友邦合作，說服他們打開噴口，增加供應量……我會以執政後從科威特或沙烏地阿拉伯賺得的資本，說服他們打開噴口。」

小布希在發言中含蓄的批評柯林頓政府，並未善加利用美國與科威特及沙烏地阿拉伯在1991年波灣戰爭時建立的友好情誼。同時也意指自己的父親、也就是當年組成盟軍將伊拉克逐出科威特的總統；身為兒子的他可以透過個人關係，說服產油國回報欠美國的人情。

—— 2000 年 6 月 28 日《紐約時報》，
當日原油價格為每桶 28 美元

2007年1月，我訪談奇異執行長伊梅特，他負責將奇異的產品線導向綠色能源科技，並使用「綠色創想」（Ecomagination）作為品牌名稱。伊梅特和我談到能源生產的不同形式，並討論到美國聯邦政府應該實行何種理想的配套規定、獎勵、稅賦及建設的基礎架構以刺激市場，使綠色能源、能源效率及節能達到一定規模。答案似乎很明顯，明顯到伊梅特最後既惱怒又充滿熱情的悲嘆：為什麼美國沒有一個政府可以訂定形塑能源市場的所有正確政策？

伊梅特說：「能源業目前缺少的就是上帝的手。我想，如果你問公用事業及大型製造商他們最想要什麼，答案應該是，總統登高一呼：『到了2025年，我們將生產多少數量的煤、天然氣、風能、太陽能、核能，沒有任何事可以阻擋我們！』也許一開始會有許多抱怨和哭訴。可是接著，所有能源產業的人都會站起來說：『謝謝總統，我們開始做吧！』然後，我們就會捲起袖子來執行了。」

為什麼一套由上而下的明確指示，會造成這麼大的差別？伊梅特說，一旦業界有明確、持續且長期的碳價格指標，並清楚了解風能、太陽能等綠色能源的國內市場狀況，加上全國施行明確的配套規定與獎勵，鼓勵公用事業協助顧客節能，市場商機便會清楚浮現。這些清晰明確的長期走向，使投資者願意大膽下注。到那時，美國所有的龐大資產都會蓄勢待發，準備在再生能源上全力一搏，包括大學、國家實驗室、發明家、敢於冒險者、創投資本家、自由市場，以及自行推動研究並了解如何將創新商品化的跨國公司，如奇異、杜邦等，而整個綠色能源的生態系統便會隨之起飛。

如果美國能變成中國一天

當天晚上，我一直想著和伊梅特的對話，最後我想到一個頑皮的點子：如果……美國能變成中國一天，只要一天，一天就好了。

在我看來，中國政府在制度各方面都不如美國，但有一點例外，那就是中國這一代的領導人可以不顧傳統產業、特殊利益請求、官僚障礙，也因為不是民主政體，可以不顧慮選民的反彈，而能在考量國家長期的戰略利益下直接下達命令，徹底改變價格、規定、標準、教育及基礎架構，而這些改變在西方民主國家通常要花數年甚至數十年的時間辯論及執行。中國的這個特點，在想要推動大規模改變，像是綠能革命時，就變成了資產。因為要和根基穩固、資金雄厚、堅不可摧的利益競爭，必須激勵群眾接受包括較高能源價格在內的某些短期犧牲，以換取長期收穫。以美國來說，想要政府下令執行所有的正確改革，創造理想的市場以利創新，然後就閃到一旁，讓美國資本主義制度自行發揮作用，根本就是作夢。

所以變成中國有什麼不好呢？只要短短的一天。

看看這個狀況：2007年年底某天早上，中國許多店家的老闆醒來後發現，國務院宣布從2008年6月1日起，所有超市、百貨公司及商店禁止免費提供塑膠袋，以減少這些石化類產品的使用。以後商店必須向消費者收取塑膠袋費用。美聯社報導：「商店必須明確標示塑膠袋價格，並且禁止將該價格直接附加於產品內。」（2008年1月9日）中國同時直接禁止生產、銷售及使用厚度少於0.025公厘的超薄塑膠袋，希望讓購

物者能改用可回收的籃子及布背包。

砰！就這樣，理論上十三億人民會停止使用薄塑膠袋，這可以省下幾百萬桶石油，免除堆積如山的垃圾。美國從1973年開始致力於汽油無鉛化，一直到1995年，美國國內銷售的汽油才全部轉為無鉛；中國在1998年決定汽油無鉛化，新的標準於1999年在北京部分施行，到2000年時，全中國的汽油都已無鉛。這樣的例子不只一個。從美國第一次提高汽車油耗標準的1975年，到第二次致力於此的2007年，隔了大概三十二年。中國2003年開始為汽車和卡車訂定油耗標準提案，並將所建議的新標準送交國務院核可，2004年正式通過，2005年生效，現在所有新的汽車與卡車都必須合乎新標準。

我很清楚了解，中國領導者頒布的命令經常被地方政府或國營公司忽略，或僅執行一部分。這就是為什麼我希望美國只要變成中國一天就好。美國和中國不同，當政府通過某項立法或頒布規定後，必然會實行，因為如果地方政府或企業不予理會，由山巒協會及自然資源保護委員會帶頭的十多個公共利益團體就會控告違法者（包括聯邦政府），一路告到最高法院。這就是為什麼變成中國一天，使推動綠色能源系統所需的合適稅賦、規定及標準在一天內到位，對華府而言，會比對北京更具價值。因為一旦從上頒布命令，美國就能克服民主制度中最糟的部分（無法在和平時期做出重大決定），隔天卻又可以享受民主制度中最好的部分（公民社會的力量可以鞏固政府的規定，而市場的力量則會從中獲益）。

在大事上做大

　　我認為，這個決定如果晚一點去做，就太遲了。我們的經濟比我們以為的更加仰賴在科技上的領先。想像一個能源專家這樣說：微軟是美國公司、蘋果是英國公司、Google是中國公司、IBM是德國公司、英特爾是俄國公司、甲骨文是法國公司。如果我們不是資訊產業的領導者，我們的生活水準會變得如何？所有的出口、所有的好工作，還有從中產生的稅收都被別國拿走，而且你還會看到一個很不富裕的美國。沒錯，這正是我們能源科技產業前進的方向。請記住伊梅特的話：如果你想要變大，你就必須在大事上做大，然而我們目前前進的方向，卻是選擇不在能源產業這件大事上做大。

　　來看歐巴馬總統的經濟復甦顧問委員會（Economic Recovery Advisory Board）在2009年報告中的一段話，這是根據拉札德兄弟投資銀行（Lazard Frères）對風能、太陽能與電池產業全球十大市值公司的研究：「如果美國沒有採用全國適用的碳排放計畫，我們就會繼續把能源科技的領導地位讓給其他國家。美國目前在全球十大太陽光電生產商中只占兩家，在十大風機生產商中只占兩家，在十大電池製造商中只占一家。也就是說，在頂尖可再生能源製造商中，只有六分之一的公司總部在美國。」

　　這些數字應該會讓每個美國人擔憂。如果在科技上失去優勢的趨勢無法逆轉，無法領先世界的美國會深深影響我們的生活水準。報告補充說，在太陽能、風力、核能和其他潔淨能源的電力系統與電動汽車的創新上：

太陽能光電供應商：市值前十大公司

公司名稱	市值	國家
京瓷集團（Kyocera）	$12,224	日本
第一太陽能	10,834	美國
夏普	8,853	日本
三洋電機	2,738	日本
韓華（Q-Cells）	2,215	德國
太陽能源（Sunpower）	2,045	美國
尚德	1,821	中國
英利綠色能源	764	中國
茂迪	714	台灣
晶澳太陽能	566	中國

風機製造商：市值前十大公司

公司名稱	市值	國家
奇異	$106,853	美國
西門子	49,568	德國
三菱	22,024	日本
維斯特斯（Vestas）	8,131	丹麥
阿馳奧納（Acciona）	6,385	西班牙
金風科技	5,875	中國
歌美薩（Gamesa）	3,088	西班牙
Suzlon	1,253	印度
Nordex	862	德國
Clipper	127	英國

先進電池製造商：市值前十大公司

公司名稱	市值	國家
松下電器	$22,372	日本
三菱	22,024	日本
住友商事	10,650	日本
日立	8,936	日本
東芝	8,306	日本
江森自控	7,131	美國
日本特殊陶業	4,970	日本
比亞迪	3,777	中國
三洋電機	2,738	日本
GS Yuasa	1,796	日本

資料來源：Lazard Frères (April 2009)

我們的董事會認為，這會推動未來的全球經濟。我們可以現在投資在這些新產業與工作來建立美國的領導地位，或是我們的經營可以照舊：向歐洲買風車、向日本買電池，以及向亞洲買太陽能板。新的綠色經濟可能會為我們的國家帶來變革。就拿網路來對照。十五年前還沒有網路瀏覽器，你無法使用網路、沒有電子商務、沒有搜尋引擎。現在網路改變你的生活：我們從中學習並得到資訊，我們從中享樂並進行溝通，我們還從中買賣商品。如今，網路經濟估計達到1兆美元，全球共有十五億用戶，而且還在成長。新綠色經濟的潛力更大。能源產業是一個6兆美元的市場，有40億電力用戶，在二十五年內使用量已經加倍。這或許是二十一世紀最大的經濟商機。有了正確的政策來推動創新和投資，美國就能重新獲得能源科技的領先地位，創造數百萬個全新的綠色工作與產業，保留數百萬間接就業機會，並重振我們的經濟。

　　在新興的風能、太陽能和電池產業，更不用說核能，如果美國不是唯一的領導者，也要成為其中一個產業的領導者，因為這些產業肯定是這個世紀前五十年主要的工作職位與營收來源。但是我們並不是領導者，除非我們現在改變路線，否則我們永遠不會變成領導者。這篇報告的結論是：

　　受到對外國石油仰賴的影響，導致美國很久以前就失去汽車產業的全球領導地位；我們承擔不起把對中東石油的仰賴換成對亞洲電池的仰賴。有了正確的政策來推動創新和投資，美國就能重新獲得能源科技的領先地位，創造數百萬個全新的

綠色工作與產業，保留數百萬間接就業機會，並重振我們的經濟。這是美國歷史上的關鍵性時刻，也是我們每個人、政治領袖和企業領導者人生中一個決定性時刻。

現在還不清楚我們的政治人物和政治制度是否能做到這點，喔，如果美國可以變成中國一天，那該有多好……

這個想法到底打哪兒來的？變成中國一天？像我這樣終生堅信自由民主政治的人，怎麼會做這樣的白日夢，幻想美國變成中國一天的好處？

一切都是過去三年，我在美國到處旅行所產生的巨大挫折感造成的。我看了所有幾乎可能想到的能源生產形式，會見各式各樣古怪、瘋狂及絕佳的能源創新者、企業家及創投資本家，從修車工人到國內重要研究機構的負責人。他們給我的感覺是，美國真的已經準備好起飛，也具有發動一場綠能革命需要的各項要件，但是政府卻遲遲未形塑市場，以充分利用正在下方自然沸騰的力量。

讓我舉個例子。2007年12月某天，我造訪麻省理工學院，參加開放式課程計畫研討會。我去之前，該校兩個不同的學生能源社團，邀請我去看他們在做些什麼，別去聽開放式課程計畫。其中一個叫做車輛設計高峰集團（Vehicle Design Summit Group）的社團實在令我大為震撼。

這個社團由麻省理工學院學生管理，是一個資源共享的全球性合作成果，集合了25個來自世界各地大學的小組，包括印度和中國，目的在設計並建造一輛插電式混合動力車，每個小組負責不同的套件或設計。我以前還覺得自己幫大學報紙寫

寫文章就算很酷了，而這些孩子是在建造超高效能的車子耶！他們希望證明自己有辦法建造一輛車，降低車子從生產到報廢過程中95%的具體能源、材料及毒性，而且每加侖汽油可跑200英里。沒錯，每加侖200英里。這可說是Linux作業系統的汽車版嘛！他們在社團網站（vds.mit.edu）上提到目標：要找出如登月競賽等劃時代事件的關鍵特質，並以同樣的精力、熱情、焦點與迫切性，催化一個全球小組建造一部環保車。猜猜看，他們的口號是什麼？──我們就是自己一直在等待的人。

再一次，當我結束這場短暫會面時只能搖頭輕嘆：看來，所有的精力和才智已一應俱全，蓄勢待發。是的，這些力量已具備自行發展的條件，就像麻省理工學院學生所展現的行動。但假使國家的能源政策還是如此急就章、不協調、不一致且無法永續，前述努力就難以達到所需的規模，市場也永遠無法充分運用已具備的優勢，我們永遠達不到個別部分相加後應有的總和。所以，伊梅特把美國比喻成一路打到超級盃，但卻一直坐在更衣室，不願也無法上場的美式足球隊。

當我拜訪像麻省理工學院這樣的地方時，心中想到的是另一個不同的圖像。美國就像一艘將要起飛的太空梭，有來自下方的巨大推力，社會仍充滿理想主義與實驗精神，且活力十足。但太空梭的火箭推進器（現有的政治體系）漏油，駕駛艙（華府）中的駕駛正為飛行計畫爭論不休，致使太空梭無法產生脫離速度，也就是所需的方向與重點，以達到下一個新領域，充分把握機會，全力迎接能源氣候年代的挑戰。

美國的問題是什麼？如果最熟悉能源這一行的人已經了解應該怎麼做，為什麼無法開始？

能源政策不能是遊說的總和

　　首要問題是來自汙染性燃料系統的傳統產業，他們希望保護地盤，維持在能源基礎架構中的主導性。在最好的情況下，這些公司的高層、員工及支持的政客在試圖保住工作機會和支持群眾的前提下，也提供國家最便宜的能源，以利充分發展；在最壞的情況下，他們就是想保護自身利益的貪婪公司，儘管知道自家的產品如香菸一般有害社會和地球。無論是哪種狀況，他們都協助操弄能源政策的制訂。在許多案例中，他們扭曲事實，透過廣告誤導民眾，並收買政客，所作所為都是為了維護汙染性燃料系統。這些汽車、煤礦公司、一些無知的公用事業及石油和天然氣公司所提供的金錢，混淆我們明辨實際生態狀況的能力，也削弱我們大規模訂定明智政策、正確看待能源網絡的能力。

　　他們對政策制訂的集體影響是：美國沒有該有的國家能源政策，卻有能源專家拉夫特所稱的「遊說的總和」（the sum of all lobbies），哪項遊說能產生最多競選經費，就會獲勝。換言之，就如加州理工學院的路易斯所說：「我們有能源政治，但沒有能源政策。」能源政治就像性別政治、種族政治或區域政治一樣，是由特定的受益者主導攸關整體國民利益的政策優先事項。因此，在這種劣質的政治環境下，要訂定一致可行的長期策略極為困難。

　　路易斯說，選舉期間他喜歡問別人一個問題：「說出五個政治態度搖擺的州。人們時常會回答：『佛羅里達、俄亥俄、賓州、田納西和西維吉尼亞州。』我就會說：『現在把佛羅里

達去掉，看看剩下的四個州。它們的共通點是什麼？煤炭、煤炭、煤炭、煤炭。』反對煤炭的人根本別想當上美國總統。再加上愛荷華州、中西部以及生質燃料，很快你就根本沒辦法討論再生能源。」有的只是一堆關於「環保燃煤」的廢話，以及投入生產玉米乙醇計畫的巨額經費（其中又以愛荷華州為全美玉米生產量居首），經費的比率之高實在不太合理。

2008年總統初選白熱化之際，《華盛頓郵報》報導：「一個由煤礦業及其公用事業夥伴所支持的團體，在舉辦初選及政黨大會的各州，展開耗資3,500萬美元的活動，尋求民眾支持燃煤發電，並鼓吹反對國會立法以減緩氣候變遷。這個名為『平衡能源選擇的美國人』（Americans for Balanced Energy Choices）的團體，已經在愛荷華、內華達及南卡羅來納等州投入130萬美元，用於看板、報紙、電視及電台廣告。」這三州都是初選的關鍵州。報導中提到他們所做的一則廣告。廣告上畫著電線插入煤炭的圖案，文案則是：「煤炭是協助確保重要能源安全的美國資源」，以及「煤炭是驅動日常生活的燃料」（2008年1月18日）。

煤炭已經驅動美國成長將近兩世紀，如果沒有意料之外的突破，我們至少在未來幾十年仍需燒煤。我們必須盡一切可能使這個過程更加潔淨，以技術改進傳統燃煤發電，使燃燒過程更具效率，並降低汙染排放。但是我們不能把必須做的事和應該做的事混為一談。會排放二氧化碳的煤炭，永遠不會是環保燃料，當替代能源符合成本效益時，就應該盡量不使用煤炭。

《阿帕拉契合眾國》（*The United States of Appalachia*）作者畢格斯（Jeff Biggers）在《華盛頓郵報》（2008年3月2日）發表一篇評論，

似乎可說是對於那則煤炭廣告的反擊：

> 沒有任何語義矛盾的名詞，會比「環保燃煤」更陰險或更危害公眾健康。不論是民主黨或共和黨的總統參選人，都經常提起這個詞……並用以攻擊永續能源政策任何有意義的進展……這是個血淋淋的事實……無論「總量管制與交易制度」計畫是否會在遙遠的未來針對燃煤工廠成功實施，露天及地下煤礦的開採，仍舊是最具汙染性和破壞性的能源製造方式。煤炭不環保，煤炭會致命。

2006年11月7日，加州就第87號提案進行投票，這個提案旨在成立一項40億美元的潔淨替代能源計畫（Clean Alternative Energy Program），透過獎勵替代能源、教育與訓練，降低加州25%的石油及天然氣消耗量。這項計畫的費用，將透過徵收該州開採的每桶石油些微費用來資助，這在其他州是標準做法，但加州的石油公司利用集體力量，一直得以規避。

第87號提案可補貼消費者，鼓勵他們購買應用混合動力技術、更環保、更便宜的車輛，並增加太陽能、風能及其他再生能源技術的運用。這項提案後來未能通過，因為石油公司聯合發動廣宣，刻意誤導加州選民，讓他們認為如果投票通過法案，當地油價會大幅上漲。這個說法很荒謬，因為各州油價根本和當地開採石油的成本無關，而是以全球或全國供需平衡與煉油量決定，這就是為什麼即使第87號提案遭到封殺，加州油價仍穩定上漲：因為全球油價上揚了。石油公司及其同夥據說花了將近1億美元，利用廣告及遊說來封殺此議案，幾乎相

當於柯林頓1992年的競選費用。

國會制定生產稅抵減誘因，用來鼓勵太陽能、風能、潮汐能、地熱能和生質能源的創新及長期投資，讓這些產業培養出能與汙染性能源相抗衡的競爭力，這項法案到2008年底到期之後不會再延長。歷經2008年大蕭條與隨之而來的7,000億美元刺激法案之後，最終使眾議院與參議院在2008年底延長可再生能源科技的聯邦稅抵減，包括風能、地熱和太陽能，太陽能項目還包括大規模太陽能發電廠、屋頂太陽能板和太陽能熱水系統。這些租稅抵減在世界上是明顯該做的事。每個人都知道風力和太陽能產業是如何仰賴這些措施。然而在整個2007年，眾議院和參議院猶豫是否該擴大刺激措施……部分是因為石油與天然氣產業的遊說。太陽能的租稅抵減，可以讓安裝太陽能發電系統的住家或商業建築，減少30％的安裝費用；風能的生產稅獎勵措施，則是風能每生產1度電，就可獲得1.8美分補助。這些租稅優惠很重要，因為這可以確保如果石油價格很低，投資在風能和太陽能發電上仍能獲益。這就是如何開展一項新的能源技術、並協助其達到一定規模的方法，最後它不需補助也能具有競爭力。瘋狂的是，要等到接近金融風暴的時候，才激起友善的立法委員將它們納入刺激法案。具體來說，2008年10月3日，國會通過「2008年緊急經濟穩定法案」（Emergency Economic Stabilization Act of 2008），將太陽能系統30％的聯邦稅抵減延長至2016年，並將風能計畫，以及地熱、生質能、水力發電、掩埋沼氣和垃圾燃燒發電設施的生產稅抵減延長至2010年。在大蕭條迫使國會處理前，我們的民意代表對建設新產業錙銖必較，好像發展風能、太陽能和生質能源所

需的錢，得由他們兒女的撲滿來支付；而對於石油、煤及天然氣這些老舊、基礎穩固、資金充裕的產業又一擲千金，更別提農業遊說了。

但是，過去五十年來，化石燃料及核能產業接受數百億美元、沒有期限的補助。卡托研究所*1（Cato Institute）在2007年1月17日發表一份措詞嚴厲、題目為〈受審判之石油補助〉（Oil Subsidies in the Dock）的報告，列出只有石油和天然氣公司所能享有的一些租稅優惠，包括：提供不確定但可負擔的國內鑽探無形費用（主要是尋找與開採油氣田相關的人工及原物料成本）優惠稅賦待遇、提供小型石油生產商加速耗減優惠、提煉液態燃料裝備的價格優惠、天然氣輸送管線加速降價、乾井支出加速降價、石油或天然氣擁有者享有被動損失限額免稅等。不了解這些晦澀難懂的用語嗎？我也搞不清楚，但那些訂定租稅優惠的遊說者絕對清楚這些優惠對艾克森美孚及康菲石油公司（ConocoPhillips）*2的價值，而且計算得分毫不差。

太陽能產業協會（Solar Energy Industries Association）主席瑞斯克（Rhone Resch）表示，這真的很悲哀，政府原本使用租稅抵減來支持再生能源產業，我們卻因為這項措施走走停停而付出龐大的代價。這些替代能源領域的投資者會告訴你，只是短期延長租稅抵減優惠，可能會對新興產業造成有害影響，這些產業試圖吸引的是不求近利的資本，以擴大製造生產、系統裝配，以及設備與服務的運送。這些大型計畫需要巨額、長期的投資，

1　譯註：成立於1977年，是一個非營利的公共政策研究基金會，總部位於華盛頓。
2　譯註：為美國第三大石油及天然氣公司，同時也是第一大煉油廠。

因此需要長期穩定的稅賦結構，如同石油及天然氣公司所享有的待遇一般，它們到現在仍然享有數十年前訂定的租稅抵減優惠。

美國最大的風能開發商之一創造能源（Invenergy）公司創辦人波斯基（Michael Polsky）說，國會不了解風能的生產稅獎勵措施未獲延長，對像他這樣的公司有多大影響。波斯基說：「這是個災難，風能是個高度資本密集的產業，而金融機構還沒準備好甘冒『國會風險』。他們告訴我，如果無法取得租稅抵減，就不會借錢給我購買風機，發展計畫。」

瑞斯克表示，美國在1997年時是太陽能技術的領導者，生產全球40%的太陽能設備。「但去年我們的產量低於8%，就算這樣，其中大部分也都是為國外市場製造的。」

2008年4月，瑞斯克告訴我他和一個歐洲太陽能設備製造商的談話。這家歐洲製造商想要將太陽能板的製作外包給美國。他們會在歐洲進行所有的創新研發，但組裝的藍領工作將在美國進行，因為美元貶值，使口袋裡有外幣可用的公司在美國做任何事，都只要花一半的錢即可。「他告訴我，『你們是新的印度』，這句話讓我不寒而慄。」

播下研究的種子

儘管美國的雜誌及政治人物對能源議題有各種討論，但如果從真正的行動來看，結論會是：美國對能源研究這件事毫無急迫感。這就好像當年蘇聯的史波尼克人造衛星升空，美國必須重新面對自我再造的挑戰，只是這次是能源的挑戰。但美

國仍在夢遊中走向未來，依然暗自希望這不過只是個惡夢，很快就會醒來，很快能夠用1加侖1美元的石油來填滿我們的油箱，開車帶著用來交易的郵票（Green Stamps）*3，戴著一副美式足球聯盟商標的眼鏡。

美國需要回歸基本面。政府應該做的事，是播下研究的種子，在化學、材料科學、生物學、物理學及奈米技術上獲得根本性的突破，為解決能源問題開創新路，為能源創造新的建構素材，以及找到較容易的方法使創新者能將它們拼湊起來。然後，創投資本家便會選擇最有希望的構想將其商業化。

但是要找到一個真正很棒的構想、一個綠色的Google，需要幾千名科學家和研究人員從不同的面向從事研究。「這就是基礎研究資金的作用，」加州理工學院的路易斯解釋道：「基礎能源科學所問的問題是：『如何用新方法、以新材料做出新東西？』而我們希望在實驗室內建立的基礎科學工程說的是：『這是可以做出東西的一種新方法，這個東西做得出來。』」然後創投資本家進場，提供資金，看看能不能以便宜又大規模的方式製造出來。雖然短期之內很難達成，但是正如路易斯所言：「我們需要還不具競爭力的研究，為這個花園播種。你需要資助一百個構想，因為你知道九十九個都不會成功，但其中有一個會是明日的Google。有人問兩度獲得諾貝爾獎的鮑林（Linus Carl Pauling），為什麼他有那麼多好構想，他的回答是：『因為我有一大堆構想。』」

3　譯註：特定商店根據購物者在那裡消費的金額給購物者的郵票，購物者接著就可以將這些郵票兌現。

前財政部長間國務卿舒茲（George P. Shultz）解釋說，創投對綠能的投資短缺是因為能源部（Department of Energy）投入在再生能源研究的聯邦資金缺乏導致。他離開政府後在史丹福大學胡佛研究所（Hoover Institution）的能源專案組（Energy Task Force）擔任主席，對潔淨能源科技非常感興趣。他說，市場天生不會支持基礎研究，因為創投公司無法牢牢抓住基礎研究的好處，它們只想要從基礎研究的土壤中摘花。因此，舒茲補充說：「需要有來自非市場對基礎研究的支持。政府與民間基金會需要對基礎研究負起主要責任。這可能是任何有潛力的能源政策最重要的任務，並需要以慷慨而持續的方式來推動。這將是真正改變創新遊戲規則的泉源。」

道爾（John Doerr）是美國最成功的創投資本家，他和合夥人曾以傳奇的 KPCB 創投公司（Kleiner Perkins Caufield & Byers）協助 Google、亞馬遜、昇陽及網景發跡。他表示，創投家較少投資綠色產業的原因在於，綠色能源缺乏能源部提供的資金。道爾說：「除了極少數例外，創投家不會特意去資助基礎的研究，雖然我們公司有幾次無意間曾這麼做。我們極需要值得投資的計畫，也比以前更常注意世界各地的實驗室，以開發我們在知識地圖上的機會。」

數目很重要

聯邦政府即使只多投資個 10 億或 20 億美元在基礎科學研究上，就能帶來顯著不同。「目前投注到這個領域的研究經費，只是所需金額的一小部分。」阿利維薩托斯說：「現在，

如果你告訴研究化學、物理學或生物學的學生，需要他們來做太陽能計畫，他們的眼睛都會發亮，這是他們真正想做的研究。只是，雖然數以千計的學生有研究意願，但我們卻找不到獎學金來支持。」

但是，也有些人說，科學家總是想要更多資金、總是抱怨政府對研究不夠支持，又是怎麼回事？「這種言論也有些真實性，有時要決定優先次序非常困難，而科學家都是一群想要開創的傢伙。」阿利維薩托斯說：「但是，我們可以回想一下最近一次制定預算過程中發生的事：700件研究太陽能的計畫案，在2008會計年度遭到否決。能源部廣邀計畫案，反應也很踴躍，美國各地科學家均提出計畫案回應，但經費卻沒有著落。能源部真的盡力了，他們原本以為可以拿到3,500萬美元來支付基礎的太陽能研究。我們的計畫拿到500萬美元，然而，獲得研究經費單位少之又少。想想看這個研究的潛力，有多少科學家、博士後學生想投入研究，但都遭到拒絕。就這樣，數以千計想要研究能源問題的科學家無法如願。」

諾貝爾物理獎得主、勞倫斯柏克萊國家實驗室主任朱棣文表示：數目很重要，因為我們必須運用比過去更有策略的方式思考能源創新。朱棣文重新調整實驗室的能源研究，破除物理學、生物學、材料科學、化學及奈米技術的所有傳統藩籬，將這些領域的專家編組成合作小組，使各種專業可以互相交流。他認為，真正的突破將來自這些來自不同學科專業人士的交會處。

朱棣文說：「我們必須更廣泛的支持能源研究界，但也必須集中焦點在少數大型研究中心，因為那裡有人數夠多的不同

科學家研究不同計畫，所以容易激發出各種合作的可能性。我年輕時曾加入貝爾實驗室（Bell Labs），那是一個改變一生的經驗。想想看，你走進一棟建築物，裡面有幾千位世界級的科學家分組研究同一個計畫。儘管許多創新研究來自大學，我們還是需要一些地方，可以在同一個屋簷下擁有那樣大量的腦力激盪來研究能源問題……能源問題沒有簡單的解決之道，我們還沒找到答案。」

「不過真正令我感到樂觀的是，」朱棣文告訴我：「我發現我的學生，以及全國各地的學生都想研究這個問題。他們知道能源問題已經成為國家和國際危機，想要一起參與解決。可惜的是，基礎的能源研究資金幾乎沒有增加，學生排隊想要加入，但招募站還是大門緊閉。」

不穩定的經費會讓人裹足不前

的確，在歐巴馬總統上任並重振聯邦政府對能源研究的承諾之前，美國顯然以非常危險的方式落後。加州大學柏克萊分校能源政策專家康曼說，在2009年以前，如果把美國聯邦政府撥給能源研究的經費加總起來，包括對石油、天然氣、煤炭與太陽能的研究，來自政府的經費大概有30億，私人部門及創投基金約有50億，差不多是在伊拉克作戰九天的費用。能源產業的市場每年為1兆美元，而投入從事研發的資金約80億美元，僅占其營收的0.8%。

康曼補充說道，自從1970年代第一次石油危機之後，即使投資在能源研發上的經費如此微薄，但經費數字還是像雲霄

飛車般上下起伏，這嚴重傷害了能源研究界。「如果經費每年這樣起伏不定，沒有研究者可以成立實驗室，雇用最好的研究生。一個真正優秀的學生如果投入這領域工作就太傻了，因為相較之下，研究生物科技或資訊科技的人將有足夠資源完成計畫，而且之後確定能找到工作。」

康曼並將能源研究與醫療保健做了比較。在1982到1990年間，美國的醫療保健預算有計畫性的增加，直到國家衛生研究院的預算加倍，然後就一直維持這個數字。所以，提高預算並維持經費是有可能的，何況美國根本沒有醫療保健上的危機。「當某個領域得到的政府預算增加時，私人部門的研發預算就會隨之增加十四到十五倍，而讓該領域產生重大改變。當企業看到國家嚴肅看待某個領域，就會跟著投資，所以現在美國才能自誇生物科技革命的成功。不過，美國卻還沒有把這種策略應用在能源研究上。」

奇異擁有龐大的醫療保健事業。執行長伊梅特估算醫療保健業和能源業的研發支出後發現，兩者過去二十年來的差距大概是500億美元，由醫療保健業占上風。再從歷史資料來看這個問題，依據美國國會研究服務處（Congressional Research Service）2005年5月25日發表的「再生能源」研究顯示：截至2003年為止，核能從1948年起每年所獲得的經費，均占能源部能源研發資金總額的56%，而包括煤、石油及天然氣等化石燃料占24%，再生能源占11%，能源效率占9%。

幸運的是，在美國總統歐巴馬執政後第一年，潔淨能源技術與可再生能源的進展比史上任何一位美國總統都還大。美國國家環境保護局（Environmental Protection Agency）採取大膽、劃

時代的動作，宣布二氧化碳和其他溫室氣體的汙染正威脅大眾健康。此後不久，美國國家環境保護局又採取前所未有的行動，首次限制汽車與卡車排放的溫室氣體，此舉促使燃料經濟出現進一步改善。美國總統歐巴馬最初為了幫助經濟從大衰退中復甦而公布的刺激經濟計劃「美國復甦與再投資法案」（The American Recovery and Reinvestment Act），在潔淨能源投資上投注超過600億美元，其中110億美元用在一個更大、更好與更聰明的電網，將可再生能源從生產所在地的農村輸送到耗能的城市，並在美國家庭安裝4,000萬個智慧電表；50億美元用來增加低收入社區房屋的禦寒機能，減少能源浪費；45億美元用在讓聯邦政府建築物成為綠建築，並大幅削減國家使用能源的費用；6億美元用在綠能工作的職業培訓計畫；以及20億美元用在開發下一代蓄電池，以競爭的形式提供補助金。

「現在有可能會根據2010年和2011年的實際預算來討論聯邦能源費用要真正持續增加3倍、5倍，甚至10倍。」康曼提到：「因此，現在我們到了投資的時刻，氣候變遷的科學和經濟重塑的必要性都有需求。我們能否把這個投資時刻從短期的刺激變成長期的策略？公共衛生和生物科技界花了幾十年討論和遊說，希望爭取藉由美國國家研究院（National Institutes of Health）讓聯邦衛生研究預算加倍，終於達到目的。可以說，讓預算增加的關鍵（更重要的是，相對好好利用這項預算增加的關鍵）是民間部門對醫療和生物科技研發的投資快速增加。」

毫無疑問，過去三年來原油價格普遍高漲，刺激傳統化石燃料能源巨頭、創投和新創公司對太陽能、風能和生質燃料有更多投資。「對於目前的長期發展而言，」康曼做出結論，

「這個趨勢不僅還會持續，而且實際上會隨著綠色能源計畫、中央與地方政府部門對各種規模商業投資的規範而成長。

為了讓民間部門利用公部門在潔淨能源研發的投資，並讓這些科技投入市場，就必須有一個有意義、固定、長期的價格訊號。如果碳和汽油的價格沒有穩定上漲，在如此重要的能源研究上進行的任何投資都無濟於事。我們絕不能像多年來這麼自欺欺人：就像我前面提過，價格很重要。如果沒有固定、不斷上漲、長期持久的碳價，歐巴馬的潔淨科技計畫就無法達到必要的規模、對氣候變遷產生影響，或是讓美國成為能源科技領導人。現在還不清楚美國國會會採取這種有意義的價格信號，還是要間接透過總量管制與交易制度來管理。沒有價格訊號來促使消費者選擇最節能的選項，並提供投資人明確的減稅獎勵，讓他們對零碳排放的電器商品提供持續的研發與應用資金，就沒有持續發展的能源科技市場。你可能會得到很多創新，但是不會得到我們需要的商業化規模與種類，而且最終來看，把創新推向市場才是最重要的事。

就像自然資源保護委員會（Natural Resources Defense Council）氣候變遷計畫主任霍金斯（David Hawkins）2009年7月7日在國會的證詞：「潔淨能源經濟的主要阻礙不是美國缺乏獨創能力，甚至不是缺少用在這些計畫的資金，而是缺少必要、強力、持續而可預期的市場獎勵，來激勵民營部門的創新者投資低碳的產品和服務，讓這些產品進入市場，而不是激勵他們投資在忽略碳足跡的產品和服務上。」

只有這樣基於市場的系統，才能讓我們快速轉移資本存量，並替換耗能的房屋、汽車、工廠、電力系統和燈泡，改為

使用更少的能源並排放更少的二氧化碳。這是美國能夠持續發展的唯一途徑。儘管我們一直在尋找一個簡單的方案,但是沒有其他因素的配合,還是難以水到渠成:政府沒有認真的對碳定價,意味著缺乏積極的進行綠色革命;沒有要求這些新科技的消費者,政府就不會制定一套激勵措施來激勵生產者製造新科技。反過來說,如果有很多公司專注於利用政府的激勵措施,進而從可再生能源中獲利,就會促成新科技的發展。儘管如此,如果沒有一個有意義、長期的價格訊號,它們還是無法擴展規模。儘管在政治上對民主黨和共和黨來說,似乎都認為不可行。

現在你就了解為什麼我幻想美國可以變成中國一天,就一天⋯⋯

柯林頓政府時期的資深官員羅姆說,經由比較,發現美國在醫療保健研究上投資這麼多,而在能源研究上投資這麼少,唯一可感到安慰的是:「至少大家會活得夠久,看到我們把事情搞得多糟。」

康曼表示,1977到1980年間,美國政府確實在能源方面做出重大投資,將聯邦研究預算由25億增加到60億以上,不過當時一些獲撥資金的計畫並不是那麼成功。「你無法總是押對寶,但還是有些驚人的成功,例如太陽能科技就是因為這筆經費而進展神速。目前這個產業興盛發展,所使用的技術大多是那個時期研發出來的。」另一方面,美國的許多創新研究卻因為缺乏國內市場支持,最後就被日本或歐洲太陽能公司收購,結果美國納稅人實際上資助了他國的研發工作。

怎麼會發生這種情形?康曼說:「從1945年以來,美國經

濟每10到15年就必須自我再造，以增加就業機會。就業機會的大幅成長，來自於一波波的技術創新，例如資訊科技和生物科技。下一個興盛技術將是綠色能源，但這個認知還未穿透到我們的總體經濟政策分析。創新將帶來經濟成長，如果不發展新的綠色能源技術並出口到其他國家，便會在下一波經濟景氣大好時被淘汰出局。目前印度、中國和印尼這些國家，都在設置新的發電廠。」美國具有設計和建造太陽能、風能、太陽光熱能、地熱和其他下一代尖端技術的能力，美國要把下一代綠色能源技術賣給他們。

但美國並未起而掌握機會，在研發支出還不到整體產業1%的狀況下（其他產業中，研發支出通常占8%到10%），無法在一代之內重新打造一個1兆美元的能源產業。

來自美國的太陽能公司，卻在德國取得成功

如果你認為這種態度不會帶來任何嚴重後果，讓我告訴你第一太陽能公司（First Solar Inc.）的故事，這家公司可能是美國首屈一指的太陽能公司。不過我先警告你：這個故事會令美國人想哭……

第一太陽能創業於俄亥俄州托雷多市（Toledo），他們不像其他公司一樣，使用矽來製造太陽能電池，而是以碲化鎘（一種由鎘和碲製成的半導體）薄膜包覆在玻璃上發電。這些碲化鎘太陽能電池的效率目前並不如矽製品，但是它們比較便宜，而且可在較多元的氣候及光線條件下運作，同時能輕易融入建築物外觀。執行長賀恩（Mike Ahearn）告訴我他們的故事。

「我們是從1992年開始的，當時有一小組科學家和工程師合作研發一項技術，可以把半導體材質的薄膜放到玻璃片上，然後把這些玻璃片加工成太陽能板，就能吸收陽光轉換成電力。我們的夢想是希望大幅降低太陽能發電的成本，達到能夠滿足工業化國家大部分的日間用電需求，然後把低廉的電力提供給地球上數百萬目前只有極少電力或毫無電力可用的人。整整十二年，我們同仁努力把專利技術轉化為可行的製造過程，期間忍受技術失敗、資金危機、員工摩擦，以及許多其他問題。當我們可能因為缺乏資金而倒閉時，公司投資人、擁有沃爾瑪家族財富的沃爾頓（John Walton）陪著我們度過一些非常艱困的時期，讓我們能順利繼續下去。直到2004年底，總投資超過1.5億美元後，第一條小型生產線才終於可以完全運作。」

這條工廠生產線使用第一太陽能公司最初設計和自行製造的機器，可以生產大量的太陽能電池，而且可以在世界任何地方複製，這在太陽能業界可不是簡單的技術。

「完成第一條生產線的三年後，我們的年產量增加了800%，成為世界上最大的太陽能板製造商。到2007年年底，我們的年營收由600萬美元增加到超過5億美元，並把太陽能板的發電成本，從2004年的每瓦將近3美元，降到2007年年底的每瓦1.12美元，使我們逐漸接近創始時的願景，也顯示結合半導體技術與規模生產的力量。2007年11月，我們成為上市公司，目前公司市值接近200億美元。當我和一個朋友討論這個故事時，他說：『這只會發生在美國。』沒錯，我們的故事乍看之下，似乎具有經典美國夢的許多特徵，但事實上，第一太陽能在很大程度上卻是個德國的成功故事。」

這怎麼可能？賀恩解釋：「2003年，我們開始初步生產，並著手尋找可以提供一定規模的市場，好推動大量生產，進而增進效率。當時，日本是世界上第一個訂定太陽能獎勵計畫的國家，自1990年左右就開始以家用系統為基礎實施，這是日本經濟產業省大力協調的成果，夏普、京瓷美達、三洋及三菱都在推動下，成為全球太陽能市場的領導者，而夏普在日本市場占有主導地位。你可以看到他們如何把供應鏈、生產及經銷通路結合成一個有效可行的模式，以成為低成本的太陽能製造商。那時日本市場比全球所有市場加起來還要大，當然有效的排除了非日本公司。」

賀恩說：「所以我們說，如果要擴展事業且降低成本，需要有自己的『日本』。但要到哪裡才能找到贊助者來擴大規模？我們已經發明出令人讚嘆的技術，看來應該可以成功，公司的科學家和工程師不斷問我：『我們要到哪裡去找需要2,500萬瓦的市場？這是我們的年度生產目標。』而我不斷告訴他們：『你們解決技術問題就好，我們會把產品賣出去。』但是我實際到處查看後，也不禁自問：『到底要把東西賣到哪裡去？』我們需要找到方法，用符合成本效益的方式把產品大量投入市場，才能讓價格降到我們認為有辦法開發大型市場的程度，接近美國零售能源價格，也就是每度電8到10美分。當時，也就是2003年的時候，我們的製造成本是每瓦超過3美元，所以前路漫漫，非常需要找個地方來擴大產量。」

這個總部設在亞利桑那州、工廠在俄亥俄州的美國公司，自然想要開發美國的太陽能市場，問題是，那時候根本沒有美國太陽能市場，而且無論在華府或其他任何地方，都沒有人對

創造這個市場有特別興趣。

賀恩回想當時的狀況,「我們到華府,然後到西南部各州,向一些公用事業說,我們只有剛開始時會賠錢。因為我們知道規模漸漸擴大之後,成本就會下降。但即使如此,還是找不到任何買主,當時我們有100名員工……我們跟亞利桑那州和俄亥俄州的國會議員商談,他們都反對必須由納稅人負擔的可能,因此興趣缺缺。但因為有沃爾頓作為後盾,我們告訴這些國會議員:『我們會承擔風險,只要你們承諾會買這些電力。』有些人同意了,但當案子上到高層後,卻無疾而終。這時,我們決定去德國。」

明智的獎勵計畫 vs. 政治角力的阻攔

「1990年德國統一,政府訂定並通過太陽能發電的優惠收購電價法(feed-in law),這個需求獎勵計畫已被美國以外的許多國家仿效,並在德國境內擴大實施,使德國成為世界上最大的太陽能產品市場。這個計畫開始時規模很小,但2004年時德國人自問:要怎樣才能真正確保私部門對於技術和設備的資金與實際投資能達到一定的規模?德國決定直接面對終端使用者,也就是住家或公司,問他們:『什麼等級的優惠才會讓你毫不考慮加入?』所以在2004年,德國政府改變收購優惠比率,告訴所有德國消費者:如果你在住家、辦公室、農地、垃圾掩埋場或任何地方裝設太陽能發電系統,當地的電力公司都必須連接你的電力系統,並依據你的太陽能系統注入電網的電力度數付錢給你,價格由國家法律訂定,效期二十年。二十

年！真是個簡單又明智的方法。」

在德國，每年新的太陽能計畫可以享有較去年低5%的優惠，這種以激勵效率的改善做法真是聰明！我們透過學習曲線研究發現，當銷量加倍時，價格通常能降低約20%，所以量的大小在此極為重要，數量愈大，便可愈快且愈大幅度的移至學習曲線下端，達到可以在中國和印度開展規模的價格水準。

賀恩說：「我們在德國進行初步的市場測試後，了解到優惠收購電價計畫將會創造讓我們提升規模的市場，同時也了解到，這個計畫已經創造一個技術優越的中心，許多創新正萌芽待發。所以我們雇用一些德國科學家和工程師，或是跟他們合夥，他們對公司有重要貢獻。現在我們生產線所使用的設備，超過半數都來自德國製造商，而東德的供應商可說是我們最重要的商業夥伴。」

再看看美國的狀況。賀恩說：「美國市場太不集中，你很難想像可以在這裡擴大商業規模。不只德國在2004年大幅提升內需，使我們得以開始成長，西班牙、義大利、法國、希臘及葡萄牙都建立非常類似的優惠收購電價市場，這使得相關資本大量流入歐洲。美國政府的獎勵計畫時有時無，每幾年就會變動，你永遠不知道什麼時候補助會發下來或停止；德國就不是這樣，他們的計畫沒有時間限制，現有的太陽能發電計畫獎勵保證至少持續二十年，所以不會讓人心裡七上八下。我們最初的生產線在俄亥俄州，之後又增加兩條，然後就得興建另一間工廠。應該蓋在哪裡呢？我們決定在東德奧德河畔的法蘭克福（Frankfurt Oder）設廠，提供540個待遇極佳的就業機會。我們知道如果兩年內在德國建廠完成，到時市場還會在；但如果

在美國境內建廠，就無法確知結果。接著我們與德國客戶簽下累進計價的長期合約，所以我們知道自己有能力償還工廠的投資，可以規劃所有的現金流……」

由於優惠收購電價法，德國市場已經發展成熟。「德國發展了太陽能供應商和系統整合者的廣大網絡，技術能力優異，可以協助我們有效的把新產品推廣到市場。」賀恩說：「我們在德國成立一個業務與行銷子公司，在梅因茲（Mainz）設置業務與技術支援小組，目前是我們全球業務與行銷的基地，公司的營收超過一半以上來自德國……事實上，我提到的增產800%，絕大部分都來自法蘭克福的工廠，它是世界上最大的薄膜太陽能電池廠，代表太陽能產業有史以來最大的一宗外國直接投資。」

那間工廠原本可以在俄亥俄州建造，但賀恩說：「我們希望能離商業夥伴近一些，並向德國政府表示，為了感謝他們在創造市場上所做的投資，我們準備提供經濟回饋給這個區域。同時，東德是個發展製造業的好地方，有訓練良好的人員、良好的製造業基礎建設、穩定的經濟及政治基礎架構；我們也可以獲得歐盟及德國政府的財務獎勵……德國政府推了我們一把，我們認為應該有所回報，他們踏出第一步，寫下支票使我們的理論生效，所以我們讓自己成為德國公司。」

賀恩告訴我，世界上大部分的國家已經注意到他們。「許多國家和我們聯絡，希望我們下一個工廠能設在他們國家，但是到目前為止，並沒有來自美國的電話……」

2006到2008年間，第一太陽能公司的市值從15億美元擴增到200億美元。你可能以為這樣就會引起俄亥俄州議員的注

意，但是並沒有。2007年開始討論能源法案時，對於以下兩個問題：是否要納入再生能源組合標準、使美國太陽能市場確實可以成長，以及是否要延長建造太陽能電廠享有的30%投資租稅抵減，俄亥俄州共和黨參議員沃諾維奇（George Voinovich）兩案都投反對票。沒有一個密西根州的議員敢投票反對汽車公司，即使這些公司連年赤字還解雇勞工。但在啟動全新產業，以利創造真正就業、巨額獲益及嶄新科技時，來自生產太陽能各州的共和黨參議員卻毫不猶豫的跟著政黨投票，完全不顧當地公司的實質利益。

那些參議員是怎麼對你說的？我問賀恩。他回答：「我們一直聽到的說法是，很多人支持再生能源，只是在政治角力的過程中受到影響。也就是，因為缺乏領導，使這種無關緊要的政治過程阻礙整個新產業的啟動。」

我了解政治，我也不天真，然而我知道危機就是轉機，如同我的朋友前史丹佛大學經濟學家羅默（Paul Romer）喜歡講的一句話：「糟蹋危機實在太可惜了。」但我們已經糟蹋得夠多了。

這樣還不夠讓人心痛嗎？

現在不做，未來就等著被下一代質疑

即使美國還沒笨到搞不清楚狀況，一個簡單的事實依然存在：就算態度正面積極，將汙染性能源系統改造成綠色能源系統，還是很困難。即使在綠色能源技術上有突破，要建造能夠與智慧電網整合的傳輸線仍然非常困難，這一點，只要問問南

加州愛迪生電力公司的人就知道了。他們所儲存的再生電力超過世界上任何公用事業。我問他們的高層主管，如果增加一個風力發電廠到他們的電力組合，大概是什麼情形？聽起來很棒對不對？我們來加一些風力吧，一個小小的風力發電廠，沒問題。

但你可以等十一年嗎？

這裡有個故事。許多人因為加州的再生能源命令而在該州投資風力發電。唯一的問題是，州內風勢最強勁且時間最長、又能安置風力渦輪機、且干擾民眾最少的地方，距離主要城市都相當遠。由於南加州愛迪生公司希望大批投資風力發電，所以必須耗資20億美元，建造一條長約275英里的傳輸線，好連接洛杉磯和愛德華空軍基地（Edwards Air Force Base）以北的泰哈查比隘口（Tahachapi Pass），因為該處設有許多新的大型風力發電廠。

第一道障礙是傳輸規劃，即研究連接的過程，包括探尋新傳輸線的必要性、傳輸的路徑，以及最重要的是誰來出錢。在這過程中，新的電線到底有多少部分用來傳輸風力發電、又有多少部分僅是增進電網可靠度，而且各個部分的錢應該由誰出，都引發了爭執。參與過程的各方都分到一杯羹，包括聯邦能源管理委員會及加州獨立系統運作公司（California Independent System Operator），後者是非營利的公眾利益公司，負責管理絕大部分的加州高壓電力配送網路。這個審查過程是公開的，所有的風力發電業者都拿著地圖前來，爭說傳輸線應通過何處，以及他們應該出多少錢。

這樣吵了幾個月之後，南加州愛迪生公司負責傳輸與配

送業務的資深副總裁里辛格（Ron Litzinger）說：「我們最後終於說，『好吧，所有的錢都由我們出，有公共政策的支持，應該可以確保投資回收，現在大家可不可以把筆放下，我們繼續下一個程序？』」

真正好玩的部分這才開始。

里辛格說：「研究過程就要花上兩年，接下來會有一年的時間沿著路線進行環境調查，研究該處生長的植物，以及可能會碰到什麼樣的瀕危物種。再來有一年半到兩年的時間和公用事業委員會（Public Utilities Commission）周旋，他們會再次確定電線設置的必要性，審查環境評估，雇用另一個單位進行獨立的環評複審。由於傳輸線還須穿過一些聯邦土地，因此必須取得某個特別的聯邦土地機構另外開具的許可，這每次都是個問題。州和聯邦法律在這方面並不同步，所以當國家森林局人員說：『我不希望傳輸線通過我的森林』，我們也得想辦法解決……然後必須提交一份減緩環境衝擊的計畫，等到這個計畫獲得同意後，才可以開始動工。如果一切順利的話，一條傳輸線從最初的過程到取得許可和路線，需要五年的時間。」

這些審查都很重要，你不可能身為環保人士，還對它嗤之以鼻；但如果你找不到一個簡化過程的方法，使對的計畫及時完成，你也不算是環保人士。

建造工程本身只花了兩年，還不到獲得許可所需時間的一半。里辛格說：「我們在泰哈查比大概可以取得45億瓦電力，我們的計畫從2002年開始，現在（2008年2月25日），我們拿到能完成三分之一的計畫所需的許可。我們從2008年1月3日開始建造，希望2009年能傳送約7億瓦的電力到洛杉磯盆地的住

家。整個計畫獲得許可、建造和完全運作將是2013年，整個過程總共要花十一年。」

十一年才完全連接一個風力發電廠，我不認為這樣的效率有辦法在目前這個世界成就任何事。中國每兩週就設立新的燃煤發電廠，規模足以供應我家鄉明尼蘇達州所有的家庭用電。你可能會說，因為建造汙染性的燃煤發電廠比較容易。

沒錯，你說得對，建造潔淨且超高效能的發電廠的確困難得多。然而儘管中國現在主要還是設立汙染性的電廠，但他們很快就會以同樣的效率建造風力發電廠、太陽能發電設施和核電廠，你可以用自己的房子來打賭。雖然需要時間，但中國最後將會試圖比美國更加綠化，他們不得不如此，否則就會無法呼吸。

至於美國呢？美國會加快行動嗎？美國不能變成中國一天，不該有此需要，也不應有此希望，但這是對美國能源政策現在到底有多不連貫、多急就章以及多缺乏系統的一種評量，情況嚴重到居然能讓我腦中閃過如此空想。如果美國無法找到方法，克服這些問題，規劃出明智的能源政策，美國的這一代最好先有所準備，因為退休後的生活將困難重重，而且還須面對兒女們提出的一些不太客氣的問題。

奇異執行長伊梅特說：「我一直認為，每一代都會回顧上一代所做的事，然後提出一個重要的問題：為什麼他們會做出這些事或沒做某些事？我們這一代要問前一代的重要問題是：『為什麼連好人都會對黑人和婦女懷有如此偏見？』我相信當我們的孩子到了五十歲時，將會回顧我們這一代，然後問：『你們到底在想什麼？你們是世界上最富有的國家，擁有可以

扭轉像全球暖化這類事件的技術，為什麼你們該去做對的事，動作卻這麼慢？』然後他們會感嘆：『喔，天哪，你們到底在幹什麼啊！』」

現在就做，才能挽救未來

要能成功完成綠色革命，

需要對未來有強烈責任感的人民，

了解更綠一籌才有競爭力的企業，

有使命感、強而有力的國家領導者，

從現在開始，共同面對現有的挑戰，

讓自己、也讓後代子孫，

在這個又熱、又平、又擠的世界裡擁有美好的未來。

一位地主問園丁：「何時種植橡樹最好？」園丁回答：「最好的時機是一百年前，但第二好的時機就是今天。」

那麼對於環境保育來說，何時是制定全面性計畫來對抗全球暖化的最好時機？最好的時機或許是三十年前，但第二好的時機就是現在。

——自然資源保護委員會氣候變遷計畫主任 霍金斯

當美國是世界唯一強權的那些年，美國人做了什麼改變世界的事？事實上，我們的孩子已經提出這個問題一段時間了。2007年7月，我參加由KPCB創投公司在科羅拉多州主辦的綠能技術會議。會議中，全世界一些頂尖的能源創新者和科學家齊聚一堂，由氣候與能源專家引領發人深省且大多極為技術性的討論。會議閉幕時，主辦人表示將放映一段過去的新聞畫面。

十二歲女孩的演講

螢幕上出現1992年里約熱內盧地球高峰會議的錄影畫面，畫質略微模糊。畫面中，是高峰會全體出席者聆聽來自加拿大的十二歲女孩鈴木（Severn Suzuki）發表演說。攝影機偶爾會拍到台下的各國環境部長，只見他們跟我們一樣全神貫注傾聽她口中說出的每個字。鈴木的演說，是我在能源氣候年代初期所聽過最具說服力的表述，她在說明真正綠色革命的策略與道德目標上，超越所有其他任何年齡的人。她的演講稿和演講一樣有可讀性，摘述如下：

大家好，我是鈴木，代表兒童環保組織ECO（Environmental Children's Organization）發聲，我們是一群由十二和十三歲的加拿大小孩組成的團體，包括蘇提（Vanessa Suttie）、蓋斯勒（Morgan Geisler）和奎格（Michelle Quigg）。我們自籌旅費，從加拿大來到巴西，經歷一萬公里的旅程，只為了告訴各位大人們，必須改變現在的世界。

今天站在這裡，沒有任何動機，我從事環保運動，是為了自己的未來而奮鬥。失去自己的未來，跟選舉落敗和股票慘跌是不能一概而論的。我在此要說的內容，是為了所有活在未來的孩子；也是為了世界各地那些挨餓、無人關心的孩子們，以及在地球上因無處可去而面臨死亡的無數動物。

現在我很怕站在太陽下，因為臭氧層有破洞。我甚至不敢呼吸，因為空氣可能有毒。我和爸爸經常會在我的家鄉溫哥華釣魚，可是幾年前，我們發現魚全身長滿了腫瘤；現在我們每天都會聽到某些動植物絕種的消息，它們永遠不會再活過來了。我曾有個夢想，希望這輩子能去一大片叢林，裡頭有各種野生動物、鳥類和蝴蝶，可是我很懷疑，到了我們的下一代，是否再也無法擁有這樣的夢想。當你們像我一樣大的時候，是否曾經擔心過這些問題呢？

這些情況全都發生在你我眼前，我們人類卻用不以為意的態度面對。我只是個孩子，我不知道該怎麼解決眼前的危機，可是我希望你們也能明白，即使是你們也不知道解決之道：你們不知道怎麼讓鮭魚重新回到乾涸的小溪；不知道怎麼讓絕種的動物死而復生；也不知道怎麼讓現在變成沙漠的森林重生。如果不知道怎麼修復這一切，就請別再繼續破壞下去吧！

在學校……不！甚至是在幼兒園裡，你們就開始教導我們，在這個世界上該如何守規矩，例如：不要相互爭執、用溝通的辦法解決事情、尊重別人、弄亂的東西要清理乾淨、不要傷害其他生物、相互分享、不要貪心。那麼，現在你們為什麼又要做出這些不要我們去做的事呢？請不要忘記，你們為什

麼參加這場會議，以及你們是為了誰而這麼做。是為你們的孩子，也就是我們。各位的任何決定，將決定我們要在什麼樣的世界裡成長。

父母總是會安慰孩子：「一切都會沒事的」、「這又不是世界末日」，還有「我們已經盡力而為」。但我不認為大人們還能用這樣的話安慰我們了。或者，你們真的有將孩子的未來排在考量的第一順位嗎？

父親總是告訴我：「你的價值是以你做的事，而不是以你說的話來衡量。」可是我卻為了你們的所作所為在夜裡哭泣。你們總是說愛我們，但我感到懷疑。如果是真的，請用行動來證明！謝謝你們聽我說完。

每次我重聽這個演講，都覺得有點沮喪，尤其是那句「你的價值是以你做的事，而不是以你說的話來衡量」。對我而言，鈴木這場演講的動人之處、力量及效果，即在於她毫不掩飾的提醒我們綠色革命的真實面貌，不是地球日音樂會，不是雜誌的綠色專題特刊，不是205種輕鬆綠化的方法，也不僅是最新的網路淘金潮或行銷熱。綠色革命是生存的策略，是我們為了保存先人傳下的自然界這個巨大無比的挑戰，所採取的因應行動。但是在這個過程中的某個地方，這個大目標消失了，以致「綠色」往往讓人感覺很好，卻不需要真正做好，提高意識，卻不需要實際改變行為。

領導者非常重要

經常有人問：我想過綠色生活，怎樣才能造成改變？我的回答通常分兩方面，首先，從關心環境並使自己的生活方式盡量符合環境永續的要求做起。沒有人做得很完美，我當然也不是，但是至少我們能確定，自己對環境的認知與行為持續在進步。這點極為必要，但仍然不夠。

無論你、孩子或鄰居的個人承諾是什麼，還必須以法律、規定及條約將它們制度化，成為國家及國際間的承諾。這就歸結到我的第二個回答：更換你的領導者，比更換你的燈泡來得更重要。

領導者若能制訂出方向正確的法規，就可能引領數百萬人的行為與動機，在一夕之間創造出綠能市場。無論你開燈後是否能記得關燈，領導者制訂的法規能規範你使用的燈泡必須達到何種效能；無論你買的是 Prius 油電複合動力車或是悍馬，領導者制訂的法規能規範你的車每加侖必須行駛多少英里；無論公司的總經理是思想先進或極端守舊，領導者制訂的法規能規定你的公用事業公司必須購買多少綠色能源；無論你是否有錢使用空調，領導者制訂的法規能規範你的冷氣必須達到什麼樣的效能；領導者制訂的法規，還關係到綠色能源傳輸線是否可以穿越你的土地，或是會遭受阻礙而必須纏訟十年；他們制訂的法規，也規定國會提供或不提供獎勵性租稅誘因給開發風能、生質能及太陽能的業者；他們制訂的法規，還評估應該課徵什麼樣的碳稅來發展市場；他們制訂的法規，也規範溫室氣體總量管制與交易制度的限制標準高低；他們制訂法規禁用塑

膠購物袋、降低速限、限制生質燃料的作物種植地區，並決定政府對公用發電廠的補助是為了鼓勵用電還是節能。

　　但是如何推舉出能夠制訂適當法規的領袖呢？他們在哪裡，而我們又能如何要求他們真正的撥亂反正？這些都是我想在這一章結論裡試著回答的重要問題。首先，綠色革命應參考兩個前例：民權運動和美國動員投入第二次世界大戰。

民權運動的啟示

　　綠色革命和民權運動的相似處，在於兩者都關係到個人道德，卻不僅止於個人道德。美國民權運動促使美國白人以自己想被對待的方式來對待美國黑人，但這不僅是要求大眾對新搬來的非裔美籍鄰居表示友好，或開放他們申請當地游泳俱樂部的會員資格。最終而言，這個運動是要修訂法律，讓任何人不再可以選擇歧視他人。最後能改變數千萬人行為和觀念的，正是這些法律。

　　美國民權運動的開端是公民的行動，是由那些黑人運動者開始，他們坦然坐在清一色白人的午餐桌；他們拒絕坐到公車後方或讓位給白人；他們反抗種族主義份子，無畏的從前門走進密西西比大學或喬治亞大學。他們的典範與勇氣激勵了其他人，最後運動興起並達到高峰。1963年8月28日那一天，100萬名群眾從林肯紀念堂（Lincoln Memorial）的台階一路延伸到國家廣場（National Mall），聆聽金恩博士發表名為「我有個夢想」的演說。公民行動加上富啟發性的想法，激勵所有人，整個國家逐漸意識到不該繼續坐視狀況發展而不採取行動，因為它已

不容忽視。

　　終於，這些抗議及抗議者人數引發地區、各州及聯邦立法者的注意，這些立法者中雖有許多人早已意識到種族隔離的問題，也知道國內多數人並不樂見這種情形，卻認為改變太過麻煩，不如維持現況。可是，當他們看到國家廣場上呼籲改革的大規模運動及其他各地的許多抗議活動時，政治風向隨之轉變，因為修訂種族法律的任務雖然艱難，但毫無作為卻會為國家帶來更多苦難。

　　沒錯，顯然改變帶來了分裂，程度非常嚴重，並且歷時二十年之久，但是現在沒有人會說，那不是美國人該為國家做的事。如同凱瑞（John F. Kerry）參議員在《新聞週刊》發表的一篇論述：「只有在人民發起規模夠大的運動、使華府除了聽從之外別無選擇時，真正的改變才會發生……這是改變國家唯一的方式。」（2008年4月28日）

　　這也是綠色革命必須採取的下一步，目前其訴求或群眾的呼籲，尚未達到令政治人物無法忽視的程度，綠色多半仍是一種選擇而非必要。

　　「非裔美國人的民權運動是個罕見的事件，成功讓這項運動符合道德與政治的當務之急。這是綠色倡議想要達到的目標。支持者很容易辯稱，在地球上，綠化在道德上是當務之急，在經濟上是當務之急、在創新上是當務之急，在戰略上也是當務之急，即便美國總統歐巴馬並沒有把它視為政治上的當務之急。在我看來，不論耗費多少政治成本，只有明顯爭取到為碳設定價格訊號之後，他才會真的去做。

　　如果要讓人們對綠色運動嚴肅以對，最少得有100萬個民

眾集合在國家廣場要求設置價格訊號，例如碳稅、溫室氣體總量管制與交易制度，或國家再生能源命令。我們需要人民要求政府修訂規範全國能源效率的法律。這些新的法規及稅賦，就相當於民權法案的綠色版本。

就像史丹佛大學的戴雅門告訴我的情況：「價格訊號對綠色運動的作用，就像投票權法案（Voting Rights Act）對民權運動的作用一樣。這是改變現實情況的關鍵點。」投票權法案通過後，數百萬非裔美國人得到選舉權，而且政府準備派遣軍隊來確保投票順利，每件事情都改變了。對碳訂定實際的價格也會發生相同的情況。價格訊號會促進大規模創新與消費者需求。一旦這種情況出現，你就會看到綠色產品到位的速度比任何人現在的預期更快，而且價格更低。

不過，要集合100萬人到國家廣場要求平等權利，尤其是為了他們並不住在當地的地區或社區，難度遠低於把他們集合到那裡，呼籲政府課徵碳稅或發布國家綠色能源命令，要求各地區至少必須生產多少再生動力，而最後實際上可能只嘉惠到他們的孩子。

除非大眾讓政治人物相信，人們願意接受必要的價格提高及法規改變，以啟動綠色能源的革命，並呼籲政治人物懲罰拒絕改變的人民或公司，否則政治人物還是會認為維持現狀比較容易，沒有必要與石油、煤礦和天然氣公司及代表這些公司的議員作對。如果大眾傳達給政治人物的訊息，仍是他們只關心205種輕鬆綠化的方法，政治人物就不會提議能真正發揮影響力的一或兩個困難的方法。

不過，如果沒有珍珠港事件，讓100萬人上國家廣場要求

設定真實的碳價實在很困難。只有在第二次世界大戰成為對生活方式立即可見、不可避免的威脅之後，我們的父母與祖父母才在他們的時代面對自由的挑戰。我們投入所有的經濟資源和人力來解決這個問題，直到取得勝利，因為當時的美國人了解自己的生活方式岌岌可危。每個人都必須犧牲，都必須參與，無論是鉚釘工蘿西（Rosie the Riveter）*1、在勝利花園（victory garden）*2中的祖父母，或是被羅斯福總統要求停產汽車、製造坦克的通用公司。我們需要類似的動員，來啟動真正的綠色能源系統，不過我們所做的事情是要在事情發生前防範未然，而不是在發生之後才採取因應措施。因為一旦氣候領域的珍珠港事件發生，不可避免會出現很明顯的威脅，想要從中逃脫幾乎是不可能的事。

　　在激發真正的綠色革命上，我們今天所面對的重大挑戰是：受氣候變遷影響最大的不太會是「我們」。那些遭受能源及自然資源供需失衡、產油國獨裁、氣候變遷、能源匱乏及生物多樣性消失等嚴重影響的人沒辦法投票，因為他們還沒出生。歷史上政治改革運動的發生，均肇因於人們遭到某個政策或情況的不當影響或侵害，當一無所有的人累積到一定數目時，最後便產生足夠的力量引進民主制度。但綠色議題，尤其是氣候變遷，「並不是擁有者和一無所有者的對立，」如同約

1　譯註：鉚釘工蘿西代表美國二次世界大戰期間600萬個進入工廠工作的女性，最有名的形象是一張海報，標題是：「我們做得到！」（We can do it!）
2　譯註：勝利花園是指第二次世界大戰時，美國、加拿大及英國私人住宅內種植蔬果的園圃，目的在減輕戰時食物供給的壓力，民眾在栽種過程中，覺得既付出一己勞力又能收穫作物，因而提振民心士氣。

翰霍普金斯大學孟達邦教授所說：「而是現在與未來、今日世代與其子女及尚未出生的兒孫輩的對立。問題在於，工人可以形成組織爭取勞工權益，老年人可以形成組織爭取健康照護，但『未來』如何成為組織？他們無法遊說，也無法抗議。」

在美國的民主模式中，政治是利益團體衝突下的產物，但綠色利益團體尚未完全成形，如果再有幾個卡崔娜颶風襲擊其他幾個城市，或許這個團體會正式形成。孟達邦教授說：「屆時它將會是有史以來最大的利益團體，但等到那時，一切可能都已經太遲了。」這樣不尋常的情況需要我們這些地球管家的倫理，就像是父母為子女所做的：高瞻遠矚，長期規劃，使他們能享有較好的未來。當然，要每個家庭為他們的後代籌劃，遠比要求他們為整個社會籌劃來得容易。這仍是我們的挑戰。而且對於政治領導人、企業領袖和再生世代的人都是挑戰。這三個族群都必須以新方法採取行動。不過我在這三個領域都看到一些好現象。

在政治界，美國總統歐巴馬已經了解到，不該只是將綠色革命視為必然會發生的事，認為如果沒有綠色革命，我們每個人都會因為氣候變遷而喪命。它還應該被視為一個商機，而且對美國來說，這是美國復興最重要的機會。很難告訴大家看不見、摸不到或聞不到的溫室氣體會在百年內摧毀世界，因此要大家採取行動。這只是違反人性。這也是為什麼我在本書中不斷強調，面對能源氣候年代的挑戰，不僅是面對一個新的危機，同時也可以是掌握一個新的機會。二次大戰不能算是個「機會」，純粹只是應盡的義務；而能源氣候年代則兩者皆是，我們既有義務確保各個物種都享有安穩的地球環境，同時

這也是個讓國家革新再生的機會。

但不爭的事實是，真正朝向綠色革命轉型會有所犧牲，這與第二次世界大戰和冷戰一樣，總統必須向美國人說明犧牲的程度有多大，包括正式設置碳價的價格訊號，因為這可以產生一個更強健的美國，並保護這個適合居住的星球。不要逃避這點，如果總統沒有準備好向人民說明，綠色革命就不會發生。不然就只有在出現超過五次卡崔娜颶風之後才有可能發生。

無論你面對什麼樣的艱鉅挑戰，如結束種族隔離或投入世界大戰，領導者的特質通常是關鍵因素。在能源氣候年代，我們需要的領導者必須要能夠形塑議題，讓人們了解為什麼忽略這些議題有相當大的危險，但起而因應則有相當大的機會。我們也需要領導者不僅了解運用系統化的方式處理問題的重要性，也能夠真正創造願景、樹立權威以整合整個系統。不過，在沒有氣候領域的九一一事件下要達到這種領導者的特質水準，我們必須要求產業和大眾都採取前所未見的行動。領導人不只得來不易，還需要培育。

嗯，說到產業，我們知道如今會讓政治人物採取行動的事情莫過於未來可以取得競選捐款。而有趣的是，對美國產業的巨頭來說，什麼都不想做的企業正出現某種程度的意見分歧，有些企業認為任何碳價訊號會導致工作消失與企業獲利縮水，還有些企業則了解到真正的綠色革命是項經濟商機，可以發明新產品、建立新市場並創造股東價值。

換句話說，好消息是，如今很多產業對綠色議題的看法已經有些改變，因為他們已經開始行動，他們知道綠化代表競爭機會，而不是負擔。這些企業變得愈來愈多，聲音愈來

愈大。他們仍然無法超越美國商會（Chamber of Commerce）、碳氫化合物的遊說團體，以及全國製造商協會（National Association of Manufacturers），這些組織想要放慢綠色革命的腳步，但是這些組織能夠自己採取行動並採取強硬手段，而這樣的組織與企業愈來愈多。

當你改變這些生產與消耗能源的大型公司的關注重點，並使他們啟動綠色行動，他們將會發揮巨大無比的影響力。以沃爾瑪倡導高效能燈泡所造成的影響為例，「去年，沃爾瑪宣布一個野心勃勃的目標，希望在一年內銷售1億個省電燈泡，」TreeHugger.com網站於2007年10月23日提到：「現在該公司宣布已經達成這個目標。他們估計這些省電燈泡的效用，相當於馬路上減少70萬輛汽車，節約的能源可供45萬個家庭使用。」

沃爾瑪正積極實現2005年訂下的目標，也就是在2008年底之前，讓公司7,200輛聯結貨車的燃料效能提升25%，這幾乎相當於馬路上減少6萬8,000輛汽車。到了2015年，他們的目標則是提升100%的效能。由於不斷的擴張，沃爾瑪每增加一個新據點，都會增加大量能源的需求，所以，他們在成長時能夠盡可能符合綠化原則顯得格外重要，這不僅是為了他們自己，也事關他們能將多少科技進展推廣給每個人。

貝克在這方面有個發人深省的親身經驗。2007年美國參眾兩院為了是否提高美國境內銷售車輛的行駛油耗標準及提高多少幅度而爭執不休，汽車公司彼此之間也意見分歧。一些公司準備要在2020年達成每加侖35英里的新油耗標準，但通用、福特及克萊斯勒這底特律三巨頭，卻反對任何有關油耗標準的重大改變，直到他們因為時勢所趨才不情願的妥協，同意

在2022年達成每加侖32英里的草案。

美國日產汽車公司（Nissan USA）知道自己能輕易達成較高的標準，所以屬於主張2020年達到每加侖35英里的陣營。日產在美國的製造工廠多數位於南方，如密西西比州等。日產代表告知這些州的參議員他們希望的投票結果，其中包括密西西比州的共和黨重量級參議員拉特（Trent Lott）。

「我在國會為環境議題奔走許多年了，但從未見過拉特，」貝克說：「他在環境議題上的投票紀錄可說是國會中最糟糕的，但是密西西比州現在有一間日產公司的工廠……我極力遊說國會通過較嚴苛的油耗標準，而日產是我們的盟友。辯論期間某天，我站在參議院的樓層，看到拉特走出來，馬上向前自我介紹，準備提出我的意見。當時我穿著簡單樸素的西裝，他對我說：『丹，你們沒收到通報嗎？今天是泡泡紗日（seersucker day）＊3。』他一直往前走進入電梯，然後說：『我支持你們。』接著電梯門關上。」

換言之，較嚴苛的油耗標準之所以能通過，並不是因為邏輯的力量，而是透過遊說的權力平衡。「山巒協會無法說服拉特，所以日產必須拉到拉特和史帝芬斯（Ted Stevens；阿拉斯加州參議員，投票時通常站在石油產業那一邊）的票，如果沒有他們，我們絕不可能成功。」貝克說：「日產說動這些極為保守的參議員，因為他們公司在這些參議員代表的各州設廠……密西西比州也有環保人士，但拉特知道他們沒有把票投給他。」

3　譯註：「泡泡紗日」為拉特議員在1996年所定，在每年6月中旬的星期四，參議員們會穿著這種輕薄、有條紋和皺紋的布料所製作的西裝上班。

因為日產，拉特變得比較支持綠色議題，至少在那一天是如此。而讓日產變綠的，則是他們的顧客。最終的結論總是：行動永遠比言語有力。

「再生世代」重現

這讓我明白為什麼我不需要參與世界地球日。我們不再需要因為碳補償（carbon offsets）抵銷用電量的搖滾樂團而提高環保意識。2008年4月20日，國家廣場舉行一場地球日音樂會暨大會，我受邀去演講。當我接受邀請時，還心想不知是否會有政治領袖現身帶領這樣一個大規模集會，如同1963年金恩博士一般。音樂會那天下著雨，當我開始對群眾發表演說時，一個搖滾樂團還在我身後調音。我認為自己應該避免喊一些空泛的口號，而是直接談實際層面，例如台下聽眾可以如何運用影響力，促使立法通過太陽能或風能租稅抵減，因為此案在國會擱置已經快一年了。但我很快就了解，許多人只是來聽樂團演唱，並不想聽政治策略。

後來，一道閃電迫使主辦單位緊急結束集會，我的評論也因而中斷。我疲累的在雨中走到地鐵站搭車回家，有幾個參加活動的人和我搭乘同一節車廂，其中一個人走過來和我聊天。這個人將近三十歲，目前正在美國國際發展局的包商另類發展公司（Development Alternatives Inc.）工作。他一開始便說：「我喜歡你想要表達的概念，可惜你沒辦法講完，很多人只是去那裡聽音樂而已。」沒錯，我同意，也許那個場合不適合發表如何遊說國會這麼嚴肅的演說。

但什麼時間適合呢？如果「再生世代」真的想要產生影響，必須讓這數百萬在國家廣場的人（或是在道德或政治上找到同樣多的人）不只聽樂團演唱，還要告訴政治人物他們已經準備好迎接正式的價格訊號。而且他們必須在沒有珍珠港事變或九一一事件的情況下做到這點。我的想法是，我們需要運用不同的策略來影響企業和一般大眾。若想改變企業，需要跟經驗豐富的美國華府圈內人士打交道，因為他們了解國會如何運作、如何籌措選舉經費，以及如何保護地盤。像艾克森美孚、全球最大的煤礦民營公司皮博迪能源（Peabody Energy）及通用汽車都知道，國會中的圍堵聯盟和Facebook網站用戶的不同，他們不是Facebook的用戶，這些人可是會直接面對阻礙他們的議員。如果美國民眾想要這些公司轉向較綠色的政治，就必須到這些圈內人士面前，並進入他們制訂法律的政府廳堂，這些人可不會去參加什麼地球日音樂會。

　　其次，我們要影響一般社會大眾。美國「再生世代」將由每一個學生、每一所學校、每一位教師及每一處社區開始逐漸茁壯，以「綠色」為中心來改變文化。綠色不僅是「趕時髦」，更是我們生活的重心。但是我們不能欺騙自己，目前綠色革命還未達到所需的境地，還沒有一個國家級的政治人物出來主張，我們應該藉由在日常生活的每個層面去體現綠色理念。目前「綠色」僅是政治人物必須勾選的一個項目，而非施政理念。

　　目前政治人物簡化而倉促的說詞仍是，我們需要一個發明綠色能源的「曼哈坦計畫」，就像發明原子彈而結束二次世界大戰的「曼哈坦計畫」一樣。不過，正如我希望我已經清

楚表明的，這樣的想法只是避重就輕，想以此取代對整個問題進行嚴肅而有系統的思考。「沒錯，我們需要原子彈結束戰爭，」孟達邦教授說：「但如果沒有大規模的軍隊、徵兵、發動攻擊日，以及家鄉後方所有人的犧牲奉獻，勝利的時刻不會到來。」美國能夠打贏戰爭要感謝所有軍隊的努力（也別忘了我們的盟友），但這些軍隊則來自美國人民。

美國今日所面臨的真正能源短缺是，無論公民或政治階層都缺乏必要的動能，能夠嚴肅看待綠色能源系統這樣龐大的目標，並致力實現。這也是我在本書一開始所提到的，美國的政治效能不彰已久，陷入一種想要結果卻不想要過程的模式，不管個人或政治皆是如此。我們所做的事就代表我們，而我們在創造綠色能源系統上的作為，到目前為止實在不怎麼樣。

阿列格尼學院的馬尼茲教授在《華盛頓郵報》（2007年11月22日）發表的評論，對此說得最好：

人類的歷史，就是那些棘手又令人傷神的挑戰，和如實說出這些挑戰的領導者如何激發我們個人及社會的想像、創造及奉獻的過程。否則李維爾（Paul Revere）*4不會奔馳在米德爾塞克斯郡（Middlesex County），兜售一本關於「懶惰的革命者」（The Lazy Revolutionary）的書；羅斯福總統不會條列出十種輕鬆反法西斯主義的方法來動員全國；金恩博士的「我有個夢想」演說或〈伯明罕獄中書〉（Letter from Birmingham Jail）的文稿，也不太

4　譯註：李維爾是一名銀匠，也是美國獨立戰爭時期著名的愛國者，以連夜騎馬奔馳傳達英軍入侵的消息給波士頓居民、使民軍得以做好迎戰準備而聞名。

可能勾勒出一種深植於個人主義及消費者中心行動的務實改革政治。

我們面對的最大環境問題，不是冰雪消融、降雨減少或石油供給緊縮及汽油價格攀升，而是當美國人問：「我如何造成改變？」時，那些環保菁英份子及政治領袖卻認為我們只是孩子，不是過於膽怯而不敢激發我們最好的一面，就是過於盲目，而看不出我們之所以能成為偉大國家的內在本質。

這道理似乎顯而易見，但我卻看不出美國政治制度有辦法培養出能夠解決如此重大問題的領袖。這問題跨越好幾個世代、呈現多種面向，並且將花費數兆美元。我一直記得史丹佛大學氣候學家史奈德告訴我的一個小故事。

他說：「民主能否經得起複雜問題的考驗？這就是能源、環境問題所代表的意義。這個問題極為困難，涉及多種等級和多門學科，某些領域極其確定，某些領域則相反，問題既無法逆轉又可以逆轉，而直到結束前，我們都不知道自己到底做得如何。也許四十年後我們才會知道，這就是為什麼氣候問題的複雜性對民主是種挑戰，因為民主是短期的。1974年我二十九歲時，正在為美國國家大氣科學研究中心工作。當時的總統是尼克森。某天我對白宮一些對氣候與安全感興趣的行政部門演講，場子是由中情局安排的，可是我並不知道。主講人除了我之外，還有一位資深人員。當我說到『無法逆轉』（irreversibility）及十一年和二十二年的乾旱週期時，有個坐在後排、穿著皺巴巴的外套、領帶向後折的傢伙大聲的說：『小伙子，你不了解，這裡只有兩年、四年和六年任期。』稍後我和

他碰面,才知道他是中情局的人,而他一眼便看穿了事實。」

　　這就說到本章的核心,我們如果不是透過民主制度及民選領袖激發意志、凝聚焦點和樹立權威,看得比最新消息的週期還遠,盡一切努力設計並執行綠色能源系統,帶領我們的國家邁向另一個階段,就像中國目前透過比較獨裁的方式想達成的目標,我們就會淪為香蕉共和國。

香蕉共和國

　　不,別誤會,不是那種香蕉。當我說「香蕉共和國」(Banana Republic),並不是指1960年代某種拉丁美洲獨裁專政*5。我用「香蕉」這個詞是套用公用事業專家的說法,你聽過 "NIMBY" 嗎?意思是「別在我家後院」(not in my backyard),例句是:「我喜歡風力發電機,但就是別建在我家後院」。而 "BANANA" 則是範圍更廣的同類用語,代表 "build absolutely nothing anywhere near anything",意思是「毫無建樹」。

　　美國這個民主國家已經日漸變成這種「香蕉共和國」,我們需要更多核能,但沒有人希望核廢料貯存在自家附近;我們認為風力發電機可以大幅增進電網效能,但是拜託別擺在麻州海安內斯港(Hyannis Port),那可能會妨礙我欣賞海景;太陽能,沒錯,太陽能就是答案,不過要從可以大規模生產太陽能

5　譯註:香蕉共和國,過去指只靠香蕉等單一經濟作物出口且受腐敗政府控制的拉丁美洲小國,有貶低的意味。

的亞利桑那州的沙漠到最需要用電的洛杉磯，沿途建一條高壓電傳輸線，你想都別想！天然氣在發電上好像優於燃煤，但你最好別膽敢在美國任何沿岸社區建造液化天然氣接收站（這可以讓我們進口更多天然氣）；好，沒關係，我們就靠碳封存的煤好了，可是如果你在地下洞穴封存煤中的二氧化碳，然後讓它外洩到我家廁所，我絕對會告得你沒完沒了，所以不要把這些東西貯存在我家附近；至於潮汐發電，好啊，可以啊，只要你別把那種巨大的潮汐發電機擺在我最喜歡的沙灘上。

　　基於這些理由，如果我們要喚起推展真正綠能革命的意志、焦點及權威，需要一位不畏於採取任何必要行動來領導的總統。林肯總統為了贏得南北戰爭，必須以民主方式取走各州政府的權力，歸入聯邦政府，創造出美國建國以來最壯大強盛的中央政府，他甚至暫停了人身保護令（habeas corpus）。羅斯福總統則必須將軟弱單薄的聯邦政府轉化為今日的巨型機構，以克服經濟大蕭條，並贏得二次世界大戰。

　　任何想要建構新的綠色能源及保育系統的美國總統，也必須做同樣的事：以民主制度的方式取得授權，結合現有拼湊的動力網絡，創造出一個較為整合的國家能源系統。所以如果有人曾聽到羅斯福總統說：「噢，真希望我既是總統、又是國會，只要十分鐘就好了。」這並不讓人感到意外。大部分的總統如果聽過美國現今能源「系統」的相關簡報，應該也會說同樣的話，因為它就像個三頭六臂的大怪物。

多頭馬車的系統

　　以下是個速寫。美國各地及區域公用事業提供電力和天然氣給大多數的美國人，但它們受到各州規範，由州政府裁決各事業生產的動力及傳輸線的建造應如何收費。美國國家環境保護局監管空氣、用水及燃料的品質標準；而運輸部則負責訂定汽車、卡車的油耗標準；能源部科學辦公室是國家能源研究最大的資金來源，能源部也負責訂定家電用品的效能標準和國家模範建築法規；乙醇的生產則由農業部說了算；美國陸軍工兵團負責建造與維護許多水力發電水壩；聯邦能源管理委員會監管州際電力傳輸線；核子管理委員會規範核能廠的建造與營運；隸屬總統的經濟顧問委員會，則裁定任何能源提案在經濟上的可行性。同時，參議員、眾議員及州長都向這些機構內的每個人遊說，想要為自己州裡生產的某種特定能源，尋求更多保護或增加更多使用，有時他們會借用私人投資者的力量，但有時又會持反對立場。當說客不滿某個政府機關處理他們議題的做法時，則會尋求另一個機關來圍堵，最後演變成政府部門的內鬨。

　　這個「系統」大部分是在二次世界大戰後成形，當時的假設是，天然氣價格會一直維持在每百萬英熱單位（million metric BTU）2美元，原油價格則會在每桶10到24美元之間浮動，除非碰上戰事或政治危機，否則不會超出這個範圍。因此，美國政府沒有一個機構的任務是構想並執行綠能革命，我們也從未想過可能有此需要。

　　正如環境顧問貝克所說，整個系統「設計得讓什麼都不做

比較簡單，要轉變則幾乎毫無可能」。所以無論過去、現在，都沒有主要的策略，也沒有任何人或部門看到全貌，或思考如何分工合作。國際保育協會的普里克特說：「這狀況就好像我們正在打二次世界大戰，但只有上尉、上校，卻沒有將軍，每個人都只是朝自己的方向前進。」

前美國總統歐巴馬一直在改變這種情況。他已經建立綠色內閣，成員包括政府中重要的能源與環境部門官員。而且，最重要的是，他正試著成為能源長，找出一種合乎民主的方式來建立權威，駕馭這個不斷吼叫並朝多個不同方向拉扯的美國能源怪獸，使它重新集中焦點，致力於唯一的要務：藉由聰明的系統，創造綠色能源、提升能源效率及節約能源。

歐巴馬在任職的第一年就取得很大的成果，顯示出大家對他真正的期望，他不僅成為美國第一位黑人總統，還是第一任綠能總統，而且透過刺激計畫和監理行動做好準備，為實現真正的綠色革命奠定基礎。但是這場革命是否真正成型，將取決於他是否有意和有能力向美國人推銷去做些困難的事，做些短期會受傷的事，但這些事情關係重大，而且會讓美國在更適合居住的星球上變成更好的國家。明顯高出很多的碳價確實會改變消費者生活中使用能源產品的需求。我希望他可以升任這份工作。我擔心的是，前任總統交接下來的經濟混亂會阻止他這樣做。沒有什麼比環境領域的珍珠港事件或氣候領域的九一一事件更需要去完成。我們希望不要變成這樣。

審慎的樂觀

2007年夏天，我到科羅拉多州巴梭特（Basalt）參加落磯山研究中心成立二十五週年慶，這個機構是美國環境創新的重要中心。晚餐前，我和友人先德勒（Auden Schendler）在一個由大型私人賽馬場巧妙布置成的慶典跳舞廳裡，談到科羅拉多州的環境保護主義。先德勒是亞斯本滑雪公司（Aspen Skiing Company）的社區與環境事務專員，當我們結束談話時，我向他索取名片以便日後聯繫。

「我才剛換過名片，」他對我說。「噢，你搬家了？」我問。先德勒解釋，他並沒有搬家或換工作，他重新印名片是因為想把名片下方的引言換掉。

「我的舊名片引述的是（生物學家及環保人士）迪博（René Dubos）所說的話：『趨勢不是命運。』然後有一天我對自己說：『嘿，或許就氣候而言，趨勢就是命運，沒有任何事可以阻止我們不讓大氣層中的二氧化碳含量加倍。』所以我把名片改了，現在引用的是一個愛喝酒的酒吧鬧事者，已故作家布考斯基（Charles Bukowski）一本詩集的名字：《最重要的是你如何浴火而行》（*What matters most is how well you walk through the fire*）。我們還沒開始為這個問題奮戰，而我已經決定要開始，即使我認為這是場長期抗戰。我現在三十七歲，對我們到目前為止所做的事感到遺憾，我希望有生之年能看到我們贏得這一戰，希望看到最後如何結束。我曾說這是我們兒女的問題，但事實上我們大概有十年的時間可以改變狀況，所以這實際上是我們的問題。」

先德勒說得沒錯，這真的是我們的問題，我們處在決定這

個能源氣候年代會如何轉變的歷史樞紐。如果我們要設法管控不可避免的，避免不可管控的，就必須確定我們從此時此刻起的任何作為，都有助於建構實際、永續且可衡量的解決之道。明確容易的路徑皆已封閉，現在真正重要的是我們如何浴火而行。

這項任務如此艱鉅而影響深遠，我們該如何避免過於樂觀或悲觀？我們必須走在先德勒兩張名片的交界線上：一邊是諸事可成的樂觀主義，另一邊則是敏銳察覺到時間已晚，而問題卻過於嚴重。

人們需要希望，才有辦法承擔如此巨大、長期又艱難的任務，沒有希望就無法激起、延續一個廣泛的政治運動。如果你告訴人們：「面對現實吧，我們完蛋了，你把數字加一加就知道，大氣中已經有那麼多二氧化碳，之後一定還會增加好幾噸。真實的情況就是，你的孫子只能在過期的《國家地理雜誌》上才看得到北極熊。」那他們的反應一定是：「喔，如果我們做任何事都沒辦法擋住火車的話，不如就及時行樂吧。」

可是，如果你告訴人們解決之道唾手可得，或是只要靠最近一期園藝雜誌裡的205種輕鬆綠化方法，就能創造整個新的綠色能源系統，並且打敗全球暖化，許多人的態度也會是：「喔，既然這麼簡單，那現在就可以開慶祝派對了。」我欣賞蒙畢爾特在他的《熱：如何阻止地球燃燒》（*Heat: How to Stop the Planet Burning*）一書中所說的：「無論如何都抱持希望，就如同輕易絕望一樣危險。」

至於我，我想我會自稱是一個審慎的樂觀者，我喜歡同時持有先德勒的兩張名片。如果我們對規模這麼大的挑戰不審慎

以對，就是不用心；但如果你不是個樂觀主義者，就根本不可能創造需要的群眾運動，以達到需要的規模。

就從現在開始

追悼詞不該是本書的結尾，但是落磯山研究中心的羅文斯在美國環保先驅梅多斯的追思儀式講詞中，表達許多我的願望，所以我忍不住在此分享講詞中的部分內容。梅多斯是任教於達特茅斯學院的環保專家及作家，她於2001年2月21日去世，生前曾鼓勵及教導過我許多從事綠色運動的友人。我摘錄羅文斯的部分追悼詞如下：

生物學家威爾森曾注意到，蜜蜂、螞蟻及白蟻雖然個別來說不是非常聰明，但群體而言卻有極高的智慧，然後他說：「人類似乎正好相反。」然而梅多斯是個特例。她是我們的最佳典範，她的愛、邏輯、擇善固執、勇氣與熱情，喚醒其他人負起拯救世界的能力與責任……三年前，她曾寫過這樣的句子：「我天生就是樂觀的人，對我來說，所有的杯子都只是半滿。」但她也不會避而不談壞消息，總是會提出如何做得更好來激勵他人。她深信未來是我們的選擇，而不是宿命，並以她清晰的洞見，說明該如何去做（有時不得不做的）必要的事。她的觀點與迪博相同，認為絕望是種罪惡，所以當被問及，是否還有足夠的時間防止巨大的災難時，她總是說，我們還有足夠的時間，只要能從現在做起。

兩年前，有篇評論文章談及令她流淚的一個事件，她將評論以電子郵件寄給我，但附加以下注記作為對比：「有個總經理某天在照顧他的小女兒時，想看報紙卻一直被打斷，令他十分無奈。當他看到報上有一整版太空總署從太空拍攝的地球照片時，想到了一個聰明的點子，他把報紙撕成一小片、一小片，要女兒把它拼起來，然後他愉快的準備享受半個小時的平靜與安寧。但是只過了幾分鐘，他的女兒又回到他身旁，臉上滿是笑容。他問：「妳已經拼完了？」「嗯。」「妳怎麼拼的？」「喔，我看到背面是一個人的圖片，所以我把那個人拼好，地球也就拼好了……」

這篇追悼詞有許多值得欽佩的地方：堅信未來是我們的選擇，而不是宿命；把人拼起來，地球就拼起來了；宇宙中沒有什麼比60億人的頭腦全數投注到一個問題上的力量還大。最重要的是，我聽過表達審慎樂觀最好的說法是：我們還有足夠的時間，只要能從現在做起。

所以我要以本書開始時說的話來結束這本書：從我們開始，從美國開始。環保法律專家登巴（John Dernbach）有次告訴我，分析到最後，「美國對永續發展所做的決定並不只是表面上的技術性決定，也不僅是關於環境的決定，而是決定我們是誰、價值是什麼、我們想要生活在怎樣的世界，以及希望在後人心中留下什麼印象。」

我們是身處能源氣候年代的第一代地球人，這不再只跟鯨魚有關，而是跟我們自己有關。我們在面對能源與氣候、保護與保育挑戰時的作為，將會告訴後代子孫我們的真實面貌。我

們運氣好的地方在於，我們成長的時代極為繁榮並充滿科技創新；運氣差的地方則是，如果要擴展繁榮並到達科技發展的新高峰，不能再因循舊方式，開採全球的公有地，認為宇宙和大自然以我們為中心運轉。

我們需要重新界定綠化，在這麼做的同時，也重新發現自己以及身為地球人所代表的意義。如果我們不改變過往的認知，地球還會在，但我們會成為瀕危物種。但如果我們起而面對這個挑戰，真正成為再生世代，重新界定綠化，重新發現、喚起、創造，那麼我們及世界將不只能生存，同時也會在這個又熱、又平、又擠的時代中欣欣向榮。

謝　詞

　　我撰寫這本書時，思索著自己期待透過文字達成什麼樣的目標。這讓我想起美國前財政部長及前總統歐巴馬經濟顧問桑默斯（Larry Summers），他在離開擔任哈佛大學校長一職後，將事業重心擺在促進人們對全球化以及全球化對中產階級的影響相關討論上。2007 年 6 月 10 日《紐約時報雜誌》（*The New York Times Magazine*）一篇報導中，引用了桑默斯的一段話：「我認為一個人必須有接受長期抗戰的心理準備。也就是說，如果你試圖深入探討某個問題並提出解決之道，你不能期待隔天就看到成果。但你仍然知道，你的行動將影響到輿論氛圍，將讓事情從『無法想像』轉變成『無可避免』。」如果這本書為綠能革命有所貢獻，讓美國在綠色新政上扮演起打前鋒的角色，讓人們對於綠能革命從「無法想像」轉為「無可避免」，那麼這本書或許就能稱得上是一本成功的書了。

　　這本書涵蓋的主題及國家如此廣泛，如果沒有他人給予慷慨大度的協助，根本無法成書。這是我在《紐約時報》任職期間所寫的第五本書，就如同前四本書，若非報社及傑出同仁的

支持，我絕不可能完成。我特別要感謝發行人舒茲伯格（Arthur Sulzberger, Jr.）讓我寫作專欄，使我看到這個又熱、又平、又擠的世界許多面貌，並同意讓我休假來完成此書。我同時要感謝社論版總編輯羅森索（Andrew Rosenthal）積極支持這項計畫，並安排我的休假日期。

說到提供我指導與幫助的人，一定要先提到約翰霍普金斯大學外交政策專家孟達邦，我們對於能源、政治及外交政策的無止境討論，有助於讓我的觀點更趨成熟。

在生物多樣性議題上，我的頭號老師是普里克特，我們的旅行足跡由巴西的大西洋雨林到中國西藏的香格里拉，從委內瑞拉南方荒野至印尼最南端。普里克特是國際保育協會的資深副會長，我的老婆安則是該組織的董事。普里克特在環境及生物多樣性領域上，已經忘記的東西比我這輩子知道的東西還多，一路走來，他對我的教導超過任何人，他對保護自然的熱情，更深深感染著每個人。

國際保育協會的主要領導人密特邁爾及薩利格曼（Peter Seligmann）也一直積極支持我的工作；該組織的兩位生物多樣性專家布魯克斯及托騰，花時間閱讀本書重要的部分並提出建議。印尼分部的蘇普利特納和厄德曼不僅是令人折服的導遊，還提供有關印尼群島領土及海洋多樣性的極佳洞見；在雅加達執行美國國際開發局環境計畫的中妻亦是如此。

普里克特介紹我認識許多人，其中最重要的就是認識了華森，他任職於自然資源保護委員會時，發展出LEED綠建築評估系統，目前為生態技術國際公司執行長。華森是個熱心又有耐心的老師，他高瞻遠矚的洞見屢見於本書中。自然資源保護

委員會主席班耐克邀請我一起討論書中一些構想，委員會許多人士特別是杜克和黃羅嵐，也增益本書不同章節的內容。我特別感謝該會巨星級公用事業專家卡瓦納夫，他教導我有關公用事業的種種，並反覆閱讀書中相關章節。

在氣候變遷這項複雜議題上，我獲益於兩位良師：加州理工學院的路易斯教授，以及哈佛大學與伍茲霍爾研究中心的侯德倫教授。兩年前我去加州理工學院演講時，極其幸運能由路易斯教授負責接待我。他使用一般人也能了解的語言來解釋深奧科學議題的能力，功力無人能及。我們在教職員俱樂部內花很長的時間共進午餐，那些午餐時間的腦力激盪，幫助我串連起書中各項觀點，也是這項計畫進行期間最令我珍惜的回憶。侯德倫也是位極有耐心的老師，教導我有關氣候變化的內部活動，並且花時間仔細審視書中一些論點。能和這兩位傑出的科學家仔細討論構想，真是難得的樂事。

羅文斯則啟發我有關綠色能源對地緣經濟及地緣戰略的重要性，我非常感謝他的友誼與指導。我在寫作本書的後期，很幸運能結識前柯林頓政府能源部資深官員羅姆。他針對氣候變遷錯誤認知的科學概念所做的深刻評論，使我獲益匪淺。他也花時間審視本書許多段落，倘若本書有誤，都應歸咎於我。

氣象頻道的卡倫大幅增進我對氣候議題的了解，我在筆記本內寫下許多她的真知灼見。普林斯頓大學的巴卡拉及史丹佛大學的史耐德，也都大方的撥出許多時間賜教。

由布萊恩及萊徹領導的Google.org能源小組，非常客氣的讓我在公司園區內待了一整個下午，以了解他們對綠能科技商機的評估，而柯雷默總是隨時準備好回答我的詢問。他對插電

式電動車的熱衷研究，使得這種車即將在美國問世。

管理協助計畫組織的主任莫斯柯維茲，以及麻省理工學院政治學副教授史坦非爾德，幫助我大幅增進對中國能源挑戰的了解。加州大學柏克萊分校的康曼教授，陪伴我走過被正確與錯誤資訊所包圍的能源研究資金叢林。我也很感謝維勒格，他在石油方面對我的教導無人能比。

我曾與李維斯（Ken Levis）及戴瑞（Ann Derry）合作，為探索頻道製作兩部紀錄片。李維斯致力於追蹤能正確描述美國當前能源挑戰的聲音，使我對這個議題的了解更加豐富。我也感謝羅斯教導我相關的各個系統。對我的老師和朋友伊薩，我一直心存感謝。

如果沒有哈佛大學的政治哲學家桑德爾提供睿智的高見，協助我思考綠色能源和保育倫理之間的關係，我無法完成任何一本書。桑德爾是任教於哈佛大學的政治哲學家，他在哈佛的同僚、偉大的生物學家威爾森，則大方的與我分享他對目前生物多樣性受威脅的觀點。能在他的實驗室裡請他指導，是我莫大的榮幸。勞倫斯柏克萊國家實驗室主任朱棣文，集合該實驗室令人驚嘆的能源專家指導我兩天，讓我滿載豐富洞見而歸。太平洋西北國家實驗室的戴維斯、普拉特及伊姆霍夫，也提供相同的幫助，我們之後還談了許多。這些研究機構真的是國家至寶。

環保領域之外，史丹佛國際研究中心總裁及執行長卡森，不僅是令人愉悅的筆友、宣導者，也是本書各方面的顧問。貝泰（Riley Bechtel）親切的引見我認識他的資深經理人、負責再生能源議題的艾韋登。我們成為朋友，他也是我了解能源業基本

要點的個人教師。奇異公司執行長伊梅特以及他的整個小組，包括薛佛（Gary Sheffer）、克瑞尼基（John Krenicki）、狄寧及玻爾辛格（Lorraine Bolsinger），教育我發電業錯綜複雜之處。杜克能源公司總經理羅傑斯，以及南加州愛迪生公司總裁布雷森，慷慨的撥冗向我解釋公用事業界的經濟學，並審視本書的某些部分。以他們從事的乏味行業而言，兩位真的非常有趣。南加州愛迪生公司的資深副總裁里辛格，也在傳輸線議題上給予我指導。網點公司的柯塞爾、薩博雅（Louis Szablya），以及高盛集團的凱勒曼，很有耐心的和我一起探索智慧型電網錯綜複雜之處，並審視書中相關內容。和他們三位的對話，讓我學到公用事業的許多層面，之前我對這些均毫無所知。

我和綠色企業策略家夏比洛有過長時間的對話，他為本書提供許多真知灼見，也對書的內容提出寶貴建議。我享受每一次在賽德門夫婦家和他們共進早餐的時光。某次在早餐桌上的長時間討論，他們創造出「更綠一籌」這個詞彙。我很珍惜我們之間的友誼。

制高點投資公司的能源專家愛德華茲，及高盛集團的能源專家瓦克斯曼（Alan Waxman），經常親切的和我聊起這本書並提供高見。道格拉斯在昇陽電腦公司管理永續計畫，他提供我各種絕佳構想，以及在電腦業中各項環保行動相關洞見。邦威電力行政署副署長希維斯坦（Brian Silverstein）和我一起探索複雜的電網。能源部負責能源效能與再生能源的助理部長卡斯納，對能源計畫基金籌募所知甚詳，無人能及，在本書寫作的每個階段都給予寶貴的建議。

某次在由東京飛往華盛頓的班機上，布希總統的首席環保

顧問康諾頓（Jim Connaughton）正好坐在我身邊，他就這樣不得不接受我十三個小時愉快的訪談。諾蘭與摩豪斯是幫助我了解美國軍方節能之鷹運動的重要教師。麻省理工學院的奧伊、國際戰略研究所的范迪、史丹佛大學的戴雅門、風險資本家海德瑞、科學家葛雷易克、風力專家波斯基、社會企業家瓊斯、軍事專家威爾斯、殼牌石油公司方案小組，以及來自倫敦的艾許頓（John Ashton）和布爾克，及《紐約時報》前北京分部部長康恩（Joe Kahn）都在過程中投入他們的高見。麥肯錫全球研究所的法雷爾，和我在過去15年內不斷討論全球化，對我寫作本書也多有助益。

微軟公司的蓋茲與蒙迪曾和我就能源議題的各個層面及本書內容，有過長時間的討論。除非讓這兩位測試過，要不然你的構想不算是經過壓力測試！過程雖然令人筋疲力竭，但正如我撰寫《世界是平的》一樣，這對於強化我的論點，及激發我撰寫「能源匱乏」一章可說貢獻匪淺。然而，若非薩蒂揚公司的執行長拉主邀請我至海德拉巴，並與我分享他的家族基金會在安得拉邦村莊進行的令人印象深刻的工作，那一章恐怕永遠無法得見天日，太陽能電氣照明基金會的執行長佛瑞林，在形塑我對能源匱乏的想法上也非常重要。「耶魯全球」的錢達安，協助我破解有關中國能源挑戰與環保意涵的密碼。印福思科技公司主席奈里坎尼對我前一本書提供相當大的協助，對本書也十分大方的提供高見。

從祕魯雨林到巴西蔗田，杜爾都是令人愉悅的旅伴，他對減緩氣候變化所做的努力相當鼓舞人心；也相當感謝他介紹他的風險投資公司所支持的綠色能源企業家，其中布盧默能源公

司創始人史歷哈提供最多協助，在能源和環境議題上，絕對無法找到比他更溫和體貼的人。

我也要感謝下列人士提供的建議：山巒協會執行長波普及顧問貝克。美國聯邦能源管理委員會（FERC）委員威寧霍夫、達科森、奧格、譚氏夫婦、康姆、諾佛格拉茲、瑞斯克。最後，同樣重要的是，IBM公司主辦本書首次研討會的寇里及他的同仁弗萊明（Martin Fleming）和安柏洛西歐（Ron Ambrosio）。我受惠於杜邦公司的賀利得與他的小組大力協助，也感謝友人舒茲的睿智建議，和電資系統公司的威克、立茲（Bill Ritz）的洞見。

有件值得一提的重要事情：我每次到加州帕洛奧圖（Palo Alto）都投宿花園飯店（Garden Court Hotel），當我的筆記型電腦故障時，飯店總經理葛洛絲（Barbara Gross）將她個人的筆記型電腦借給我，接下來三天的訪談以及回華盛頓的飛機上，我都靠它完成工作，這家飯店可說是服務到家。我的高爾夫球友芬克爾史坦（Joel Finkelstein）、寇茲（Alan Kotz）及史蒂芬斯（George Stephens, Jr.）比我的出版商更早知道本書內容，我感謝他們的陪伴。

我的出版小組，包括經紀人紐柏格（Esther Newberg）、FSG出版公司總裁葛拉西（Jonathan Galassi）及行銷主管希洛依（Jeff Seroy）、公關主管瓦瑪（Sarita Varma）、美術主管米契（Susan Mitchell）、銷售主管李（Spenser Lee）、主編哈爾凡德（Debra Helfand）、文稿編輯麥克康乃爾（Don McConnell）、負責查證的普拉克（Jill Priluck）以及從創世紀以來（至少我感覺如此）就一直和我同在的編輯艾立（Paul Elie），我很幸運擁有他們的支持與友誼，艾立使本書的每一頁變得更好，擁有這樣聰明投入的編

輯，是作者的福氣。我在紐約時報的助理高曼（Gwenn Gorman）使所有安排都準時達成，包括我的書、專欄和旅行，我對此以及對她的認真工作十分感謝。

我親愛的母親瑪格麗特在我撰寫本書時去世，我曾告訴她我正在努力寫作，但不確定在天上的她是否知道此書已付梓，我會永遠懷念她，我多希望能親自將這本書交到她手中。母親的一生跨越了不平凡的時期，她生於1918年，正逢第一次世界大戰末期，成長時經歷經濟大蕭條，珍珠港事變後加入海軍，在二次大戰期間為國效力；她活的年歲夠長，以致於能和住在西伯利亞的人玩網路橋牌，她在這世界變得又熱、又平、又擠的時候離開我們。我的女兒奧莉和娜妲莉，以及她們整個世代，將會接下這項嚴峻的挑戰，我希望這本書能成為對她們有用的指引，讓她們能為我們的未來帶來希望。

當你寫一本關於能源和環境的書時，人們理所當然想知道你過什麼樣的生活。我想就像許多人一樣，我會把自己家裡的綠化程度描述為逐步進展中。寫這本書的我，在2001年以前很少想到自己的碳足跡，現在卻常常思考這件事。五年前，我和妻子安買下馬里蘭州附近最後一塊大片土地，避免它被開發分割成多塊面積狹小的建築用地。我們必須提出比開發商開價更高的價格才能得標。後來我們自己規劃，在土地的一端建起一間大房子，其餘的地方則設計成公園般的綠色空間。我們保存原本的所有標本樹木，又新種了近兩百棵樹及上千株開花植物，這裡成為鹿、兔子、小鳥、蝴蝶及一、兩隻狐狸的藏身處。

為了降低家中的能源足跡，我們裝設運用地熱供電的冷暖

氣及通風（HVAC）系統，以及兩個大型太陽能電池陣列供應家中7%的電力，其他的電力需求則是向綠色能源計畫（Green-e）＊1認證的朱斯能源公司（Juice Energy）購買風力再生能源權利金（energy credit），我和安都開混合動力車。安是國際保育協會的董事，為其中的企業環保領導力中心（CI's Center for Environmental Leadership in Business）籌措資金，協助公司綠化並確保該組織在祕魯的運作順利，以避免道路通過生態敏感的雨林區而造成森林消失。這就是我們的進展，我們不會停止，除非達到零耗能。

安保持和以往一樣的深度參與本書的製作，她很早就協助編輯初稿，陪我到印尼一些奇風異俗的角落（以及別的地方）參加研究，並聆聽我的每一個構想。她長期以來始終致力於環境保育（更別提我們自己的花園），對我就是一種啟發。為此以及多年來無法盡數的一切，謹將這本書獻給她。

湯馬斯・佛里曼

於馬里蘭州畢士大市

2009年

1　綠色能源計畫（Green-e），為美國非營利機構「資源解決方案中心」（Center for Resource Solutions）所主導的消費者保護計畫，提供零售市場再生能源認證及溫室氣體減緩產品。

丘羽先

台灣師範大學翻譯研究所博士，現從事口筆譯教學工作。

李欣容

台灣大學中文系畢業，美國蒙特瑞國際研究學院翻譯暨口譯研究所碩士，譯有《躁鬱之心》及《巴塔哥尼亞高原上》（皆為天下文化出版）。

周宜芳

台灣大學國際企業學系畢，後負笈劍橋大學經濟學研究所。曾任職於金融業、出版業，曾任天下文化財經書系主編。現為自由譯者。

許貴運

中央大學英文系畢業，輔仁大學英文研究所畢業，英國肯特大學英國文學博士班肄業。曾任《英文中國郵報》及《英文台北時報》專任記者，澳洲工商辦事處和美國在台協會台北辦事處兼職翻譯，目前專職翻譯，已譯有十餘本書。

童一寧

曾任聯合報記者、中央社編輯、獨立片商、影評人，《香港01》傳媒特約作者、《全球中央》雜誌專欄作者，個人粉絲頁「家有囍事工作室」。曾主持UDNTV節目「胡聊不無聊」。著有《台灣新電影推手：明驥》（2015）。公視人生劇展《幸福牌電冰箱》編劇（2006），電影《大尾鱸鰻2》編劇（2013）。

黃孝如

政治大學哲學系畢業，曾任天下文化、遠流出版公司主編，城邦出版集團原水文化總編輯，台北書展基金會執行長。譯作有《生涯定位》、《相愛到白頭》、《世界的另一種可能》（皆為天下文化出版）、《夏日農莊》、《這輩子，你想做什麼？》等。

楊舒琄

加拿大麥基爾大學財金系學士，輔仁大學翻譯學研究所中英口筆譯組。現為自由譯者，譯有《業績是勉強出來的！》（天下文化）等。

蔡菁芳

台灣大學建築與城鄉研究所畢業，曾任專業者都市改革組織副秘書長、汗得學社研究員，現為表演藝術領域工作者。譯作有《為了我們的孩子而寫的求生手冊 —— 七個決定未來的全球變遷趨勢》、《世界又熱又平又擠》（合譯）、《想想地球，救救自己》、《觀念地球科學 2、3》（合譯）、《神奇酷地理：威力驚人的風暴》、《地圖》（合譯）。

顧淑馨

台灣大學歷史系畢業、淡江大學美國研究所碩士。曾任職中廣公司、聯合報系及美國在台協會；淡大、政大、東吳、元智大學講師。已出版譯著作七十餘本，主要有《樂在溝通》、《與成功有約》、《逆齡社會》、《季辛吉 1923-1968 年理想主義者》。

國家圖書館出版品預行編目(CIP)資料

世界又熱、又平、又擠 / 湯馬斯.佛里曼（Thomas L.
Friedman）著；丘羽先等譯. -- 第三版. -- 臺北市：遠見天
下文化，2020.05
704面；14.8×21公分. --（財經企管；BCB694）
譯自：Hot, flat, and crowded : why the world needs a green
revolution--and how we can renew our global future
ISBN 978-986-479-992-3（精裝）

1.能源 2.能源政策 3.環境保護 4.綠色革命

554.68   109005304

財經企管 BCB694A

世界又熱、又平、又擠

Hot, Flat, and Crowded:
Why The World Needs a Green Revolution——
And How We Can Renew Our Global Future

作者 —— 湯馬斯・佛里曼 Thomas L. Friedman
譯者 —— 丘羽先、李欣容、周宜芳、許貴運、童一寧、黃孝如、楊舒玨、蔡菁芳、顧淑馨

總編輯 —— 吳佩穎
書系主編 —— 蘇鵬元
責任編輯 —— 方雅惠、李桂芬、李靜宜、黃佩俐（第一、二版）、Jin Huang（特約；三版）
封面設計 —— 江孟達工作室
封面照片 —— Josh Haner/The New York Times

出版者 —— 遠見天下文化出版股份有限公司
創辦人 —— 高希均、王力行
遠見・天下文化・事業群 董事長 —— 高希均
事業群發行人／CEO —— 王力行
天下文化社長 —— 林天來
天下文化總經理 —— 林芳燕
國際事務開發部兼版權中心總監 —— 潘欣
法律顧問 —— 理律法律事務所陳長文律師
著作權顧問 —— 魏啟翔律師
社址 —— 台北市 104 松江路 93 巷 1 號 2 樓
讀者服務專線 —— 02-2662-0012 ｜傳真 —— 02-2662-0007；02-2662-0009
電子信箱 —— cwpc@cwgv.com.tw
郵政劃撥 —— 1326703-6 號　遠見天下文化出版股份有限公司

電腦排版 —— 立全電腦印前排版有限公司
製版廠 —— 東豪印刷事業有限公司
印刷廠 —— 柏晧彩色印刷有限公司
裝訂廠 —— 精益莊訂股份有限公司
出版登記 —— 局版台業字第 2517 號
總經銷 —— 大和書報圖書股份有限公司｜電話／02-8990-2588
初版日期 —— 2020 年 5 月 8 日第三版第 1 次印行
　　　　　　2022 年 9 月 13 日第四版第 1 次印行

定價 —— 800 元
ISBN —— 4713510943212
書號 —— BCB694A
天下文化官網 —— bookzone.cwgv.com.tw

天下文化
BELIEVE IN READING